慈雲尊者

十善法語

改訂版

小金丸泰仙 校注

大法輪閣

慈雲尊者説戒像（大阪・法樂寺蔵）

十善法語【改訂版】目次

口絵　【慈雲尊者説戒像】（大阪・法樂寺蔵）

〈凡例〉……

十善法語　序……

巻第一　不殺生戒……

巻第二　不偸盗戒…… 44

巻第三　不邪婬戒…… 87

巻第四　不妄語戒…… 104

巻第五　不綺語戒…… 135

巻第六　不悪口戒…… 187

巻第七　不両舌戒……204
巻第八　不貪欲戒……262
巻第九　不瞋恚戒……292
巻第十　不邪見戒上……328
巻第十一　不邪見戒中……361
巻第十二　不邪見戒下……384
人となる道 略語……431
《『慈雲尊者全集』（第十一）『十善法語』正誤表》……434
あとがき……436

装丁／小金丸泰仙・山本太郎

【凡例】

一、本書の定本には『慈雲尊者全集』第十一（大正十三年九月、高貴寺発行）『十善法語』を用いた。この際に、誤植・脱字はこれを改めた（巻末の正誤表参照）。

一、読者の便宜を考慮して、本文中の旧漢字を新字体に改め、さらに、現代仮名遣いに直した。また、現代では用いられない一部の漢字（代名詞・接続詞等）を仮名で表記した。

一、定本は句点のみであるが、本書では読点を加え、さらに段落を設けた。その際、読者の参考のために見出しを付加したが、その題目は校注者の見解によるものである。

一、便宜上、多くのルビを付した。本書は仏教用語と中国の古典からの引用が交錯しているが、できるだけ仏教の読み方（呉音）と現代の通例の読み方（漢音）に分けた。

一、読解に必要と思われる語句に注や解説を施したが、紙面の都合上、本文に添った意味のみを記したところも多い。

一、書名には『　』、引用文は「　」とした。また、本文中、書名が略されているところは補った。例―「華厳」→『華厳（経）』。なお、文意をつかみやすくするために、本文中に「　」や・（中黒）を多く付加した。

一、文政七年開版の木版本には、『人となる道略語』が冒頭に掲げてある。本書ではこれを本文の後に掲載した。

一、開版の木版本にはないが、尊者の直筆による十善法語の序文が現存しているので、これを冒頭に書き下しによって掲載した。

一、本書には、現代における差別用語及び差別的表現が含まれる。しかし、尊者の仏法の全体を伝えるために敢て削除しなかった。

十善法語 序

恭《うやうや》しく惟《おもんみ》れば、十善とは鎮護国家《ちんごこっか》の正紀《しょうき》、摂取僧綱《せっしゅそうもう》の大綱《たいこう》なり。従上《じゅうじょう》の諸仏賢聖《しょぶつげんじょう》よりして爾《しか》り。神祇《じんぎ》守護し、明哲相承《みょうてつそうじょう》し、展転受持《てんでんじゅじ》して、下《しも》、小子愚《しょうしぐ》に至る。蓋《けだ》し二千七百有余歳、法規爽《たが》わず。時に二三子ありて、この法の在る有ることを信ずるや。至心に懇請《こんじょう》して従受《じゅうじゅ》を求む。われ豈《あ》に師徳あらんや。ただその所受《しょじゅ》を以て、これをその所請《しょしょう》に授くるのみ。これを受けていまだ息《や》まず。更に随いてその戒相を演説せんことを求む。われ豈に弁智《べんち》あらんや。ただその所承《しょじょう》を以て、これをその未聞《みもん》に伝うるのみ。これを聴受していまだ息まず。随って所聞《しょもん》を記し、また自《みずか》らこれを撿《しら》べんことを求む。ここにおいてか、心緒《しんしょ》を抒軸《じょじく》し、その可不《かふ》を思う。先哲は口授《くじゅ》す。しかるに今これを紙墨に寄す。神祇の冥護《みょうご》する所、しかも今これを人倫に顕《あら》わす。将《はた》、罪愆《ざいけん》託することありて宥《なだ》むるところなしとなるか。将、国紀《こっき》の永昌、僧綱の復古において、その小補ありとなるか。固《もと》より知らざるところなり。ただこの中、言々句々《ごんごんくく》、従上賢聖の遺誥《ゆいごう》にして、小子愚の拳々服膺《けんけんふくよう》して、終身敢《あ》えて踰越《ゆおつ》せざるところなるのみ。遂に、その所請を可とすと云う。

雙龍小比丘慈雲光敬拝識

（原漢文）

十善法語　巻第一

不殺生戒《ふせっしょうかい》

安*永二年 癸巳《みずのとみ》*十一月二十三日示衆《じしゅ》*

十善戒総論

十善と人道

師いわく。人の人たる道は、この十善にあるじゃ。人たる道を全《まった》くして、*賢聖《げんじょう》の地位《じい》にも到るべく、高く*仏果《ぶっか》をも期《ご》すべきということじゃ。

経の中に、この道を失えば、鳥獣にも異ならず、*木頭《もくず》にも異ならずとあるじゃ。『阿含《あごん》経』・『正法念処《しょうぼうねんじょ》経』・『婆沙《ばしゃ》論』・『成実《じょうじつ》論』等。『大般若《だいはんにゃ》経』・『梵網《ぼんもう》経』・『瑜伽《ゆが》論』・『智度《ちど》論』等、諸《もろもろ》の*大小乗経論《だいしょうじょうきょうろん》の通説じゃ。

人たる道というは、諸の*三蔵学者《さんぞうがくしゃ》、*文字の輩《ともがら》は、浅きことに思うべけれども、そうでない。『華厳《けごん》（経）』十地品中《じゅうじぼんちゅう》*離垢地《りくじ》の法門には、この十善が直《ただち》に*菩薩の*戒波羅蜜《かいはらみつ》の行《ぎょう》じゃ。『大日経《だいにちきょう》』方便学処品《ほうべんがくしょぼん》には、この十善が直に*真言行菩薩《しんごんぎょうぼさつ》の学処《がくしょ》じゃ。

安永二年…一七七三年。慈雲尊者五十六歳。京都、阿弥陀寺における説法。　**十一月二十三日**…毎月十八日と二十三日、十座にわたり一戒ずつの説法。　**示衆**…弟子・信者への説示。　**賢聖**…賢者（悪を棄てた善の人）と聖者（煩悩を離れ悟った人）。　**仏果**…修行の結果。さとり。　**木頭**…＝木。「頭」は接尾語。　**大小乗経論の通説**…ここに挙げられた経典の内、初めの四巻は小乗経典、後の四巻は大乗経典。大乗仏教＝一世紀ごろに起こった利他行を中心とする仏教。小乗仏教＝大乗仏教徒が個人の悟りのみを求める修行者に対してつけた呼称。　**三蔵**…仏教聖典を、経・律・論の三種類に分けたもの。　**文字の輩**…聖典で教義を学ぶ者。　**離垢地**…衆生界に住しながら煩悩をはなれた境地。　**菩薩**…修行と利他に徹した大乗の修行者。　**戒波羅蜜**…戒をたもって悟りにいたる大乗仏教の修行。　**真言行菩薩**…真言密教の修行者。

戒としての十善の位置

且《しばら》く差別《*しゃべつ》せば、十善を世間戒《せけんかい》といい、沙弥《*しゃみ》・比丘戒《*びくかい》等を出世間戒《しゅっせけんかい》といい、菩薩戒《ぼさつかい》を在家・出家の通戒《つうかい》という。もし要を取りて言わば、世間戒も出世間戒も、声聞戒《*しょうもんかい》も菩薩戒も、この十善戒を根本とするじゃ。初心なる者は、世間戒と聞いては少分《しょうぶん》なることと思い、声聞戒と聞いては尽くさぬことと思い、菩薩戒と聞いては高く尊きと思う。それは名に著《じゃく》する迷《まよい》というものじゃ。この十善戒は甚深《じんじん》なること、広大なることじゃ。

仏道における善と悪の意味

この十善に反するを十悪という。『本業瓔珞経《ほんごうようらくきょう》』の中に、「理《*り》に順《じゅん》じて心を起こすを善といい、乖背《*けはい》するを悪と名づく」とある。この経文《きょうもん》に依りて善悪の義を知れ。諸戒《しょかい》に推《お》し通《つう》じて親しき文《もん》じゃ。憶念《*おくねん》するに随《したが》って妙味《みょうみ》あるべきじゃ。

身三《*しんさん》・口四《くし》・意三《いさん》の、理に順ずるを十善業《じゅうぜん*ごう》といい、理に背《そむ》くを十不善業《じゅうふぜんごう》という。理に順ずるというは別のことではない。自《みずか》ら本性《*ほんしょう》の通り少しも増減なきことじゃ。本性に身《しん》・口《く》・意《い》相応《*そうおう》すれば十善自《おのずか》ら全《まった》きじゃ。理に背くというも別のことではない。ただこの私意《*しい》じゃ。私意を以て本性を増減するが謂《いわ》ゆる悪じゃ。この私《わたくし》ある身口意業を十悪

差別…区別。「しゃべつ」と読む。現代の差別とは意味が異なる。　**沙弥**…二十歳未満の男性の僧。　**比丘**…具足戒を受けた成人男性の僧。　**声聞**…仏の教えを聞いて修行する人。ここでは小乗仏教の意味で菩薩に対して挙げている。　**理**…根本の道理。真理。現象(事)を現象たらしめている道理。尊者はここで、内容は本性・仏性・法性と同義とされる。　**乖背**…乖＝背＝そむく。　**憶念**…尊者の法語には繰り返し強調される重要語。常に心に忘れず、思いを深めること。　**身三口四意三**…十善戒を身戒の三、口戒の四、意戒の三に分けた表現。　**業**…(梵)karman　行為のこと。行為を身業・口業・意業の三つに分けて三業という。　**本性**…本来固有の性質＝理。本性清浄である。自性清浄心。　**相応**…この語も頻出する。一致・合一・融合、などの意味で使われる。密教の瑜伽の意味が根底にあると思われる。　**私意**…自己の一方的立場。

という。*仏性《ぶっしょう》は*善悪共に妨《さまた》げぬものなれども、善は常に仏性に順ずる。悪は常に仏性に背くじゃ。

身・口・意三業と私意

不殺生《ふせっしょう》・不偸盗《ふちゅうとう》・不邪婬《ふじゃいん》、これを身《しん》の三善業という。仏性に順ずるじゃ。殺生し偸盗し邪婬を行ずるを、身の三悪業と名づくる。これは仏性に背くじゃ。

不妄語《ふもうご》・不綺語《ふきご》・不悪口《ふあっく》・不両舌《ふりょうぜつ》、これを口《く》の四善業という。仏性に順ずる。妄語を言い、綺語を好み、悪口《あっく》して他を罵《ののし》り、両舌して他の親好を破するを、口の四悪業という。仏性に背くじゃ。

不貪欲《ふとんよく》・不瞋恚《ふしんに》・不邪見《ふじゃけん》、これを意《い》の三善業という。仏性に順ずる。名利《みょうり》を貪《むさぼ》り、自《みずか》ら憂悩《うのう》し、他を瞋《いか》り、賢聖《げんじょう》を蔑《ないがし》ろにし、*神祇《じんぎ》を*慢《まん》し、*因果報応《いんがほうおう》を*撥無《はつむ》するを、意の三悪業という。仏性に背くじゃ。

この人ありてこの道ある。外《そと》に向かって求むることではない。この*大人《たいじん》あってこの十善の道を全くする。今新たに構造することではない。人々具足《にんにんぐそく》、物々《もつもつ》*自爾《じに》、法としてかくの如くじゃ。ただ迷う者が迷う、知らぬ者が知らぬばかりじゃ。この迷う者知らぬ者の為に、仏の説示あるということじゃ。どう説示あるぞ。大体はこうじゃ。

仏性…仏の本性。
善悪共に妨げぬ…善悪の分かれる前を示す。善悪の判断を超えたもの。
神祇…天神地祇。天と地の神々。
慢し…奢り高ぶって神仏を否定する行為を示す。
因果報応…本書は因果報応・輪廻を前提とし、この流転から抜け出る（解脱）ための用心を説くものである。
撥無…撥＝払う。否定すること。因果の否定は不邪見の中の断見。
大人…儒教等では人格の高い徳のある人のこと。仏教では仏・菩薩のこと。
自爾…自然。自然そのままで。

三界と空

『法華経《ほけきょう》』の中に、「今此三界皆是我有、其中衆生 悉 是吾子《いまこのさんがいはみなこれわがうなり そのなかのしゅじょうはことごとくこれわがこなり》」と。この中三界《さんがい》とは欲界《よっかい》・色界《しきかい》・無色界《むしきかい》じゃ。男女《なんにょ》の欲あり、飲食《おんじき》の欲あり、睡眠《すいめん》の欲ある世界を欲界と名づく。この欲を離れて身心が禅定《ぜんじょう》と相応《そうおう》する世界を色界と名づく。この心がこの*質《ぜっ》礙《げ》の色身《しきしん》を離れて、虚空《こくう》と相応し寂静《じゃくじょう》と相応する世界を無色界と名づく。*この般《はん》の世界衆生の住処《じゅうしょ》があるということじゃ。

この三界は十善全《まった》き処にて、大人《たいじん》たる者の己心中所領《こしんじゅうしょりょう》の地ぞ。その中の衆生は実に吾子《わがこ》ぞ。法としてかくの如くじゃ。ただ*我相《がそう》を存《そん》する者が、*自他の隔《へだたり》を構《かま》えて自《みずか》ら違せぬ。妄想《もうぞう》に随順する者が、妄想に蔽《おお》われて且《しばら》く違せぬのみじゃ。もし自《みずか》ら我相《がそう》の本来空《ほんらいくう》なることを知り、*我所相《がしょそう》の本来空なることを知り、*法相《ほっそう》の本来空なることを知れば、今日《こんにち》より三界は我が*所領《しょりょう》じゃ。その中の衆生は実々《じつじつ》に*我が子じゃ。

謹慎護持の功徳

*珠玉《しゅぎょく》の*琢磨《たくま》を待ちて光彩《こうさい》を発《はっ》する如く、*性戒《しょうかい》十善は謹慎護持《きんしんごじ》の中に、*人天《にんでん》の*楽果《らっか》乃至《ない し》*無漏勝妙《むろしょうみょう》の果《か》を顕《あら》わす。*日月《にちがつ》の光明《こうみょう》隔《へだて》なきも高山幽谷《こうざんゆうこく》そのおり処に随って、分々《ぶんぶん》に

質礙…物と物が同一時に同一場所を占めることが出来ないこと。
この般…これら。
我相…自我が存在するという観念。
自他の隔を構えて…自と他に分ける（分別）こと。
我所相…わがものと思っている物。
法相…存在する物の全て。
所領・我が子…仏と衆生とが平等であることの喩。
珠玉…珠＝玉。美しいものの喩。
琢磨…琢はたたいて形を整える。磨はみがく。
性戒…仏が戒として制しなくても本質的に罪であるもの。
人天…人間界と天上界。
楽果…修行して得た涅槃。反対に苦果は悪業の果報。
無漏…煩悩(漏)のなくなった境地。けがれのないこと。
日月の光明隔てなき…平等性をたとえたもの。

その照触《しょうそく》を蒙《こうむ》る如く、この十善法性《ほっしょう》平等なれども、人々受得《にんにんじゅとく》する所に適《かの》うて、分《ぶん》にその功徳を得る。

種々の十善業道

一家の主《あるじ》は一家に自在を得る、その中*眷属大小みな我が子の如くじゃ。*些々《しゃしゃ》の十善の*儀《よそおい》も面白きことじゃ。

一郡一国の主は、各々その*采地《さいち》の境に自在を得る。その中の人民を赤子《せきし》を保《やす》んずる如く*撫育《ぶいく》す。少分十善の儀も面白きじゃ。

東方の人主《にんしゅ》、南方の象主《ぞうしゅ》、西方の宝主《ほうしゅ》、北方の馬主《めしゅ》、諸夷《しょい》の君長《くんちょう》、*粟散諸王《ぞくさんしょおう》の、その*封境《ほうきょう》に自在を得る。その中の百官民庶《ひゃくかんみんしょ》みな赤子《せきし》を保《やす》んずる如く、禽獣草木《きんじゅうそうもく》みな生育《せいいく》を遂《と》ぐる。*有漏《うろ》中下品《ちゅうげぼん》十善の儀も面白きことじゃ。

まして*輪王《りんおう》の*運《うん》に膺《あた》る。*普天率土《ふてんそつど》の主《あるじ》となり、千官億兆《せんかんおくちょう》の君父《くんぷ》となる。*帝釈《たいしゃく》・梵王《ぼんおう》の、諸天の主宰《しゅさい》となり世界を領する。有漏上品《うろじょうぼん》の十善の儀も面白きことじゃ。

まして賢聖《げんじょう》の心は法と相応する。上品《じょうぼん》の十善、三界を超過《ちょうか》して*無漏道《むろどう》を得る。この中甚深縁起《じんじんえんぎ》に達して*無師自覚す。大悲万行《だいひまんぎょう》、世界海《せかいかい》を尽くし衆生界を尽くして、我が*行《ぎょう》願《がん》の処となす。この楽しみは衆生界と共に尽きぬじゃ。虚空界《こくうかい》と共に尽きぬじゃ。

眷属…家の者。配下の者。
些々…すこしばかり。
儀…すがた。行い。
采地…領地。采は官で役人の知行所をさす。
撫育…慈しんで養う。
粟散…粟粒を散らした様子。
封境…国境。
有漏…煩悩があること↔無漏。「有漏の十善」とは、倫理・道徳的な善で解脱には至らない。
輪王…転輪聖王。武力ではなく正義により世界を統一する王。
運に膺る…運り合わせで帝となること。
普天率土…天と地が続くかぎり。
帝釈・梵王…インドで崇拝されていた帝釈天と梵天。後は仏教の守護神となる。
無漏道…苦悩を離れた清らかな大道。世間道(有漏道)に対する出世間道。
無師自覚…師なく独りで縁起の理を悟る修行者。縁覚。
行願…利他の願いと実践修行。

受戒の意義

この法本《もと》より具足して闕失《けっしつ》なけれども、授受の規則ありて*戒体《かいたい》を発得《ほっとく》する。喩《たと》えば輪《りん》王《おう》の長子《ちょうし》、生得尊貴《しょうとくそんき》なれども、即位の規則ありて天位に登る如くじゃ。この法、本性《ほんしょう》平等にして偏倚《へんい》なけれども、境《きょう》に対して*別々に解脱する。喩えば*摩尼珠《まにしゅ》の衆色《しゅじき》を現ずる如くじゃ。

身業（不殺生・不偸盗・不邪婬）と戒善

有情《うじょう》に命根《みょうこん》あり。人々《にんにん》保著《ほじゃく》して*寤寐《ごび》に忘れぬ。我が*戒善《かいぜん》これによりて倍増する。一切損害の行《ぎょう》ここに解脱するじゃ。

有情に内外《ないげ》の*資縁《しえん》あり。日夜奔走《にちやほんそう》して求めて厭《いと》わぬ。我が戒善これによりて倍増する。一切*侵奪《しんだつ》の行《ぎょう》ここに解脱するじゃ。

有情《うじょう》に*能所《のうしょ》の*愛あり。この愛身心を役使《えきし》して奴僕《ぬぼく》の如し。我が戒善これによりて倍増する。一切執著《しゅうじゃく》ここに解脱するじゃ。

口業（不妄語・不綺語・不悪口・不両舌）と戒善

戒体…戒四別（戒法・戒体・戒行・戒相）の一。戒法＝仏が制定した戒律の法。戒体＝戒を受けて身に具わった防非止悪を行う本体。尊者は仏性そのものと説く。戒行＝戒律の教えにしたがった行い。戒相＝戒をたもつすがた。

別々に解脱する…戒の一つ一つをたもっていきながら解脱する。＝別解脱戒。

摩尼珠～…摩尼（梵）maṇi の音写。珠玉。『慈雲尊者法語集』に「境界無辺なるが故に戒もまた無辺じゃ」とある。

寤寐…寝ても醒めても。

戒善…戒をたもつことによる善の報。

資縁…たすけとなる外的条件。外部から仏道修行をたすける縁となるもの。

侵奪…奪い取ること。

能所…能＝主、所＝客。

愛…欲望。愛執。

有情に迷謬《めいみょう》*あり、虚妄《こもう》*あり。互いに惑乱《わくらん》*して実情*を失う。我が戒善これによりて倍増する。一切欺誑《ぎおう》*の言辞《ごんじ》ここに解脱するじゃ。

自他の戯謔《けぎゃく》*ありて散乱に住す。我が戒善これによりて倍増する。一切掉挙《じょうこ》*の心ここに解脱するじゃ。

自他の罵詈《めり》*ありて事を破り道を壊《やぶ》る。我が戒善これによりて倍増する。一切麁獷《そこう》*の言《ごん》辞《じ》ここに解脱するじゃ。

自他の悖戻《はいれい》*ありて他の親好を嫉《ねた》む。我が戒善これによりて倍増する。一切偏倚《へんい》*・憎《ぞう》*嫉《しつ》の心ここに解脱するじゃ。

意業（不貪欲・不瞋恚・不邪見）と戒善

世間順境《じゅんきょう》*ありて我が戒善倍増する。一切貪求《とんぐ》の心ここに解脱するじゃ。世間違境《いきょう》*ありて我が戒善倍増する。一切恚悩《いのう》*の心ここに解脱するじゃ。世間起滅《きめつ》ありて我が戒善倍増する。一切非理《ひり》の憶度《おくたく》*ここに解脱するじゃ。

仏の境界と平等

鳥の籠《かご》を脱して虚空を飛ぶが如く、魚《うお》の網《あみ》を透《とお》りて大海に遊ぶが如く、この色心《しきしん》*の窠《か》

迷謬…迷妄。真理に暗く誤った考えを持つこと。
虚妄…いつわり。↔真実。
惑乱…心が惑い乱れる。
実情…まことの心。情＝情識。
欺誑…詐欺・虚偽。あざむくこと。
戯謔…たわむれ。
掉挙…掉＝ゆれる。挙＝あげる。大げさに言う。
罵詈…ののしり。
麁獷…言葉が荒々しいこと。
悖戻…逆らいもとる。道理に逆らう。
偏倚…かたよる。
憎嫉…にくみねたむ。
順境…自分の心にしたがう対象。
違境…自己の心身に逆らい、好ましくない対象。
恚悩…瞋恚の煩悩。
憶度…思い込み。度＝推し量る。
色心の窠窟…物と心に対する執着。窠窟＝鳥の巣と獣の住む穴ぐら。迷いの世界に入り込んでいること。

窟《くつ》を脱却して*迥然《けいぜん》として独脱《どくだつ》する。面白きことじゃ。迥然として独脱するというも、天の天外《てんがい》に往き去ることではない。地の地外《ちがい》へ没《もっ》し去ることではない。*独善逸居《どくぜんいっきょ》して世に異なることではない。

初位《しょい》の菩薩多く人王《にんのう》となる。上位の菩薩多く天王《てんのう》となる。声聞身《しょうもんしん》を以て世の*福田《ふくでん》となる。縁覚身《えんがくしん》を以て*無仏世界に出ずる。十界の随類身《ずいるいしん》、この十善のある処じゃ。*見聞覚知《けんもんかくち》の境界《きょうがい》、みな大道《だいどう》と相応して、生滅去来《しょうめつこらい》の相なきじゃ。色声香味《しきしょうこうみ》等の諸《しょ》塵《じん》が、みな妙理と相応して、身心《しんじん》*適悦《ちゃくえつ》するじゃ。山河大地《せんがだいち》を以て自己の身体とす。草《そう》木叢林《もくそうりん》を以て自己の身体とす。この場処を「今此三界皆是我有《いまこのさんがいはみなこれわがう》」と説示あることじゃ。一切衆生の心念・思慮を以て自己の心相《しんそう》とす。諸《もろもろ》の*安心得解《あんじんとくげ》、*断惑証理《だんわくしょうり》を以て自己の心相とす。この場処を「其中衆生悉是吾子《そのなかのしゅじょうはことごとくこれわがこ》」と説示あることじゃ。*仏在世《ぶつざいせ》には、在家も出家も、*天龍八部・*人非人《にんぴにん》まで、この場処を心に得て身に行《おこな》うたということじゃ。

三界と平等

*通途《つうず》の者は、我が手に取らず我が眼に見ねば、我が所領ともいわれぬ。我が物ともいわれぬように思うべけれども、手に取る物ばかりが我が物ということではない。眼に常に見ている物ばかりが我が物ということではない。

迥然として独脱…迥然独脱。迥然＝遥かなるさま。独脱＝独り抜け出ていること。
独善逸居…独り善行を行い気ままに暮らすこと。
福田…人々への福徳・功徳を生み出す田。
無仏世界…仏がいない今の世の中。
見聞覚知…感覚知覚のはたらき。六識による作用。
適悦…適＝悦＝よろこぶ。たのしむ。
安心得解…真実をさとって、心が安らいで不動なこと。
断惑証理…迷いなく、理法のままにあること。
仏在世…釈尊が生きておられた時代。
天龍八部…神々をはじめとする神話的存在である八種類の者。仏法を守護する。
人非人…人ではないが仮に人の姿をした鬼神。
通途…一般。通常。

千金《せんきん》の家翁《かおう》も、常に千金を懐《ふところ》にし居《お》りはせぬじゃ。＊家僮《かどう》などに任せおきて千金の主《あるじ》じゃ。一邑一郡《いちゆういちぐん》の主も、自《みず》らその田穀《でんこく》の多少を撿《けん》するではない。僕従《ぼくじゅう》・家長《かちょう》などに任せおきて一邑一郡の主じゃ。

大君《おおきみ》の＊一天万乗《いってんばんじょう》の主たるも、山海の広狭、土地の産物、＊人民百姓《にんみんひゃくせい》の田穀財宝《でんこくざいほう》の＊員数《いんじゅ》まで、ことごとく知ることではない。民百姓《たみひゃくせい》の田地財宝は、やはり民百姓の田地財宝にして、直《ただち》に我《わ》が有《う》じゃ。＊功臣・諸侯には一国二国を与え、これを子孫遠裔《えんえい》に伝え領せさせおきて、やはり我が有地《ゆうち》じゃ。

この譬喩《ひゆ》にて知れ。真修行《しんしゅぎょう》の人は、＊梵天へ上りて見ねども、十八梵天には＊静慮《じょうりょ》の楽を得させ置きて、我が有じゃ。我が子じゃ。

無色界《むしきかい》は見ずとも、また自身＊無色定《むしきじょう》を得ずとも、かの衆生に深禅定《じんぜんじょう》に入《い》らせおきて、我が有じゃ。我が子じゃ。勇者は勇者、智者は智者、たとい我が腕力・智恵は彼に及ばずとも、みな我が有じゃ。我が子じゃ。面白きじゃ。富貴《ふうき》の者は富貴ながら我が有じゃ。我が子じゃ。貧賤《ひんせん》なる者は貧賤ながら我が有じゃ。我が子じゃ。面白きことじゃ。

十善戒にみる平等性

一、不殺生戒の平等性

家僮…しもべ。召使。こども（わらわ）。僮＝召使。

一天万乗の主…＝万乗の君。兵馬万乗を出す国の君。

人民百姓…人民も百姓も一般人民を意味する。庶民。

員数…人と物の数のこと。

功臣…手柄のあった家来。

梵天…色界の初禅天。

静慮…禅定。

無色定…無色界における物質にとらわれない禅定。

一切衆生は我が子なるによりて、一切*有命《うみょう》の者に対すれば不殺生戒と名づくる。ここに我が子というは、世間に親子の間《あいだ》は睦《むつ》まじきものなるによりて、これに比べて説いた言《ことば》じゃ。実は一切衆生の心念《しんねん》思慮《しりょ》を以て自己の心とすることじゃ。自心《じしん》と一切衆生と平《びょう》等平等《どうびょうどう》にして、元来へだてなきじゃ。

一切有命の者が、眼《まなこ》に遮《さえぎ》らねば止《や》みぬ。眼に遮れば必ず慈悲心生ずる。これを菩薩という。この菩薩の心を戒と名づくる。この菩薩の心は、一切衆生に本来具足したものなれども、*煩悩業障《ぼんのうごっしょう》深厚《じんこう》なるによりて、暫《しばら》く現ぜぬのみじゃ。現ぜぬというとも、本来かけめはない。今日《こんにち》*正法《しょうぼう》に遇《お》うて一分《いちぶん》も護戒《ごかい》の心生《こころしょう》ずるは、本来仏性の明了《みょうりょう》ならんとする前標《ぜんぴょう》というものじゃ。

二、不偸盗戒の平等性

三界は我が所領なるによりて、金銀財宝、禄位官爵《ろくいかんしゃく》に対すれば不偸盗戒《ふちゅうとうかい》となり来《きた》る。この中に我が所領というは、世間に俸禄采地《ほうろくさいち》のある人は、その所領に於て自在を得る故、これに比べて説き示す言《ことば》じゃ。実は一切世界を以て自己の身体とするによりて、世間の山河大地《せんがだいち》、草木叢林《そうもくそうりん》と自己と、平等平等《びょうどうびょうどう》にして、元来へだてなき物じゃ。*経の中に、「一切地水是我先身《いっさいのちすいこれわがせんしん》、一切火風是我本体《いっさいのかふうこれわがほんたい》」とある。この義じゃ。衆生もへだてなきも

有命…命があるもの。生き物。

煩悩業障…煩悩による悪の行為の結果によって生じた障害。

正法…仏による正しい真理の教え。

経の中に…『梵網経』。『梵網経』は大乗菩薩戒の根本聖典。特に下巻には十重禁戒・四十八軽戒という大乗の重要な戒が説かれる。

の、世界もへだてなきもの。谷は山の高きを羨《うらや》まず、谷にして足《た》る。山は谷の深きを羨まず、山にして足る。

眼《まなこ》に遮《さえぎ》らねば止《や》みね、眼に遮れば彼に官爵あるも我れにあるに異ならず。彼に俸禄あるも我れにあるに異ならず。更に*正眼《しょうげん》に看来《みきた》れば、この官位俸禄も、一分《いちぶん》の善根《ぜんごん》。仏性に順ずるの果報なるによりて、もとこれ*正知見《しょうちけん》の中の福分、法性《ほっしょう》より分付《ぶんぷ》せるよそおいじゃ。これを不偸盗戒と名づくるじゃ。

三、不邪婬戒の平等性

一切有情《うじょう》は我が子なるによりて、男女《なんにょ》の境《きょう》に対すれば不婬戒《ふいんかい》と成り来る。これを満足せぬ間は不邪婬戒《ふじゃいんかい》となり来る。我が子というは、世間の父母《ぶも》たる者は、我が子に於て*染《せん》著《じゃく》不《ふ》浄行《じょうぎょう》なきによりて、且《しばら》くこれに比べて説き示す言《ことば》じゃ。実は一切衆生と平等平等なるによりて、愛もなく恚《い》もなく、親《しん》もなく疎《そ》もない。*経の中に、「一切男子是我父《いっさいのなんしこれわがちち》、一切女人是我母《いっさいのにょにんこれわがはは》」という。

また余経《よきょう》の中に、「老者《ろうしゃ》は我が母の如く、中年の者は姉妹の如く、少年の者は我が子の如く」というも、これに準じて知れ。

実は眼《まなこ》に遮《さえぎ》らねば止《や》みね。眼に遮れば、この平等法の中に、清浄《しょうじょう》の法生《しょう》じて、蓮華の

正眼…仏の智慧の眼。
正知見…因果の理に対する正しい認識。正見。巻十〜十二の不邪見戒を参照。
染著…執着。
経の中に…『梵網経』

淤泥中《おでいちゅう》に生じて染《ぜん》せぬ如く、世間にありて世縁に染著《ぜんじゃく》せぬじゃ。この染著なき者が人天《にんでん》の師範たるということじゃ。

この平等法の中に於て、その正《ただしき》を守り、我が上《かみ》たる者を敬い、我が下《しも》たる者を愛し、夫妻たる者は互いに敬し互いに相《あい》親しむ。これを不邪婬戒在家の法という。この者人倫《じんりん》を全《まった》くして*天命に順ずるということじゃ。

四、不妄語戒の平等性

三界の当相《とうそう》、とりも直さず法性《ほっしょう》の姿じゃ。山にありては高く、海にありては深きじゃ。竹にありては直く、*棘《いばら》にありては曲る。*天にありては覆《おお》い、地にありては載《の》する。衆生にありては種々差別《しゃべつ》し、虚空《こくう》にありては*豁然《かつねん》たるじゃ。*言うにも及ばぬ、もし言えば必ず*真実語じゃ。総じて妄語というものは下劣《げれつ》なることで、人を欺《あざむ》かぬ已前《いぜん》に早く自己を欺く。天地にも背《そむ》く。神祇《じんぎ》にも背く。纔《わずか》に一《いち》二《に》人《にん》を欺かんとして、天神地祇《てんじんちぎ》の*冥助《みょうじょ》を失うじゃ。

五、不綺語戒の平等性

二六時中《にろくじちゅう》、道を以て楽《たのしみ》とするによりて綺語《きご》を離るるじゃ。世人《せじん》の、楽をも邪《よこしま》に求め、

天命…天からの必然の作用。『人となる道』第二編・不瞋恚戒に、「天命という事、その本は人事の善をつみ不善をつむより成じて、天許し人与えて止ることあたわざるに至るなり」とある。
棘…とげのある草木。
天にありては〜…天覆地載『中庸』
豁然…からりと悟るさま。
言うにも及ばぬ…言わずとも真実が顕われているということで、元来「真実語というものは法性の顕わるる姿」（不妄語戒・本書一〇四頁）である。
真実語…真実の言葉の意であるが、『人となる道』に、「この身詐偽なく、この心詐偽なし。これを真実語という」とある。
冥助…眼に見えぬ神仏の助力。本書二一二頁に「一言一黙、人倫の全き処、神祇の守護する処、天命の在る処、法性の随順する処じゃ。法としてかくの如くじゃ」とある。

心の散乱を楽とするは、*愚痴《ぐち》の至りじゃ。自己だに明了《みょうりょう》なれば、その楽身心に備《そな》わりて、外《そと》の楽をかることではない。王公なれば、その国土人民が我が楽となり来る。士農工《しのうこう》商《しょう》なれば、それぞれの*作業《さごう》が我が楽となり来る。出家なればその*禅定《ぜんじょう》・智慧《ちえ》が我が楽となり来るじゃ。

六、不悪口戒の平等性

眼《まなこ》に相対するに憎悪《ぞうお》なきによりて悪口《あっく》を離るる。一切衆生を我が子とすれば、憎悪の心が自《おのずか》ら離れねばならぬ。たとい離れねども、薄くならねばならぬ。*儒書《じゅしょ》にも、「我が*明徳《めいとく》を懐《おも》うて声《こえ》と*色《いろ》とを大にせず」とある。

七、不両舌戒の平等性

他の親愛を喜ぶによりて両舌《りょうぜつ》もない。一切衆生の父となれば、その衆生は互いに兄弟の如くじゃ。兄弟の睦《むつま》じきを悦《よろこ》ばぬ親はない。兄弟の不和を憂《うれ》えぬ親もない。儒書にも、「*四海みな兄弟《けいてい》なり」とあるじゃ。

八、不貪欲戒の平等性

愚痴…愚か。真実の理を知る智慧がない。

作業…行為。仕事のこと。

禅定・智慧…この二つを挙げてあるのは三学（戒・定・慧）を出家の楽しみとするからである。

儒書…『詩経』

明徳…天から受けた曇りのない徳性。明らかな本性。

色…ここでは顔色のこと。

四海みな兄弟…『論語』

貧富・貴賤みな*業相《ごうそう》の影と知る故、*常に足《た》ることを知る。この心が直《じき》にこれ不貪欲戒《ふとんよくかい》じゃ。儒書にも、「*富《とみ》しかも求むべきならば、*執鞭《しっぺん》の士と雖《いえど》も、我れこれを為《な》さん。もし求むべからずば、我が所好《このむところ》に従わん」とある。

九、不瞋恚戒の平等性

一切事々物々《じじもつもつ》の上にその楽《たのしみ》があるによりて瞋恚《しんに》をはなるる。総じて瞋恚は内《うち》の憂悩《うのう》によりて起こる。憂悩は*我愛《があい》より生ずる。我愛は念々《ねんねん》、*念相《ねんそう》を取るより生ずる。法のあり通りを全《まった》くして世に処すれば、一切時《いっさいじ》・一切処《いっさいしょ》にその楽あるじゃ。楽あれば憂悩がない。憂悩がなければ瞋恚は生ぜぬじゃ。

十、不邪見戒の平等性

大道《だいどう》を*我が物にして疑わぬによりて不邪見戒《ふじゃけんかい》を満足する。*断見《だんけん》にもあれ*常見《じょうけん》にもあれ、みな我相《がそう》より生ずる。この我相あれば、*有《う》の見《けん》か*無《む》の見《けん》か、どちへぞ堕《お》ちねばならぬ。法性《ほっしょう》に順ずれば、我相依《よ》り処なく、有・無の二見《にけん》自《おのずか》ら離るる。有・無に偏《かたよ》らねば、因果報応に信力決定《しんりきけつじょう》するじゃ。

業相の影…実体がないことを影に例えたもの。同様に人間の存在も過去世の十善の影であると尊者は説かれる。

常に足る…『老子』に「足ることを知る者は富む」、また『遺教経』に「知足の人は貧しと雖も而も富めり」とある。

富しかも〜…『論語』

執鞭の士…鞭を執るような賤しい役目。

我愛…自己に対する執着。

念相を取る…一念一念と起こる心に捉われていく。尊者は常に「自心に自心を執る」と表現される。

我が物にして…我と道とが一つになっていること。

断見・常見…邪見の二種類。断見は因果の否定。常見は無常の否定。詳細は不邪見戒を参照。

有の見か無の見か…有無の二見。存在するものを有とし、また無とすることの否定（中道）。有見＝常見、無見＝断見でもある。

仏性と善

十善と説けども、ただ一仏性《いちぶっしょう》じゃ。一法性《いちほっしょう》じゃ。この法性に順じて心を起こすを善といい、これに背《そむ》くを悪という。悪は必ず法性に背く。法性といえば、また名目《みょうもく》に落ちてむつかしきか。手近《てぢか》く言わば、悪は人間生まれままの心に背く。看《み》よ、子共でもむごきということは知る。盗人《ぬすっと》といえば腹を立てる。婬事《じ》は恥じる。詐《いつわ》ると言えば赤面《せきめん》する。軽口《かるくち》はいやしむることを知る。*麁言《そごん》もよくなきことを知る。他のなかごとも、云うまじきことを知る。物をほしがることも、気の短きことも、自《みずか》ら羞《は》じる。善事といえば悦《よろこ》ぶ。悪事といえば怖《おそ》るる。なに故なれば、この十善は生まれままに具《そなわ》ってあるじゃ。儒書にも、「*大人《たいじん》はその赤子《せきし》の心を失わざるのみ」とあるじゃ。

菩薩の十善業道

『華厳経』の中に、「*仏子菩薩摩訶薩、如クレ是ノ護二持シテ*十善業道ヲ一常ニ無シ二間断《けんだん》一、復タ作《な》サク二是ノ念ヲ一、一切衆生堕スル二*悪趣ニ一者、莫シレ不トイフコト三皆以テセ二十不善業ヲ一。是ノ故ニ我当ニベシ下自ラ修シ二正行ヲ一亦勧《すす》メテ二於他ニ一令ムレ修セ中正行ヲ上。何ヲ以テノ故ニ、若シ自ラ不シテハレ能レ修二行スルコト正行ヲ一令ムトイハバ二他ヲシテ修セ一者、無シレ有ルコト二是ノ処《ことわり》一」とある。これは離垢地《りくじ》の菩薩の行ずる処じゃ。菩薩は衆生を以て自心《じしん》とするじゃ。菩薩は善事を以て自《じ》の作業《さごう》とするじゃ。衆生を以て心とするによりて、衆生のあり通りを全く

麁言…荒々しい言葉。

大人は〜…『孟子』

仏子菩薩摩訶薩…仏の子である菩薩。菩薩摩訶薩＝菩薩。摩訶薩とは偉大な人の意。

十善業道…十善を行うこと。

悪趣…悪業の結果として赴く苦の世界。

して、常に世間にあるじゃ。この衆生の悪業を行じて悪趣《あくしゅ》に堕するを見ること、父母《ぶも》の愛子《あいし》の家法にそむきて流浪するを見る如く、*嬰孩《えいがい》の乳母《うば》の手を離れて水火に入るを見る如くじゃ。

作業《さごう》必ず善事なるによりて、身に行ずる所は不殺生・不偸盗・不邪婬じゃ。口に行ずる所は不妄語・不綺語・不悪口・不両舌じゃ。意に行ずる所は不貪欲・不瞋恚・不邪見じゃ。これを自《みずか》ら正行《しょうぎょう》を修《しゅ》すと名づくる。

十善護持の果報

この次の文《もん》に、「十善業道《じゅうぜんごうどうは》、是人天乃至《これにんでんないし》*有頂処受生因《うちょうしょじゅしょうのいんなり》」とある。十善を*上品《じょうぼん》に護《ご》持《じ》すれば、諸天及金輪王《しょてんおよびこんりんおう》の位を得る。中品《ちゅうぼん》に護持すれば、人中諸《にんちゅうもろもろ》の王位を得る。下《げ》品《ぼん》に護持すれば、人中の*豪貴《ごうき》となるじゃ。乃至《ないし》*分受《ぶんじゅ》護持の者も人中にありてその果報むなしからぬじゃ。これには異説もある。またこの上中下品《じょうちゅうげぼん》というに、各《おのおの》浅深《せんじん》のあることなれども、先ず大抵は上《かみ》の如くに憶念すべきじゃ。

これに反対して、十悪業を上品に造れば地獄に堕《だ》す。中品に造れば畜生に堕す。下品に造れば餓鬼に堕す。

嬰孩…乳飲み子。

有頂処…有頂天。天界の頂。
上品…最高。最上。品は序列をあらわす。
豪貴…すぐれていて貴い。
分受…戒の全て（満分）を受けず、一部を受戒すること。

縁起不可思議

『華厳経』に、「仏子、此ノ菩薩摩訶薩復タ作サク二此ノ念ヲ一。十不善業ハ是レ地獄畜生餓鬼受生ノ因」とある。この中*世智弁聡《せちべんそう》の者は、地獄というもの餓鬼というものは、無きことのように思い、おどしごとのように思う。今時《こんじ》法を説く者も多く人情に順じて説く故、この地獄・餓鬼ということが、浅はかに聞こゆるじゃ。もし人ありて*法性縁起《ほっしょうえんぎ》の不可思議なることを実々に信ずれば、*天眼《てんげん》を以て見ずとも地獄あるじゃ。餓鬼世界もあるじゃ。この地獄縁起甚深、我が心のあり通りじゃ。*自性法界清浄妙心《じしょうほっかいしょうじょうみょうしん》の中に、何故この地獄あるぞ。

殺生の業成

初心の者、先ず第一殺生業道《せっしょうごうどう》に就《つ》いて憶念せよ。死というは苦の至極《しごく》じゃ。腹痛を病むも、その痛みによりて総身に熱発するじゃ。もし死する時は、総身の*骨節《こっせつ》・脈絡《みゃくらく》、極大苦《ごくだいく》を生ずる。老衰長病の者、衆多介抱人《しゅたかいほうにん》の中にありて死する者も、この死苦を免れ得ぬということじゃ。まして色身堅固《しきしんけんご》なる者の殺害《せつがい》に遇《あ》うは、その苦痛更に増上なるべきじゃ。世間の衆生、異類まちまちなれども、その死を怖れ生《しょう》を楽しむことは一《ひとつ》じゃ。中に就いてこれ人《ひと》は*万物之霊《ばんぶつのれい》なり。天地この人によりて成立《じょうりゅう》し、道理この人ありて成

世智弁聡…世俗の知恵にたけて賢いこと。正しい道理に従わないので、仏道と縁を結ぶことがない。仏道に入れない八難の一。

法性縁起…すべての現象が本性のままに縁起によって現われること。華厳の教義。

天眼…天人の眼。すべての世界を見通す眼。

自性法界清浄妙心…本来具足している清浄な心。

骨節・脈絡…骨節＝骨の関節。脈絡＝血管。

万物之霊…万物の中で最もすぐれた霊妙な存在。

立する。もし自身残忍《ざんにん》の心を逞《たくま》しくして、罪なき者を故《ことさら》に殺害《せつがい》して、極大苦悩《ごくだいくのう》・怨恨《おんごん》を生《しょう》ぜしむる。この時業種子《ごうしゅうじ》が成就《じょうじゅ》して、他時異日《たじいじつ》我が身に集まる。無しといわれぬじゃ。*同一法性《どういつほっしょう》の中、縁起不可思議なるもので、此《これ》あれば彼《かれ》ある、此《ここ》に作《な》せば彼許《かしこ》に応ずる。*鐘磬《しょうけい》を撃《う》てその音響を発する如く、陰陽相激《いんようあいげき》して雷声発動《らいしょうほつどう》する如く、かの*末摩極苦《まつまごっく》が命根《みょうこん》と倶《とも》に滅して、この業種《ごうしゅ》を成《じょう》ずる。その怨恨《おんごん》・恚憤《いふん》の心が痛悩《つうのう》と倶《とも》に尽きて、*累世《るいせ》生死《しょうじ》の身心《しんじん》と共に増長する。*刹那際裏《せつなさいり》に*劫数《こっしゅ》を建立《こんりゅう》する。*妄心夢中《もうしんむちゅう》に種々の境界《きょうがい》を見る。

この悪趣の業種あるべき理を推《お》して知るがよきじゃ。この悪趣あれば、種々の水火*苦具《すいかく ぐ》あるじゃ。この中非理《ひり》の殺害、もしは尊尚*の境、*有恩《うおん》の境は、殊《こと》に深重の極苦を受くべき理じゃ。

法性の平等性と因果の理

心なければ止《や》みね。少しも心あれば残忍を逞《たくま》しくはならぬ。もし且《しばら》くも残忍の宜《よ》からぬことを知れば、生きとし生ける物に慈愛の心相応《そうおう》す。この慈愛増長《ぞうじょう》すれば、必ず仏法に信を生ずる。この信心増長すれば必ず平等性《びょうどうしょう》なることを知る。この本性を知れば、業《ごう》果《か》の空しからぬことを知る。この業果の空しからぬことを知れば、業相の増長すること

同一法性…すべてが平等な法性の現われ。
鐘磬…磬＝銅で作った打楽器の一つ。
末摩…(梵)marman の音写。身中にある急所のこと。死ぬ時の苦しみを断末摩という。
累世…生死を幾度も繰り返すこと。
刹那際裏…(梵)kṣaṇa の音写。瞬間。極めて短い時間。際＝きわ。裏＝中。
劫数…永遠に近いほどのきわめて長い時間。
妄心夢中に～…一瞬の夢の中に多くの苦の世界が生じる。
苦具…苦しみを受ける器。地獄のこと。
尊尚の境…貴い人を殺害することをさす。
有恩の境…恩人を殺害することをさす。

を知る。この業相の増長すること、*経中に喩《たとえ》を挙げて、「*尼拘律樹《にくりつじゅ》、その種子《しゅし》、芥子《けし》三分《さんぶん》の一《いち》の如くなれども、その大樹と成るに至りては、*賈客《こかく》五百乗《ごひゃくじょう》の車《くるま》を*蔭覆《おんぶ》してなお余《あま》りあり」とある。

現に看よ、世間の五穀の類、花果《けか》の類、その種子は微《み》なれども、発生時《はっしょうじ》至れば、人民これを恃《たの》んで性命《せいめい》を安《やす》んずるじゃ。この業相《ごうそう》も初めは微少《みしょう》なれども、のち果を得る時に至りては、累劫繋縛《るいこうけばく》するじゃ。人間も初め父母肉血《ぶもにっけつ》の余分のときはかすかなれども、出生《しゅっしょう》する時節は六根具足《ろっこんぐそく》するじゃ。出胎《しゅったい》の時はわずかなる赤子《せきし》なれども、その成長に至りて、或は聖賢《しょうけん》となりて世を救い民を利する。或は悪人となりて道を壊《やぶ》り家を乱す。業種子《ごうしゅうじ》の果を得る、信ずれば信じらるるじゃ。

*世教《せきょう》にも、「始メテ作ルレ俑《*よう》ヲ者ハ其レ無カランレ後」とある。「俑《よう》を作り出《いだ》せし者だに後なからんか」とあるによりて看よ。罪なき者を殺害《せつがい》すれば、決定《けつじょう》その報《むくい》ありて免れ得ぬじゃ。元来理に背くは本性に背くじゃ。この道理を拡《おしひろ》めて思惟《しゆい》せば、思い半ばに過ぐべきじゃ。この地獄のことを具《つぶ》さに知ろうと思わば、『正法念経《しょうぼうねんきょう》』・『瑜伽論《ゆがろん》』等を看よ。

餓鬼界と畜生界

また*餓鬼という者も、肉眼《にくげん》には見えねども、山川《さんせん》などの間にあるということじゃ。ま

経中に…『大智度論』
尼拘律樹…尼拘律は（梵）nyagrodha の音写。ニヤグローダ。インドの無花果（いちじく）の木。高木で葉は柿のようである。
賈客…商人。賈＝あきなう。
蔭覆…おおいかくす。
世教にも…『孟子』
俑…土葬の際に死者と共に埋める人形。
餓鬼…飢渇に苦しむ死者の魂。

た別に餓鬼世界というもあるということじゃ。梵語《ぼんご》には*閉戻多《へいれいた》という。支那の書には*鬼神《きじん》という。その中に、*至って羸劣《るいれつ》なる鬼《き》は、人の*祭《まつり》を受くることならぬという類じゃ。

畜生は今現に見る所の飛走鱗甲《ひそうりんこう》の類じゃ。その中にも、業《ごう》の軽重《きょうじゅう》ありて、この人間界にある畜生は苦楽相雑《あいざつ》すという。*鉄囲山《てっちせん》の間、黒暗《こくあん》の処、別に畜生界ありて、ここには純《じゅん》に苦を受くるというじゃ。

十悪の果報

上品の十悪は地獄界の極劇苦《ごくぎゃくく》を成立《じょうりゅう》し来《きた》る。中品の十悪は畜生*噉害《たんがい》の苦を成立し来る。下品の十悪は餓鬼界飢渇《きかつ》の苦を成立する。*慧目《えもく》のなき者は、仏語を信ぜよ。

この上中下品ということは自《みず》ら心を起こすに就いて上中下がある。大悪猛利《だいあくみょうり》の心と、*三時《さんじ》に決定《けつじょう》する等は、上品なるものじゃ。悪心の決定《けつじょう》せぬと、増長せぬと、時に当りて止むことを得ぬは、中下品なるものじゃ。境界《きょうがい》にも上中下があるじゃ。人を殺すを上とする。諸龍《しょりゅう》等を殺すを中とす。微細《みさい》の蚊蚋《ぶんぜい》等を殺すを下とする。人の中にも、父母《ぶも》等有恩《うおん》の人を殺すを*逆罪《ぎゃくざい》と名づくる。大極重罪《だいごくじゅうざい》じゃ。余《よ》の有恩の人を殺すを上の中の上品とする。中庸《ちゅうよう》の人を殺すを上の中品とする。悪人を殺すを下品とするじゃ。この類《たぐい》を推《お》して諸戒《しょかい》*犯相《ぼんそう》の上中下品を知れ。善心を以て善人を殺す、悪心を以て善人を殺す、

閉戻多…preta（逝きし者）先祖の霊→飢えて供物を待つ死者。
鬼神…祖先の魂や山川の神。鬼とは、人等の霊魂で、頭に角のある者ではない。
至って羸劣…きわめて力の弱い。羸＝疲れる。弱い。病む。
祭…祭食。供物。
鉄囲山…仏教の世界説で、須弥山をとりまく九つの山の最も外側の鉄の山。
噉害…噉＝食う。くらう。害＝障害。
慧目…真実を観察する智慧の眼。
三時…初・中・後。または、昼夜六時を各三時に分けたもの。一日中の意。
逆罪…五逆罪。父・母・阿羅漢・仏身を傷つけ血を流させる・僧団を破壊する。無間地獄に堕ちる最も重い罪。
犯相…戒律を犯した具体的な言動。

善心を以て悪人を殺す、悪心を以て悪人を殺すなど、その罪の軽重差別《きょうじゅうしゃべつ》、＊契経《かいきょう》・律蔵《りつぞう》・＊論蔵《ろんぞう》に具《つぶ》さに＊料簡《りょうけん》のあるということじゃ。

不殺生戒本論

殺生の罪の軽重

大綱《たいこう》は上《かみ》の通り＊信解《しんげ》憶念《おくねん》するがよい。今日《こんにち》は先ず不殺生戒を説くぞ。

殺《せつ》というは、＊方便《ほうべん》＊造作《ぞうさ》して他の命を奪うことぞ。＊一期《いちご》の相続を断ずる義じゃ。生《しょう》とは一切＊情識《じょうしき》ある者の名じゃ。この中に、人の＊命根《みょうこん》を断ずるを大殺生といい、畜生の命根を断ずるを小殺生という。大殺生の中にまた軽重《きょうじゅう》分かれて、君父《くんぷ》、諸《もろもろ》の聖者《しょうじゃ》、＊発《ほっ》菩提心《ぼだいしん》の人を殺すは大が中の重《じゅう》じゃ。通人庸流《つうじんようる》を害するは大が中の軽《きょう》じゃ。小殺生《しょうせっしょう》の中にまた軽重が分かれて、能変形《のうへんぎょう》の者を殺すは小が中の重じゃ。不能変形の者を殺すは小が中の軽じゃ。この中能変形とは、＊龍の類《たぐい》よく変化《へんげ》して或は人の姿となる。諸余の畜生に異なるということじゃ。不能変形とは、極底下《ごくていげ》の禽獣《きんじゅう》の類じゃ。

事《こと》の究竟《くきょう》に至るを＊根本罪《こんぽんざい》という。初め内心に発起《ほっき》するより、身口業《しんくごう》を動作し、所対《しょたい》の有情を悩ますを＊方便罪という。また助罪と名づくる。

契経…経典。経文は人々の素質に契い理に合するから契という。
論蔵…教義を論述した文献。
料簡…考察検討すること。
信解…信を元として理解する。確信する。『倶舎論』『維摩経』『法華経』信解品
方便…方法・手だて。
造作…手段。しかた。しわざ。
一期…一生涯の命。
情識…感情と意識。こころ。
命根…生命。根＝機関。
発菩提心…発心。悟りを求め人々を救う心を起こすこと。
龍…龍神。海や川に住む巨蛇の類。蛇形の鬼神。天龍八部の一。
根本罪…修行僧にとっての決定的な罪悪で、殺人・偸盗・淫事・大妄語をさす。
方便罪…比較的軽い罪。「初め盗心をおこすより或は言にあらはし或は身手を動ずる種々作業は方便罪を成ずる」『人となる道』

殺生戒の犯相

*一切衆生元来大解脱海《だいげだっかい》じゃ。自他をいうべからず。一異《いちい》をいうべからず。一《いっ》というも世間妄想《せけんもうぞう》・言句文字《ごんくもんじ》の*差排《さはい》じゃ。異《い》というも世間妄想・言句文字の差排じゃ。この中*且《しばら》く名づけて平等と説く。この平等性《びょうどうしょう》の中、業に随って自身を見る。他身を見る。自他分かるれば境《きょう》に差別《しゃべつ》ある。

*人間は万物の霊にして尊尚の境界《きょうがい》なるによりて、これを殺せば重罪を得る。もし仏戒《ぶっかい》を受くる者、一度《ひとたび》この重罪を作った者は、現生《げんしょう》に沙弥戒《しゃみかい》・比丘戒《びくかい》等を受くるに堪えず。世の*福田《ふくでん》となるに堪えぬということじゃ。畜生等は卑賤《ひせん》の境界なるによりて、これを殺す者は軽罪《きょうざい》を得る。この罪*懺悔《さんげ》すべきじゃ。懺悔し了《おわ》れば本清浄《ほんしょうじょう》に還《かえ》る。この者後《のち》志《こころざし》を発《おこ》せば沙弥戒・比丘戒を受くるに堪える。宿福《しゅくふく》あれば禅定智慧《ぜんじょうちえ》をも得て、世の福田ともなるということじゃ。もし不受戒の人は、業道に於て差別《しゃべつ》なけれども、戒障《かいしょう》となるはただ*五逆罪のみということじゃ。軽殺生《きょうせっしょう》の類は、且《しばら》く所論はなきじゃ。余《よ》の盗・婬・妄、軽重《きょうじゅう》・*遮障《しゃしょう》の差排も、準じて知れ。上来《じょうらい》は犯相《ぼんそう》じゃ。次に*持相《じそう》を憶念せよ。

在家・出家者の持相

この殺生の、人道に背き、天命に背き、正道理《しょうどうり》に違《たが》うことを知りて、憶念し護持して、

一切衆生元来大解脱海…この世界のすべてが仏の悟りの世界であること。
差排…区分けして整える。差別し区分ける。
且く名づけて平等…真実の世界（法性）は差別と平等とに分けられるものではないが、説き示すために仮に平等という。
人間は万物の霊…人間はこの世界の中で特別に高い霊覚心をもった優れた生き物である。『書経』
福田…福徳を生み出す田の意。ここでは福徳を授ける人の意で僧をさす。
懺悔…仏教では「さんげ」と読む。僧は布薩において自の罪を告白する。
五逆罪…二五頁の注参照。
遮障…さまたげになること。
持相…犯相の対。戒をたもつありさま。

妄《みだ》りに殺さず妄りに悩まさぬが、世間相応の持戒者じゃ。この殺生の業果《ごうか》空《むな》しからぬを信じ、自他共に繫累《けるい》し、*生々《しょうじょう》の処に*沈淪《ちんりん》するを恐れて、殺さず悩まさず、憎み恚《ふつく》まぬが、出世間少分相応の浄持戒者じゃ。

もし衆生の当相《とうそう》全く法性《ほっしょう》のある処なることを信じ、法性の当相全く衆生の差別なることを知れば、*自己法性の衆生、我が戒相となり来る。我が慈悲心となり来る。我が戒体《かいたい》この衆生ありて倍増する。我が慈悲この衆生ありて増上する。この*濁世《じょくせ》に忍び難きを能《よ》く忍ぶ。この難事《なんじ》、この恚悩《いのう》の事ありて、我が忍力《にんりき》を成就するじゃ。賢者善人と共に交わりて、その*慈忍《じにん》の心あるは珍しからぬじゃ。背恩《はいおん》の人を見て我が忍力を成ずる。暴《ぼう》悪《あく》の人に対して我が忍力を成ずる。憍慢《きょうまん》の人を見て我が忍力を成ずる。一衆生のある処に一切衆生の慈悲心を生ずる。爰許《ここ》に至りて真正《しんしょう》持戒者というべし。

天道と人道

この中初めに*人事《にんじ》を全くして不殺生戒を護持する。人事が全ければ自《おのずか》ら天道あることを知る。天道が全ければ自ら本性に達する。生死相続縁起《しょうじそうぞくえんぎ》の趣《おもむき》に通達《つうだつ》する時節あるべきじゃ。

天地の天地たる所、大人《たいじん》の大人たる所は、生きとし生ける者に悉《ことごと》くその所*を得せしむ

生々…生まれかわり死にかわりすること。

沈淪…生死流海に沈むこと。

自己法性の衆生…衆生の存在そのものが法性のすがたであること。

濁世…濁りけがれたこの世。五濁（この世のけがれの五つ）①劫濁…時代の濁り。戦争・疫病・飢饉が多くなる環境のけがれ。②見濁…よこしまな思想がはびこる。③煩悩濁…煩悩が盛んになる。④衆生濁…人間の心身が虚弱になる。⑤命濁…寿命が短くなる。最後には十歳までになるとも。（巻第九不瞋恚戒参照）

慈忍…慈悲と忍辱。

人事…人間界の行い・出来事。

所…この「所」は、あるべき道・姿をさす。

るにある。万物を各々生育して止まぬ処にある。仏出世《*ぶつしゅっせ》にもあれ、仏不出世にもあれ、この道常に存在して世間に住するじゃ。

支那国にも大人君子《たいじん》は自《おのずか》らこの心あるじゃ。『左伝《さでん》』に、叔弓《*しゅくきゅう》軍《いくさ》だちして費《*ひ》を囲《かこ》む。初め敗軍す。平子《*へいし》怒りていわく、「費人《ひじん》を見ば執《とら》えよ」と。冶区夫《*やくふ》いわく、「然《しか》らず、もし費人を見ば、寒《こごえ》たる者には衣を与え、飢えたる者には食を与えよ」と。平子これに従う。一年を経《へ》てその功あったということじゃ。『史記』に、「殷の湯王*、野に出て、捕《とル》レ鳥者《ヲ》を見るに、四面に網を張りて祝《*しゅく》していわく、自《より》レ天下《リ》四方《ヨリ》皆入《レ》二我《ガ》網《ニ》一く、嘻《*ああ》尽《つくセリ》矣と。その三面を去りて改め祝《しゅく》す。欲《*セバ》レ左《セント》左《セヨ》、欲《セバ》レ右《セント》右《セヨ》。不《ンバ》レ用《ヒ》レ命《ヲ》乃《チ》入《レ》二吾《ガ》網《ニ》一と。諸侯がこれを聞いて、湯の徳至《レリ》矣、及《ブ》二禽獣《ニ》一と云うて、悉く従うた」とある。『礼訓』に、「天子無《レバ》レ故《ゆえ》不《レバ》レ殺《サ》レ牛《ヲ》。諸侯無《レバ》レ故不レ殺《サ》レ羊《ヲ》。大夫無《レバ》レ故不レ殺《サ》二犬豕《*けんしヲ》一」とある。明《みん》の焦弱侯《*しょうじゃくこう》がこれを引いて、「天子尊《ハ》也。諸侯大夫貴《ハ》也。然《レドモ》皆無《レバ》レ故不レ得《スルコトヲ》二殺生《*しゅっせ》一。

夫《レ》無《レバ》レ故不《レバ》レ得二殺生《スルコトヲ》一、有《ッテ》レ故而殺者《ス》蓋無《シ》レ幾《いくばくも》矣」と云うた類。宋の周茂叔《*しゅうもしゅく》が窓前の草を鋤《す》き去らぬ類。これ等みな天地生育の道にも順ずべく、仏法にも順ずる趣じゃ。

人徳への尊重心

この憶念ありてこの法成就《じょうじゅ》す。この法ありてこの徳成就す。有信《うしん》の者は先ずこの人

仏出世にもあれ〜…仏が説く真実の道は、仏がこの世に出生されなくとも常在している。仏はその法を示したに過ぎないということ。
叔弓…春秋、魯の大夫。
費…春秋、魯の邑。
平子…春秋、魯の大夫、季孫意如の謚。
冶区夫…春秋、魯の大夫。
湯王…殷王朝初代の天子。
祝して…祈って。
嘻尽矣…ああ捕り尽くしてしまう。
欲左左〜…左に行きたければ左に行け、右に行きたければ右に行け、命に従わないものはわが網に入れ。
犬豕…「いぬ」と「いのこ」。「いのこ」とは本来、祭祀の時に使う豕（ぶた）の意。
焦弱侯…焦竑。弱侯は字。明の学者。
周茂叔…周敦頤（一〇一七〜一〇七三）。茂叔は字。宋の儒学者。

間の尊尚なることを憶念するがよい。天地に参《まじ》わりて三才《*さんさい》と称す。仏・菩薩もこの人《にん》中《ちゅう》に跡《*あと》を垂《た》る。賢者聖人《けんじゃせいじん》もこの人中に出ずる。諸《もろもろ》の神祇《じんぎ》もこの人間《にんげん》を守護ある。これ等の憶念だに相続すれば、自《おのずか》ら初戒《*しょかい》は全《まった》きじゃ。この人趣《*にんしゅ》を尊重《そんじゅう》する心あれば、自《おのずか》ら恚怒《いど》の心を離れて、打罵《*ちょうめ》・悪賎《*おせん》の事なく、方便罪を離る。方便罪を離るれば、自ら根本罪《こんぽんざい》に至らぬ。上人徳者《*じょうにんとくしゃ》に尊重の心を生ずるのみならず、中人庸流《ちゅうにんようる》をも尊重するじゃ。中人庸流を尊重するのみならず、下等愚人暴悪《げとうぐにんぼうあく》の者にも尊重の心を失わぬじゃ。この仁慈《じんじ》の心を一切人間に偏《*へん》じて、自《おのずか》らその徳を全くする。これを不殺人戒《ふせつにんかい》の相と名づくる。

この中に中下《ちゅうげ》の類をも尊重するというは、都盧一《*とろいち》に尊卑《そんぴ》を分かたぬことではない。君《きみ》と称すべき者は君と称して尊重するじゃ。足下《*そっか》と称すべき者は足下と称して尊重するじゃ。汝《なんじ》と称すべき者は汝と称して心内《しんない》に尊重に思うじゃ。上《かみ》を敬《けい》し下《しも》を愛し、賢者を尊《とおと》み不肖者《ふしょうもの》を憐《あわれ》む。その品類《ほんるい》はよくよく分別すれども、その人の人たる徳を尊重し憶念することは一《ひとつ》じゃ。暴悪《ぼうあく》の者にも尊重の心を失わぬというは、その暴悪を尊重するではない。暴悪は憎み賎《いや》しむべきことなれども、この人界《にんかい》に生まれ来りし善根を尊む。人間当りまえの位を尊重するじゃ。要を取って云わば、人趣《にんしゅ》の尊重なることを憶念するは、道に達する要津《*ようしん》じゃ。

三才…天・地・人。才＝はたらき。『易』説卦

跡を垂る…＝垂迹。衆生済度のために人間の姿でこの世に出現すること。

初戒…十善戒の第一不殺生戒をさす。

人趣…人間界。六趣のうちの一。

打罵…ののしる。罵倒する。

悪賎…にくみいやしむ。

上人…徳のすぐれた人。仏教では僧のこと。

偏じて…あまねし。広く行き渡る。ひろくおよぼす。

都盧一…すべてひとくくりにする。都盧＝すべて。

足下…同輩に対する尊称。

要津…重要な港。

尊重心の拡充

自《みずか》ら自己人身《にんしん》に尊重の心あれば、自暴自棄《じぼうじき》の患《うれい》がなきじゃ。諸《もろもろ》の国土に父母《ぶも》なき子なく、親族の撫育《ぶいく》*によらずして長ぜる人なければ、自《おのずか》ら父母親族に尊重の心が生ずる。親族の中に尊重の心あれば、孝悌《こうてい》*の道が立《りっ》す。孝悌の道立すれば、忠義*も仁慈《じんじ》*も立するじゃ。この仁慈の心を拡《おしひろ》め充《みた》して、禽獣諸虫《きんじゅうしょちゅう》に至るまで母子の愛あるを見る。雌雄の親あるを見る。生《しょう》を楽しみ死を怖《おそ》るるを見る。この人情を以て彼《かれ》が情欲を察する。この中不殺生戒が自《おのずか》ら顕《あら》わるるじゃ。宿福深厚《しゅくふくじんこう》*の者は、この中に因果を信じ縁起の趣に達する。流転生死の中、昇沈《しょうちん》の窮《きわま》りなきことを知る。この微細《みさい》の虫蟻《ちゅうぎ》に至るまで、本性の平等なるに達す。これを不殺生戒全《まった》きと名づくるじゃ。

この小殺生までも謹慎《きんしん》*に護持する場所に、自《おのずか》らその徳を成就すること、喩えば薬物《やくもつ》の製法精密《せいみつ》なればその功いちじるしき如く、刀剣の鍛錬よろしければその鉾《ほこさき》鋭利なるが如くじゃ。通じて戒法というは、悪を止むる*に名を得ることなれども、この悪を止むる中に、その徳を成就するじゃ。

護持の種々相

ここに一つ疑いがあるべきことじゃ。もし菩薩が出家隠士《しゅっけいんし》なる時は、如上《にょじょう》の徳成就す

撫育…慈しんで養い育てる。撫＝なでる。手を添える。

孝悌…孝弟。父母に孝行し、兄長に従順なこと。『論語』

忠義…君主に対して真心で仕えること。また、その心。

仁慈…いつくしみ恵む。

宿福…過去世の福徳。

謹慎に護持…自ら謹んで戒をまもること。尊者はこの先、戒だけではなく生活のあらゆる面で謹慎・篤実ということを常に説かれていく。

悪を止むる…戒の本来の意味、防非止悪（非法を防ぎ悪を止める）をさす。

べし。もし世間にありて国の政《まつりごと》を執《と》るに、その盗賊徘徊《はいかい》し、悪人徒党を結ぶ。これ等の事もなしというべからずじゃ。その時もし殺せば仏戒を軽んずるに似る。もし*宥《なだ》むれば政道《せいどう》立《りつ》せず。人民《にんみん》の害となる。この二途《にと》何《いず》れに従うべきぞ。これは審諦《しんたい》に思惟《しゆい》すべき場所じゃ。

経の中に、善心を以て悪人を殺すは、悪心を以て蟻《あり》子を殺すよりもその罪軽《かろ》きとある。また国家に害ある者を殺すはその罪はなきとある。罪のなきのみならず、その功徳を成《じょう》ずとある。『瑜伽《ゆが》（師地論）』菩薩地《ぼさつじ》の戒品《かいぼん》、『正法念《しょうぼうねん》（処《じょ》）経《きょう》』等に*開《かい》のあることじゃ。また『涅槃経《ねはんぎょう》』の中に、「大衆《だいしゅ》世尊に問い奉《たてまつ》る。仏の*金剛不壊《こんごうふえ》の身は甚深微妙《じんじんみみょう》なり。仏は過去世《かこせ》にありて、いかなる善根を修《しゅ》して、この金剛不壊の身を得たまうと。世尊答う。我れ過去世国王たるとき、正法《しょうぼう》を護持し道ある軍《いくさ》に立ちし故に、この金剛不壊の身を得たり」と。法としてかくの如くじゃ。広大の慈悲心が、直《じき》にこれ賢聖《げんじょう》の*心業《しんごう》じゃ。この賢聖の心業を戒と名づくるじゃ。大人《たいじん》の持戒《じかい》は民庶の知るべきならず。菩薩の志は*小根劣機《しょうこんれっき》の者の知るところではなきじゃ。

在家と出家の戒

大抵は十善の世には乱臣賊子《らんしんぞくし》はその名だも聞かぬという。乱法《らんぽう》の民《たみ》、不孝《ふこう》の子弟も、

宥む…うまく取り計らうこと。罪をみのがす意。

開…許すことを開という。遮（しゃ）＝禁止の対。

金剛不壊…堅くて壊れないこと。金剛石が最も堅固なことに例える。

心業…心のはたらき。

小根劣機…根機（宗教的な能力）が劣っている。

自《みずか》ら恥じて自ら改むという。乃至禽獣《ないしきんじゅう》まで馴《な》れなついて*搏攫《はくかく》せぬということじゃ。在家戒の中、慈悲心を以て下虫蟻《しもちゅうぎ》に至るまで救う。また慈悲心を以て悪人を*誅《ちゅう》する。*姑息《こそく》の仁《じん》、*怯弱《こにゃく》の心を以て一二人《いちににん》を宥《なだ》めて大乱《たいらん》に及ぶことはせぬじゃ。十善の道その理《り》面白きじゃ。出家戒の中は一向に殺生せぬ。心を寄する処ただ道のみじゃ。身を託する処ただ賢聖の威儀《いぎ》じゃ。世間の師とはなるべく、世間の交わりにはよらぬものじゃ。

およそ戒法に*持《じ》・犯《ぼん》・*開《かい》・遮《しゃ》あって、*一途《いちず》にかたよることではないということじゃ。『涅槃経』に、よく一*字を解《げ》するを律師と名づくとある。この一字ということ、古今解し難きということじゃ。

殺生の業報

また『華厳経』に、十不善業の*久遠長時《くおんちょうじ》、その苦報《くほう》相続することを説く中に、「殺生之罪能令衆生堕於地獄畜生餓鬼。若生人中得二種果報。一者短命《たんみょう》。二者多《た》病《びょう》」とある。この中、殺生の罪は自《おのずか》ら仏性に背く。この人間世界、天地生育《てんちせいいく》の理に違《たが》う。人《ひと》の人たる道に背く。これによりて自性法界清浄妙心《じしょうほっかいしょうじょうみょうしん》の中に地獄を建立するじゃ。大火《たいか》を現ずるじゃ。大水《だいすい》を現ずるじゃ。諸《もろもろ》の*獄卒《ごくそつ》を現ずるじゃ。百千万年劫数《こっしゅ》を建立して、この中に頭出頭没《ずしゅつずもつ》するじゃ。水穀《すいこく》の名字《みょうじ》をも聞かぬ餓鬼界を建立するじゃ。義*理

搏攫…搏＝捕。攫＝撲ちとる。
誅する…罪人を殺すこと。
姑息の仁…一時的な温情。姑息＝一時のがれ。
怯弱…臆病。いくじのない。
持・犯…持はたもつこと。犯はおかすこと。
開・遮…開＝行為を許すこと。遮＝禁じること。してはならぬことと許されていること。「持犯開遮等を精詳にするを律宗と名く」『諸宗の意得』
一途…「いっと」とも。同じ路。一つの方法。
一字…『大般涅槃経』巻第三に、「仏の教えや所作をよく知り、上手に解説する者を律師と呼ぶ。よく経典を理解し、経典をよく保つ」とある。
久遠長時…遠い過去からの長い時間。
獄卒…地獄の鬼。
義理…正しいすじみち。人が行うべき道理。

を*弁ぜず、互いに相《あい》*噉害《たんがい》する畜生界を建立するじゃ。これを三悪趣に堕《だ》すという。これが正しき殺生業道《せっしょうごうどう》の報《むくい》じゃ。この悪業未《いま》だみてぬ間は、三宝《さんぼう》の名字をも聞かず、父《ぶ》母師長《もしちょう》の名字をも聞かず、一切の義理を弁ぜず。この身心ただ極大苦《ごくだいく》と相応して、少分《しょうぶん》の意に適《かな》うこともなきということじゃ。

殺生の余業

長時《ちょうじ》にこの苦を受け已《おわ》ってのち、もし人中《にんちゅう》に還《かえ》り生ずるも、その殺生の*余業《よごう》が身心にそい来りて、或は母胎《もたい》の中に死し、或は出生《しゅっしょう》して死し、或は*少年にて死する。これを経中に一つには短命《たんみょう》という。この殺害《せつがい》の業は他の身心を苦しむる故、その余業が自《みずか》らの身心にそい来りて、*生々《しょうじょう》の処に悩み苦しむ。これを経中に二つには多病という。今日《こんにち》人間世界に現に見る所の短命《たんみょう》の者、多病の者は、過去世に作りなせし所の殺生の余業が、*等同流類《とうどうるるい》し来りてかくの如くということじゃ。

この業相《ごうそう》の影は不可思議なるものにて、一度その果報《かほう》定まれば*改易《がいやく》せられぬじゃ。看よ、現今《げんこん》多病なる者が、種々の薬術を以て救療《くりょう》するも、多くはその*験《けん》を得ぬ。身心を*帰《き》投《とう》して神祇《じんぎ》に祈るも、多くはその*徳を得ぬ。薬術功《こう》なしとはいわれぬ。神祇徳なしとはいわれぬ。ただ業力《ごうりき》が強きものにて改易がならぬじゃ。初め業因の時慎《つつし》まねば、果報を

弁…わきまえる。
噉害…くらい傷つけあう。噉＝くらう。
余業…業の残り。前世につくった業が今世に残っているもの。
少年…年の若いこと。若者。
生々…何度も輪廻して生まれ変わること。
等同流類…性質を変えることなく継続すること。等流ともいう。
改易…変更する。
験…効験。効果。
帰投…心身を投げ出して仏・菩薩などによりすがる事。
徳…恩恵。めぐみ。

得る時に至りては、免《まぬが》るることがならぬじゃ。

不殺生戒の異熟果・等流果・増上果

また論蔵《ろんぞう》の中に、異熟果《＊いじゅくか》、等流果《＊とうるか》、増上果《＊ぞうじょうか》の三つを明《あ》かして、この殺生の業果を説く。初めに異熟果、次に等流果は『華厳《けごん》（経）』の文《もん》に相違なきじゃ。のちに増上果というは、この殺生の業、外《ほか》の資具《＊しぐ》等までに推《お》し通じて、光沢《こうたく》少なしとある。初心なる者は、業報《ごうほう》因縁《いんねん》の、外の器界《＊きかい》・資生《ししょう》の具《ぐ》に推《お》し亘《わた》ることは、信解《しんげ》が生じ難かろうが、外典《げてん》にも、大《たい》乱《らん》ののちは必ず飢饉ありという。歴史にもその例があることじゃ。この大乱ののち飢饉ある道理を以て、増上果あることを知るがよい。一国の主が殺生の余業あれば、一国に五穀味《あじわい》薄く、花果《けか》までも光沢少なきじゃ。平人《へいにん》が殺生の余業あれば、或は五穀を植ゆるも実《み》のり少なく、家宅を造立《ぞうりゅう》するも心に適《かな》わず、仕官を求むるも昇進を得ぬじゃ。商人の利を得ぬ、医師の薬験《やくげん》のなきなど、万事《ばんじ》みな増上果という。上下貴賤の別はあれども、その趣は同じきじゃ。

因果と法性

要を取って云わば、色心《しきしん》は元来《がんらい》不二《ふに》じゃ。内外《ないげ》は本来《ほんらい》不可得《＊ふかとく》じゃ。色心《しきしん》不二《ふに》なるによ

異熟果…異熟とは、異類・異時に成熟すること。因は善または悪であるが、その熟しえた果は無記（善でも悪でもない）であるから異熟という。
等流果…等流＝等同流類。原因と同種類の結果。他を殺生すれば自己も短命となるという果。
増上果…主因を助ける補助的な力によって生じた果。
資具…生活必需品。
器界…器世間。人間の住む環境世界。国土。
不可得…求めても認知できない。知覚できない。求めても得られない。不可得空のこと。

りて、心に念ずる処に必ず身口がある。身口に造作する処に必ずその心が応ずる。心無尽《むじん》なれば、業種相続《ごっしゅそうぞく》して、その果報空《むな》しからぬじゃ。内外は本来不可得なるにより て、身心に造作する処に、国土も随って転変するじゃ。人間《じんかん》善悪あって*天象上《てんしょうかみ》に応ずる。天命上《かみ》に定まって人事下《にんじしも》に応ずる。運《うん》に治乱《ちらん》あり。年《ねん》に*豊倹《ほうけん》ある。治世《ちせい》には上下枕を高うして余りある。乱世《らんせい》には英雄が奔走《ほんそう》して足らぬ。豊年《ほうねん》には山野みな*腹を鼓《こ》して余りある。飢歳《きさい》には*糟糠《そうこう》にも飽《あ》かぬ。悉く*天数《てんすう》先に定まりて改易《がいやく》し難きじゃ。この業相は身心に造作せられて自《おのずか》ら休むことなく、身心は業種《ごっしゅ》に転変せられて暫《しばら》くも一定せぬ。法性の法としてかくの如くじゃ。

雲の空中に起滅する、ただ風に随って自《みずか》ら自由の分ない。面白きことじゃ。草木の地上に栄枯《えいこ》ある、ただ風日霜露《ふうじつそうろ》に随って自ら自由の分ない。面白きことじゃ。

業相と無自性

*眼《まなこ》が自《みずか》ら眼を見ることはならぬ。色《しき》に対して眼の用《ゆう》がある。耳が自ら耳ならぬ。声《こえ》に対して耳の用がある。鼻が自ら鼻なるものでない。香《こう》に対して鼻の用がある。舌が自ら舌を味わえぬ。外《そと》の五味に対して舌の用がある。身《み》が自ら触《ふ》れぬ。外《そと》の触境《そっきょう》に対して身の用がある。悉くただ衆縁和合《しゅえんわごう》のみにて、自ら自由の分なきじゃ。心《こころ》が自ら心ならぬ。

天象…天体の現象。

豊倹…貧富。盛衰。ここでは年によって作物が豊富な年と足らぬ年があること。

腹を鼓して…腹つづみをうつ。食足って満足するさま。

糟糠…酒の糟と米の糠。まずい食べ物。

天数…天の道。自然の理法。

眼が自ら〜…我々が分別して知的に物をとらえようとする誤りを正すために、尊者がしばしば用いられる喩。他にも「水水を洗わず、眼眼を見ず、心心を知らず。もし心自ら心と知らざることを識取せば、世間出世間に自在なり」、「心自ら心を知らず。この知らざるところ、よく諸仏の師となる」等がある。

外の善悪邪正《ぜんあくじゃしょう》・是非得失《ぜひとくしつ》に対して心の用がある。悉くただ衆縁和合のみにてその実体なく、その主宰《しゅさい》なく、朝《ちょう》より暮《ぼ》に至るまで、ただ業相に役使《えきし》せられて、自ら自由の分なし。生《しょう》より死に至るまで、業相に役使せられて、自ら自由の分なし。面白きことじゃ。

経論の中に、無色界《むしきかい》の衆生は、この山林土田《さんりんどでん》の中にありて、常に虚空じゃとある。餓《が》鬼趣《きしゅ》の衆生は、この山川池沼《さんせんちしょう》みな大火聚《だいかじゅ》を見るとある。『維摩経《ゆいまきょう》』に「*身子《しんし》の見るところは草木瓦礫《そうもくがりゃく》、*螺髻梵王《らけいぼんのう》の見るところは*七宝荘厳《しっぽうしょうごん》」とある。面白きことじゃ。

人間界における十善の顕現

この*業相縁起《ごうそうえんぎ》の中に、先ず人間というものは、その姿にも十善は顕われてある。その世界にも十善は顕われてあるじゃ。経の中に、三悪趣《さんあくしゅ》の者はその身も*麁獷《そこう》*臭穢《しゅうえ》なるとある。その世界も*熱鉄煨河《ねってつわいが》・*黒風熱沙《こくふうねっしゃ》じゃとある。この中、地獄・餓鬼は肉眼《にくげん》に見えぬことなれば且《しばら》く置きて、畜生に比対《ひたい》してこの人間を知れ。

一、人間の不殺生戒の顕現

第一に、先ず仁愛《じんあい》の姿じゃ。身《み》に猛《たけ》き爪牙《そうげ》がない。頭に角がない。身体も柔軟《にゅうなん》なるじゃ。坐するも正しく行歩《ぎょうほ》も正しく、臥も正しく*衣冠《いかん》威儀《いぎ》も正しきじゃ。不殺生戒の影は

身子…舎利弗の漢訳名。
螺髻梵王…バラモンの行者や梵王は頭頂に螺髻があるのでいう。
七宝…七種の宝石。その宝石は経典により種々の説がある。
業相縁起…善悪の業によって世界が展開すること。
麁獷…あらあらしい。麁＝獷＝あらい。
臭穢…くさくてきたない。
熱鉄煨河…熱鉄と火の河。煨＝うずみび（火鉢の中に蓄えた火）
黒風熱沙…暴風と熱の砂。黒風＝暴風。沙＝砂
衣冠…着物と冠。装束。

先ずこうしたことじゃ。畜生を看よ。*師子《しし》・虎《こ》・狼《ろう》よりして下蛇《しもへび》・蛙《かわず》・微細《みさい》の虫蟻《ちゅうぎ》に至るまで、大小強弱の別はあれども、みな相噉害《あいたんがい》する毒があるじゃ。角あるもあり、牙あるもあり、利爪《りそう》あるもあり。大は小を*凌《しの》ぎ強は弱を*挫《くじ》きて、互いに噉害し*呑嚼《どんしゃく》するじゃ。かの殺生業道《せっしょうごうどう》の姿かくの如くじゃ。古《いにしえ》に麒麟《きりん》は生物《しょうもつ》を害せず*青草《せいそう》を踏まぬという類は、畜生道の中に一分人間《いちぶんにんげん》の徳を失わぬことじゃ。畜生の当りまえではない。また経中の*鹿《ろく》野苑《やおん》の縁などは、更に別途《べっと》のことじゃ。

二、人間の不偸盗戒の顕現

第二に、*福分相応《ふくぶんそうおう》の*よそおいじゃ。外《そと》の世界に桜《おう》・桃《とう》・*棠《とう》・梨《り》の花があるじゃ。五《ご》穀《こく》・*菜果《さいか》等があるじゃ。宮殿楼閣《ぐうでんろうかく》あり。*錦繍《きんしゅう》*綾羅《りょうら》ある。不偸盗戒の影は先ずこうしたものじゃ。畜生道の中を見よ。桜桃棠梨も、彼が分際には、芳艶《ほうえん》その境界《きょうがい》でない。錦繍綾羅も彼等が眼には、*文彩《ぶんさい》その境界でない。福分なきによりて、他の物を盗む姿じゃ。偸盗業道《ちゅうとうごうどう》その影かくの如くじゃ。*犛牛《ぼうぎゅう》が自《みずか》らその尾を愛する。孔雀《くじゃく》が自らその羽毛を惜む類は、畜生道の中に一分人間の徳を得しことで、畜生の当りまえではなきじゃ。

三、人間の不邪婬戒の顕現

師子…＝獅子。ライオン。
凌ぎ…しのぐ、おかす。
挫き…おさえる、降参させる。
呑嚼…口に入れてかみこなす。
青草…稲・麦・粟などの穀類の総称。
鹿野苑の縁…鹿野苑は釈尊が初めて説法をされた（初転法輪）場所。五人の修行者と共に鹿も聴法したことを意味する。
福分…福徳分。功徳。ここでは世俗的幸福を招く五戒・十善の善果をさす。
よそおい…ありさま。ようす。
棠・梨…からなし・やまなし。
菜果…「采」＝彩。いろどり。あや。
錦繍…「錦」は数種の染糸で模様を織り出した厚い絹布。「繍」は縫取りした布。
綾羅…あや絹とうす絹。「綾」は色々な模様を織り出した絹。「羅」は紗・絽のような薄い絹。
文彩…あやもよう。
犛牛…毛の長い牛。

第三に、上下・貴賤・尊卑ありて、礼度《れいど》乱れぬじゃ。民家に至るまで、冠婚喪祭《かんこんそうさい》、相応の式あり。親族その序《じょ》あり。眷属その親しみあるじゃ。不邪婬戒の影は先ずこうしたものじゃ。畜生道の中は、同類にもあれ、異類にもあれ、互いに争うのみにて、その*雌雄牝牡《しゆうひんぼ》を見よ。邪婬業道を具えた姿じゃ。古書に、*鳳凰《ほうおう》*来儀《らいぎ》するとき衆鳥《しゅちょう》*翼従《よくじゅう》すというなどは、畜生の中に一分人間の徳を得たことじゃ。畜生の当りまえではなきじゃ。*鴈行列《がんこうれつ》を乱さぬも、これに準じて知るがよきじゃ。

四、人間の不妄語戒の顕現

第四に、この言音《ごんおん》が国を治め家を治め身を修むる具《そなえ》じゃ。王公大人《おうこうたいじん》は或は*一言《いちごん》を以て国をおこす。或は*万世《ばんせい》の則《のり》を垂《た》る。不妄語戒の影は先ずこうしたことじゃ。畜生道の中には、ただ食《じき》を得ては親しみ、食を争うては相害《あいがい》する。ただ*慳《けん》・貪《どん》・嫉妬《しっと》の声、牝牡相《ひんぼうあい》慕う声ばかりじゃ。妄語業道その影かくの如くじゃ。仏経《ぶっきょう》等の中に、諸《もろもろ》の禽獣の君臣《くんしん》命《めい》を守りしことなどあるは、畜生の中に一分人間の徳を得て失わぬことじゃ。禽獣の当りまえではなきじゃ。

五、人間の不綺語戒の顕現

雌雄牝牡…雌雄＝牝牡＝めすとおす。
鳳凰…伝説上の吉祥の鳥。
来儀…来り舞って容儀のあること。
翼従…たすけしたがう。「翼」＝たすけ。たすける。
鴈行…雁が並んで飛びゆくこと。
一言を以て国をおこす…「一言而興邦」『論語』子路
万世の則…いつまでも変わらない法則。
慳…ものおしみをする。

第五に、言語《ごんご》正しく*五声《ごしょう》・*七音《しっとん》わかるるじゃ。その義理がそなわるじゃ。不綺語戒の影は先ずこうしたものじゃ。畜生は、牛は牛、馬は馬、杜鵑《ほととぎす》は杜鵑、鶯《うぐいす》は鶯、各《おのおの》その一《いち》様《よう》の声のみあって、その中事々不具足《じじふぐそく》なるじゃ。綺語業道その影かくの如くじゃ。仏経の中に、禽獣の語言《ごごん》せし縁あり。世典《せてん》の中に、雀が公冶長《こうやちょう》に告げ、「*南山《ニ》有《リ》レ虎」などと云いし類は、別途の事にて、禽獣の当りまえではなきじゃ。

六、人間の不悪口戒の顕現

第六に、舌根《ぜっこん》も柔軟《にゅうなん》なるじゃ。詠歌《えいか》・諷吟《ふうぎん》も、なせばなさるるじゃ。*三管《さんかん》も奏《そう》せらるる。経《きょう》・*陀羅尼《だらに》も、読めば読まるるじゃ。不悪口戒の影は先ずこうしたものじゃ。畜生は舌根《ぜっこん》麁獷《そこう》なるものにて、内外の経論を読むこともならず。よきことに用いることのならぬものじゃ。鶯《うぐいす》・杜鵑《ほととぎす》、山がらなどが音声《おんじょう》の、人間の耳をよろこばしむるも、彼が自《みずか》らの当りまえは、苦悩*羸劣《るいれつ》の声じゃ。悪口業道《あっくごうどう》その影かくの如くじゃ。鸚鵡《おうむ》が能《よ》く言うもこれに類して知れ。

七、人間の不両舌　戒の顕現

第七に、多くは親愛の声じゃ。たまさかに恚怒《いど》の声を出《いだ》すは、音声《おんじょう》の変*じゃ。賢人君

五声・七音…中国・日本の音階五声＝宮・商・角・徴・羽。七音は五声に＋変宮と変徴を加えた音階。

南山に虎有り…雀が公冶長に話しかけた故事（『論語』）。公冶長は春秋時代の儒学者で孔子の弟子。

三管…雅楽の笙・篳篥（ひちりき）・笛の総称。

陀羅尼…多くは仏の功徳を称える呪文で、短いものは真言という。

羸劣…弱く劣っている。羸＝よわい。

変…異常なできごと。

子には一生恚怒の声を出さぬ者もある。また多くは歓楽の音声じゃ。たまさかに悲哀《ひあい》の声を出すは、音声の変というものじゃ。また徳人《とくにん》・長者《ちょうじゃ》には一生悲哀の声なき者もある。不両舌戒の影は先ずこうしたものじゃ。畜生は多く恚害《いがい》の声、悲哀の声じゃ。両舌業道《りょうぜつごうどう》その影かくの如くじゃ。*経中に、*水鳥《すいちょう》*和雅《わが》の音を出し、また念仏《ねんぶつ》・念法《ねんぽう》・念僧《ねんそう》の音を出すとあるは、別途のことじゃ。

八、人間の不貪欲戒の顕現

第八に、大抵は平生《へいぜい》足《た》ったものじゃ。この人界《にんかい》の中は、酒食《しゅしょく》に*敗《やぶ》らるる者は十に五六ありて、飢えて死する者は百千人に一人も希《まれ》じゃ。*患難困苦《かんなんこんく》に死する者は十に一二あって、*放逸《ほういつ》*懈怠《けたい》によりて死する者は十に七八じゃ。まもりさえすれば大方《おおかた》は生涯全《まった》きじゃ。不貪欲戒の影は先ずこうしたことじゃ。畜生は常に食《じき》を求むるばかりで、十に八九は足らぬということじゃ。祇耶多尊者《ぎやたそんじゃ》が衆《しゅ》に告げて、「我れ過去多生《かこたしょう》、犬に生《しょう》を受けしとき、ただ*両度食《りょうどじき》に飽《あ》いた」と。仏語《ぶつご》に、「畜生は*飢火《きか》常に燃ゆる」とあるじゃ。貪欲業道《とんよくごうどう》その影かくの如くじゃ。厩《うまや》に肥《こえ》たる馬あり。鷹鮮肉《たかせんにく》に飽《あ》く類は、前に準じて解《げ》せよ。

九、人間の不瞋恚戒の顕現

経中に…『仏説観無量寿経』・『阿弥陀経』

水鳥…水に住む鳥。水禽。

和雅…性質などの穏やかで上品なみやびな声。

敗らるる…そこなわれる。こわれる。

患難困苦…患難＝わずらいや災難。困苦＝苦しめられていること。

放逸…気まま。

懈怠…心がゆるんでなまける。

両度食に飽いた…二度だけ満足した。

飢火…飢えを火にたとえたもの。

第九に、到る処親愛じゃ。おそれはなきじゃ。外国の者がこの国に来りても仁愛《じんあい》を施《ほどこ》す。この国の者が海波《かいは》に漂《ただよ》わされて外国に行きても、接待迎送する。不瞋恚戒の影は先ずこうしたものじゃ。畜生の、見れば瞋《いか》り逢えばかみあうを見よ。瞋恚業道その影かくの如くじゃ。『唐書《とうしょ》』に象の礼節あるを記する類、内典《ないてん》*にも、外典《げてん》*にも、熊が人を救うた事の類は、別途《べっと》のことじゃ。

十、人間の不邪見戒の顕現

第十に、善悪邪正《ぜんあくじゃしょう》も、思惟《しゆい》すればわかるる。心を摂《おさ》むれば摂めらるる。不邪見戒の影は先ずこうしたものじゃ。畜生などをよく看よ。満身の苦しみ、心をおさむるいとまもなきじゃ。勿論理非《りひ》*を分別することもならぬものじゃ。満身の苦しみは、彼が息づかいを見て知れ。仏語《ぶつご》に、「畜生は喘息《ぜんそく》*安からぬ」とある。邪見業道その影かくの如くじゃ。経《きょう》・論《ろん》・諸伝《しょでん》に、龍来りて法を聴聞《ちょうもん》せし類、『師子月経《しじがつきょう》』に、獼猴《みこう》が三帰《さんき》*を受けた類は、別途の因縁じゃ。

不殺生戒結語

世間の人、生まれ付きたる善功徳だに全《まった》くし得ずして、畜生等の心になるは、実に悲

内典…仏典。
外典…仏典以外の書物。
理非…理と非。道理にかなっていることと、かなわないこと。
喘息…喘＝あえぐ。息。
三帰を受けた…三帰（仏・法・僧に帰依をする）の儀式を受けること。

しむべきことじゃ。総束《そうそく》して云わば、仏と異ならぬ心を持ちながら、自《みずか》ら迷うて、*些々《しゃしゃ》たる業相の姿を*構えて、その中に頭出《ずしゅつ》頭没《ずもつ》し、此《ここ》に死しては彼《かしこ》に生じ、彼《かしこ》に死しては此《ここ》に生じ、*業風《ごっぷう》に吹きまどわされて、暫《しばら》くも*定かならぬじゃ。一切時一切処に、生《しょう》もなく滅《めつ》もなき場所に、自《みずか》ら生死《しょうじ》を構えて種々《しゅじゅ》*顚倒《てんどう》するじゃ。彼《かれ》もなく此《これ》もなき一切平等なる場所に、そこには*へきりを拵《こしら》え、ここには*へだてを設《もう》けて、自《みずか》ら窮屈に入《い》るじゃ。「今此三界《いまこのさんがい》皆是我有《はみなこれわがうなり》、其中衆生《そのなかのしゅじょう》悉《はことごとく》是吾子《これわがこなり》」なるに、その子共《こども》が互いに*いさかい*せりあいするじゃ。甚《はなは》だしきに至りては人たる道に違《たが》う。自己心中に大安楽のあるを知らずに迷うて居るじゃ。

十善法語　巻第一　終

些々…すこしばかり。
構えて…業の結果の姿を現していること。
業風…業のちからを風にたとえた。
定か…安らかで不動なこと。
顚倒…さかさま、つまり道理に背く考えであること。
へきり…部切。しきり。対立の壁を作る。
へだて…差別。
いさかい…諍い。激しく言い争う。けんかする。
せりあい…競合。互いに競うこと。

十善法語　巻第二

不偸盗戒《ふちゅうとうかい》

安永二年　癸巳《みずのとみ》十二月八日示衆

性の定義

師いわく、今日は不偸盗戒《ふちゅうとうかい》を説くじゃ。『華厳経《けごんきょう》』の中に、「性不偸盗《しょうふちゅうとうノ》菩薩《ぼさつ》、於《おいテ》二自《みずからノ》＊資財《ニ》一常《ニ》知《リ》二＊止足《ヲ》一、於《テ》レ他《ニ》＊慈恕《シ》不レ欲《セ》二＊侵損《スルコトヲ》一。若《シ》物属《スレバ》レ他《ニ》起《シ》二他物《たもつノ》想《ヲ》一、終《ニ》不三於《テ》レ此《ニ》而生《ゼ》二盗心《ヲ》一。乃至草葉《ヲモ》不《レバ》レ与《ヘ》不レ取《ラ》。＊何況《いかニヤ》其余《ノ》資生之具《ヲヤ》」とある。これが＊第二地離垢地《だいにじりくじ》の菩薩の心じゃ。菩薩の法、法としてかくの如くじゃ。この中、性不偸盗《しょうふちゅうとう》というは、性《しょう》は不改《ふかい》の義《ぎ》に名づくる。いかようなる事ありても改まらぬを性という。例を挙げて云わば、火は＊煖性《なんしょう》じゃ。水は湿性《しっしょう》じゃ。この水の湿《しつ》、火の煖《なん》は、いかようなる事ありても改まらぬものじゃ。この煖性の如く、この湿性の如く、菩薩は不偸盗の性じゃ。

菩薩の本性

資財…生活用品。
止足…節度。求めることを止めて足ることを知る。
慈恕…慈しみ思いやりが深い。
侵損…物を盗み人を傷つける。
何況…いうまでもなく。ましてや。
第二地離垢地…菩薩十地のうちの第二地（第二の位）。衆生界のけがれの中に住してもそれを離れている中道の境地。十地＝菩薩が修行すべき五十二の段階のうち、特に第四十一位から第五十位までを十地という。
煖性…煖＝あたたかい。

律文《りつもん》に、一比丘《いちびく》あり、一住処《いちじゅうしょ》に安居《*あんご》す。鬼神《きじん》あり、時々《じじ》来りてこの処伏蔵《*ふくぞう》ありと告ぐ。これを世尊《せそん》に白《もう》す。世尊曰《いわ》く、この縁事《えんじ》あらば夏《げ》を移し去るべしと。また毘舎佉母《*びしゃきゃも》、祇園精舎《*ぎおんしょうじゃ》に詣《けい》して、樹下《じゅげ》に宝瓔珞《*ほうようらく》を遺《わす》れ去る。この時下至《げし》浄人《*じょうにん》まで、心頭《しんとう》に係《かか》る者が無かりしと。これじゃ。仏弟子たる者の風儀じゃ。菩薩はこの仏弟子の風《ふう》がその性《しょう》を成就《じょうじゅ》するじゃ。この盗戒《とうかい》の如く、前後の九戒《くかい》もみな菩薩たる者の本性《ほんしょう》じゃ。

一切の戒は同一性

前の戒は菩薩自《みずか》ら不殺生の性《しょう》じゃ。水の湿、火の煖、金石《きんせき》の堅《かた》きが如く、菩薩たる者は、この不殺生慈悲の性が、生々世々《*しょうじょうせぜ》に随逐《ずいちく》して、いかようなる事ありても改まらぬということじゃ。

世尊、因時《*いんじ》大力毒龍《だいりきどくりゅう》たりし時、閉目《へいもく》して身皮《しんぴ》を猟師に与え給《たま》うということじゃ。また初果《*しょか》の聖者《しょうじゃ》は屠家《とけ》に生《しょう》を受けても殺生なき類じゃ。

次後《じご》の戒は菩薩自《みずか》ら不邪婬の性《しょう》じゃ。水の湿、火の煖、金石の堅きが如く、たとい浄《じょう》妙《みょう》美麗男女《びれいなんにょ》の境《きょう》に対しても、この不邪婬清浄の性は改まらぬじゃ。『賢愚経《けんぐきょう》』の山居《さんきょ》の沙弥《しゃみ》、『大《だい》（智度《ちど》）論《ろん》』の失路優婆塞《*しつろうばそく》の類じゃ。

次後の戒は不妄語《ふもうご》の性《しょう》じゃ。水の湿、火の煖、金石の堅きが如く、菩薩たる人はたと

安居…洞窟や寺院に籠って修行に専念すること。
伏蔵…地中に秘め隠された財宝。
毘舎佉母…古代印度のカーストの一つ。農業・牧畜・工業・商業に従事する一般市民階級。
祇園精舎…須達長者が釈尊と教団のために建立した僧坊。祇陀太子の祇樹給孤独園に建てられたので祇園という。
宝瓔珞…珠玉や貴金属でできている頭や胸、首に飾る装身具。
浄人…僧院で働く人。衆僧に給仕する人。
生々世々…輪廻を永遠にくりかえすこと。
因時…修行中の時期。
初果…＝預流果＝須陀洹果。声聞乗の四果のうち、第一のもの。はじめて聖者の数に入ること。永遠の平安への流れに乗った者。
失路優婆塞…『大智度論』巻第十七、上。道に迷った優婆塞を山の神が変化して誘ったが、欲は苦の種であると諭したという話。

い失命《しつみょう》の縁にも、この不妄語の性は改まらぬじゃ。仏在世《ぶつざいせ》の*戒勝長者《かいしょうちょうじゃ》の類じゃ。綺《き》語《ご》・悪口《あっく》・両舌《りょうぜつ》もこれに準じて知れ。菩薩たる人は、生まれままにこの性《しょう》を成《じょう》ずること、水の湿性《しっしょう》の如《ごと》く、火の煖性《なんしょう》の如くじゃ。貪《とん》・瞋《しん》・邪見《じゃけん》もこれに準じて知れ。菩薩たる人は、生まれままにこの性を成ずること、水の湿性の如く、火の煖性の如く、改易すべからずじゃ。

世界の道理と人道

*日月星辰《じつげつせいしん》の*行度《こうど》を見て、古今に条理の乱れぬことを知る。山崩《くず》れ川竭《つき》るを見て、*成《じょう》壊《え》の数《かず》あることを知る。雷震《らいふる》い地《ち》動くを見て、*常《つね》と変《へん》と相依《あいよ》ることを知る。月*盈《みつ》れば*虧《か》け物盛《ものさか》んなれば衰《おとろ》えるを見て、世相の当然《とうねん》を知る。鳥獣の羽毛そなわるを見て、この身あればこの服あることを知る。蚯蚓《みみず》の土を食《じき》とし蝶の花を吸うを見て、この口あればこの食《じき》あることを知る。蜂が巣を営むを見て、この衆《しゅ》あればこの屋宅《おくたく》*城邑《じょうゆう》あることを知る。蜘蛛《くも》が蜂の毒に中《あた》りて芋畑に走るを見て、この病あればこの薬あることを知る。条理の乱れぬことを知れば*道を守りて疑わぬ。貧《まずしき》に処して富を羨《うらや》まず。賤《いやしき》に処して貴《たっとき》を望まぬ。盈虚《えいきょ》の数あることを知れば、得失是非《とくしつぜひ》に心を動ぜぬ。*足《た》りて奢《おご》らぬ、闕《か》けて愁《うれ》えぬ。常と変と相依《あいよ》ることを知れば、事々《じじ》にふれて恐れなく、難に処して自《おのずか》ら安んじ、常

戒勝長者…『根本説一切有部毘奈耶』巻第四十五。戒勝長者が死を賭して不妄語戒を守ろうとし、賊を改心させる話。

日月星辰…太陽と月と星。星＝動かない星。恒星。辰＝動く星。遊星。

行度…めぐり動く法則。

成壊…生成と破壊。生滅。

常と変…恒常と変動・変化。恒常＝一定して変わらない。変動＝変わり動く。

盈…みちる。盈月（えいげつ）＝満月。

虧…かける。虧月(きげつ)＝欠けた月。

城邑…都城と邑里。都城＝みやこ。まち。邑里＝むらざと。村落。

道を守り…人倫の常道を守る。

足りて奢らぬ…足りて＝知足＝満足することを知る。奢らぬ＝ぜいたくしない。

に処して*遠く慮《おもんばか》る。世相の当然《とうねん》を知れば分限*を守りて過ぐさぬ。飲食《おんじき》・衣服《えぶく》・屋宅《おくたく》・医薬《いやく》の具わることを知れば、*外事《がいじ》に使われぬじゃ。

果報の現前

要を取りて云わば、目に触れ耳に聞く、不偸盗戒の*行相《ぎょうそう》ならぬことはなきじゃ。生まれ来《きた》りしより死《し》し去《さ》るまで、不偸盗の行相ならぬことはなきじゃ。*天地開闢《てんちかいびゃく》より世界《せかい》壊滅《かいめつ》まで、不偸盗の行相ならぬことはなきじゃ。

近くこれを身に取らば、この人のこの世にある、誕生すれば直《じき》に親族が集まりて衣服《えぶく》を裁《さい》して膚を覆《おお》わせるぞ。*相応の慶賀《けいが》のある。少分でも過去の不偸盗の善業は頼もしき*ことじゃ。まして王公大人《おうこうたいじん》は*四海万国も悦び推戴《すいたい》する。中・上品の不偸盗の善根は猶更《なおさら》貴《とおと》むべきことじゃ。

生縁《しょうえん》尽きて命終《みょうじゅう》すれば、士庶人《ししょにん》も葬儀《そうぎ》*追薦《ついぜん》のある。少分でも過去世不偸盗戒の善業は頼もしきこと。王公大人は万国も悲哀し、四海も*八音《はちいん》をとどめて楽しまぬ。中・上品の不偸盗の善根は猶更貴むべきことじゃ。その中間《ちゅうげん》の衣服《えぶく》・飲食《おんじき》など、威勢《いせい》・官爵《かんしゃく》など、士庶人でも頼もしきじゃ。王公大人は猶更貴むべきこと。誠に不偸盗戒の善根は目に見えたことじゃ。

遠く慮る…遠い先をおもんばかること。将来のことを考えること。
分限…自己の分を守ること。
外事…必要以外のこと。
行相…はたらきとすがた。ありさま。
天地開闢より〜…仏教における世界生滅の説は本書三一六頁参照。
相応…それにふさわしい。
頼もしき…善業の果が必ずあるということが頼もしい。
四海…四方の海。世界。
追薦…＝追善。死者の供養のために善行・善事・仏事を行うこと。
八音…八つの鳴り物——金・石・糸・竹・匏（ほう＝ひさご＝瓜を刳り貫いた笛）・土（ど＝土を焼いて作った楽器）・皮・木。

世に貧窮《びんぐう》・*乞丐《こつがい》の者もあり、*凍餒《とうたい》の民もあり。*梨軍支比丘《りぐんしびく》、*伯夷《はくい》・叔斉《しゅくせい》の類の、その徳ありて餓《う》うる。みな別の因縁のあるべきことじゃ。通途《つうず》ではない。

世界常住の十善

世間の中に、この*真正法《しんしょうぼう》あって常に世間を利益《りやく》する。仰いで日月《にちがつ》を視るが如く、目ある者は悉く視る。仏出世《ぶつしゅっせ》にもあれ、仏不出世にもあれ、この世界あり、この人間あれば、この十善あって常に随逐《ずいちく》するじゃ。*雷霆《らいてい》の声《しょう》を発する如く、耳ある者は悉く聞く。仏出世にもあれ、仏不出世にもあれ、この世界ありこの人間あれば、この十善あって常に随逐するじゃ。ただ業障深重《ごっしょうじんじゅう》の者が、世途《せと》に奔走《ほんそう》して自《みずか》らこの道あることを知らぬ。*世智弁聡《せちべんそう》の者が、非理《ひり》に巣窟《そうくつ》を構えて自らその中に入るじゃ。

世間の仏法への批判　例1——戒と勇猛心

一類の者が云う。戒法《かいほう》はただこれ僧徒《そうと》*忍辱《にんにく》の行《ぎょう》なり、これを世間《せけん》*権門《ごんもん》に用《もち》ゆべきならず。もしこの戒法を持《たも》てば、慈愛に過ぎて*怯弱者《こにゃくもの》になると。この類悉《ことごと》く謬《あやま》ったことじゃ。総じて世の怯弱《こにゃく》・臆病《おくびょう》というは、みな道を心得ぬ者の類じゃ。もし十善戒法を真実に護持する者あらば、必ず勇猛剛強《ゆうみょうごうきょう》の徳を長《ちょう》ず。*儒書にも、「自《みずか》ら反《かえ》うして縮《なお》からず

乞丐…食を請うて歩く。丐＝こじき。
凍餒…寒さと飢えに苦しむ。餒＝飢える。
梨軍支比丘…『撰集百縁経』巻第十。前世で仏に供養しようとした母を監禁虐待したために、この世で飢えに苦しんだ。
伯夷・叔斉…中国殷時代の孤竹国の王子兄弟。高名な隠者で、儒教では聖人とされる。山菜を食べていたが餓死した。
真正法…慈雲尊者の場合、漠然と正しい真理の教えではなく、釈迦の教えを正しく伝えた法をさす。
雷霆…霆＝激しいかみなり。
世智弁聡…世智＝世俗智の略。世俗の凡夫の知。世俗のことにさかしく利巧なさま。世渡りの智恵があり、賢いこと。仏の正法を信じることができない八難の一つ。
忍辱…耐え忍ぶこと。忍耐。
権門…方便門。方便によって仮の教えを説く方法。権＝方便。
怯弱…恐れがあって心が弱

は、*褐寛博《かつかんばく》と雖も我れ惴《おそ》れざらんや。自《みずか》ら反《かえ》うして縮くば、千万人と雖も我れゆかん」とある。かうじゃ。直《なお》き処から出た勇《ゆう》が誠の勇じゃ。また「*仁者《じんじゃ》は必ず勇あり、勇者《ゆうしゃ》は必ずしも仁あらず」とある。こうじゃ。仁愛の余《よ》から出た勇でなければ、みな*暴虎《ぼうこ》馮《ひょう》河《が》の勇と名づくるじゃ。

仁者の勇

仏在世に、*頻婆遮羅《びんばしゃら》王は世に謂《いわ》ゆる仁君*じゃが、律中にこうした縁事があるじゃ。その*春宮《とうぐう》たる時、隣国の盎議王《おうぎゃおう》は勢つよく、この摩竭陀《まかだ》は勢よわし。毎年盎議の大臣、摩竭陀に来てその貢献《こうけん》を責《せめ》る。ある時かの大臣、頻婆遮羅太子に途《みち》に遇う。自《みずか》らの国勢を恃《たの》んで車を下《くだ》らず。太子云う、何者か我が前に在りて不敬なると。大臣云う、盎議《おうぎゃ》大王我れを使わして貢献を責ると。太子云う、汝が国も*灌頂大王《かんじょうだいおう》、我が国も灌頂大王。汝は汝が国にありて人民を治めよ。我が国に来て不敬をなすべき理なしと。大臣この言《ことば》を聞いて黙して盎議に帰り、これをその王に奏す。盎議王憤《いきどお》りて別に使を馳せて摩竭陀に告ぐ。汝が国先王《せんおう》已来《いらい》我が国に貢献怠らず。異言《いげん》あることなし。今太子の言甚《ことばはなは》だ*雄異《ゆうい》なり。我れ面《まのあ》たり決せんと思う。太子を我が国に送るべし。然《しか》らずば*四部の兵を率《ひき》いて王都に陣すべしと。摩竭陀の大臣も父王もその威に怖れて答を猶予《ゆうよ》す。太子これを聞い

い。

儒書…『孟子』公孫丑

褐寛博…賎者の着る粗い毛織の衣服。転じて賎しい者。

仁者は必ず勇あり…仁者は正義をためらわずに行う。『論語』憲問五

暴虎馮河…虎に素手でたちむかったり河を歩いて渡るような無謀な行為。『論語』述而十

頻婆遮羅王…摩竭陀国の王。

仁君…なさけ深い君主。

春宮…皇太子。

灌頂…香水を頭上に注ぐ王位継承の儀式。密教の灌頂はこの儀式が基になっている。

雄異…雄＝つよい。異＝常とちがうこと。

四部の兵…象軍・馬軍・車軍・歩軍。

てその大臣に命ず。これ何の難《かた》きことかある。彼に答えて云え、太子汝が国に往《ゆ》くべし、大王自ら四部の軍を率て国境に迎うべしと。終《つい》に小衆《しょうしゅ》を以て大軍を敗り、盎誐の国を領し、両国の人民を撫育《ぶいく》せしと。こうじゃ。仁慈の勇威は強きじゃ。外典にも*仁者は敵なしとある。

また『僧伝』に、ある将軍*漉水嚢《ろくすいのう》を帯持して陣に臨む。部下の者諫《いさ》めていわく。軍中には勇を*尚《たっと》び、武を励《れい》すべし。漉嚢《ろくのう》は物命《ぶつみょう》を救う器なれば事相違《そうい》せりと。将軍答う。今有罪反逆の者を討《とう》ず。罪無き者はこれを*塗炭《とたん》に救うと。この仁愛に感じて敵国が馬前に降参せしとある。

また仏在世、*罽賓国《けいひんこく》に毒龍ありて人民を傷害す。*老宿《ろうしゅく》の羅漢その神力《じんりき》を運べどもこの龍を伏し得ず。その時少年の羅漢あり。一たび*弾指《たんじ》して云う、「*檀越《だんおつ》この処を去るべし」と。この毒龍直《ただち》に他処に遷《うつ》り去りてこの処の害止む。諸の大*阿羅漢問う、「汝は何の徳ある故かくの如くなるや」。答う、「我れ年少、別徳なきは上座の知るところなり。ただ*遮罪《しゃざい》を護《ご》すること*性罪《しょうざい》の如く」と。こうじゃ。*謹慎篤実《きんしんとくじつ》ということは強きものじゃ。

また経中に、或時一の*鴒《れい》、鷹に逐われて廊下に堕《お》つ。*舎利弗尊者《しゃりほっそんじゃ》の影の内にありては怖れおののき、世尊の影の内にありては安らかに任せしとある。これも舎利弗尊者は瞋恚の余*習《よしゅう》未だ尽きず。世尊は無量劫来《こうらい》大慈大悲の薫ずる姿なる故、この差別《しゃべつ》あるとい

仁者は敵なし…仁者無敵＝仁者（なさけ深い人）は人を愛するから、天下に敵はない。『孟子』梁恵王
漉水嚢…水をこす袋。
尚…＝尊。
塗炭…苦しい境遇。
罽賓国…現在の北インドのカシミールまたはガンダーラに存在したとされる国。
老宿…老年の。年老いた。
弾指…親指と人差し指で音を立てること。この場合は蛇に呼びかける合図の意味があるのであろう。その他許諾や歓喜のとき等にも行うとある。
檀越…施主や信者。
阿羅漢…尊敬すべき修行者のこと。小乗では修行の最高位。
遮罪…行為それ自体は罪ではないが、その結果として罪を犯すおそれがあるので禁止された軽い罪。遮＝さえぎる。とどめる。
性罪…それ自身罪となる行為。
謹慎篤実…謹んで誠実であること。尊者が生活の中で特に重要視される用心である。

うことじゃ。世教《せきょう》にも出世教にも、道に依る者の怯弱《こにゃく》になる理はなきことじゃ。

世間の仏法への批判　例2─世俗の教と十善

一類の者が云う。仏法は心を以て心を修するばかりで、世を助け民に長たる用に立たぬ。儒の道は*礼を以て身を修むるによりて、人民を教ゆる功あると。これも仏教を知らぬ者が、宋・元已来《いらい》の*弊儀《へいぎ》を仏法のように思うて云い出す言葉じゃ。仏法の中この十善あることじゃ。

士庶人なれば、近くは*身を修め家を斉《ととの》う。遠くは無漏《むろ》正道《しょうどう》の因縁となる。*王公大人なれば、近くは*国を治め天下を治めて、万民と共に太平の*風化を楽しむ。遠くは千万衆と共に無漏正道の因縁となる。

出家なれば、*戒学を以て自ら身心《しんじん》清浄《しょうじょう》にし、他を教えて身心清浄ならしめ、*定学《じょうがく》を以て自ら身心寂静《じゃくじょう》にし、他を教えて身心寂静ならしめ、*慧学を以て自ら身心明了にし、他を教えて身心明了ならしむ。もし賢聖ならば、たとい深山幽谷《しんざんゆうこく》の中にありて一人の知人なきも、その国の*福縁広大なるということじゃ。

もし縁ありて顕《あら》わるるときは、衆目の視るところじゃ。『阿含経』中に、心を以て心を修するというは、彼等が云うようなることではなきじゃ。

鴒…＝鶺鴒（せきれい）
舎利弗…釈迦十大弟子の一人。智慧第一と称された。
余習…煩悩を断じた後も、まだこの身に残っている習気（潜在的な習慣性）。

礼…礼節（世の中の秩序を定める）。楽（人の心を和らげるもの）と共に社会教育・国家統治上特に重視されていた。
弊儀…わるい作法。
身を修め家を斉う…修身斉家（しゅうしんせいか）『大学』
王公大人…天子や身分の尊い人。
国を治め天下を治め…治国平天下（ちこくへいてんか）『大学』
風化…上の者の徳で下の者が感化・教育される。
戒学・定学・慧学…三学。戒律・禅定・智慧。仏道修行で必ず修めなければならない内容。
福縁…幸福をもたらす縁。

世間の仏法への批判　例3―世・出世間に通じる仏法

また一類の者が云う。釈迦一代の経に天下国家を治むる道はなきと。これも仏法を一向に知らず、近代の*談議僧《だんぎそう》の著《あら》わせし書などを見て、仏教のように意得《こころえ》て云う言葉じゃ。大乗経にも、小乗経にも、国王大臣の為には国家を治むる法がある。商賈《しょうこ》の為には財利を用うる法ある。乃至《ないし》女人の為にその夫に事《つか》うる道があるじゃ。

勿論仏法は*出離生死を主とする故に、世間の法は略説じゃ。出世間無漏正道は広説《こうせつ》じゃ。広略の差はあれども、万国に推し通じ、古今に推し通じ、世・出世間に推し通じて、道とすべき道は、聖教《しょうぎょう》の中に備《そなわ》ってあることじゃ。

世間の仏法への批判　例4―十善戒の実効性

またある者が云う。異端の虚無寂滅《こむじゃくめつ》の教は、その高き『大学』に過ぐれども実《じつ》なしと。これも仏法の大綱《たいこう》に昧《くら》く、*虚頭《こず》に走る禅者、或は*名相《みょうそう》に滞《とどこお》る教家《きょうけ》の言《ことば》を、仏法のように思うて云うた言葉じゃ。近くはこの十善戒を憶念して看よ。句々実《くくじつ》があり用《ゆう》あるじゃ。これを人事に用いて一日も*忽《ゆる》がせにならぬことじゃ。

仏滅後より二千七百余年、天竺《てんじく》より支那、支那より我が邦《くに》、相承《そうじょう》し来りてその則差《のりたが》わ

談議…仏法を談論して仏典の義理を説くこと。

出離生死…生と死を繰り返す輪廻の世界を出ること。世間に対する教えも仏法の中にあるが、それはあくまで正法に導くための方便であり、仏法はこの迷いの世界を出離することが眼目であることを改めて確認されたもの。

虚頭…虚妄。頭は助辞。

名相…本質を欠いた表面的なこと。

忽がせ…いいかげんにしておくさま。おろそか。

ぬ。これを家に用いて子孫その福を受く。これを国に用いて君臣共に安《やす》い。仏法の実《じつ》あること信ぜねばならぬじゃ。

世間の仏法への批判　例5―戒と現世利益

またある者が云う。仏者の身を潔《きよ》くして、肉食《にくじき》・婬事《いんじ》などを断絶するは、*斎戒法《さいかいほう》にて、祭祀《さいし》などに用うべし。常人通途の道に非ず。但し聖人《せいじん》の*巫祝《ふしゅく》を用うるを以て見れば、今の僧家《そうけ》も棄《す》つべきならずと。

これは近代の*加持祈祷を主とする真言・天台等の中、一類の*弊儀《へいぎ》を見て、*一概にざっと思いうかべた言葉じゃ。真の密教修行の者は*有為《うい》の福業は祈らぬ。巫祝の類とは大いに違う。肉食・婬事を断ずるは、別にその道のあることじゃ。

世間の仏法への批判　例6―戒と浄土思想

またある者が云う。仏法は跡さきのそろわぬ教じゃ。*閻魔王は刑法厳烈《ごんれつ》にて小罪を許さず罰すれども、阿弥陀仏の慈悲が過ぎて罪を*贖《あがの》うこと心易き故、悪事の止む時節がなきと。

これは近代浄土家《じょうどけ》等の中、一類の弊儀を仏法のように思うて嘲弄《ちょうろう》して云うた言葉じ

斎戒法…心身を清浄にすること。

巫祝…神事をつかさどる神主。

加持祈祷…加持の意味は、仏の大悲の力が衆生に加わり（加）、衆生の信心に仏が応じる（持）こと。その力を信者にも及ぼすための修法を祈祷という。

弊儀…わるいすがた、様子。

一概に…ひっくるめて。

有為の福業は祈らぬ…有為＝因と縁の和合によって造りだされた諸現象。ここでは、密教修法の第一義は修行者の三昧であって、俗世の幸福のための祈り（現世利益）は行わないという意味である。ここに尊者の密教修法にたいする厳格な姿勢がある。

閻魔王…死後の世界で、死者の罪を裁く地獄の主といわれる。

贖う…罪のつぐないをする。

や。*三経一論、『十住毘婆沙論《じゅうじゅうびばしゃろん》』などを看よ。この謬《あやまり》はあるまじきことじゃ。浄土家も真《まこと》の者はかくは言わぬ。善事を廃することはせぬじゃ。

世間の仏法への批判　例7―戒と禅

またある者が云う。仏法に依る者は人品*野鄙《やひ》になる。*麁暴《そぼう》になる。*放蕩《ほうとう》にして礼儀格式をも乱《みだ》ると。これは近代禅家《ぜんけ》の中、一類の弊儀を仏法のように思うて、*如法沙門《にょほうしゃもん》に遇わぬ者の言葉じゃ。禅家も真の者は威儀までも具わる。万事に慎みあるじゃ。

世間の仏法への批判　例8―戒と律僧

またある者が云う。仏法に依る者は次第に*愚痴《ぐち》になる。罪業を恐れては、小虫《しょうちゅう》を誤殺《ごせつ》しても涙を流し、後世《ごせ》の福を求めては、*漫《みだ》りに財物を費し、重宝《じゅうほう》をも僧に喜捨する。仏性などの名句《みょうく》に迷うて、犬猫を踏んでも礼拝《らいはい》す。*大義を忘れて小*威儀に滞《とどこお》ると。これ等は近代*律僧《りっそう》等の中、一類の弊儀を見て、世尊の正意《しょうい》のように心得るものの言葉じゃ。律家《りっけ》も真の者は小威儀を忽《ゆる》がせにせぬ中に、*大行を成就することじゃ。

世間の仏法への批判　例9―戒の平等性

三経一論…浄土三部経（三経）＝『無量寿経』『観無量寿経』『阿弥陀経』。一論＝世親の『浄土論』。
野鄙…野卑。いやしく下品であること。
麁暴…粗暴。挙動の荒々しいこと。乱暴。
放蕩…酒色にふけって品行の修まらぬこと。道楽。
如法沙門…仏の教えにかなった出家僧。
愚痴…愚かなこと。
漫りに…むやみに。きままに。
大義…人の行うべき大切な正しい道。
威儀…行為。
律僧…戒律を厳格にたもっている僧。
大行…立派な行為。大きな事業。

またある者の云う。仏法の中に慈悲をおもとするは、儒道の仁《じん》を主とするに似たれども、仏法は平等ということを本意とするによりて、虫螻《むしけら》も父母《ちちはは》も平等に慈悲を行ずれば、父母と虫螻と一様にする理に落ちる。虫螻を恵む道を以て父母に事《つか》うるならば不孝の至りと。これ等も仏教を知らぬ者が、無理に理屈を拵《こしら》えて云う言葉じゃ。仏教の中には、上下尊卑の境にその差別あり。なしと云うべからずじゃ。

平等*ということを、山を崩《くず》し谷を塡《うず》みて一様にすることのように思うは、愚痴の至りじゃ。窮屈過ぎたことじゃ。『孟子』にも「固哉高叟《*こナルかなこうそう》が為《おさムルヤ》レ詩《ヲ》也」とある。経中に畜生を恵む道、人民を撫育する道、父母君長に事うる道、差別歴然たることじゃ。

一例を挙げて云わば、一時世飢饉して供養の人なし。世尊も一日食具《じきぐ》をかく。一比丘思惟す。今日世尊を供養して功徳を得べしと。自《みずか》ら大衣《*だいえ》を売り、その価直《あたい》を食物にかえ来りて、世尊に奉《たてまつ》らんとす。

「世尊曰《ク》、袈裟《ハ》不レ可《カラ》レ売《ル》、仮令《たとい》供二養《スルモ》仏宝《ヲ》一亦売《ルトキハ》二袈裟《ヲ》一則《チ》獲レ罪《ヲ》。但《たダ》除《ク》二父母貧窮之《ノ》縁《ヲ》一」と。こうじゃ。父母《ぶも》を孝養する道は仏も格別じゃ。父母孝養のことは別に『孝子経』・『父母恩難報経《ぶもおんなんほうきょう》』あるじゃ。仏法を信じて不孝になる理はなきことじゃ。唐末趙宋已《ちょうそうい》来《らい》の書生が、仏経を見ずして猥《*みだ》りに評判するによりて、このようなる当らぬことどもが多きじゃ。不調法《*ぶちょうほう》なることじゃ。

平等…「山を崩し谷を塡みて一様にする」ような平等では役に立たない（『金剛般若経講解』）というのが尊者の平等観である。「差別ない平等は、平等病に取り著かれたものどもじゃ。差別のある場に向かって平等なるじゃ」という言葉もある。

固哉高叟〜…窮屈だな高叟の詩の解説は。固＝窮屈。堅苦しい。

大衣…僧は三種類の袈裟（三衣）を持つことを許されているが、そのうちで最も条数が多く、説法や托鉢時に用いる袈裟。

猥りに…むやみに。思慮もなく。

不調法…あやまち。粗相。

総じて小根劣機の者は先ず入る言主《ことば》となる。自《みずか》ら知るところを是《ぜ》とす。儒者より老子・仏者の道を蔑《ないがし》ろにする。道者より仏法・儒道を誹《そし》る。みな愚の至りじゃ。凡《およ》そ一事一芸でも、万代に推し通じて用いることは、各々その徳あるものぞ。*妄《みだ》りに廃することはわるきじゃ。まして道と称して尊重《そんじゅう》することは、その由来あるべし。その道に入りて学ばねば知れぬことじゃ。「*道に聴いて途《みち》に説くは徳の棄《すたれる》なり」じゃ。知らずして妄りに評判するは、みな*碌々《ろくろく》たる*小人《しょうじん》の好むところじゃ。

仏法の現状

他の嘲《あざけ》りはさもあらばあれ、仏法の中にもその人は希《まれ》なじゃ。その人なきに就《つ》いて真正法も漸次《ぜんじ》に衰うる。近世に至りて諸宗分派して、*鉾《ほこさき》を唇舌《しんぜつ》に争う。みな*家々《いえいえ》の私事《わたくしごと》にて、正法の規則は*地を掃《はろ》うて無しというも可なりじゃ。*有仏無仏性相常爾《うぶつむぶつしょうそうじょうに》の十善も、無戒・破戒の者の手に隠没《おんもつ》するじゃ。十善が隠没するに就いて、人情に随順して名を求め利に走る。名利《みょうり》に走るに就いて正しきことを嫉《ねた》む。闇夜に裸者の灯燭《とうそく》を憎むが如くじゃ。我相を逞《たくま》しくし善事をつとめぬは、今時《こんじ》諸宗の*通弊《つうへい》となり来る。書籍《しょしゃく》を読む者、識別ある者の類は信ぜぬようになるも尤《もっとも》なことじゃ。

妄りに…むやみに。わけもなく。
道に聴いて…＝道聴途説（どうちょうとせつ）。他人の言葉をすぐ受け売りすること。
碌々…平凡なさま。役に立たないさま。
小人…庶民。徳のない人。大人（たいじん）に対する語。
鉾を唇舌に争う…宗派で論争すること。
家々…教義を受け伝えている各々の宗派。
地を掃う…一つも残存するものがない。皆無となる。
有仏無仏性相常爾の十善…仏がこの世におられようとおられまいと、常に真実のすがたは目前に現われていて、しかも、それは十善が現われたすがたでもあるということ。有仏＝仏が世におられる時期。無仏＝仏が世に住していない時。性相＝ものの本性と現象。常爾＝常にしかなり。
通弊…一般に共通してみられる弊害。

天地の条理と十善

もし通じて云わば、この天地ありてこの国土あるじゃ。日月星辰《じつげつせいしん》、天の条理*となる。山沢河海《さんたくかかい》、地の条理となる。この国土ありてこの人物あるじゃ。君臣尊卑《くんしんそんぴ》、国の条理となる。父子《ふし》・夫婦《ふうふ》・*昆弟《こんてい》、家の条理となる。国土ならぬ天地無く、人物*止住《しじゅう》せぬ国土なし。この人物ありてこの道あるじゃ。人物ありて道なき国家あらず。

その国より云わば何れの国か上国ならざるべく、その道より云わば何れの道か真正ならざるべき。然《しか》れども道に大小・邪正《じゃしょう》あり。国に勝国・劣国の別あり。人に賢愚ありて、この国の教えはかの国に通ぜず、かの人を導く教えはこの人に通ぜず、智人を導く教えは愚者に施すべからず。愚者を誘《いざな》う教えは智人に通ずべからず。男子《なんし》の教えは女人《にょにん》に用うべからず。女人の教えは男子に用うべからず。貴人《きにん》の道と賤者《せんしゃ》の作法も、互いに通ずべからず。*匈奴《きょうど》より漢国《かんこく》の礼儀を非《ひ》する。漢国より*夷狄《いてき》を賤《いやし》むる。助けて云わば可なり。*ただこの十善のみ、万国に推し通じ、古今に推し通じ、智愚・賢不肖、貴賤・男女に推し通じて、道とすべき道じゃ。今且《しばら》く世教《せきょう》に比対《ひたい》して大道をいうべし。有智《うち》の人、我執を離れ心を平《たいらか》にして看よ。

五戒と五常の比較

条理…物事の筋道・道理。
昆弟…兄弟。
止住…安住すること。
匈奴…秦・漢の時代に蒙古地方を根拠として、常に中国に侵入した異民族。
夷狄…未開の国の人。
ただこの十善のみ…この一文は尊者が十善の優位性を説かれていることで重要である。これより以降、十善が時代・地位・国・年齢・性別等に隔てなく通じていく世界的な教えであることを繰り返し説かれている。

一、不殺生戒と仁

嵩明教《すうみょうきょう》等の説に依るに、前の不殺生は仁に配し、この不偸盗を義に配し、不邪婬は礼に配し、不妄語は信に配し、*不飲酒《ふおんじゅ》を智に配す。この十善の中は飲酒を制せざる故、今義に依りて不邪見を智に配するじゃ。

この中不殺生戒を仁《じん》に配するも的当《てきとう》ではない。仁というは、支那国上代《じょうだい》の教で、今《いま》千載《ざい》の後はその字義《じぎ》すら解《げ》し難い。或者《あるもの》は愛の理・心の徳と。むつかしく説き出《いだ》す。或者はただ愛なりと心易く説き示す。また或者は王者の人民を治むるに名を得《う》と云う。唐《とう》朝《ちょう》の*韓愈《かんゆ》は、「*道と徳とは虚しき位、仁と義とは定まれる名」と云う。戦国の時の*荘周《そうしゅう》は「*盗跖《とうせき》もこの仁義を用うる」と云う。*韓非子《かんぴし》などは、「仁と義とは*虚文《きょぶん》にて名分《めいぶん》のみ正しき」と云う。所詮《しょせん》ただ書生の類がただ書物の上にて、我が好む所に随うて色々に判断してみるまでのことじゃ。古今上下・貴賤男女・智愚賢不肖に推し通じて、身に行わせ心に得させらるる道でない。

不殺生戒の普遍性

不殺生戒は、「人間は大切なるものぞ、貴《たっと》むべきものぞ、殺しては大罪になる。みだりに打つな、たたくな、きずつけるな」と云えば、上《かみ》は王公大人《おうこうたいじん》より、下《しも》は士農工商・

不飲酒…酒を飲まないこと。『梵網経』になると、不酤酒戒（酒を醸造し売る）の方が重罪である。

韓愈…七六八～八二四。唐時代の思想家・政治家。

道と徳とは虚しき位、仁と義とは定まれる名…韓愈『原道』による原文は「仁と義を定名となし、道と徳を虚位となす」である。

荘周…荘子。

盗跖…春秋、魯の盗賊の首領。

韓非子…戦国時代末期の韓の思想家。

虚文…形式だけで実効のない制度や規制。

傭夫《ようふ》・奴婢《ぬひ》までも、教え導きて、身に行い心に得させらるるじゃ。生きとし生ける者はみな人間に縁ある者ぞ。これもみだりに殺すな打つな痛めるなと云えば、上は王公大人より、下は傭夫・船頭《せんどう》・馬子《まご》*、奴婢・小児《しょうに》に至るまで、教え導きて、身に行い心に得させらるるじゃ。

不殺生戒の拡充

一日この戒を守れば、その日が賢聖《げんじょう》の行、慈悲者の儀《よそおい》じゃ。一年行ずれば、その年が賢聖の行、慈悲者の儀じゃ。終身守れば、一生賢聖の行、慈悲者の儀じゃ。一生かくの如くなれば、当来世《とうらいせ》*も賢聖の行、慈悲者の儀じゃ。生々《しょうじょう》の処、生まれ侭《まま》に賢聖の行、慈悲者の儀ならば、菩薩という名も外《ほか》にあるまじきじゃ。

一人守れば*その人が賢聖の行、慈悲者の儀《よそおい》じゃ。一家守ればその家が賢聖の行、慈悲者の儀じゃ。一村守ればその村が賢聖の行、慈悲者の儀じゃ。一国守ればその国が賢聖の行、慈悲者の儀じゃ。万国奉行《ぶぎょう》せば万国が賢聖の行、慈悲者の儀じゃ。万国かくの如くならば、浄土という名も外《ほか》にはあるまじきことじゃ。

二、不偸盗戒と義

馬子…馬方。駄馬をひいて荷を運ぶ者。

当来世…来世。

一人守れば～…一人↓一家↓一村↓一国↓万国↓浄土。この展開は、仏典が常にこの世界は仏国であると説くことに対して、我々の現実的な行為では個人の清浄行が基であると示されたもの。元来仏法のアプローチの方法としての認識はこの様式であろう。

この盗戒《とうかい》を古より義に配する。これも的当ではない。義というは、支那国上代の教で、その字のこころすらむつかしきじゃ。『*釈名《しゃくみょう》』には「義者《ハ》宜也。*裁二制《シテ》事物《ヲ》一使《ムル》レ合《ハ》レ*宜《ニ》也」とある。『礼記《らいき》』に、「*父慈《ニ》子孝《ニ》、兄良《ニ》弟弟《ニ》、夫義《ニ》婦聴《ニ》、長恵《ニ》幼順《ニ》、君仁《ニ》臣忠《ニ》、《アル》謂《フ》二之《ヲ》人義《ノト》一也」とある。戦国の時、*告子《こくし》は「仁内《ハ》也義外《ハ》也」と云い、孟子は「義も内なり」と云う。今の代に至りて、儒者が講釈するにも家々《いえいえ》に違《ちが》う。また義の取り用いようは、古の君子にても人々《にんにん》違う。古今一定せぬことじゃ。勿論学匠《がくしょう》・儒生《じゅせい》に付して、その義趣を説かせて聞けば面白きこともあるべく、古今の事実行跡を鑑《かんが》みば、治道《ちどう》の一助となるべきなれども、王公大人でも、学才なければ、その字義すら解し難きじゃ。万国古今に推し通じ智愚に推し通じて教え導く道ではない。

『史記』に、「由余曰《ク》、中国《ノ》所二以《ハ》乱《レシ》一也、夫自《レより》三上世黄帝作《セシ》二為礼楽《ヲ》一。身以《テ》先《ンジ》レ之《ニ》僅《ニ》以《テ》小治《ス》。及《ンデ》二其後世《ニ》一日《ニ》以《テ》*驕淫《シ》、阻《たのミテ》二法度之《ノ》威《ヲ》一以《テ》*責二督《ス》於下《ヲ》一。下*罷極《ひきょくスルトキハ》則《チ》以《テ》二仁義《ヲ》一怨《ミテ》二望《ス》於上《ヲ》一。上下交《こもごも》争《フ》。怨《ミテ》而相《ヒ》*簒弑《さんしシ》、至《ル》レ絶二滅《スルニ》宗《ヲ》一。皆以《テ》二此類《ノヲ》一也」と。看よ、仁義はよく取り用うれば聖人の道なれども、取りそこなえば乱の端となる。

不偸盗戒の普遍性

この盗戒というは、その*法性縁起《ほっしょうえんぎ》に至りては上徳の聖者も尽くされぬ所なれども、

『釈名』…中国の後漢の時代劉熙が著した訓詁書。全八巻。
裁制…整える。
宜…整っている。具合よい。
父慈子孝、兄良弟弟…これを十義（人のふみ行うべき十の道徳）という。『礼記』礼運篇。父の慈、子の孝、兄の良、弟の弟（てい）（年長者に従うこと）、夫の義、婦の聴（人の言葉を聞き入れること）、長の恵、幼の順、君の仁、臣の忠。
告子…戦国時代の思想家。人間の本性は善でも悪でもないとした。
驕淫…おごりみだらなこと。
責督…せめただす。
罷極…疲れきること。
簒弑…君主を殺して位を奪うこと。
法性縁起…真理が縁のままに現れて万象となること。「一切衆生おっ束ねて一法性縁起じゃ」『法語集』ともあるが、私たちのように妄念で見たものが真実（法性）だというのではない。

「盗はせぬものぞ。他の物は妄《みだ》りに用うるな。借りた物は速《すみやか》に*反弁《へんべん》せよ」といえば、庸夫・愚婦まで護持のさせらるるじゃ。これを初めとして*節操を教え導かば、聖賢の地位にも到るまじきものでない。誠に上《かみ》王公大人より、下《しも》士庶人《ししょじん》・樵漁《しょうぎょ》に至るまで、身に行い心に得べき道というべきじゃ。

総じて道は道なりとて、上下智愚に推し通じて行わるることならねば、道とは名づけられぬ。古今に推し通じて行わるることならねば、道とは名づけられぬ。*華夷《かい》に推し通じて行わるることならねば、道とはいわれぬじゃ。

この不偸盗戒は、智者も持たねばその智を失う。愚者も持たねば*刑戮《けいりく》を免れぬ。王公大人も持たねば国治まらぬ。士庶人も持たねば家が斉《ととの》わぬ。中国繁華《ちゅうごくはんか》の処でも、持たざれば身を失い家を亡ぼすじゃ。*辺鄙夷狄《へんぴいてき》にありても、持たざれば災《わざわい》児孫《じそん》に及ぶ。昔も持たざればその災ある。今も持たざればその災ある。後世《ごせ》万々年の後も、持たざればその災ある。この不偸盗戒は、万国古今に推し通じて、誠に道とすべき道というべきじゃ。

三、不邪婬戒と礼

不邪婬戒を古より礼に配する。これも的当ではない。*古に、「*礼は庶人に下らず、刑は大夫《たいふ》に上《のぼ》さず」という。上下推し通ずる道ではなきじゃ。

反弁…返済。
節操…堅く志を守って変えないこと。
華夷…文明の地と未開の地。
刑戮…刑罰で死刑に処すること。戮＝ころす。
辺鄙夷狄…国土の果ての未開の土地。
古に…『礼記』
礼は～…礼は庶民には必要なく、刑は支配者階級には適用されない。

この不邪婬戒は国君《こくくん》も乱されぬ。*公卿大夫《こうけいたいふ》も乱されぬ。士庶人も乱されぬ。君子*小人の隔《へだて》はない。上下推し通ずるの道はここにあるじゃ。また礼は学者ならねば尽くされぬことじゃ。孔子も周に適《ゆき》て礼を*老聃《ろうたん》に問うとある。小人《しょうじん》・*野人《やじん》まで悉く学び知らしむべからずじゃ。智愚推し通ずるの道ではなきじゃ。この不邪婬戒は万巻の書を諳《そら》んずる者も、持たねば身に災ある。甚《はなは》だしきに至りてはその家を亡ぼす。一文不通の者も、持たねば身に災ある。甚だしきに至りては家を亡ぼす。学者も愚者も、一等に謹み守らねばならぬじゃ。誠に智愚推し通ずるの道はここにあるじゃ。

また『論語』に、「*麻冕《まべん》は礼なり。今*純《いと》は倹《けん》なり」とある。この類にて、時に随って*進退用捨《しんたいようしゃ》すべし。古と今と進退用捨すべし。*殷《いん》は夏《か》の礼を*襲《おそ》うて*損益する。周は殷の礼に仍《よっ》て損益する。また『楽記《がっき》』に「*五帝殊《ニシテ》レ時《ヲ》不レ相二沿《よら》楽《ヲ》一。三王異《ニシテ》レ世《ヲ》不レ相二襲《ハ》礼《ヲ》一」とある。この進退損益みな礼に妨げなきじゃ。

不邪婬戒と礼の相違

不邪婬戒は、昔も持たぬ者は国を亡ぼし家を亡ぼす。少しも進退損益はならぬ。時異《こと》に代《よ》変れども、少しも進退損益はならぬ。誠に古今に推し通じて道とすべき道は、此《これ》にありて彼《かれ》には無いじゃ。

公卿大夫…公と卿と大夫。公・卿＝公と卿との官（官名）。転じて高位高官の称。大夫＝職名。卿の下に位するもの。
君子…高い官職にある人。徳行のそなわった人。
老聃…老子。聃は字。
野人…礼儀作法を知らない粗野な人。未開の人民。
麻冕…麻のかんむり。冕＝冠。
純…絹。絹の方が麻よりも製作が容易であった。
進退用捨…用いるかどうかを択ぶこと。用捨＝取捨。
殷は夏の…『論語』為政
襲う…受け継ぐ。
損益…廃止したり加えたりすること。
五帝…黄帝・顓頊（せんぎょく）・帝嚳（ていこく）・堯（ぎょう）・舜（しゅん）。

また古書に礼は豊倹《ほうけん》に随うとある。豊饒《ぶにょう》なる時と困窮なる時と、礼の用いよう違うことじゃ。不邪婬戒は、豊饒なる時も用いようの違いなく、寸毫《すんごう》の用捨はならぬ。困窮なる時も用いようの違いなく、寸毫の用捨はならぬ。一切時推し通ずるの道は、此にありて彼には無いじゃ。

また礼は国俗*に随うて執り行う。支那国は支那国の礼ありて、これを我が国には用不用《ようふよう》がある。印度は印度の礼式ありて、これを余国には通不通《つうふつう》がある。中国は中国の礼ある。外夷《がいい》にありて通不通がある。外夷は各々その礼ある。中国にありては通不通がある。万国に推し通じて道とすべき道とはいわれぬ。この不邪婬戒は、支那国でもこれを乱せば身を残い《*そこな》家を破る。我が国でもこれを持たぬ者は身をあやまり国を破る。たとい夷狄《いてき》の国に往きても、これを持たぬ者は身を残い国を亡ぼす。万国華夷に推し通じて道とすべき道はこの不邪婬戒にあるじゃ。

不邪婬戒の普遍性

また礼は上下の別ありて踰《こ》えられぬ。天子は天子の礼あり。諸侯は諸侯の礼あり。士大夫は士大夫の礼あり。下馬《しも》かた船頭に至るまで、その習い*規式《きしき》ありて互いに相通ぜず。上下推し通じて道とすべき道とは云われぬ。この不邪婬戒は、上《かみ》王公より下奴婢《しもぬび》・樵漁《しょうぎょ》

国俗…国の風俗。国風。

残い…＝害。そこない害する。

習い…しきたり。習慣。

に至るまで、全《まった》ければ終身安く、乱るれば害が生ずる。上下に推し通じて道とすべき道はここにあるじゃ。

この不邪婬戒は男女の間の事にて、甚《はなは》だ知りやすく行い易きなれども、天地と倶に位し、万国華夷に*布列《ふれつ》して、古に透《とお》り今に通じて、*儼然《げんぜん》として条理乱れぬじゃ。国の乱もこれを本として興《おこ》る。家の礼もこれを本として興る。身の礼もこれを本として興る。上下貴賤・男女大小・智愚賢不肖、ことごとくこれを基本として礼式*法度《はっと》立《りっ》す。謹慎に守る者は天神地祇《てんじんちぎ》の*冥助《みょうじょ》を得る。誠に万国古今に推し通じ、上下貴賤に推し通じて道とすべき道は、この戒に在ることじゃ。

これも礼を一向に廃せよ、役に立たぬことと云うではない。不邪婬戒だに全くば*揖《いっ》譲《じょう》の礼を用うるなと云うではない。内心この戒を堅固に持《たも》ちてその国の風その家の風は、*濫《みだ》りに改むまじきことぞ。「男子にもせよ、女人にもせよ、我れに属せぬ者には心をよするな、*猥《みだり》になれ睦《むつま》じくするな、人知らぬ夫婦の間にも、昼夜その節度ありて、乱れたことは作《な》すまじき」といえば、王公大人より下は庸夫・愚婦に至るまで、身に行わせらるる、心に得させらるる。これによりて貞潔《ていけつ》の徳を教え導かば、人々箇々《にんにんここ》聖賢の地位に到るまじきものならぬじゃ。

布列…布き列ねる。ならべる。
儼然…＝厳然。おごそかで犯しがたいさま。
法度…しきたり。とりきめ。
冥助…＝冥加。知らず知らずの中に神仏の加護を蒙ること。目に見えぬ神仏の助力。
揖譲…会釈してへりくだる。揖＝会釈。
濫りに…むやみに。濫は本物とまぎれるという意を含んでいる。
猥に…みだら。けがらわしい。

四、不妄語戒と信

この不妄語戒を昔より信に配する。これは不妄語というも、信というも、相当《あいあた》るべきじゃ。しかしこれも宋儒《そうじゅ》などのように理を向上に*言《い》いなしては、信の名義《みょうぎ》すら実なきことになる。虚頭《きょとう》に落つるじゃ。今この戒に依りて、「詐《いつわり》は言うな、言うたことは違《たが》えな」といえば、上《かみ》王公・大人より庸夫・愚婦に至るまで、推し通じて行わるる。これを以て導き教えば人々《にんにん》正直者じゃ。家々《かか》*実義の門じゃ。上《かみ》たる者下《しも》を欺《あざむ》かざれば、民の君を推戴《すいたい》すること日月《じつげつ》の如くじゃ。下たる者上を欺かざれば、君の民を思うこと赤子《せきし》を*保《やす》んずる如くじゃ。*有司《ゆうし》たる者、誠を以て君に事《つか》え、誠を以てその職に居《お》れば、悉く*直臣《ちょくしん》*循吏《じゅんり》じゃ。堯《ぎょう》・舜《しゅん》の君、*稷《しょく》・契《せつ》・皐陶《こうよう》の臣、*四方八隅《しほうはちぐう》みな有道《ゆうどう》の民というも、この不妄語を基とすべきじゃ。かくの如く年月を経て守らば、聖賢の地位にも到るまじきものならずじゃ。

五、不邪見戒と智

後の不邪見戒を智に配する。これも的当でない。智というは愚に対する名じゃ。*徳義《とくぎ》の*標目《ひょうもく》にて、庸流《ようる》には通ぜぬことじゃ。世に文盲《もんもう》なる者多く*学者少なく、識別ある者少なく*暗昧《あんまい》なる者は多ければ、推し通じて行わるる道でなきじゃ。また智には紛《まぎ》れ事

言いなして…言ひ做す。事実と異なることを事実のように言う。

実義…まごころ。誠意。

保んずる…育て養う。

有司…役人。官吏。

直臣…正直な家来。

循吏…規定の通りに務める忠実な役人。

稷・契・皐・陶…舜の優れた臣に、禹・稷・契・皐陶・伯陶の五人があって、天下がよく治まった。

四方八隅…四方八方

徳義…道義。人が実行しなければならない道。道徳上の義務。

標目…目印。

学者…学問をする人。学問を積んだ人。

暗昧…道理にくらいこと。

がある。

外典《げてん》に臧武仲《ぞうぶちゅう》が智というなどは、取るに足らぬことじゃ。殷の紂王《ちゅうおう》が、「智足《ハル》二以《テ》拒《こばむニ》レ諫《ヲ》」と云うはよくもなきことじゃ。

もしこの戒に依りて、「善をなせば善の報ある。悪をなせば悪の報ある。現世に報いざれば未来世に報ゆ。聖人賢人という者も世にある、おろそかにするな。仏菩薩も世にある、おろそかに思うな。神祇も世にある、おろそかにするな」といえば、上は王公大人より、下は庸夫・愚婦・樵漁《しょうぎょ》・奴婢《ぬび》に至るまで、教え導かるる。身に行わせらるる。心に得させらるるじゃ。

不邪見戒の拡充

一日これを守ればその日これ賢聖の行、正知見《しょうちけん》の儀《よそおい》じゃ。一年守ればその年これ賢《げん》聖《じょう》の行、正知見の儀じゃ。終身守れば一生これ賢聖の行、正知見の儀じゃ。一人これを守ればその人これ賢聖の行、正知見の儀じゃ。一家これを守ればその家これ賢聖の行、正知見の儀じゃ。一邑《ゆう》これを守ればその邑これ賢聖の行、正知見の儀じゃ。一国これを守ればその国これ賢聖の行、正知見の儀じゃ。天下と倶に守れば一天下これ賢聖の行、正知見の儀じゃ。

臧武仲…臧孫。魯の司寇。『漢書』に、「顔冉之資、臧武之智、子貢之弁、卞荘子之勇」とある。

紂王…帝辛。殷の第三十代国王。夏の桀王とともに、暴虐無道の天子。

智足〜…『史記』

正知見…正見。正しい見解。不邪見。

この*心を事《こと》に歴業《へわざ》に渉《わた》りて、平生《へいぜい》に養わば、事々《じじ》仏神の冥加《みょうが》もあるべく、*天命にも達すべく、人々箇々《にんにんここ》聖賢の地位にも到るべきことじゃ。正眼《しょうげん》に看来《みきた》れば、一切国土として仏国ならざるなく、一切衆生として仏子《ぶっし》ならざるなく、一切道《みち》として仏法ならざるなしじゃ。『涅槃経』に、「所有《あらゆる》種々ノ異論、呪術《じゅじゅつ》文字、皆是仏説《みなこれぶっせつ》」とある。

五常は五戒の分付

仁というは、この不殺生戒の中より*分付《ぶんぷ》して、王者聖人の人民を救抜《くばつ》する条例じゃ。

義というは、この不偸盗戒の中より分付して、賢人君子の身を守り行を立《りっ》するの趣じゃ。

礼というは、この不邪婬戒の中より分付して、上下貴賤害を避け名を全くするの由緒《ゆいしょ》じゃ。

信というは、この不妄語戒の中より分付して、事を成し道を助くるの法じゃ。

智というは、この不邪見戒の中より分付して、大人有志《たいじんゆうし》の自《みずか》ら明らかにし、*事理《じり》に達するの道じゃ。

法は不二

心を事に歴業に渉り…周辺の事柄と自分の行為に心を用いるということ。

天命にも達す…尊者に「天命」と題した晩年の和歌がある。「このころは峰の木がらし吹き絶て　こずゑにのこることの葉もなし」。言語を絶した天命の依って来たる処を感得して歌われたのである。

分付…戒の一部が世間に顕れたもの。五常が法の分付として顕れるのは一例である。故に、国・時代・性別・年齢等を超えたグローバルな視点からの十善の法の必要性を主張されるのである。

事理…ここでは、物事の道理というほどの意。

一多元来不二《いちたがんらいふに》なれば、一戒《いっかい》の中に諸戒を具す。人道立ちて万事みな調う。本末《ほんまつ》元来不二なれば、心を用うれば何《いずれ》の処にも誠の道は顕わるるじゃ。仁義を説くも可なり。仏戒を説くも可なり。その浅深を云うは、云う者の浅深じゃ。その得失を説くは、説く者の得失じゃ。ここには且《しばら》く*近古《こんこ》の知らずして妄《みだり》に評判する者《もの》共《ども》の為に、*内道外教《ないどうげきょう》を対弁《たいべん》していうまでのことじゃ。本来道は内外《ないげ》ない。ただ内外を見る者の内外じゃ。

正法に遠い現在の仏法

中に就いて悲しむべきことは今の仏法じゃ。多くとり違えておるじゃ。近世教相《きょうそう》を建立《こんりゅう》する者は、仏法といえば向上に広大に説き示す。識別あらん者は推察し看よ。仏在世に*天龍《てんりゅう》八部、*人非人《にんぴにん》、男子女人を集めて垂誡《すいかい》あったが今の経文《きょうもん》じゃ。その至れる場所は甚深《じんじん》なるべきなれども、その文句は人々聞き得て利益《りやく》を得たことじゃ。むつかしかるべきではない。

ただ支那国、*中古已来《いらい》*俊邁《しゅんまい》の士が、自己の智恵を極めて向上に言いなす。その次に出ずる者はそれより上《うえ》なることを言い出し、その次に出ずる者は、またそれより上なることを言い出して、今の教相学《きょうそうがく》になったことじゃ。仏在世、賢聖在世にはなきことじゃ。

近古…鎌倉幕府の成立から江戸幕府の成立まで。
内道外教を対弁して…仏道とそれ以外の思想を比較して述べる。
天龍八部…神々をはじめとする神話的存在である八種類の名。これらは仏教を守護する。天・龍・夜叉・乾闥婆・阿修羅・伽楼羅・緊那羅・摩睺羅伽。
人非人…人と非人（天龍八部などの総称）。
中古…中世。
俊邁…才知がすぐれている。

教相判断*が精《くわ》しくても、高くても、身の修《おさ》まりにも、国家の治まりにも用に立たぬ。勿論生死解脱《しょうじげだつ》の要路に違《たが》い、仏意《ぶっち》にも背《そむ》くことじゃ。近世の道俗を誘《いざな》い導く者は、易《やす》きより易きに就いて、我が宗門の中には過《あやまち》を改め悪を止むるには及ばぬと云い、持戒禅定も廃すべしと云う。識別あらん者は推察し看よ。仏世賢聖在世は、諸天八部、人非人、道俗男女みな善より善に遷ったことじゃ。倶に分に随って*持戒修禅《しゅぜん》もあったじゃ。人に良心あれば、善根の勤められぬということはあるまじきぞ。

中古已来、伶俐*の士が、世に随い俗に応じて人を教化《きょうけ》す。その次に出ずる者はまた世俗に順じ人情に就き、その次に出ずる者は更に世俗に順じ人情に就いて、遂に賢聖の正規則を取り失なう*ようになり下り、悪を作して羞《は》じぬようになり下ったことじゃ。

近古明恵上人*の言《ことば》に、「今の諸宗の者の言う通りが仏法ならば、諸道の中に仏法よりわろきことはなき」と。これ等は見た処ある趣じゃ。今時諸宗の人の言う通りが仏法ならば、智愚賢不肖・上下古今に推し通じて道とすべき道ではなきじゃ。

在家の戒善

この法は仏性戒*なるによりて、世間にありては世間を利益《りやく》す。人間天上《てんじょう》の福縁を開く。

今日色身《しきしん》壮健長寿にして世に住するは、不殺生戒の余慶*じゃ。

教相判断…仏教思想家がそれぞれの立場から、教義の優位性を明示すること。教相判釈、教判ともいう。

分に随って…自己の能力に合わせて。尊者は分＝分限、の中での行為や修行を重視される。分を超えると貪欲となる。

伶俐…かしこい。俐＝さとい。俐＝さかしい。小りこう。

取り失なう…「取り」は接頭辞。うしなうこと。

明恵上人…一一七三～一二三二。鎌倉時代の華厳宗の僧。純朴な求道者で、尊者はその釈尊を慕う心や求道への誠心を愛された。

仏性戒…大乗戒の通名。一切衆生の具えているけがれのない仏性にしたがって制定した戒という意。菩薩戒に同じ。

余慶…善行為のおかげ。

衣あり食あり、住処・禄位ありて、安楽に住するは、不偸盗戒の余慶じゃ。

男女親愛し、子孫継嗣《けいし》絶《ぜっ》せず、家門和合するは、不邪婬戒の余慶じゃ。

*号令国に行われ、*言教《ごんきょう》家に行わるるは、不妄語戒の余慶じゃ。

*慇重《おんじゅう》徳を成じ、人天《にんでん》*帰仰《きごう》するは、不綺語戒の余慶じゃ。

幼《いとけな》くして父母《ぶも》*親眷《しんけん》愛念し、長じて*家属親近《しんごん》し、老いて*児孫*孝順《こうじゅん》なるは、不悪口戒の余慶じゃ。

国にありて*四境乱れず、家にありて上下相睦《あいむつ》じきは、不両舌戒の余慶じゃ。

財宝用いて余《あま》りあり、*封疆《ほうきょう》*饒《ゆたか》に足《た》る、山海その利多く、万国*貢献するは、不貪欲戒の余慶じゃ。

身体威厳、顔貌端正《げんみょうたんじょう》、万民畏れてしかも親しみ、懐《なつ》いてしかも侮《あなど》らぬは、不瞋恚戒の余慶じゃ。

冥《みょう》に神祇守護し、顕《あら》わに万国推戴し、国に災害なく、身心*憂戚《ゆうせき》なきは、不邪見戒の余慶じゃ。

小乗仏教修行者の戒善

小乗法にありては、少分《しょうぶん》*法利《ほうり》を得る。*生天《しょうてん》・涅槃《ねはん》の正路《しょうろ》を開く。

号令…命令。
言教…言葉で教育すること。
慇重…ねんごろなこと。丁重なこと。
帰仰…近づく。到達する。
親眷…親族。
家属…家族。
児孫…子と孫。子孫。
孝順…孝行で柔順なこと。
四境…四方の国境。四辺。
封疆…国境の土手（土を盛り上げて作った）。
饒に…十分に。
貢献…貢物をさしあげる。人のため、社会のために力をつくすこと。
憂戚…憂え悲しむ。
法利…仏法から受ける利益。
生天…天上界に生まれること。

不殺生戒の中に我が慈念増長《ぞうじょう》する。
不偸盗戒の中に我が福徳増長する。
不邪婬戒の中に我が行清浄なる。
不妄語戒の中に我が徳真実なる。
不綺語戒の中に我が心寂静なる。
不悪口戒の中に我が言音《*ごんおん》柔順《*にゅうじゅん》なる。羅漢果《らかんか》の人は言《ことば》先ず笑《え》みを含むとある。
不両舌戒の中に衆僧和合する。『戒序』に「聖衆《しょうじゅ》若《シ》和合《スルハ》、世尊《ノ》所二称誉《スル》一」とある。
不貪欲戒の中に少欲の行成ずる。
不瞋恚戒の中に四無量心《*しむりょうしん》を得る。
不邪見戒の中に人無我《*にんむが》の理に達して、優《ゆたか》に聖域《しょういき》に入るじゃ。

大乗仏教修行者の戒善

大乗法にありては、大根大機《だいこんだいき》諸の菩薩を利益す。六度万行《*ろくどまんぎょう》、首楞厳定《*しゅりょうごんじょう》等を与うる。
不殺生戒の中に分段《*ぶんだん》・変易《へんにゃく》二種の生死《しょうじ》を超過する。
不偸盗戒の中に報土《*》を荘厳《しょうごん》する。
不婬戒の中に清浄《しょうじょう》の身心到る処に禅定相応する。

言音…ものいう声。語音。
柔順…おとなしくて物にさからわない。すなお。
四無量心…四つの量り知れない利他の心。①慈無量＝楽を与えることが無量②悲無量＝苦より救うことが無量③喜無量＝衆生の幸福を喜ぶことが無量④捨無量＝差別心をすてて平等であることが無量。
人無我…実体としての我は存在しないということ。
六度万行…六度＝六波羅蜜（布施・持戒・忍辱・精進・禅定・智慧）は、万行の根本である。
首楞厳定…煩悩を超えた仏の禅定。
分段・変易二種の生死…分段生死＝寿命に分限あり、形に段別がある者の生死。変易生死＝迷いを離れ、輪廻を超えた聖者がうける生死。
報土…業の報いで生まれた国土。

不妄語戒の中に*広長舌相《こうちょうぜつそう》*三千界を覆《おお》う。

不綺語戒の中に法の快楽《けらく》を得る。

不悪口戒の中に*六十四種《ろくじゅうししゅ》の梵音《ぼんのん》を成じて、説法諸機に透《とお》る。

不両舌戒の中に*四弁具足《しべんぐそく》して、人天信受奉行《にんでんしんじゅぶぎょう》す。

不貪欲戒の中に常に*第四禅相応する。

不瞋恚戒の中に*後得智《ごとくち》より大悲を生ずる。

不邪見戒の中に能《よ》く仏智慧に入るじゃ。

在家にありては在家を利益《りやく》す。国治まり家斉《ととの》う。出家にありては出家を利益す。生死解脱の要路じゃ。

仏は十善の具現

諸の禅定もこれより生ずる。『達摩多羅禅経《だるまたらぜんきょう》』に、「*尸羅《しら》既に清浄なれば三昧中に於て現ず」とある。三十二相もこれより生ずる。『薩遮《さっしゃ》経』に、「三十二相差別《しゃべつ》の因なし。持戒を以て基本とす」とある。*三身《さんしん》の妙果もこれより生ずる。『羯磨疏《かつましょ》』に「*摂律儀戒《しょうりつぎかい》によりて*法身《ほっしん》を得《とく》す。*摂善法戒《しょうぜんぼうかい》によりて*報身《ほうじん》を得す。*饒益有情戒《にょうやくうじょうかい》によりて*応身《おうじん》を得す」とある。*塵劫久遠成道《じんごうくおんじょうどう》の如来は不殺生戒の顕わるる処じゃ。福徳荘厳《しょうごん》の宝勝如来《ほうしょうにょらい》は

広長舌相…大きな舌。仏の三十二相の一つ。嘘のないことの象徴。
三千界…＝三千大千世界。古代インドの世界観による全宇宙。
六十四種の梵音…仏に具わる六十四種のすぐれた音声。
四弁…仏菩薩の四種の説法能力。①法無礙＝教について滞らない。②義無礙＝教の意義内容を知って滞ることがない。③辞無礙＝諸方の言語に通達している。④弁無礙智＝以上の三種の智をもって衆生のために自在に説く。
第四禅…苦楽を離れた色界四禅のうちの第四の禅定。
後得智…空・平等を覚った根本智の後に、差別の境界から衆生を利益する智慧。
尸羅…戒。(梵)śīla の音写。
三身…仏の三つの身体。法身＝形を超えた真如のさとりそのもの。報身＝受用身。菩薩が願と行とに報われて得る仏身。応身＝衆生を導くために相手に応じて現れる仏の身体。
摂律儀戒…一切の戒を受持

不偸盗戒の顕わるる処じゃ。*得自性清浄法性如来《とくじしょうしょうじょうほっしょうにょらい》は不邪婬戒の顕わるる処じゃ。伝《でん》戒相承《かいそうじょう》の義かくの如し。

不偸盗戒の道理

中に就いて、今この不偸盗戒は、かく憶念せよ。今人間世界に生まれ出でし自己五尺の色身は、過去世十善の影にて、仏性の一分《いちぶん》縁起せる姿じゃ。先ず面白きものじゃ。これはこれだけの影、これだけの縁起なるによりて、影が手前分斉にて、一生の寿命も福分も、位も智恵も徳相も、災難も眷属も、定まりたるものじゃ。

既に分限定まる上は、此《こ》の影と彼《か》の影と相乱《あいらん》ずることはならず。此の縁起と彼の縁起と各々同じからず。看よ、親の病あるとき、その子これに代わることもならず。子に痛みのあるとき、その親が分かち忍ぶこともならぬ。*この処に不偸盗戒があらわるるじゃ。福分が彼此《ひし》定まりあるによりて、彼を減じて此《これ》を増すこともならず。此を減じて彼と等しくすることもならず。この増減のならぬ場所が仏性のあり姿で、不偸盗戒の縁起じゃ。

喩《たと》えば此許《ここもと》に大《だい》*君長《くんちょう》ありて、万国を掌握の中に置く。その中に数百の郡国を分かち、*有功《ゆうこう》の臣を*封《ほう》じ、或は子弟を封ず。その分界定まった上は、所出《しょしゅつ》の財利多少等しからず。彼には余り此には足らぬも、彼を奪うて此に与えぬじゃ。此を減じて彼と等しくせぬじ

する戒。
摂善法戒…一切の善を修する戒。
饒益有情戒…世の人々を導いて利益を与える戒。
以上を三聚浄戒（大乗の菩薩戒）という。
塵劫久遠成道の如来…久遠の昔から成仏して説法し続けている仏。『法華経』

得自性清浄法性如来…『般若理趣経』に説かれる仏。密教では阿弥陀如来の異名。

この処に〜…この分限が定まっている個々の縁起を我欲によって動かそうとすることが偸盗の根本原理。よって、不偸盗とは物を盗むという狭い範囲のものではない。
君長…君主
有功…功労者。
封じ…領土を与える。

や。それぞれに分限あって、みだりに与奪《よだつ》せざれども、*率土《そつど》みな我が掌握たることを妨げぬじゃ。

*仏性縁起の不偸盗戒となるもかくの如くじゃ。同一法性、福徳荘厳は平等なれども、縁に随って此《これ》あり彼《かれ》ある。彼此相分かるれば、物々斉《もつもつひと》しからぬ。国に大小あり、家に貧富あり、人に*窮達《きゅうたつ》あり。その善根の厚薄、護戒の緩急《かんきゅう》によりて、業相所現の影かくの如くじゃ。

不偸盗戒の果報の状相

富める家は施して尽きぬ。貧しき家は乞貸《こったい》して足らず。窮《きゅう》するときは親戚も棄て去る。達するときは*楚越《そえつ》も兄弟《けいてい》の如くになる。且《しばら》く肉眼《にくげん》の所見、業相の影像《ようぞう》、この差別あるに似て現ずれども、同一法性、福徳荘厳は、元来平等なるものじゃ。

なぜに施して尽きぬぞ、山海の利の愈《いよいよ》出《い》でて愈尽きぬ如くじゃ。

なぜに乞貸《こったい》して足らぬぞ、火に薪を加うる如くじゃ。

なぜに親族も棄て去るぞ。瘠土《せきど》の草木を生ぜぬ如くじゃ。

なぜに楚越も兄弟の如くなるぞ、芳花《ほうか》の蝶蜂《ちょうぶ》を招く如くじゃ。

この中法性に安住する者は、愈出でて愈尽きぬことを知る故に、道ありて他に施す時

率土…全土。

仏性縁起…法性縁起・真如縁起と同意で、華厳の思想によって使用されたと思われる。本書不両舌戒二二三頁に「仏性は言説心念を離れて、しかも常に縁起する。縁起端なきこと環の如くじゃ」とある。

窮達…困窮と栄達。

楚越…戦国時代の敵同士の国。

は、蔵をかたむけて厭《いと》わぬ。法性荘厳元来欠《か》けめがなきじゃ。

火に薪を加うる如くなることを知る故、自《おのずか》ら事に安んじ心に足りて妄《みだ》りに乞貸せぬ。法性荘厳元来欠けめがなきじゃ。

瘠土の草木を生ぜぬ如くなることを知る故、*孤影《こよう》相*とぶらうて憂えぬ。法性荘厳元来欠けめがなきじゃ。

芳花の蝶蜂を招く如くなることを知る故、眷属*囲繞《いにょう》して傲《おご》らぬじゃ。法性荘厳元来、欠けめがなきじゃ。

三界の大君父と成りて、常恒《じょうごう》にこの法性に安住する。彼を減じて此に増さぬ。此を奪うて彼に与えぬ。

法かくの如くなるによりて、一針一草を*窃《ぬす》み用うるは、一針一草の盗じゃ。金銀穀米を窃み用うるは、金銀穀米の盗じゃ。一郡一国を侵し奪うは、一郡一国の盗じゃ。傭夫の一日のやとい、直《あたい》を受けてその事に怠るは、一日の盗じゃ。子たる者は、身体髪膚よりして、その家の禄位まで、悉く父母の賜《たまもの》なるによりて、もし孝ならぬは一身の盗じゃ。臣たる者は、大にもあれ小にもあれ、その威勢官爵、朋友の交わり、妻子眷属の*はごくみまで、悉く君の賜なるによりて、もし忠ならぬは一家の盗じゃ。

孤影…ひとり身。独住。
とぶらう…訪れる。尋ねもとめる。
囲繞…取り囲む。
窃み…人目を避けてぬすむこと。
はごくみ…育み。

立場の相違による不偸盗戒

春秋の時、*豫譲《よじょう》が、「范・中行氏は庸人を以て待すれば庸人を以て報ゆ。智伯*は国士を以て遇すれば国士を以て報ず」と云いし類。*五羖大夫《ごこたいふ》が、虞公《ぐこう》の諫《いさ》むまじきを知って諫めず、その亡ぶるを知りて、先ず去りて他国に事《つか》うる。五代の*馮道《ふうどう》が、一身*数朝に歴《へ》事うる。昨日まで敵たる所、今朝は君と仰ぐ類。これ等みな朋友の交わりならば許さることとなれども、君に事うる道には許されぬじゃ。支那国の諸儒は、この豫譲を多く義士と称す。五羖大夫を通じて賢者と称すれども、十善の中には許されぬじゃ。

*南山大師の言に、この盗戒は実徳の人も或は免れぬとある、これじゃ。まして官吏の賄賂によりて、上を詐《いつわ》り下を虐《ぎゃく》するは、盗中の大なるものじゃ。これ等の事は戒経・律蔵の中に委《くわ》しく説いてあるじゃ。

法としてかくの如くなるによって、菩薩は自《みずか》ら偸盗せぬ。また人を教えて不偸盗戒を護持せしむる。もし士庶人ならば、堅くその分を守って*踰越《ゆおつ》せず。これを身に用い、これを家に用いて余りあるじゃ。もし王公の位にありては、この戒を以て人民を撫育する。これを国に用い、これを天下に布《し》いて余りあるじゃ。富める者のその分を守る、*華奢《かしゃ》の身に益なきを知るじゃ。貧しき者のその限《かぎり》に安ずる、常に足りて世に諂《へつら》わぬじゃ。

また律蔵に、昔世尊、*蘇羅婆国《そらば》に遊び、大比丘衆五百人と倶に毘蘭若《びらんにゃ》に至る。この処

豫譲…戦国時代の晋の刺客。晋の范氏、中行氏に仕えていたが、のち智伯に仕え、その寵を得た。『史記』

智伯…智瑶。春秋時代末期の晋の政治家・武将。

五羖大夫…百里奚。春秋時代の秦の名相。

馮道…八八二～九五四。五代の政治家。

数朝に歴事うる…四姓十君に歴事した。『五代史』

南山大師…道宣（五九六～六六七）南山律宗の祖。

踰越…踰＝越＝こえる。本分を超えること。

華奢…華やかで贅沢な生活のこと。

蘇羅婆国…古代インドの十六大国の一つ。

に毘蘭若《びれんにゃ》婆羅門という者ありて、仏と五百羅漢とを*一夏九旬《いちげくじゅん》の供養に請《しょう》じ奉る。*仏の常《じょう》法黙然《ほうもくねん》として請《こい》を受けたまう。

婆羅門がその夜の夢に、七重《ななじゅう》の*白氎《びゃくじょう》、城を*囲繞《いにょう》すと見る。*博士《はくし》を呼びて占わしむ。この博士固《もと》より外道を信じ仏法を嫉《ねた》む。正《まさ》しく福徳の相と知りながら、詐《いつわ》り告ぐ。これは大悪夢なり。もしは強敵《ごうてき》来りて国を奪うべきか。また自《みずか》ら身命《しんみょう》の終わる相なるべしと。婆羅門怖れて問う、免るるに術ありや否や。博士答う。その術あり。今より*深宮《しんきゅう》の内にありて、一向外人《げじん》に対面なく、言語なく、ただ侍女と共に一夏九旬満ぜば、この災免るべしと。婆羅門この語を受けて、宮中に入りてただ*五欲の楽を受けて、一向世尊を供養し奉ることを忘る。そのとき飢饉にて、外《ほか》に供養の人なし。ただ辺国の馬を売る者来りて、*馬麦《めみゃく》を仏と大衆とに供養す。仏もこの馬麦を食《じき》す。大衆《だいしゅ》もこの馬麦ばかりを食せしによりて、日々に痩せ衰う。

その時、*目連尊者世尊に白《びゃく》す。我れ*北拘盧洲《ほっくろしゅう》に往きて自然《じねん》の*秔米《こうまい》を取り来るか、もしは*忉利《とうり》天上に往きて天の甘露を取り来りて、仏及び大衆に供養し奉るべしと。世尊のたまう。今は汝が如き神通力ある者少なからねば、北拘盧洲の秔米も、天上の甘露も、とり来るべし。末世に至りて神通力なき者をいかがすべきぞ。目連この教勅《きょうちょく》を受け、言なくして退く。

一夏九旬…夏の三か月。雨安居の時期をさす。
仏の常法黙然…釈尊がだまっておられるのは承諾の意志を示す。
白氎…木綿の布。
囲繞…まわりを取り囲むこと。
博士…＝学者。
深宮…宮殿の奥。
五欲…眼・耳・鼻・舌・身の五官による色・声・香・味・触という五種の感官的欲望。
馬麦…燕麦。飼料用の麦。
目連尊者…目犍連。釈迦十大弟子の一人。神通第一といわれる。
北拘盧洲…須弥山を囲む四洲の一。北方に位置する。
秔米…現在のうるち米。
忉利天…須弥山の頂にあり、帝釈天の居所。

次に＊阿難尊者仏処に往きて白す。この夏《げ》世尊も艱難《かんなん》に処す。大衆も艱難に堪えず。使者を＊迦維羅衛《かいらえい》城に馳せて親族の者に供養を営ませ、彼等に福縁を与え、大衆も安楽に道《どう》業《ごう》を修せしめんと。仏告げたまう。我等は親族あり、供養を営ましむること易し。末世親族なき比丘をいかがすべきと。

次にまた阿難尊者請ず。＊摩竭陀国《まかだこく》の＊頻婆遮羅王《びんばしゃらおう》、或は＊舎衛城《しゃえじょう》の＊波斯匿王《はしのくおう》、もしは＊須達《しゅだつ》長者《ちょうじゃ》等に使を馳せて供養を受くべしと。仏いわく、今は信心帰依の人あれば、その供養饒《ゆたか》なり。末世帰依の徒のなき比丘はいかがすべきぞ。阿難この教勅を受け、言なくして退く。かくの如く世尊も大衆も馬麦を食し、泰然として夏《げ》を満ず。この因縁によりて毘蘭若《びらんにゃ》婆羅門も、＊夏竟《げきょう》に過《あやまち》を悔い、信心増長《ぞうじょう》すと。こうじゃ。これを正しく末世無福の弟子の為の正規則と名づく。具《つぶ》さに思惟して看よ。甚深なることじゃ。

富貴栄耀《ふうきえいよう》なれば、富貴栄耀の中にその法現ずる。貧賤困窮なれば、貧賤困窮の中にその法現ずる。世間には富貴と貧賤との別あれども、自己心中はただ一法のみじゃ。

＊外典《げてん》に、孔子の＊陳蔡《ちんさい》の間に厄せしとき、門弟子《もんていし》と共に琴を鼓《こ》して、「＊兕《じ》に非ず虎に非ず、彼の曠野にしたがう。我が道非なるか」と。これも俗中君子の艱難《かんなん》に処する規則というべきじゃ。

阿難尊者…釈迦十大弟子の一人。常に釈尊に近侍していたので多聞第一といわれる。
迦維羅衛城…中インドの都市。釈迦族の領土。
摩竭陀国…中インドに位置する十六大国の一。成道の尼連禅河・霊鷲山など多くの遺跡が残る。
頻婆遮羅王…摩竭陀国の王。釈尊の最初の外護者。
舎衛城…中インドのコーサラ国の都市。祇園精舎がある。
波斯匿王…コーサラ国の王。祇園精舎を造る。
須達長者…コーサラ国舎衛城の富豪・長者。孤独な貧者に食物を施したので、給孤独と呼ばれる。
夏竟…竟＝終。
外典に…『史記』
陳蔡…陳と蔡は国名で、孔子はこの二国の国境で囲まれて困窮した。「陳蔡之厄」。
兕…水牛に似た獣。

個々の分限における利益

この人の世界にある。上《かみ》たる者は上相応の利あり。下なる者は下相応の利あり。君子は君子相応の利あり。小人《しょうじん》は小人相応の利あり。これを互いに奪うべからずじゃ。禄位官爵にもこの戒あり。智愚にもこの戒あり。仏法僧三宝《ぶっぽうそうさんぼう》の境《きょう》にもこの戒あり。地・水・火・風・空の五大に於ても、各《おのおの》この戒具わるということじゃ。

この中に、上相応というは百官の富、宮室《きゅうしつ》の美、*南面拱手《なんめんきょうしゅ》して万国の主となり、一人を以て億兆の上《かみ》に居《こ》す。山海の珍味、華夷《かい》の*玩好《がんこう》、目前に羅列する類じゃ。

下の利というは、『史記』にある。「*安邑《あんゆう》千樹《ノ》棗《そう》、*燕・秦千樹の栗《りつ》等、此《レ》其《ノ》人皆千戸侯《ここう》に斉《ひと》し」という類じゃ。また商賈《しょうこ》などが、時をはかり処をはかりて、動《やや》もすれば一時に千金の利を得る類じゃ。山の利とは、材木・果実など、山住《やまずみ》の民、これに生涯の楽《たのしみ》を全くするじゃ。海の利とは、魚《ぎょ》・塩《えん》・海藻《かいそう》の類。海辺《かいへん》の民、これに生涯の楽を全くするじゃ。

また古書に、君子・*奇士の類が、*廊廟の上に居らねば医卜《いぼく》の中に隠るという類、これもその道を失わねば相応に俸禄・褒賞を得る。自余の遊民芸術者が、学才・文辞、詩歌・伎楽等にて、世に用いられて利を得る類、また小人の*駅店《えきてん》に走り河海《かかい》に航し、力を用い身を労して利を得るなども、面白き世の有様じゃ。

南面拱手…南は陽を表し、君主の方向を示す。拱手は両手を胸の前で組んでおじぎをする中国の挨拶。
玩好…もてあそびこのむ品。
安邑…棗の産地。
燕・秦…共に周代、春秋時代、戦国時代にわたって存在した国。
奇士…衆にすぐれた人。
廊廟…政治を行う所。
駅店…宿駅（宿場）の市店。

『詩経』に、「彼《かしこ》ニ有リ二不ル一レ*穫カラ*稚《いね》一、此《ここ》ニ有リ二不ル一レ斂《おさ》メ*穧《いね》一、彼ニ有リ二*遺レル秉《へい》一、此ニ有リ二*滞レル穂一。伊《これ》寡婦ノ之利一」と。これなど世治《おさま》り民も饒《ゆた》かに、寡婦《かふ》の類までその所を得る。面白きじゃ。

四大への偸盗等

地を盗むというは、農人が田地の畔際《はんざい》をかすめ侵《おか》す類。水を盗むというは、五六月旱魃《かんばつ》の時、他の田作るべき水を我が方に引く類。火を盗むというは、暗夜に他の灯光をひき、寒天に他の炭火を妄《みだ》りに用うる類。風を盗むというは、炎暑の時、涼風を我が家に引く類。多般の事みな準じて知るがよい。また他の智恵をも盗む、禄をも盗む、その功をも盗む、位をも盗む、官をも盗む等、みなこれに例して知れ。

三宝（仏・法・僧）への偸盗

*仏物《ぶつもつ》を法に用うるも盗じゃ。僧に用うるも盗じゃ。*法物《ほうもつ》を仏に用うるも、僧に用うるも盗じゃ。*僧物《そうもつ》を仏もしは法に用うるも盗じゃ。この類経《きょう》・論《ろん》・律蔵《りつぞう》の中に微細《みさい》に演説あるじゃ。この仏物を法にも用いず、僧にも用いず、法物を僧にも用いず、仏にも用いぬようなること、愚者・庸人は窮屈に思うべけれども、そうでない。

穫…刈る。取り入れる。
稚…刈っていない若い稲。
穧…まだ収束していない稲。
遺秉…取り残された稲束。秉＝稲の束。
滞穂…落ちている稲穂。
仏物…仏・菩薩の供養に用いられる物。仏の供養物を他に流用することを「仏物己用」（ぶつもつこよう）といい、盗戒の罪となる。
法物…仏典の保持、供養に使用される箱・机など。
僧物…僧が生活に用いる道具。共通して使用する物を通物という。

仏法と十善と人間界の根本

これ等が法性等流《とうる》の法じゃ。仏法の仏法たる、十善の十善たる、ここに在るじゃ。道の道たる、人の人たる、ここに至りて天地位《くらい》定まる。梵王*・帝釈*は、この世界あらん限りその位に処して動ぜぬということじゃ。日月星辰は、この世界あらん限り規度《きたく》定まって乱れぬじゃ。向上の趣は且《しばら》く略す。

この人界《にんかい》の中、近くは身を百年に修《しゅ》して、家を千歳《せんざい》に守り、国を万々世に伝うる道じゃ。ここに至りて君臣分定まる。君は常に君たり、臣はとこしなえに臣たり。たとい首《こうべ》に*悪瘡《あくそう》ありて足*肥白《ひはく》なるも、その位の易《か》えられぬ如く、その君愚昧《ぐまい》なるも、臣としては推戴《すいたい》すべし。その臣徳あるも、敢《あえ》てその位を*窺窬《きゆ》すべからず。

支那上代《じょうだい》に、堯《ぎょう》の位を舜《しゅん》に譲る。舜の位を禹《う》に譲る。その聖人至公の心は貴むべきなれども、万国古今に推し通じて道とすべき道ではない。湯《とう》の*桀《けつ》を斥《しりぞ》け、武《ぶ》の紂《ちゅう》を亡ぼす。その民を塗炭に救う志は貴むべきなれども、万国古今に推し通じて道とすべき道ではない。看よ、後世臣として君を放ち君を弑《しい》する者、みな湯《とう》・武《ぶ》を以て口実とす。臣の臣たらぬ、この類じゃ。この十善なくば世間黒暗というも可なりじゃ。

戦国の時、*燕王噲《えんおうかい》が国をその相《しょう》*子之《しし》に譲る。鹿毛寿《ろくもうじゅ》に欺《あざむ》かれて、堯を引いて自《みずか》ら比《ひ》する。漢の哀帝《あいてい》が、私愛《しあい》に溺《おぼ》れ、董賢《とうけん》に位を伝えんと欲して、これを*有虞《ゆうぐ》に比する。君の

梵王・帝釈…仏教を守護する天部の神。梵天＝古代インドの世界の創造主ブラフマンを神格化したもの。帝釈天＝古代インド神話のインドラが神格化されたもの。

悪瘡…たちの悪いはれもの。瘡＝はれもの。

肥白…色白で太っている人。

窺窬…ひそかに隙をうかがって望むこと。

桀…古代中国、夏王朝の最後の王。

燕王噲…戦国時代の燕の君主。

子之…戦国時代の燕の宰相。燕王噲をたすけ宰相となる。

有虞…＝舜。古代中国の伝説上の聖天子。

君たらぬ、この類じゃ。この十善なくば世間黒暗というも可なりじゃ。
*王莽《おうもう》が漢を奪うに、堯・舜を仮りて辞《ことば》を造る。*曹魏・*司馬晋已来、諸の反逆の者、みな禅詔《ぜんしょう》を詭《いつわ》りて位に即《つ》く。臣佐《しんさ》の君長《くんちょう》に*悖《もと》る。この類じゃ。*劉宋《りゅうそう》の檀道成《だんどうせい》が威名《いめい》さかんなるを、宋君《そうくん》が疑いて、罪なき刑に行うた。のち敵国攻め来った時、その猛将に事を闕《か》きて、壇道成もしあらば*胡馬ここに到らじとて悔いたとある。これ等の君臣相疑う類、みな君の君たらぬ、臣の臣たらぬ類じゃ。

この十善なくば、強弱相凌《あいしの》ぎ、君臣相損害す。世間みな黒暗と云うも可なりじゃ。伝戒相承の義に、我が邦は上古より十善を以て天位を定め、十善を以て政治を布《し》く。支那の聖代より勝《まさ》り、諸子百家の徳風に超ゆるということじゃ。

*宝間比丘の悟り

また具《つぶ》さに思惟すれば、この戒は不可思議の趣あるじゃ。経中に、宝間比丘《ほうげんびく》という者あり。初めて具戒《ぐかい》を受けて仏所に往き、礼拝して仏に白《びゃく》す。既に受戒し竟《おわ》る。云何《いか》んが修行して無漏《むろ》聖道《しょうどう》を得べきと。世尊いわく、「汝が物に非ずば取ることなかれ」と。この比丘一言の教えを受け、礼拝し去りて、樹下に至り石上に坐具を布《し》き、結跏趺坐《けっかふざ》して思惟す。大聖《だいしょう》世尊の汝が物に非ずば取ることなかれとの教えは、いかなる義ぞ。他の

王莽…新朝の建国者。
曹魏…三国時代の魏の国のこと。
司馬晋…晋の国。司馬一族の統一による。
悖る…反する。
劉宋…劉氏の南宋のこと。
胡馬…匈奴に産する馬。

宝間比丘の悟り…この宝間比丘の故事によって、本書不殺生戒の冒頭に「人たる道を全くして、高く仏果にも到るべく、賢聖の地位も期すべき」とあることを証する。また、六八頁での「一多元来不二なれば、一戒の中に諸戒を具す」という意図も領ける。戒の意義を知る重要な話。他の一々の戒においてもここまでの憶念が必要であろう。

金銀財宝、禄位官爵は、この類何ぞ世尊の教えを待たん。*金口《こんく》*慇懃《おんごん》なる、これ等の義に非《あら》じ。今我が物という、畢竟《ひっきょう》何ものぞ。

今までの屋宅財宝、禄位官爵は、出家し了《おわ》れば、我が物ならず。これ取るべからずと決す。次に妻妾《さいしょう》眷属の類、これも出家し了れば我が物ならず。取るべからずと決す。

次にこの五尺余の身体、頭目手足《ずもくしゅそく》、これ我が物なるべきか。これもただこれ*頑肉《がんにく》なり。父母の肉血の余分なり。生まれ落ちし已来、衣服《えぶく》・飲食《おんじき》、臥具・医薬を以て養い来る底《てい》の物なり。終に朽敗《くはい》して*土に帰する物なり。我が物ならず取るべからずと決す。

眼《まなこ》に色《しき》を見る、これ我が物なるべきか。これも内に眼根《げんこん》あり。外に色《しき》あり。中間《ちゅうげん》に虚空あり、光明あり。衆縁《しゅえん》和合して*仮にこの相あり。鏡にうつる影の如くで実体なし。我が物ならず取るべからずと決定《けつじょう》す。

次に耳に声《こえ》を聞く。これ我が物なるべきか。これも内に耳根《にこん》あり、外に声あり。遠からず近からず、他の障碍《しょうげ》なき時、衆縁和合して仮にこの相あり。*空谷の響の如く、その実体なし。我が物ならず取るべからずと決す。乃至意《こころ》に善悪邪正、是非得失を分別する。これ我が物なるべきか。この心も自《みずか》ら心とは知らぬ。自ら心とは言わず、意という名も、心《しん》という名も、*外より名づけし物、畢竟じて*見聞覚知《けんもんかくち》の影なり。その実体なし。我が物ならず取るべからずと決す。

金口…金色の口の意で、仏の口のこと。転じて釈尊の説法のこと。
慇懃…丁寧。
頑肉…単なる見苦しい身体。
土に帰する～…無常をたとえたもの。
仮にこの相～…空（くう）をたとえたもの。
空谷…静かな谷。
外より名づけし物～…仮名（けみょう）。実体のないものに仮に名をつけただけのもの。
見聞覚知の影…感覚知覚のはたらき。眼・耳・鼻・舌・身・意識により捉えたものは影のように実体がないこと。

この時一切我相《がそう》を離れ、*廓然《かくねん》として*初果に入り、再び思惟して*羅漢果《らかんか》を成ぜしとある。これによりて見よ。この不偸盗戒甚深《じんじん》じゃ。大機大用《だいきだいゆう》の人ならずば、その源底を尽くすとは云われぬじゃ。初め他の物を盗まぬより、終わり羅漢に至り、菩薩に至り、*迥然《けいぜん》独脱し、諸仏の法蔵を開きて、一切衆生を救済《くさい》するまで、この不偸盗の戒相《かいそう》ならぬことはなきじゃ。

偸盗の果報

『華厳経』に、「偸盗の罪、また衆生をして三悪道に堕せしむ。もし人中に生ずれば二種の果報を得る。一には貧窮《びんぐう》、二には*共財《ぐうざい》自在を得ず」とある。この偸盗の罪の悪趣を現ずることも、通途《つうず》の者は信じ難きか。世間の道理を以て看よ。少々の盗を作す者は必ず国の常刑ありて許さぬ。何れの国にも古今違わぬ。

周の末に*田氏《でんし》が斉《せい》を奪いし、韓《かん》・魏《ぎ》・趙《ちょう》が晋を分かち領ぜし類は、国の常刑をも合わせ盗む。これ等は業果ということなくば、大悪は却《かえ》って福となるというも可なりじゃ。

『荘子』に喩を挙げて、世の金銀珠玉は人の欲する所なるによりて、*緘縢《かんとう》を摂《せっ》し*扃鐍《けいけつ》を固くして置けば、先ず小盗人《しょうとうにん》は免《まぬが》る。もし巨なる盗人が来れば、匱《ひつ》を負い篋《はこ》を掲《かか》げ嚢《ふくろ》を担《にの》うて趨《はし》る。この巨盗は緘縢扃鐍《かんとうけいけつ》の堅固なるを悦ぶ。通途の盗賊は刑罰法度の厳重なる

廓然…大空がからりと晴れて、空中に一点の雲もないように、心に何の執着もない境地。
初果…声聞乗の四果のうち第一のもの。初めて聖者の流れに入ったという意。
羅漢果…阿羅漢果。阿羅漢（小乗の聖者）のさとりの位。
迥然独脱…はるかに抜け出てこだわらぬこと。『臨済録』
共財…だれもが得られる物資。
田氏が斉を奪い…戦国時代、紀元前三八六年に田氏が斉を滅ぼした。『史記』
緘縢…綴じてくる。
扃鐍…扃＝かんぬき。鐍＝錠・鍵。

をおそる。国を盗む者はこの刑罰法度共に盗む。法度の厳重なるを悦ぶ。かの*「窃《ぬすム》レ鈎《ヲ》者《ハ》誅《セラレ》、窃《ム》レ国《ヲ》者《ハ》為《ル》二諸侯《ト》一。諸侯之門《ニ》而仁義存《ス》焉。則《チ》是《レ》非《ズヤ》レ窃《ニ》二仁義聖知《ヲ》一邪」ということじゃ。

文華の弊害

総じて何れの国にも謬れば*文華《ぶんか》に過ぐる。文華に過ぐるときは、実を失い盗を招く。慎むべきことじゃ。

且く支那の事蹟を視るに、誠に礼義・文物の郷というべし。それじゃが、この文物というものは国の為にはならぬものじゃ。三代の末に至りて、国を盗む者があった。次第に増長して、秦の時趙高*が天下を盗まんと謀《はか》った。これは成ぜずして刑せられた。漢に至りて、王莽《おうもう》は天下を盗み、『周礼《しゅらい》』等に依りて政度を改めた。これは*奸謀《かんぼう》已に成じたれども、久しからずして*誅滅《ちゅうめつ》せられた。後漢より三国、六朝の時、天下を盗んでしかもその身を全くせし者多い。その尤《もっと》も甚《はなは》だしきは五代の末じゃ。周の世宗《せいそう》の時、*趙匡《ちょうきょう》胤《いん》が、生得才もあり、その上軍功ありしによりて、世宗が下より取り立てて、*殿前都点《でんぜんとてん》撿《けん》の官に上した。程なく世宗が流れ矢に中《あた》って*崩殂《ほうそ》す。その時太子宗訓《そうくん》というは七歳にて、国母《こくぼ》の符后《ふこう》は入内《じゅだい》ののち纔《わずか》に十日なりしが、その時他人ありて、外国より辺境を侵すと奏す。趙匡胤《ちょうきょういん》国内の軍兵をひきいて軍だちす。陳橋駅という処まで往きて、一宿

かの…『荘子』

文華…文＝あや。華＝かざり。外見を飾ること。本書においては「文華の志を傷ることを知る」（不貪欲戒）「文華の真を乱るを知る」（不綺語戒）とあり、さらに「文華の徳を害することを知る」『短編法語集』・「分華の言辞・戯謔・嘲哢等聞て耳をまどわし意のまもりを失わしむること、かの綺に似たることあり」『人となる道・第二編』ともある。

趙高…秦の始皇帝に仕えた悪臣。

奸謀…悪だくみ。

誅滅…罪ある者を討ち滅ぼすこと。

趙匡胤…北宋の初代皇帝。九二七〜九七六。

殿前都点撿…官名。御殿の前の諸班直及び歩騎諸指揮の名簿及び訓練の政を掌る。

崩殂…崩御。殂＝死を意味するが、天子の死をも意味する。

して、その夜に*黄袍《こうほう》に衣を改め、自立して帰る。皇子をおしこめて、その身帝位に即く。これを宋の太祖という。周の*封疆《ほうきょう》・官爵《かんしゃく》・礼度みなその人に帰す。これ等の事蹟省察すべきことじゃ。

不偸盗戒の異熟果・等流果・増上果

業は心相より起こる。事《じ》に大小あれども理《り》に巨細《こさい》ない。この心ある処この業ある。理にそむき法性に違う。地獄もあるべきことじゃ。餓鬼・畜生もあるべきことじゃ。この*三途《さんず》に堕《だ》するを異熟果という。この不偸盗戒を犯《ぼん》ずる者は、たまたま人間に生ずるも貧窮《びんぐう》な。資財に自在を得ぬ。これを等流果《とうるか》という。国にありて、植ゆる所の五穀も*霜雹《そうばく》を被《こう》むるを増上果という。謬《あやま》る者は、本体かけめなき仏性に背《そむ》いて、生々の貧窮下賎の身となる。ただ謹慎奉持の士のみありて、*自家屋裏《じかおくり》の宝蔵永く損減なきじゃ。

十善法語　巻第二　終

黄袍…天子の常服に用いる黄色の上衣。
封疆…国境。
三途…地獄・餓鬼・畜生（三悪道）のこと。
霜雹…しもとひょう。
自家屋裏の宝蔵…本来の仏性をいう。

十善法語　巻第三

不《ふ》邪《じゃ》婬《いん》戒《かい》

安永二年 癸巳《みずのとみ》十二月二十三日示衆

不邪婬戒序説

師いわく。不邪婬戒の相《そう》は正しきことじゃ。不婬戒の相は尊尚なることじゃ。常の人は、不邪婬戒は世間に許さざる婬事を為さぬのみと思い、不婬戒は*愛著《あいじゃく》の心を防ぎ不浄行をなさぬのみと思う。そうではない。この戒相は*法性《ほっしょう》より等流《とうる》し来りて、近く人天《にんでん》を利益《りやく》し、遠く無漏道《むろどう》に達するの大道じゃ。*常人《じょうにん》は男子女人の間のことと云えば、戯笑《けしょう》に聞きなすべきなれども、そうではない。*律文に、婬戒の相を*演説するとき、笑う者あらば*擯出《ひんしゅつ》せよとある。賢聖《げんじょう》の法を重んずることかくの如くじゃ。

法性が縁起せざれば止《や》みね。縁起すれば天地となり来る。この天地の中に男女となり来る。この男女《なんにょ》の中に*不邪婬戒・不婬戒の相となり来るじゃ。

要を取りて云わば、この男女、*形相志性《ぎょうそうししょう》の差別《しゃべつ》も、直爾《じきに》に法性の顕われし姿じゃ。

愛著の心を防ぎ〜…＝防非止悪＝非法を防ぎ、悪事を止める。戒律の止持（戒をたもって悪をなさないこと）門の方面に名づける。積極的に善を行う方面を作持門という。
法性より等流…法性等流。真実がそのまま現われ出ていること。
常人…普通の人。凡人。
律文に…『四分律』
演説…教えを説くこと。
擯出…擯＝しりぞける。排斥する。戒律を犯した修行僧に対する処罰で、僧侶の共同生活から追放すること。擯出されても懺悔をすれば許されることもある。
不邪婬戒・不婬戒…在家には不邪婬戒・出家には不婬戒である。
形相志性の差別…姿かたちやこころばえの違い。

経論の中に*金口《こんく》自《みずか》ら*法相《ほっそう》を分別し給《たま》う。*二十二根《こん》の中、身根《しんこん》の小分に*男女二根を分かち示す。その趣は世間妄想の者の知るべき所でない。ただ修禅《しゅぜん》の者、この中に*信解《しんげ》を生じ聖道《しょうどう》と相応するじゃ。

不邪婬戒の理

世間の者、この男女の境に種々の悪邪法を生ずるは、ただ迷う者の私事《しじ》じゃ。*縄麻《じょうま》に蛇相《じゃそう》を見るは麻の咎《とが》でない。*株杌《しゅごつ》に人想《にんそう》を生ずるは株杌の咎でない。迷う者は詮方《せんかた》なきじゃ。

この法性の天地となり来る、天に*天象ありて、この日月あり、この星辰《せいしん》あり、この*虹《こう》蜺《げい》あり、この春夏あり、この秋冬ある。地に地理分かれて、山川あり河海あり、土に肥《ひ》瘠《せき》あり、国に華夷《かい》ある。その中人物に種々差別《しゃべつ》のある。面白きことじゃ。この楽は*世界《せかい》海《かい》と倶《とも》に尽くることない。

法性が男女と成り来り、この男子《なんじ》ありて天の徳を全くする。この女子《にょし》ありて地の徳を全くする。陰陽ここに配して万物《ばんもつ》生ずる。剛柔これに配して万物を育する。*閨門《けいもん》の内は人しらぬ処なれども、男女の道が正しければ天地の気候も自《おのずか》ら正しく、男女の道が乱るれば天地の気候も自ら乱るる。喩えて言わば、*からくり人形の糸を牽《ひ》くが如く。面白き

金口…釈尊の説法。
法相を分別…この世界のさまざまな様子を仮に説かれたこと。
二十二根…根とは（梵）indriyaで、機関・能力を意味する。人間に具わっている二十二の機能をあらわす。
男女二根…二十二根の中の男性を男性たらしめる力（性質・形態・思考等）が男根となり、女性を女性たらしめる力が女根となる。
信解…確信のもとに理解すること。
縄麻に蛇相を見る…麻の縄を蛇と見間違える。（唯識の三性説の喩）
株杌に人想を生ずる…株杌（木の切り株）の中に人の顔を見る。
天象…天体の現象。
虹蜺…虹＝蜺＝にじ。
世界海…世界が広いことを海に譬えた。
閨門…寝室。
からくり人形の〜…天地の動きと人間の行動が関連し合って世界が成り立っているという縁起をからくりと譬えたもの。天地自然の法

ことじゃ。自心が法性と相応すれば、この世間眼《せけんげん》を*豁開《かっかい》してこのからくり人形を看る。面白きことじゃ。この楽しみは衆生界と倶に尽くることなきじゃ。

不邪婬戒と自然界の理

華夷《かい》に推し通じ古今に推し通じて、その国に禍《わざわい》あり福ある。その家に禍あり福ある。多くは閨門の邪正《じゃしょう》による。たとい*匹夫匹婦《ひっぷひっぷ》のその身微《かすか》なるも、この道に慎みある者は天の福を亨《う》ける。この道の乱るる者はその身に災害集まる。もしその国王大人は深宮の中にありて、誰見ることなく誰聞くことなきも、閨門正しければ、日月五星二十八宿の行《こう》度《ど》も自《おのずか》ら違わず、山川草木人物まで自ら怪異なきじゃ。閨門乱るれば必ず天変に顕われて、日月の行度*五星*二十八宿の行度も違い、地理に顕われて、山川草木人物にも、その*変異妖怪ある。国家の治乱*運数ここに定まるということじゃ。

これによりて男子に男子の教あるべく、女子に女子の教あるべく、*男女合会《こうえ》に合会の教あるじゃ。一切礼儀*法度《ほうど》もこの教を本として行わる。天下国家もこの教を本として自ら治まる。

この中、今しばらく一二の例を挙げば、諸史に、夏《か》・殷《いん》・周《しゅう》、有道《ゆうどう》の君は、外に明臣・賢佐あるのみならず、内に后妃《こうひ》の輔《たすけ》ありしという。

性と自己とを分け、分けた自己以外のものに執着して苦悩を生じる。こういうからくりの構造があるのだと尊者は説かれる。

豁開…からりと開ける。

匹夫匹婦…一般の平凡な夫婦。

五星…木星・火星・金星・水星・土星。
二十八宿…東西南北の各七星。インド・中国古代の天道説にある考え。
変異妖怪…自然界に異常がおこり、人は悪質になる。
運数…運命。
男女合会…結合。男女の交わり。
法度…法律と制度。

中古には漢の陰后《*いんこう》・馬后《*ばこう》、唐の長孫皇后《*ちょうそんこうごう》等、宋《そう》・明《みん》の世に降《くだ》りても、杜后《*とこう》・曹后《*そうこう》の時変を治むる類。

印度には末利夫人《まりぶにん》の波斯匿王《*はしのくおう》に事《つか》うる。紺容夫人《こんようぶにん》の優陀延王《*うだえんおう》に事うる類。妃匹《*ひひつ》の補助少なからぬということじゃ。

臣庶《*しんしょ》の中には、支那春秋の時、姜氏《きょうし》の晋《しん》の公子重耳《*ちょうじ》を諫め、僖負羈《*きふき》が妻の狐偃《*こえん》・趙衰《*ちょうし》・子犯《*しはん》等の国相《こくしょう》たるべきを知る類。

聖教《しょうぎょう》の中には須摩提女《*しゅまだいにょ》が類。みな人の知る所じゃ。古今何れの国にも、この道乱るれば国を亡ぼし家を亡ぼす。

唐の玄宗《げんそう》は、平王といいし時より賢君の名ありて、即位の初め臣僚に命じ、錦繍珠《きんしゅうしゅ》玉《ぎょく》を殿前《でんぜん》に焼かしむ。その趣を問うに、答えていわく、錦繍珠玉は民と共に用うべきならずと。この類にて政《まつりごと》正しく、群臣万民が太宗《たいそう》以来の君と仰いだという。のち寿王の妃楊氏《*ようし》を納《い》れて終《つい》に天宝の乱を招き、唐朝の運がこの時より衰えたというじゃ。

梁《りょう》の武帝《ぶてい》は文武兼備の才ありて、微官《びかん》より起こりて皇帝の位に昇る程の人じゃが、斉《せい》を奪いし時、東昏侯《*とうこんこう》の妃呉淑媛《ごしゅくえん》というを納れて、程なく予章王綜《*よしょうおうそう》を誕生す。この人成長ののち自《みずか》らその父を疑う。俗説に、血筋の者は枯骨《*ここつ》に血をそそぐにつき、血筋ならぬ者はその血が骨につかぬというを聞いて、夜ひそかに東昏侯の塚をあばき、自ら指を刺

陰后…＝陰麗華。後漢、光武帝の后。　**馬后**…後漢、明帝の后。徳が高く、帝を助けた。　**長孫皇后**…唐の太宗の皇后。高貴で知恵のある皇后はさまざまな面で太宗を助けた。　**杜后**…昭憲太后（九〇二〜九六一）。太祖の即位後に皇太后となり、昭憲と諡された。　**曹后**…慈聖光獻皇后（一〇一六〜一〇七九）という。北宋の仁宗の皇后。質直な人柄でしばしば帝を諫めた。　**波斯匿王**…紀元前五世紀頃のコーサラ国の王。妻は末利夫人。　**優陀延王**…コーサンビーの王。釈迦在世中の仏教を保護した。　**妃匹**…一人の皇后。　**臣庶**…君主の臣としての人民をさす。　**重耳**…春秋時代の晋の王。姜氏はその皇后。　**僖負羈**…春秋の曹の大夫。　**狐偃・趙衰**…共に春秋の晋の大夫。　**子犯**…子犯とは、狐偃の字であるので誤写か尊者の記憶違いであろう。子犯等とあるのは、先述の狐偃・趙衰に加え、賈佗・先軫・魏武子の政治家をさす。　**須**

し血をそそぎ見るに、一滴も残らず枯骨につく。またその子を教えて試みるに、これも同様なり。これより野心生ず。のち魏《ぎ》の*臨淮王彧《りんわいおういく》と戦うとき、陰《ひそか》に命を魏に通じて降参した。これが梁都《りょうと》の滅ぶる階《はし》となったということじゃ。武帝は世に謂《いわ》ゆる仏者なれども、この戒全《まった》からぬ故、終に身の禍《わざわい》国の恥となる。

その外《ほか》臣庶の類、大にもあれ小にもあれ、その事例古今少なからぬ。挙げて論ずるに暇《いとま》あらずじゃ。

『家語《けご》』に、「*哀公《あいこう》孔子に問う。人道は何を大なりとす。孔子*色を作《な》して対《こた》う。君のこの言に及ぶは百姓《ひゃくせい》の恵《けい》なり。古の政《まつりごと》は人を愛するを大なりとす。人を愛する所以《ゆえん》は礼を大なりとす。礼は敬を大なりとす。敬は*大昏《だいこん》を大なりとす。天地不レ合セば万物生ぜず。大昏は万姓《ばんせい》の嗣《し》なり」と。

これ等は俗中の教なれども、法性《ほっしょう》法としてこの道理ありて古今*泯《みん》ぜぬじゃ。*真如法《しんにょほっ》性《しょう》も*性具《しょうぐ》・*性起《しょうき》も、世智臆度《せちおくたく》の者が解《げ》すれば解しらるる。*麻三斤《まさんぎん》、*喫茶去《きっさこ》も、*打地《たち》咄喝《とっかつ》も、*掠虚頭《りゃっことう》の者が似せて似せらるる。この人事《にんじ》男女の間にこの法あることは、凡情を以て量り知るべき所でなきじゃ。

不邪婬戒と男性の徳

摩提女…女人の成仏を説いた『須摩提女経』がある。　**楊氏**…楊貴妃。　**東昏侯**…南斉の廃帝である蕭宝巻（しょうほうけん）のこと。　**予章王綜**…予章王蕭綜（五〇二〜五三一）。梁の武帝の太子。　**枯骨**…死者の骨。

臨淮王彧…元彧（げんいく　?〜五三〇）。後魏の皇族。　**哀公**…春秋時代、魯の王。　**色を作して**…顔色を変えて。　**大昏**…天子又は諸侯の婚礼。昏＝婚。　**泯**…すべて尽きてしまう。　**真如法性**…真如である法性。　**性具**…生きとし生けるものが諸法を具えていること。　**性起**…現象は法性の現われということ。体性現起の意。　**麻三斤**…洞山が「如何なるか是れ仏」との問いに答えた言葉。　**喫茶去**…趙州が修行僧にも院主にも「お茶でも飲みなさい」と語ったこと。　**打地**…打地＝大地を棒で打って仏法を示すこと。咄喝…咄＝修行者を叱るときに発する声。喝＝修行者を導くたこの天の徳を全くして男子の身を得るも、尊むべきことじゃ。地の徳を全うして女人の身を得るも尊むべきことじゃ。この徳を徳の通りに用いて行うて不邪婬戒となり来り、国にありては国治まり、家にありて家治まるも尊むべきことじゃ。まして*不婬戒を護持して、禅定《ぜんじょう》智慧《ちえ》の器となる、尊むべきことじゃ。

経・律・諸論の中に、男子に*五種の不能男《ふのうなん》あり。この者は斎戒を得るに堪《た》えず。沙弥《しゃみ》已上《いじょう》の位に堪えず。定慧《じょうえ》の徳を発《ほっ》すること能《あた》わずとある。

縁事を挙げば、律文に、一人愚痴の者あり。自《みずか》ら婬心の制し難きを憂えて、その根《こん》を壊《え》す。衆僧これを世尊に白《びゃく》す。世尊衆に告げたまう。もし少分壊せば懺悔《さんげ》の法を教えよ。もし全分壊せば直に擯出《ひんしゅつ》せよ。根不具足の者は解脱幢相《げだつどうそう》の袈裟を著《ちゃく》する器ならず。清《しょう》浄《じょう》僧中にありて、王公大人の供養、信心施主の礼拝《らいはい》を受くるに堪えずと。

これによりて知れ、*根具足の丈夫たるは宿福のある処じゃ。

不邪婬戒と女性の徳

女子の中にも五種の不能女《ふのうにょ》あり。この類は*八斎戒《はっさいかい》を受くるに堪えず。*沙弥尼《しゃみに》・*式叉摩《しきしゃま》那《な》・*大尼《だいに》の位に堪えず。無漏道を発するに堪えずとある。

縁事を挙げば、一人の*石女《せきじょ》あり。尼寺《にじ》に入りて出家を願う。諸尼これを衆僧に白《びゃく》す。

めに大きな声を出す手段。**掠虚頭**…真似て本物のようにみせること。掠＝かすめる。虚＝うそ。

不婬戒を護持して～…僧が三学（戒律・禅定・智慧）を満たすをいう。　**五種の不能男**…＝五種不男。男根不具である者の五種。①生まれつきに男根がない②男根を切り取った③他人の性行を見てはじめて性的能力が起こる④男女両根があるが、役に立たない。⑤半月は男根の用をなすが、半月は用をなさない。（経典・論書によって異説あり）

根具足の丈夫たる…男根がなければ婬戒を犯さなくて済むというのは正しい道ではないことを示す。欲を起こさずに欲がないことと、欲を超えていることとは大いに異なる。　**八斎戒**…一日一夜を限って男女の在家信者が守る八つの戒。不殺生・不偸盗・不婬・不妄語・不飲酒・贅沢な寝具に寝ない・飾らない・昼以後は食事をしない。毎月八・十四・十五・二十三・二十衆僧これを世尊に白す。世尊衆に告げたまう。根不具足の者は正法の中に入りてその利益なし。未だ出家せずば出家せしむべからず。もし已に出家し了らば直に擯出せよ。彼の類の者は解脱*幢相《どうそう》の袈裟を著する器ならず。清浄尼衆《にしゅ》の中にありて、王公大人の礼拝を受け、信心施主の供養を受くるに堪えずと。これによりて知れ。女人も根具足せるは宿福のある処じゃ。

出家者の身体的条件

これ等は甚深《じんじん》なるじゃ。庸流《ようる》の解《げ》し難き所じゃ。何故なれば、無漏大道は人間諸根の中に顕われ、*四肢百骸の中に具わる。菩薩の*行願《ぎょうがん》、諸仏の方便は、現今*人事《にんじ》の中に満足し、生死《しょうじ》世界の中に具わる。男子ならば男子にて根具足せざれば、天の徳を全くすることはならぬ。女子ならば女子にて、根具足せざれば、地の徳を全くすることはならぬ。この天地の徳を備え、人の人たる道を全くせし上に、法器にもなるべく、人天の師位にも至るべきことじゃ。

また仏在世に、*二形《にぎょう》の者ありて出家を願う。これを世尊に白す。世尊衆に告げ給う。この類我が法の中に入るともその利益なし。未だ出家せずば出家を許さざれ。既に出家せば早く擯出せよ。彼等諸戒を得るに堪えず。*定慧を発《ほっ》するに堪えず。清浄衆の中にあ

九・三十日に行う。**沙弥尼**…出家して十戒のみを受けて具足戒を受けていない女子。**式叉摩那**…具足戒を受ける前の十八～二十歳の尼僧。**大尼**…具足戒を受けた尼僧。**石女**…子供が生めない女性。

幢相…邪悪なものに動じない幢の意。

四肢百骸…四肢＝両手両足。百＝すべての。骸＝体。
行願…利他の願いと実践修行。

人事…人間界。

二形…男女両根を身に具える者。

定慧…禅定と智慧。

りて、王公大人、信心施主の礼拝供養を受くるに堪えずと。この二形に三種の差別あるというが、三種共に天の徳を破り地の徳を傷《そこな》う。法の器ならず。『梵網経《ぼんもうきょう》』*の中に、畜生或は変化《へんげ》の人、或はこれ等の類に受戒を許す。これは別途《べつず》の法門にて、今ここに論ずべきことではなきじゃ。

十善と大・小乗

世間に一類の者ありて、内典外典《げてん》の差別に迷い、大小乗の分位を執《しゅう》し*、是非鋒起《ほうき》*する。これは伝戒相承《でんかいそうじょう》の義ではなきじゃ。この十善の中は、世間出世間を該羅《がいら》*し、大小両乗を融会《ゆうえ》*して、世間を利益するということじゃ。出家にもあれ、在家にもあれ、その道を守る者は、みなこの法の中の人たるじゃ。

天地和合の理

また夫婦の道正しく、不邪婬戒を守るは、天地和合の義に順ずる。もし他の妻妾《さいしょう》を奪い、世間の許さぬ婬事は勿論のこと、その定まれる妻、定まれる妾《しょう》の中にも、閨門《けいもん》の内《うち》纔《わず》かにその道に背けば天地の儀に背く。天に天象あり、地に地理ある。地理は必ず天象に応ずるによりて、この不邪婬戒法に

『**梵網経**』…大乗仏教における菩薩戒（十重禁戒・四十八軽戒）の根本聖典。

大小乗の分位を執し…大乗と小乗を分けてその違いにこだわる。

是非鋒起…教義の是非を盛んに論じる。

該羅…悉く収める。

融会…それぞれが融けあって矛盾なく一つになっていること。

非支《＊ひし》の制があるじゃ。

天地の間に四時の規則違わぬによりて、この戒法の中に非時《＊ひじ》の制があるじゃ。

天地の間に四方位定まるによりて、この戒法の中に非処《＊ひしょ》の制があるじゃ。

天地の間にその数定まるによりて、この戒法の中に非度《＊ひど》の制があるじゃ。

これ等の事を正しく守れば、＊天地位し万物育せらる。家にありて家斉《ととの》い、国にありて国治まる。永く子孫に伝えて天の福を得るということじゃ。これに背く者は家にありて家の礼儀乱るる。衰滅の兆《きざし》じゃ。国にありて国の政乱るる。危亡の階《＊きざはし》じゃ。或は子孫断絶し、或は子孫に至るまでその禍《わざわい》あるということじゃ。

愚痴なる者は、夫婦の間《あいだ》はただ私事《しじ》のように思い、不邪婬といえば他に嗤《＊わら》われぬばかりのことと思う。そうではない。関わる処広大なるじゃ。天地と相応する。法性と相応する。

『易』に、「有《テ》二天地一然《シテ》後《ニ》有《リ》二万物一、有《テ》二万物一然《シテ》後《ニ》有《リ》二男女一、有《テ》二男女一然《シテ》後《ニ》有《リ》二父子《ふし》一、有《テ》二父子一然《シテ》後《ニ》有《リ》二君臣一、有《テ》二君臣一然《シテ》後《ニ》有《リ》二上下一、有《テ》二上下一然《シテ》後《ニ》礼儀有《リ》レ所レ錯《おク》。夫婦之道不レ可《カラ》二以《テ》不《ンバアル》レ久《シカラ》一也」とある。これ等面白きじゃ。この『易』は道ある書じゃ。

世界の成立

非支…婬道ではないところに行婬すること。
非時…時ならぬ時に関係を持ってはならない。
非処…場所を選ぶこと。
非度（量）…回数を守ること。適当な回数で交わること。
　この非支・非時・非処・非度については、『人となる道随行記』に詳説あり。
天地位し万物育せらる…「致中和、天地位焉万物育焉」（中和を致して天地位し万物育す）『中庸』
階…ものごとのきっかけ。
嗤…あざ笑う。

*正法《しょうぼう》の中には、世界の空中に浮かぶこと、片雲の虚空に点ずる如くとある。この虚空も*頑空無記《がんくうむき》でない。よく同類世界・異類世界を生じて止む時なきじゃ。なぜぞ。この虚空直《ただち》にこれ縁起の法じゃ。これによりて虚空のある処は、*世界海充満して欠減《けつげん》なきということじゃ。縁来ればここに起こる。縁去ればここに滅する。得道の者の眼《まなこ》には、泡《あわ》の水上に起滅するを見る如くとあるじゃ。

この世界も*頑土塊《がんどかい》ならず。よく有情《うじょう》・非情を生じて止む時なきじゃ。この世界のある処は、必ず衆生充満して空処なきということじゃ。縁去ればここに死し、縁来れば彼許《かしこ》へ生ずる。得道の者の眼《まなこ》には環《たまき》の端《はし》なきが如くとある。

『起世経《きせきょう》』等に、この大地始めて成ずる時、衆生*光音天《こうおんてん》よりこの地上に下生《げしょう》し、相《あい》共《とも》に無量歳住《むりょうざいじゅう》す。互いに相視相召《あいみあいよ》びて薩埵薩埵《さったさった》とす。この時固《もと》より親疎なく好醜なく、身に光明ありて自ら照らす。大地平掌《びょうしょう》にして山海の別なく、その状好熟蜜《こうじゅくみつ》の如しとある。

人間の起源と欲

この世界ありこの衆生あれば、縁起不可思議なるもので、相逐《あいお》うて止まぬじゃ。

この中一類*軽躁《きょうそう》の衆生あり。初めて*地味《じみ》を嘗《な》めて、*団食《だんじき》この身を資《たす》くとある。この

正法…尊者の正法とは、釈尊が行わせられた通り（十善）に行い、思惟あらせられた通りに思惟することであり、その思惟とは「外道の断常二見、諸の邪法に対して仏法を正法と名づく」『人となる道・第二編』である。また「正道理というは正法なり。この正法は仏の師なり」『人となる道随行記』ともある。

頑空無記…変化のないただの空間。頑＝かたくな。無記＝善でも悪でもないもの。ここでは善悪と因果の道理を肯定することを示す。

世界海…衆生や物が生じる広いところを海にたとえた。

頑土塊…ただの土の塊。

光音天…光を音声とするという意味の天界。色界十七天の一。

軽躁…かるはずみ。

地味…大地から現れる養分。

団食…＝段食。肉体を養う食物を分けて摂取する意。

食の多少あるによりて、光に隠顕《おんけん》あり。身に麁細《そさい》分かるる。この差別《しゃべつ》出で来るによりて、諸の衆生互いに相見て、彼此《ひし》の情生じ、憍慢《きょうまん》の心ここにきざす。漸次《ぜんじ》に国界《こっかい》麁《そ》に人《にん》物《もつ》麁なり。地味没《もっ》して*地膚《じふ》を食《じき》し、地膚没して*林藤《りんどう》を食し、林藤没して自然《じねん》の秔米《こうまい》あり。朝《あした》に刈れば暮に生じ、暮に刈れば朝に生ず。

夫婦と社会の形成

一類*懶惰《らんだ》の者あり。初めて一日の糧《かて》を蓄《たくわ》う。乃至二日三日の糧を蓄う。この時に至りて初めて*粃糠《ひこう》生ず。この地上の人間、水穀身を資《たす》けて生涯を送る。かくの如く移り転じ来りて、身内*滓穢《しえ》生じ不浄下《しも》に漏る。

この時一類の執著薄き者は男形《なんぎょう》を成じ、一類の愛情多き者は女形《にょぎょう》を成ず。一類軽躁《きょうそう》の衆生、相視て親愛の情生ず。能所親近《のうしょしんごん》して情欲*うたた深く、始めて婬事あり。人民これを賤《いや》しめて瓦礫木石《がりゃくもくしゃく》を擲《なげう》ち、一日乃至七日共語《ぐうご》せず。この悪賤《おせん》を避けて初めて屋宅あり。男女その室に居《お》る。このとき身光すでに滅して世界黒暗となる。衆生余善《よぜん》あり。日月上《かみ》に現ず。日東方に現ずる時人民歓喜す。西に没する時人民悲泣す。

この夫婦ありて初めて胎生《たいしょう》あり。父子わかれ、兄弟姉妹わかれ、人民親疎わかる。その屋宅漸次衆多《しゅた》なれば聚落《しゅうらく》城邑《じょうゆう》わかる。その中争い生じて決断を有智《ゆうち》に求む。初めて

地膚…草の名。ははきぎの異名。にわくさ。別名を箒草、実は「とんぶり」と呼ばれ食用になる。畑のキャビアとも。茎を乾燥させて箒を作る。
林藤…ひよわな青い苗。つる状のもの。
懶惰…怠け者
粃糠…皮ばかりで中身のないぬか状のもの。粃＝殻ばかりで中身のないもの。
滓穢…滓＝かす。
うたた…ますます。

君長《くんちょう》あり。天竺国《てんじくこく》にこれを*刹帝利《せっていり》という。この刹帝利の種族を刹帝利種という。世事衆多、その争い一ならず。一人衆事を決し難し。大臣輔佐加わる。

四姓の決定

穀米《こくまい》自然《じねん》に生ぜず。耕稼《こうか》して得る。その農人あり。この農人衆多相群《むら》がる。天竺国にこれを*輸陀姓《しゅだしょう》という。国土の物類《もつるい》、有無斉《ひと》しからず。交易して通ず。その時始めて商賈《しょうこ》あり。この商賈の種類を天竺国に*毘奢《びしゃ》という。

その中また一類の人、*喧《けん》を厭《いと》い静を欣《ねが》う者あり。*隠逸独居して心を道理に寄す。諸民仰ぎ則《のっと》りて浄行《じょうぎょう》と称す。この中一類の志性《ししょう》定まりなき者、再び世染《せぜん》を思念す。婚家《こんか》相親しみ子孫継嗣《けいし》す。この種類を名づけて*婆羅門種姓《ばらもんしゅしょう》とす。印度にこの*四姓ありて人事《にんじ》具わるとあることじゃ。*法性の等流《とうる》し来る、この人事の中、十善具足するじゃ。人たるの道、思うて達すべく、天命の施す所、思うて至るべきじゃ。

広大普遍の仏法

今時外典《こんじげてん》を学ぶ者、仏法の広大なることを知らず。知らぬ故そしる。仏法というは、自《みずか》らその身を潔《いさぎよ》くせんと欲して*大倫《たいりん》を乱る類と。これ等は麁相《そそう》なることじゃ。たまたま

刹帝利…クシャトリヤ。王族・武士階級。
輸陀姓…シュードラ。農家・奴隷。
毘奢…ヴァイシャ。庶民。
喧…さわがしい。
隠逸…世の中を逃れる。
婆羅門種姓…ブラーフマナ。司祭者。
四姓…古代インドの身分制度（カースト）。前掲のクシャトリヤ・シュードラ・ヴァイシャ・ブラーフマナ。
法性の等流…それぞれが法性（本性は平等）の現われであるが現象としては差別界が出現する。そこが人事・有為の世界である。しかしそこには十善が本来具足しており、道・理の通りに行われ、天命が下る場所である。
大倫…人の実行すべき道＝人倫の大道。

法の尊尚なることを信ずる者も、*刈萱道心《かるかやどうしん》・西行法師が風《ふう》を見て、君臣・父子・夫婦をも棄てて、山林幽谷《ゆうこく》に入らざれば、仏法内の人にあらずと思う。これ等取り違えたることじゃ。彼の類は仏法の中にありて、*憒閙《かいにょう》を避け名聞《みょうもん》を厭《いと》う一端と云うべきじゃ。この一端を以て法を窺《うかが》うは非じゃ。

この法広大にして一切のこさぬ。在家は在家の道あるじゃ。出家は出家の道あるじゃ。大心《たいしん》の衆生は大心の道あるじゃ。小心の衆生は小心の道あるじゃ。王者は王者の道ある。后妃《こうひ》は后妃の道ある。臣庶は臣庶の道ある。居士《こじ》は居士の道あるじゃ。

仏法に形相なし

『華厳（経）』の*入法界品《にゅうほっかいぼん》に、念仏三昧の比丘《びく》あり。*童蒙《どうもう》に字母《じも》を教うる先生あり。厳烈《げんれつ》に罪人を治する王者あり。よく香類を分別する長者あり。海中の消息を知る船師あり。その夫を一心に*瞻仰《せんごう》する貞婦あり。*火坑剣林《かきょうけんりん》を設《もう》くる外道《げどう》あるじゃ。一端を以て尽くすべきことでない。

*密教事相の中には、*種々の本尊、*種々の壇法、世間所有《しょう》の事、悉《ことごと》くこの法の中に説くじゃ。

その一類*声聞《しょうもん》大弟子の中にも、*迦葉《かしょう》尊者は専ら*頭陀《ずだ》の行を行ずる。*目連《もくれん》尊者は首

刈萱道心…石童丸の父、加藤左衛門繁氏（しげうじ）は、高野山で萱の屋根の庵で修行していたのでそう呼ばれた。　**憒閙**…心が乱れる騒がしい社会。憒＝心がみだれること。閙＝騒がしい。　**入法界品**…ここに挙げられるのは、善財童子が五十三人を訪ねて歩く求道物語であり、すべて童子の師となった。　**童蒙**…子供。　**瞻仰**…仰ぎ尊ぶ。　**火坑剣林**…五欲（煩悩）の恐ろしさのこと。火坑＝火が燃えている穴。剣林＝剣でできた木の葉が落ちて身を刺す。　**密教事相**…密教の行軌作法。事相に対する教義を教相という。事相と教相は鳥の両翼、車の両輪とされる。　**種々の本尊**…密教の修法の目的は種々であるので、修法の本尊も目的に合わせるのである。　**種々の壇法**…修法の種類によって壇の構造も違ってくる。　**声聞大弟子**…釈尊の説法を直接聞いた仏弟子。　**迦葉尊者**…大迦葉。釈迦十大弟子の一。頭陀第一といわれた。釈迦

として神通《じんずう》を教授する。婆須蜜《ばしゅみつ》尊者は常に獼猴《みこう》を集めて共住《ぐうじゅう》する。迦留陀夷《かるだい》尊者は首として道俗を教導する。薄拘羅《はくら》尊者は一生尼寺《にじ》に入らず。請食《しょうじき》・施衣《せえ》を受けず。善和《ぜんわ》尊者はただ*讃唄《さんばい》音曲に随順する。これ等の諸師みな三界を超過して世間の福田《ふくでん》となり、位人天の上に居し、徳*神明の頂に列なる。その内証は一なれども、その跡は種々あるじゃ。遁世《とんせい》の一辺を以て仏法を量るは愚の甚《はなは》だしきじゃ。

破戒僧の現状

それじゃが、今時は諸宗出家人の中にも、真《まこと》の僧宝は得難きじゃ。多くは怱々《そうそう》として世事に奔走して、西行・刈萱《かるかや》道心が志にも及ばぬ。官途《かんと》を求め俸禄を貪《むさぼ》りて、*陶淵明《とうえんめい》・*劉遺民が風だもない。甚だしきに至りては、煩悩に*纏縛《てんばく》せられて婬戒一条もえ持たぬ。*滔々《とうとう》たる者みな邪婬に随順するじゃ。名は仏子たれども、その行《おこない》は俗中の通人《つうにん》に及ばぬじゃ。幼年より*白首《はくしゅ》までこの戒律の尊尚なることを知らぬ。知らぬ故にそしる。或は*小乗の行といい、或は*有相の行といい、或は麁言《そごん》を出《いだ》して持戒は恥ずべしといい、或は大言《たいげん》を出して自ら我れは一戒も持たず一戒も破せぬという。経中に畜生無異、木頭無異と呵責《かしゃく》ある所、これじゃ。誠に浅間しきことじゃ。

真正の沙門の不婬戒を護持するは、諸仏正法《しょうぼう》のある処じゃ。世間未曾有《みぞう》の法じゃ。

の跡を継ぎ、教団を指導。王舎城で第一結集を行った。**頭陀**…衣食住を貪らず、ひたすら仏道を実践すること。迦葉尊者は特に托鉢による施食により一日に一食で済ませる行を生涯続けたと伝える。**目連尊者**…釈迦十大弟子の一。神通第一といわれる。

讃唄…仏や高僧を讃歎するために曲調をつけた偈頌（げじゅ）の諷詠。

神明の頂…神々の頂点。

陶淵明・劉遺民…周続之を加えて「潯陽三隠」といい、潯陽に隠れた三人の高士。

纏縛…まといくくること。

滔々…水が盛んに流れるさま。多くの者が迷って流れていく。

白首…しらが頭。

小乗の行…ここでは、自分だけの悟りを目的として修行していると批判的に使った。

有相の行…表面の形だけの修行だと批判した言葉。

五欲の中には触欲《そくよく》最も重く、情欲の中には愛著最も深しとある。この婬欲の法、身心を繋縛《けばく》して累劫《るいこう》の憂患《うげん》となる。この身心愛欲に随順すれば、この世界ことごとく執著となる。流れて我慢となり、或は闘諍《とうじょう》を起こす。畜生界・阿修羅界も、これより構造するじゃ。

真の出家僧

世尊大慈等流《せそんだいじとうる》、この僧宝を世にのこして人天《にんでん》の福縁となし給う。礼拝する者は天地の間にありて尊貴の位を得る。供養する者は天地の間にありて福禄栄耀《ふくろくえいよう》の報を得る。この供養を受けて自《みずか》らこの身の累《わずらい》たることを知る。この礼拝恭敬《らいはいくぎょう》を受けて世間の名利勝他に染著せぬ。縁あれば出でて世の福田となる。金殿珠楼の中にあり、綾羅《りょうら》錦繍《きんしゅう》の上に坐して、常に樹下《じゅげ》石上に相違せぬ。縁なければ隠れて心地《しんち》の徳を煉《ね》る。三衣《さんね》しばしば破れ、一鉢常に空しうして、身心長《とこしな》えに泰然たるじゃ。天地の間にありて人倫を超過する。人倫を超過する者が人倫の師となる。その道かくの如くじゃ。

この不婬戒というは心易《やす》き事なれども、実に大人《たいじん》の大人たる所、徳立ち行成ずるの基本じゃ。童真《どうしん》出家は諸仏の称嘆ある所じゃ。今一の縁事を挙げて云わば、『僧伝』に、羅什三蔵《らじゅうさんぞう》十二歳のとき、その母尼《もに》が将《ひき》いて、罽賓《けいひん》国より亀茲《きじ》国に帰る。路の次《ついで》で月氏《がっし》

累劫…多数の劫を重ねること。永遠。　**我慢**…慢心。驕慢。我を主体とする心である。　**世尊大慈等流**…仏の慈悲が行き渡ったもの。　**この身の累たること**…＝累生身。迷いの生死を多く重ねた身。　**綾羅**…あやぎぬとうすぎぬ。美しい衣服。　**錦繍**…錦と刺繍をした織物。　**樹下石上**…坐禅の境地の意。　**三衣**…僧が所有を許されている三種類の袈裟。五条と七条と大衣。　**人倫を超過する**…僧の本来の在り方を示したもの。『法語集』（教者禅者）に「初後夜精勤、少欲知足は出家の行じゃ。出家の当たりまえじゃが、これもその中に居ては役に立たぬ。一回超過する時節がなければならぬ」とある。　**徳立ち**…「大上は徳を立つる有り」（人生で最上の行いは、自分の身を修めて立派な徳を立てることである）『春秋左氏伝』。　**羅什三蔵**…鳩摩羅什。亀茲国生まれ。サンスクリット経典の翻訳に専念。四〇九年逝去。鳩摩羅什の訳を旧訳、玄奘三蔵以

国に至りて一の羅漢に遇う。この羅漢一見してその母に告ぐ。この沙弥庸流《ようる》ならず、もし三十五に至りて破戒せずば、その利益*優波毱多《うばきくた》尊者に斉《ひと》しかるべし。もし戒全《まった》からずば*才明*雋芸《しゅんげい》の法師《ほっし》なるのみと。のち果たして*呂光《りょこう》が難に遇うて破戒す。その後*覚賢三蔵、長安にありて相見ていわく、君の訳する所人意を出でずと。看よ、優波毱多尊者にも斉しかるべき人すら、宿縁の牽《ひ》くところこの破戒ありし故に、道業成立《どうごうじょうりゅう》せず。才明の法師というに止まるじゃ。まして中下の人は、特に深く三宝に誓い、日夜細心に護持すべきことじゃ。

阿含部の中、別に『呵欲《かよく》経』がある。『智度論《ちどろん》』の中に具《つぶ》さに五種の欲を呵《か》す。この愛欲というものは禅定智慧を障《さわ》る故に、大小乗の経・論・諸律の中に深く呵責《かしゃく》する所じゃ。

経の中に、男子は慧が勝りて定が劣る。女子は定が勝りて慧が劣るとある。天の徳を全くせる姿のもの、これを無漏聖道に用うれば慧となり来る。地の徳を全くせる姿のもの、これを無漏聖道に用うれば定となり来る。定慧は元来不二なるもので、慧のある処は必ず定が随う。定のある処は必ず慧が随う。男子が*慧力を満足すれば、定慧増長して無漏智見を得る。女子が定を満足すれば、定慧増長して無漏聖道を得る。

降の訳を新訳という。**罽賓国**…カシミールまたはガンダーラあたりに存在したインドの古い国。**亀茲国**…現在の中国ウイグル自治区に存在した国。羅什三蔵の生地。**月氏国**…中央アジアに存在した国。

優波毱多尊者…第四祖。多くの人々を教化した。
才明…才智（才気と智恵）の明敏なこと。
雋芸…すぐれた学問。雋＝すぐれる。
呂光が難…羅什は呂光の下で涼州で生活。後秦の姚興（ようこう）に迎えられて長安に住むが、姚興の意向で女性を受け入れて破戒し、還俗させられる。
覚賢三蔵…（三五九～四二九）晋時代の翻訳僧。
慧力…五力の一つ。五力＝信力（信仰）・精進力（努力）・念力（憶念）・定力（禅定）・慧力（智恵）はさとりへ至らしめる五つの力。

不邪婬戒の異熟果・等流果・増上果

この戒にこの徳あるによりて、背《そむ》けばその罪ある。経中に、邪婬の者は地獄・餓鬼・畜生に堕すとある。これを異熟果《いじゅくか》という。たまたま人間に生ずるも、夫妻貞良ならず、随意の眷属を得ぬとある。これを等流果という。外《ほか》の器世間*の資具に至るまで臭穢《しゅうえ》不浄なりとある。これを増上果と名づくるじゃ。

十善法語　巻第三　終

器世間……＝器世界。世界を有情世界と器世界に分け、器世界は山河・大地・草木などの自然、物質の世界で、有情を容れる器である。

十善法語　巻第四

不《ふ》妄《もう》語《ご》戒《かい》

安永三年甲午《きのえうま》正月八日示衆

不妄語戒序説

師いわく、この不妄語戒というは、万事を偽《いつわ》らぬことじゃ。見たこと聞いたこと、みなありのままで事がすむじゃ。知れた通り持ち易きじゃ。それじゃが、このありのままが実にその徳あるじゃ。初心の者は、詐《いつわり》を云わぬばかり、さして深妙《じんみょう》の徳もあるまじきように思うべきなれども、そうでない。もし人ありて不惜身命《ふしゃくしんみょう》に護持して、いかようの事がありても、この戒は破るまじと誠心決定《じょうしんけつじょう》すれば、その徳が天地にも古今にもゆきわたることじゃ。語黙動静《ごもくどうじょう》共に真正法と相応する。*見聞《けんもん》・覚知《かくち》共に*勝義諦《しょうぎたい》と相応する。福分・智分がこの中に相応し増長する。*寿量・眷属がこの中に相応し増長する。貪《とん》・瞋《じん》・邪見がこの中に微薄《みはく》になる。殺・盗・邪婬がこの中に透脱するじゃ。

この*真実語というものは法性《ほっしょう》の顕《あら》わるる姿で、この世間を利益するじゃ。広大なるこ

見聞・覚知…見たり聞いたり知ったりすること。感覚・知覚のはたらき。具体的には六識の作用。

勝義諦…＝第一義諦。真諦ともいう。世俗諦に対する語で、絶対の真理をいう。相応すれば勝義諦となるが、凡夫の見聞覚知に対しては「知るほど違う、見るほど違う、聴くほど違う。それゆえ経中に、見聞覚知にしてはただこれ見聞覚知にして法に非ずとある」・「この心は諸の境界に対して物を覚知する道具じゃ」また、凡夫の分別は「無始劫来眼根にだまされている」からだと説かれる。『慈雲尊者法語集』三帰大意

寿量…寿命。

真実語…真実語が法性の顕われであることは、本書一〇七頁に「真実語が直に仏語じゃ…この真実語を法と名づくる」ともあり、人間の真実の言葉も仏・法と平等であることを示す。

とじゃ。

自己の真実

密教の中に、大日如来を讃嘆して「*身口意業偏虚空《しんくいごうへんこくう》」とある。これは誰も覚えて居る偈《げ》で、*宗旨には家の解《げ》しようもあるべきじゃが、その宗義は且《しばら》く置け。正意《しょうい》はこうじゃ。自性法界《じしょうほっかい》は元来*頑空《がんくう》無相ではない。

身業が直に法性の顕《あら》われた姿じゃ。法性が縁起すれば、*等虚空界*微妙の*色身となり来るぞ。

口業が直に法性の顕われた姿じゃ。法性が縁起すれば、等虚空界微妙の*音声語言《おんじょうごごん》となり来るぞ。

意業が直に法性の顕われた姿じゃ。法性が縁起すれば、等虚空界微妙《みみょう》の*思惟了別《しゆいりょうべつ》となり来るぞ。

この一切時一切処に隠し得ぬ場所を*法性の如来という。外《そと》に向こうて求むることではない。今日衆生の本性《ほんしょう》あり通りを、取りも直さず法性の如来じゃ。本性といえば*名相《みょうそう》に渉《わた》るによりて、雲のあなたの事と聞くであろう。そうでない。今日現前の一念心に相違なきじゃ。

身口意業偏虚空…『金剛頂経瑜伽修習毘盧遮那三摩地法』に「身口意業は虚空に偏じ、如来の三密門金剛一乗甚深を演説す」とある。この経典は、金剛界の大日を本尊として行ずる法軌であるから、「大日如来を讃嘆して」とある。

宗旨には家の解しようもある…宗旨の立場からの解釈がある。

頑空無相…まったく形がないもの。

等虚空界…虚空に等しい法界のこと。虚空は無ではなく、すべてが縁起する場所。

微妙…はかりしれないほど奥深い。

色身…身体。

音声語言…言葉だけでなく、あらゆる音声を含む。

思惟了別…思惟して判断する。

法性の如来…先の「色身」「音声語言」「思惟了別」が如来の微妙なはたらきである。

名相に〜…名称と形体。

また『華厳経』世主妙厳《せしゅみょうごん》品の中に、毘盧遮那《びるしゃな》如来を讃嘆して、「その身一切世界に偏じ、その声一切世界に聞こゆ。智三世に入りて悉く平等なり」とある。これもその宗旨の中には、家の解しようのあるべきじゃが、その宗風は且くおきて、直に経意を知れ。

その身一切世界に偏ずというは、*都表《とひょう》なく大なる身体と思うか。そうでない。これを見奉る人もあり、礼拝《らいはい》恭敬《くぎょう》する人もあり、供養讃嘆する人もあり、*在会聞法《ざいえもんぽう》の人もあり、会中《えちゅう》の荘厳《しょうごん》もあり、*他方来《たほうらい》の菩薩もあるじゃ。

その声一切世界に聞こゆというは、都表なく大なる声であろうと思うか。そうでない。*因縁契当《かいとう》した者は聞く。因縁契当せぬ人は聞くことがならぬじゃ。

智三世に入りて悉く平等なりというは、都表なく思慮分別を逞《たくま》しくすることと思うか。そうでない。*一念心上に本来明了《みょうりょう》で隠れ得ぬじゃ。これも華厳会上《えじょう》の釈迦如来ばかりと見てはたがうぞ。

仏性具足の人間

元来*箇々円成《ここえんじょう》、人々具足《にんにんぐそく》、その身一切世界に偏満してあるじゃ。この偏満した身業は、取りも直さず人たる道を守る人の*五尺の形じゃ。

元来箇々円成、人々具足、その声一切世界に偏満してあるじゃ。この偏満した口業が、

都表なく…大きさが際立っていること。

在会…説法を聞く集まりの中にいること。会は集まり。

他方来…他の仏国土から来た。

因縁契当…ぴったりと因縁が合えば。契＝かなう。

一念心…尊者は、心について「一念（心）」と強調して説示されることが多い。特に『法語集』では、一念心を主題とした法語が数編残されている。本書では二四四・三〇二〜三〇三・三二六頁参照。また、本書三四〇頁の「心の本性と念」も参考となるであろう。

箇々円成、人々具足…仏としての本性（仏性）は、人それぞれ（個々）に生まれながらに完全に具わっている（円成）ということ。

五尺の形…人間の身体としての形そのもの。

取りも直さず妄語を云わぬ人の語言じゃ。

元来箇々円成、人々具足、智三世に入りて悉く平等なるぞ。この平等なる意業が、取りも直さずこの法を憶念する人の今日現前の一念心じゃ。ただわろく意得《こころえ》て、及ばぬことと思う者が、いつがいつまでも迷の凡夫となるじゃ。外に向こうて求めて自心の光明*をくらます者が、いつがいつまでも本然《ほんねん》具足の仏心を見ることならぬじゃ。

不妄語戒の奥義

今この戒の中に、要を取りて言えば、詐《いつわり》を云わぬばかりが甚深《じんじん》じゃ。最甚深じゃ。真実語が直に仏語じゃ。外に仏語はない。この真実語を法と名づくる。外に法はない。この法を*精勤《しょうごん》に護持する人が菩薩じゃ。外に菩薩はない。

三業共に甚深なれども、諸戒共に甚深なれども、今この戒はこうじゃ。一切衆生の語言は法性の顕われた姿じゃ。一切非衆生の音韻も法性の顕われた姿じゃ。

『楞厳経《りょうごんきょう》』の中に、観音菩薩は音声《おんじょう》を聞いて円通門*《えんづう》を得しとある。耳根《にこん》より三昧を照*すとある。観音菩薩の時の音声も、松風は松風、水の音は水の音。今日現今の音声も、松風は松風、水の音は水の音。音声に違いはない。この中決徹*して疑わねば、観世音菩薩ばかりでない。人々耳根の中に円通門を得ることじゃ。何の得るとか言わん。人々み

自心の光明…すでに具わっている仏の智慧。

精勤…努力すること。つとめはげむこと。

円通…絶対の真理は、すべてのものにあまねくゆきわたっている、の意。周円融通の略。仏菩薩の悟りの境地。

照す…智慧で観ること。真に理解する。さとり。

決徹…確信し徹底する。

な本来の観世音菩薩じゃ。本来の円通門じゃ。一切処に*かくし得ぬじゃ。ただ過去無量劫来《こうらい》の妄語の業障《ごっしょう》に覆《おお》わされて、暫《しばら》く現ぜぬばかりじゃ。喩えば日月は常に明らかなれども、雲霧《くもきり》が覆えば、その光明暫く現ぜぬようなものじゃ。現ぜぬと云うても、日月の光明がなくなったと云われぬ。暫くでも雲霧が薄くなれば、その光はあらわるるじゃ。

万物具有の徳

通じて云わば、一切時、一切処、一切事物に、みなその徳具わってあるものじゃ。天には天の徳あり、地には地の徳あり、山には山の徳あり、川には川の徳あり。下《しも》器物草木に至るまで、その功用《くゆう》あり、その徳あるじゃ。鳥獣にも、麒麟鳳凰、神亀神龍等、みなその徳ありということじゃ。人に生まれて鳥獣器物にも及ばぬは、浅ましきことじゃ。この徳を知ろうと思わば、先ず言語《ごんご》を守るを要とすべきじゃ。

*苑師《おんし》の『*華厳音義』にこうした事がある。中天竺国の南に銷融国《しょうゆうこく》というあり。この国は小国なれども、劫初《こうしょ》より他国の*侵擾《しんじょう》なし。何故なれば、この国の人は往古より受け来りて妄語せず。もし妄語する者あれば擯出《ひんしゅつ》する。この徳によりて、もし他国攻め来るとき真実語を*説いて*呪願《じゅがん》すれば、その敵の兵具《へいぐ》悉く*銷融《しょうゆう》して、火の膏《あぶら》を消する如くとある。一説には、これも童男童女の*終《つい》に婬事を触れぬものに、呪《じゅ》を唱えさせしむるとある。

かくし得ぬ…真実が露堂々と現われていて隠しようがない。

苑師…慧苑。唐時代の華厳学者。

『華厳音義』…『新訳大方広華厳音義』

侵擾…侵入して乱れる。擾＝乱す。

説いて…語って。

呪願…マントラのこと。また、それを唱えること。法語を唱えて施主の福利を祈願すること。呪＝陀羅尼

銷融…銷＝融＝とける。

終に…いまもって。まだ一度も。

また*有部律《うぶりつ》の中にこうした事がある。昔婆羅痆斯国《ばらにし》梵授王の時、*常御《じょうご》の雌象《しぞう》、子を産むに苦しむ。王諸《もろもろ》の宮女《きゅうじょ》に命じて云う。「誰かある真実語を説いて、この象に子を産ましむる者ぞ」と。その時数多《あまた》の中に一人の命に応ずる者なし。傍に鄙賤《ひせん》牧牛《ぼくご》の婦あり。云う「我れ真実語あり。我れ生来《しょうらい》邪念なし。我が夫を除きて、外《ほか》なる男子に親しまず、心を寄せず。この言《ことば》虚ならずば、この象安らかに産すべし」。この語を説き竟《おわ》るとき、象子《ぞうし》出生《しゅっしょう》す。ただ尾に至りてさわりあり。この時婦人また自《みずか》ら云う。「この*般《はん》のことも過《あやまち》になることか」と。諸人問う、「汝何事ありし」。婦人答えていわく、「我れ少年の時他の孩児《がいじ》を抱く。かの小児に親愛の情生ず。この般の事も他の男子たる者に親しむになることか」と。再びこの真実語を説くに、象子《ぞうし》安穏《あんのん》に生まれ竟《おわ》りと。具《つぶ》さに*雑事《ぞうじ》の第二十九巻に出てあるじゃ。

この両条は天竺国の因縁なるが、支那国にもこの類が数多《あまた》あるべきことじゃ。和歌を詠じ詩を賦《ふ》して、*天地をも動かし鬼神をも感ぜしむる。みなその理のあるべきことじゃ。

真言行者の不綺語戒

またこの法の中に、真言宗は*三密相応《さんみつそうおう》とて、手に印をも結ぶ。意に観念をもなすなれども、口に唱うる*真言陀羅尼《だらに》を以て*本旨として、これによりて宗旨の名を立つるじゃ。

有部律…『根本説一切有部律』。仏教の律典籍のひとつ。根本説一切有部という部派の律である。上座部（南伝）仏教のパーリ語経典に伝わる『パーリ律』。

常御…王の乗り物。

この般…このような。

雑事…『根本説一切有部毘那耶雑事』

天地をも〜…「天地を動かし目に見えぬ鬼神をもあわれと思わせ」『古今集仮名序』

三密相応…衆生の身・口・意業と仏の身密・口密・意密とが相応（瑜伽）すること。

真言陀羅尼…マントラ。胸中の思惟を表わす語で真実語。真言宗では、法身如来の言説とし、一字一句に無量の義理があると説く。

本旨…本来の趣旨。

『*四分律《しぶんりつ》』、*曇無徳《どんむとく》尊者の戒序の中にも、*神仙《じんせん》五通の人が呪術《じゅじゅつ》を造作《ぞうさ》して世間を利益すとある。

『大日経』に、欲界に*自在悦満意《じざいえつまんい》の明《みょう》あり。一切欲処の天子悉く迷酔すとある。まして出世の真言、仏・菩薩の真言を誦《じゅ》して、世間*悉地《しつじ》・出世間悉地を成就するは、信ずべきことじゃ。なぜぞ。元来言句《ごんく》が法性等流じゃ。十善相応して人中の舌根を得る。嘗《なめ》て*五味を知る。辛鹹《しんかん》たがわぬ。苦甘誤らぬ。*神農《しんのう》なればその温熱《おんねつ》・寒冷《かんれい》の性《しょう》を知る。*易《えき》牙《が》なれば*淄水《しすい》・澠水《じょうすい》を分弁《ぶんべん》するじゃ。この舌根を以て*自性加持の真言を受誦《じゅじゅ》する。*身印《しんいん》相応する。憶念相応する。*身業《しんごう》は意業口業《いごうくごう》の如く、意業は口業身業の如く、口業は身業意業の如く、三密相応して、その理*速疾《そくしつ》に顕わるるじゃ。これも妄語・綺語、小唄《こうた》・浄瑠璃などに随順する人が、真言陀羅尼に功験あろう理はない。真言宗の中には、ことに口業を慎む人を得まほしきことじゃ。

念仏と不綺語

またこの法の中に、浄土宗はひたすら阿弥陀如来の名号《みょうごう》を唱うるを以て宗旨とする。強いて*観解《かんげ》相応をも論ぜず、学業の厚薄をも論ぜぬじゃ。口に唱うる名号が弥*陀の本願にかなうじゃ。法身に随順するじゃ。法性に相応するじゃ。これも妄語・綺

『四分律』、曇無徳尊者の戒序…釈尊滅後百年で律蔵が編纂された。その後曇無徳羅漢の見解によって編纂されたのが四分律。
神仙五通…五つの神通力。天眼通・天耳通・宿命通・他心通・神足通。
自在悦満意の明…自在天の欲楽を変現する真言。『大日経疏』十一に、「此の自在天主、此の悦満意の明力を以ての故に、種々雑色欲楽之具を現ず」と。明＝明呪＝真言。
悉地…三密相応による仏果。
五味…辛・酸・鹹（しおからい）・苦・甘。
神農…古代中国の医薬と農業の神。
易牙…春秋時代の斉の料理人。
淄水・澠水…ともに川の名。二河の味は異なるが海にそそげば一味の意。
自性加持…自性＝本有の法性。加持＝仏の大悲が衆生に加わり衆生の信心に仏が応じて感応道交する。
身印…印契。仏・菩薩の本誓を表示した印。

語、小唄・浄瑠璃等に随順する人が、口称《くしょう》に徳ありて、*順次の往生を遂ぐべき理はない。厭離穢土《おんりえど》の宗旨なれば、ことに穢言《えごん》を云わぬ人を得まほしきことじゃ。

『法華経』の題目を唱うる者も、これに準じて知れ。*五時八教《ごじはっきょう》のわけを解《げ》せずとも、*四種の三昧の差別を知らずとも、ただ口に唱うるばかりも、法性に順ずる義あるべきじゃ。この中にも真実語の人を得て、*一乗の法を護持させたきことじゃ。

総て世間にも出世間にも、名号というものは容易ならぬことじゃ。

『左伝』にこうしたことがある。「晋の穆侯《ぼくこう》が嫡子《ちゃくし》を仇《きゅう》と名づけ、その弟を成師《せいし》となづく。大夫師服《たいふしふく》いわく、夫《レ》名《ハ》以《テ》制《ス》レ義《ヲ》。義《ハ》以《テ》出《ス》レ礼《ヲ》。礼《ハ》以《テ》体《ス》レ政《ヲ》。政《ハ》以《テ》正《ス》レ民《ヲ》。今君命《ジテ》二太子《ヲ》一曰《ヒ》レ仇《ト》、弟《ヲ》曰《フ》二成師《ト》一。始《メテ》兆《ス》レ乱《ヲ》」と。その後晋国に乱あったということじゃ。

名称と徳

出世間の中は、仏・菩薩の称号みなその徳を表わす。法性より等流し来りて衆生の福縁となる。この名ありて衆庶《しゅしょ》その恥を知る。この名ありて庸人《ようにん》もその行を勤むる。理を推して看よ。*法爾加持《ほうにかじ》の真言陀羅尼にその徳のあるべく、万徳円満《まんとくえんまん》の仏名《ぶつみょう》、一乗微妙《いちじょうみみょう》の*経目《きょうもく》にその徳のあるべく、音声言句《おんじょうごんく》にその徳の備わるべきことじゃ。

現今この世間も、仏世尊の無漏大定《むろだいじょう》の中に安住してあるものじゃ。現今この*言音《ごんおん》も諸

身業は〜…「如来種々の三業は皆第一実際妙極の境に至れり。身は語に等しく、語は心に等し、猶し大海の一切処に遍して同一鹹味（かんみ）なるが如し」『大日経疏』

速疾に顕わる…「三密加持すれば速疾に顕わる」空海『即身成仏義』。現実の肉身のままで仏位を証すること。

観解…観念と理解。

弥陀の本願…法蔵菩薩が仏に成るために立てた四十八願。

順次往生…現在の生涯を終わり浄土に生まれること。

五時八教…釈尊の成道から入滅までの期間を五つの時期に分け、教導の形式を四種、教理内容を四種とする。天台智顗が説いた教判。

四種の三昧…常坐三昧・常行三昧・半行半坐三昧・非行非坐三昧。

一乗の法…『法華経』による一仏乗の教え＝一切衆生がみな成仏しうると説く。

法爾…法然・自然。

経目…目＝箇条。項目。

仏の妙法蔵じゃ。この世間の無漏大定の中にあることは、初心なる者は信解が生じ難きか。看よ、『法華経』の中には、「*常在霊鷲山《じょうざいりょうじゅせん》・我此土安穏《がしどあんのん》」とある。『華厳経』の中には、*二十重の華蔵荘厳《けぞうしょうごん》世界を説いて、この娑婆世界が中央に住して、第十三重に居するじゃ。ただ業障深重《ごっしょうじんじゅう》なる者が、*常寂光《じょうじゃっこう》国土の中に無常*敗壊《はいえ》の相を見る。「*三界《さんがい》無安《むあん》・猶如火宅《ゆにょかたく》」じゃ。妄想分別のものが、蓮華台蔵《れんげだいぞう》世界の中に*暗冥《あんみょう》*雑穢《ぞうえ》の相を見る。世界みな暗冥《あんみょう》じゃ。

言語・音声の徳

この言音《ごんおん》の、*諸仏の妙法蔵《みょうほうぞう》なることは、初心なる者信解《しんげ》生じ難きか。看よ、近くは国を治め家を治むる。*六経《りっけい》諸子の書がこれじゃ。遠くは業障《ごっしょう》を浄除し善功徳を成立《じょうりゅう》し仏果を成就する。一切経・律・論、諸真言明呪《みょうじゅ》がこれじゃ。法としてかくの如くじゃによりて、言語《ごんご》その正しきを得れば、人道立《りつ》し天道立し、優《ゆたか》に聖域《しょういき》に入る。言語その正しきを失えば、法性にそむき、天道人理に背き、生々《しょうじょう》の処に人身《にんしん》を失うじゃ。これを容易に思う者は愚の至りじゃ。邪正得失がこの言音の中にありて明白歴然じゃ。善悪吉凶もこの言音の中にありて毫釐《ごうり》も差《たが》えぬじゃ。この徳有情の言音ばかりでなく、非衆生楽器の声韻《しょういん》も、その正しきを得ればこの徳ある。その正しきを失えばその害あるじゃ。内

言音…音調。音色。
常在霊鷲山・我此土安穏…『法華経』如来寿量品（常に霊鷲山に在り。わがこの土は安穏なり）。
二十重の華蔵荘厳世界…蓮華で飾られた世界。毘盧遮那仏の浄土。
常寂光国土…法身の住する浄土。
敗壊…消滅すること。
三界無安猶如火宅…『法華経』譬喩品（三界は安きこと無く 猶、火宅の如し）。
暗冥…暗＝冥＝くらい。迷いをあらわす。
雑穢…けがれ。浄土に対する。
諸仏の妙法蔵…仏が蔵している真理。
六経…易経・書経・詩経・春秋・礼記・楽経。儒教の基本書物。五経は楽経を除く。

外典の中に、その事実多きことじゃ。

『左伝』に、「*八音《はちいん》を節にして八風*を行う」とあり。『書経』に、「*夔《き》が石を*拊撃《ふげき》すれば百獣率い舞う」とある。『毘奈耶雑事《びなやぞうじ》』に、「*緊那羅女《きんならにょ》より伝えし*箜篌《くご》の第一絃を奏するとき、船舶破砕し商人悉く漂没《ひょうもつ》す」とある。また『史記』に、「晋の平公音を好む。師曠《しこう》が黄帝合スル二鬼神ヲ一の楽《がく》を奏す。晋の国三年旱《ひでり》す」とある。殷《いん》の紂王《ちゅうおう》が*靡々《びび》の楽を作る。これによりて国を亡ぼすということじゃ。これ等をも虚言とばかりいわれぬじゃ。

近代書生の類が*大言《たいげん》を好んで、古人を排しこの般の事を疑うは、古を信ずることのなきというべし。孔子も信じて古を好むとある。古をば信ずべきことじゃ。*聖教《しょうぎょう》の中、*讃唄《さんばい》の徳及び*鈴鐸《れいたく》の徳を説く。みな信ずべきじゃ。

無漏大定の世界の中に、この妙法蔵あって、常に十善相応の人間に随順する。

大妄語と小妄語

この戒相に大妄語あり小妄語あるじゃ。徳義*道義*に就《つ》いて詐《いつ》わるを大妄語という。通《つう》途《ず》の見るを見ざると云い、見ざるを見ると云い、是非顛倒して説くを小妄語と名づくる。今の世に愚なる者が、名聞《みょうもん》のため利養のため仏の名号《みょうごう》を唱え、真言を受誦《じゅじゅ》して、仏も見えるように云う類、神祇の告《つげ》もあるように云う類、少しも虚偽《こぎ》にわたるは大妄語になる

八音…金（鐘）・石（磬）・糸（絃）・竹（管）・匏（笙）・土（塤）・革（鼓）・木（柷敔）の八種の楽器。
八風…八方の風。
夔…舜の臣の名。音楽をつかさどる。
拊撃…拊＝軽くたたく。撃＝うつ。
緊那羅女…古代インド神話の天の楽神。ヒマラヤに住むという。
箜篌…竪琴に類する楽器。二十三絃。
靡々の楽…亡国の音楽。紂王が師延に作らせた。
大言…大げさな言葉。
聖教…仏教経典。
讃唄…仏を讃嘆する偈頌に曲調を付したもの。
鈴鐸…鐸＝鈴の大きいもの。
徳義…道徳上の義理。
道義…人の行うべき正しい道。

じゃ。書を著して、仏説ならぬことを仏説のように書きのこす類。夢に託し感応《かんのう》に託し、種々の虚誕《*こたん》を設け、世を迷わし民を誣《*し》いる類。みな大妄語というじゃ。この大妄語は無《*む》間《けん》の罪業ということじゃ。この道義の外の妄語は、たとい人を傷《そこな》い国をあやまるほどのことでも、その罪体《*》はみな小妄語なるということじゃ。経中に軽地獄《きょうじごく》の業とある。もしこれによりて人の命を断ずることあれば、この妄語の罪の外に、重ねて殺生の大罪を兼ね得る。もし国を破ればこの妄語罪の外、更にその人民を損害し、天道人理に違する広大の罪を重ね得る。この業果空しからねども、その妄語の体は小妄語に摂す。この条例、仏説楷定《*かいじょう》して混ぜぬじゃ。もし五戒《*》・十善を護持する人が小妄語を犯《ぼん》ぜるには、教えて懺悔《さんげ》せしむべしとある。懺悔し了《おわ》れば罪滅すとある。後に五衆《*ごしゅ》の戒をも受くるに堪《た》うるとある。大妄語は一度犯じたる者は懺悔なり難く、罪滅し難し。再び五衆の戒を発得《ほっとく》することがならぬとある。法式楷定《ほっしきかいじょう》してかくの如くじゃ。

身体による妄語

元来この身口意業は同一なるものじゃ。別に似て別ならぬものじゃ。身に意業を作ることもあり、口業を造ることもあり。口に意業を作ることもあり、身業を作ることもあり。意に身業を作ることもあり、口業を作ることもあるじゃ。それ故、経の中、律の中

虚誕…虚言。
誣いる…ありもしないことをあるように言う。いつわる。
無間…無間＝絶え間なく苦しみを受ける。
罪体…罪の本体。罪そのもの。
楷定…順序をふむこと。ただすべきはただして、是非を定めること。
五戒…不殺生・不偸盗・不邪婬・不妄語・不飲酒。在家の仏教信者がたもつ戒。
五衆…比丘・比丘尼・式叉摩那（学法女＝沙弥尼と比丘尼の中間＝十八歳～二十歳）・沙弥（二十歳未満の出家の男子）・沙弥尼。七衆は優婆塞（信士）・優婆夷（信女）を加える。

に、口罪《くざい》の妄語、身心の妄語ということがあるじゃ。この中口罪の妄語は知れた通りじゃ。身の妄語とは、人を誑《たぶら》かさん為に、卑官の人が高官を偽る。徳なき者が有徳の相を現ずる。才なき者が才あるよそおいを作す類。一切みなこの中に摂《せっ》するじゃ。

事例を挙げば、漢の時、*成方遂《せいほうすい》が*黄犢《こうとく》の車に乗りて*北闕《ほくけつ》に詣《けい》して、*衛太子《えいたいし》のまねする。戦国の時、*南郭《なんかく》先生が斉《せい》に*濫吹《らんすい》せし。唐の時、*曳白及第《えいはくきゅうだい》などの類が、*的《まさ》しき身の妄語じゃ。

この中に事は類して犯罪ならぬこともあるべきじゃ。『史記』の中に、*滎陽《けいよう》の囲《かこみ》の時、将軍紀信《きしん》が、*黄屋《こうおく》の車に乗って*左纛《さとう》をつけ、*沛公《はいこう》のよそおいを作し、*出《い》でて楚に降った類。これは忠義による軍中の計略なれば、身の妄語にはならぬじゃ。また孔子の*微服《びふく》して宋に過ぐるの類。これは君子の変に処する*権《けん》というもので、妄語にはならぬじゃ。

心による妄語

心の妄語というは、人しれぬ心の内に、一度かくあるべしと思い定めたことを容易に改むる類じゃ。仏・菩薩に誓ったこと、神霊に誓ったことを容易に改むる類じゃ。この心の内というものは、多少の人が容易に思うことなれども、徳義を成就することは、この人しれぬ処にあるじゃ。一度心に決したことは、再び首《こうべ》を回《めぐ》らさぬ者が、世間にあり

成方遂…自殺した衛太子を名乗って事件となった。後に処刑された。
黄犢…黄色の子牛。黄色は王の色。
北闕…宮殿の北の門。
衛太子…武帝の太子劉拠のこと。
南郭先生…戦国時代の斉の処士。
濫吹…無能な者が実力のあるようにみせかけること。濫＝みだりに。斉の宣王は常に三百人での竽（笙の類のふえ）の合奏をさせていたが、南郭はその中に混じって吹けない竽を吹いて報酬を得た。
曳白及第…曳白＝白紙で提出すること。唐の張奭が試験で白紙を提出したことをいう。
的しき…確かに間違いなく。
滎陽…紀元前二〇四年の滎陽の戦い。
黄屋…黄色の屋根の車。
左纛…天子の乗輿の左に立てる旗。
沛公…漢の王、劉邦のこと。
出でて〜…将軍の紀信が王の劉邦を逃すために、王の

て英雄豪傑というべきじゃ。出世間にありて必ず賢聖の地位に至る器《き》じゃ。それじゃが、もし悪事を心に思い定めしを、のち改むるなというではない。たとい神霊に誓ったことでも、非を知って改むるは妄語にならぬじゃ。これは心内のことなれば、*顕露明白なる事実は挙げられねども、*叛臣《はんしん》・*賊子《ぞくし》、友を売り道を障《さ》う類、みな天道・人理に違背すると知るべきじゃ。

三業の不妄語

真正《しんしょう》にこの戒を護持する者は、思うこと言うべく、言うこと必ず行うべく、身口相応し、内心また異なき、これを三業の不妄語という。

この中、一二の事例を挙げば、『*公羊伝《くようでん》』等の中に、楚の荘王《そうおう》宋を囲みて五月を経《ふ》。時に軍中ただ七日の糧《かて》あり。城中も糧尽く。楚王が司馬子反《しばしはん》に命じて、*堙《いん》に乗じて城中を窺う。宋の大夫華元《かげん》が、堙に乗じてこれに対す。子反問う、「城中いかなる」と。華元答う、「*憊《つか》れたり、糧既に尽き子《こ》を易《か》えて食し、体を折りて炊く」と。子反いわく、「子何の情なる」。華元いわく、「君子は人の厄を*矜《あわれ》む、小人は人の厄を幸いとす」と。子反いわく、「子それつとめよ、我が軍中も七日の糧あるのみ」と。これを荘王に告ぐ。荘王怒りていわく、「子なんぞ我が軍の虚実を敵に告ぐる」。子反いわく、「宋の小国すら

装いをして楚の軍に降ったこと。

微服…忍びで出かける時の服。

権…臨機応変な処置。

顕露明白…顕露＝外面にあらわれること。知れ渡ること。

叛臣…むほんを企てた臣。

賊子…反逆の輩。叛賊＝謀反人。

『公羊伝』…『春秋公羊伝』の略。戦国時代末、斉の公羊高が書いた『春秋』の注釈書。

堙…土で築いた山。

憊れ…気力が弱って疲れていること。

矜む…ふびんに思うこと。

なお欺かざるの臣あり、楚の大国なる、誠ある臣なくては恥ずべきこと」と。荘王もこの言に感じて兵を止め去ると。このとき楚の軍も宋の城も全くしたは両大夫の誠言《せいげん》故ということじゃ。

また司馬晋の時、羊祜《ようこ》、呉の陸抗《りくこう》、江陵に対陣す。互いに使命を通じ、軍陣は日を剋《こく》したたかう。*掩襲《えんしゅう》の計《はかりごと》をなさず。羊祜呉の境《さかい》に入りて穀《こく》を刈りて糧に用うれば、のち絹を贈ってつぐなう。陸抗、羊祜に酒を贈る。羊祜疑わず飲む。陸抗病のとき、薬を羊祜に求む。羊祜薬を製して与《あた》う。陸抗これを服せしということじゃ。これ等も常例にはならぬことなれども、一往面白きことじゃ。

また春秋の時、晋の荀呉《じゅんご》、鼓《こ》を囲む。鼓城の一人《いちにん》、城をひきい降《くだ》らんと請う。穆子《ぼくし》これを許さず。左右の者みな云う、兵を労せずして城を獲《う》る、何故許さざる。穆子いわく、もしこれを受けて賞を行わば、不忠不義を賞する。もしこれを受けて賞せねば信を失う。二途倶《とも》に道にそむくと。使いをつかわして*叛人《はんにん》の名を鼓城に告げて刑せしむ。のち三月鼓人降らんと請う。穆子いわく、*姑《しばら》く汝が城を守れ、なお*食色《しょくしょく》ありと。軍吏いわく、今日不義ならず。民を労せずして城を獲るに、何故許さざると。穆子いわく、かれ未だ力尽きずして降るは怠《おこたり》なり。怠を買うは道全からずと。その後鼓人力竭《つ》き食尽くると告ぐ。鼓に克《か》ち軍を全くして、一人をも*戮《りく》せずと。これ等も面白き事実じゃ。軍中は詐謀《さぼう》

掩襲…ふいに襲いかかること。

叛人…謀反をおこした者。

姑く…当分の間。

食色あり…飢えていないこと。

戮…皆殺しにすること。

奇計《きけい》もなければかなわぬことなれども、その大抵を知るがよきじゃ。漢の*陳平が「*我《レ》多《シ》二陰謀一、我世《ガ》即《チ》廃《シテ》不レ能《ハ》二復《タ》起一《ツコト》」と云いしは、天命を知った言じゃ。

『唐書《とうじょ》』に、*僕固《ぼくこ》懐恩《かいおん》、吐蕃《とばん》、回紇《かいこつ》、吐谷渾《とこくこん》等の数十万の衆を誘い、入りて*寇《あだ》をなす時、朝臣《ちょうしん》の中ただ*郭子儀《かくしぎ》のみ*外夷心伏《がいいしんぷく》せしゆえ、懐恩預《あらか》じめ諸夷を欺《あざむ》いて郭令公《かくれいこう》既に死せりと云う。この対陣のとき*牙将《がしょう》李光瓚《りこうさん》等を使わして回紇に説かしむるに、みな子儀が存在せるを信ぜず。子儀自ら時勢を察し、身を*挺《ぬきん》でて往きて至誠を告ぐるにしかずと云うて、僕従数騎と与《とも》に回紇の軍中に往き、定約して還る。これ等身の不妄語を全くせし趣じゃ。

『史記』に、呉の公子季札《きさつ》、*中国に使せし時、初めに徐の国に過《よぎ》る。徐君、*季札が佩《お》びたる剣の飾調《しょくちょう》せしを見て、その色に求め欲する意顕わる。季札これを知って剣を与うる意あれども、中国に使する時なれば、その言に発せずして去る。その後中国の使の事已《おわ》りて、復《また》徐に過る時、徐の君既に卒す。季札その墓処に往きて、樹枝に剣を掛け去りしとある。これ等心の不妄語全きというべきことじゃ。

女子の中には、戦国の時、楚の昭王の寵姫《ちょうき》、一人を蔡姫《さいき》といい一人を越姫《えっき》という。その中越姫が事じゃ。昭王陣中に*薨《こう》ぜしとき、王の弟子閭《しりょ》、子西《しせい》、子期《しき》等が、母誠あれば子必ず仁ありと云うて、越姫の子熊章《ゆうしょう》を立て楚王とした。これが楚の恵王《けいおう》じゃとある。

陳平…秦から漢にかけての政治家。
我多陰謀～…「自分には陰謀が多いので、子孫が再び家を起こすことはないだろう」
僕固懐恩～…「安史の乱」。僕固懐恩＝トルコ系武将。吐蕃＝チベット。回紇＝モンゴル高原に興ったトルコ系民族。吐谷渾＝中国の青海地方にあった遊牧民族国家。
寇をなす…害を加える。あらす。
郭子儀…＝郭令公。唐の名将。
外夷心伏…郭子儀は異民族から尊敬されていた。
牙将…輔佐の武官。
挺でて…自分で抜き出ること。
中国…地方。この伝によると北方の国とある。
季札が～…「季札挂剣」の故事。
薨…みまかる。貴人が死ぬこと。

この事実は『史記』等を看よ。

出世間の中は、諸仏因地《いんじ》の修行、菩薩・声聞《しょうもん》、漏《ろ》・無漏《むろ》の行業、挙げて数《かぞ》うべきことでない。その中一二をいわば、むかし普明王《ふみょうおう》、斑足王《はんそくおう》に捕わる。斑足暫く許し還してのち自ら来れと云う。普明王期を違えずして至る。斑足王いわく、身命惜しむべし。汝何ぞ期を違えずして来る。普明王いわく、虚妄《こもう》にして活《かっ》するは実にして死するにしかずと。斑足これに感じて衆人の命難《みょうなん》を免れしむ。この類不妄語を護持するしるしというべきじゃ。

出家僧の不妄語

また仏滅後に、護法《ごほう》菩薩は誓いて菩提樹辺を離れずして終わる。清弁《しょうべん》菩薩は人天師と称する時ならずば、菩提樹を見ずと誓うて、これもその志を移さずとある。

また如法沙門の通儀として、三衣を離れて宿せず、一切の飲食《おんじき》、下至《げし》一掬《きく》の水を飲むにも、必ず袈裟を離れぬ。この類が身の不妄語を全うする姿じゃ。

律中に、大迦葉《だいかしょう》尊者頭陀《ずだ》苦行第一なり。その末年に及んで世尊教示す。汝既に衰老なれば頭陀の行を捨つべしと。尊者答う、一切事みな世尊の教示に違《い》し奉るまじきなれども、この頭陀の行は、初めて法に入りしとき誠心《じょうしん》に誓いしことなれば、尽形寿《じんぎょうじゅ》我が

因地の修行…仏と成るための修行のこと。
普明王・斑足王…古代インドの伝説上の王で、斑足王が千人の王の首を取ろうとしたが、千人目の普明王によって悔悟し、出家したという。
護法菩薩…唯識派の学者。『成唯識論』等を著述。
清弁菩薩…中観派の学者。龍樹の『中論』の注釈書『般若燈論』等を著述。
一掬…ひとすくい。
律中に…『根本説一切有部毘奈耶』
頭陀…衣食住に貪りの心をもつことなく、ひたすらに修行すること。次の十二種の頭陀行がある。但三衣・常乞食・不作余食・一坐食・一揣食・空閑処・塚間坐・樹下坐・露地坐・随坐・常坐不臥。
尽形寿…命のあらん限り。

所行を許したまうべしと。この類が意の不妄語というべきことじゃ。

かくの如く、世間出世間の二途はあれども、大人君子の道を守ることは一致じゃ。世の語に、*忠臣を求むるは必ず孝子《こうし》の門に於てすという如く、世間の有志誠実なる人を得て、*剃染《ていぜん》受戒させたきことじゃ。

妄語の異熟果・等流果・増上果

『華厳経』の中に、この犯戒《ぼんかい》の罪を説いて、もし妄語する者は、上品は地獄に堕す。中品は畜生、下品は餓鬼に生ず。たまたま人間に生まれても二種の果報を得。一には人に欺《あざむ》かれ、二には他に謗《そし》らるるとある。これを異熟果という。これを等流果という。余《よ》文《もん》に、*器世間までも虚妄の*余業ありて、農作・事業多く*諧偶《かいぐう》せずとある。これを増上果という。

言語と法性

妄語の法、法としてかくの如くじゃ。何故なれば、法性に背くじゃ。法性縁起不可思議なるもので、順ずれば世間・出世間の妙安楽《みょうあんらく》を生ずる。背けば世間・出世間の妙安楽を失う。箭《や》の絃《ゆみづる》を離れたる如く、発すれば止められぬじゃ。愚痴なる者は、*火と云うて

忠臣を〜…親に孝養を尽くしている者は必ず君主にも忠であるから、忠臣を求めるならば孝子の家に求めるのがよい。『後漢書』

剃染…剃染＝剃髪染衣＝剃髪して得度し法衣を着ること。

器世間…器世界。自然世界。無生物界。世界を有情世界と器世間とに分け、器世間は山河・大地・草木などで、有情を容れる器と考えられている。依報と正報のうちでは依報になる。

余業…業の残り。前世につくった業が今世に残っているもの。過去の業の残り。

諧偶…やわらぎならぶ。諧偶せず＝長続きがしないこと。

火と云うて〜…龍樹が言語の虚妄性を譬えた例。

口を焚《や》くものでなく、食と云うて飢を療《りょう》するものでなきと思い、言辞《ごんじ》を容易にする。謬《あやま》りの甚しきじゃ。肉眼にこそ見えね、天命ここに定まりて身の吉凶となるじゃ。業種《ごっしゅ》ここに成じて永劫《ようこう》の苦楽昇沈となるじゃ。法性縁起に明了《みょうりょう》なる者は、一度言う言葉に、地獄・餓鬼・畜生の出で来ることをも自ら*開解《かいげ》するじゃ。

この不妄語戒は、世間にも出世間にも、その条理著しきことじゃ。世間法の中に、邪婬の者は多く妄語を云い、*盗窃《とうせつ》の者は必ず妄語多しということじゃ。また『論語』に、「古之《ノ》愚也《ヤ》直。今之《ノ》愚也《ヤ》詐而已《ノミ》」とある。愚の至りは詐《いつわり》に帰するじゃ。

経中に、*転輪聖皇《てんりんじょうおう》とその太子とは、生得《しょうとく》として一生妄語なきとある。この徳によりて*四天下《してんげ》の小王人民、みなその命に違《い》せぬということじゃ。現今の世にも、大人たる者は生得として多く妄語なきじゃ。この徳によりて国中人民その命に背かぬじゃ。もし王公が信を失えば国の*乱階《らんかい》となる。

『史記』に、斉《せい》の襄公《じょうこう》、その大夫に命じて*葵丘《ききゅう》を戍《まも》らしむ。瓜《か》の時に至りて代わらしめんと約す。時至りて代を乞う。襄公許さず。これが身を亡ぼす基《もとい》となったじゃ。これ等を以て知れ。この不妄語は人君《じんくん》たる者の徳じゃ。世に富饒《ふにょう》なる者は妄語少なきじゃ。もし富家《ふうか》が信を失えば家の衰兆となる。家の災害となる。

*陶朱公《とうしゅこう》の長子が、楚に往きて*荘生《そうせい》に見《まみ》えて、弟の命を請うに、初めに千金を贈《おくりもの》とす。

開解…真実の悟りが開けること。
盗窃…窃＝ぬすむ。
転輪聖皇…統治の輪を転ずる聖王の意。武力を用いず、ただ正義のみによって全世界を統治する理想的帝王。
四天下…仏教の世界観で須弥山を中心とする東西南北の四洲の大陸。この四つの洲のうち、南瞻部洲（なんせんぶしゅう）を閻浮提ともいい、ここだけに仏が現われる人間の世界である。
乱階…階＝きっかけ。
葵丘を戍らしむ〜…葵丘（地名）を兵によって守らしめ、瓜が実るころの交代を約束したが実行しなかった。
陶朱公…＝范蠡（はんれい）。春秋時代の越の政治家、軍人。巨万の富を築いた。
荘生に〜…楚王や陶朱公より信頼を得ていた荘生は千金のために命を救おうとしたのではないが、千金を惜しむ不誠実な心に怒って大赦の中止を楚王に促した。

のち国に大赦の行わるるを聞いて再び荘生が舎《いえ》に至る。その金を惜しむ色あり。荘生その金を還す。終に弟が刑に就いたじゃ。

これ等を以て知れ、不妄語は富饒の家に相応するじゃ。貧人傭力《ひんにんようりき》の類は妄語を恥じぬ者も多く、またそのいちじるしき害も少なきじゃ。たとい貧人も真実語の者、一分の富饒の徳ありというべきじゃ。

真実語と悟り

智者は言語《ごんご》少なく、また妄語なきじゃ。もし多言なれば＊盛徳《せいとく》の疵《きず》となる。虚妄なれば身を亡《ほろぼ》し家を喪《うしな》う。また愚者は多く妄語する。この因縁によりて他の欺《あざむき》をも受くるということじゃ。たとい＊愚蒙なる者も、真実語の者は一分《いちぶん》智者の徳じゃ。世間も面白きもので、法性の軌則＊条然として差《たが》わぬじゃ。また上古の人、病発する時、針灸薬を用いず。ただ呪術によりて平癒せしというも、その理あるべきじゃ。道を語る者の中に、諸の外道は詐《いつわ》り多しとある。諸仏と仏弟子は妄語は無しとある。この妄語なき人が真正法を得る。＊真正法の人はこの一切言音《ごんおん》がみな法門となり来る。この言音中に法を満足して、無漏聖道を得るということじゃ。仏世尊は無量劫来《こうらい》この徳闕失《けっしつ》なきによりて、その＊教勅《きょうちょく》に一切衆生が背かぬとある。

盛徳…高くすぐれた徳。さかんな徳。

愚蒙…おろかで道理がわからないこと。蒙＝道理にくらい。

条然…条＝すじみちをたてる。ならべる。みち。道理。

真正法の人〜…真正法の人が語ればすべてが法に通じているので、聞いた者は真実を悟るということ。

教勅…仏の戒め。

縁事を挙げば、律に、難陀《なんだ》王子、その妃孫陀羅《そんだら》と情愛至って深し。行《ぎょう》・住《じゅう》・坐《ざ》・臥《が》相離れざること鴛鴦《えんおう》の如し。ある時王子その妃のために眉を画く。時に世尊その*門首《もんしゅ》に至る。難陀出でんとす。妃その袖を執りて許さず。難陀いわく、世尊来たまう。出でざることを得ず。妃いわく、爾《しか》らば我が面上の粧い未だ乾かぬ前に還り入るべしと。その袖を放って世尊に見《まみ》えしむ。世尊誘引して*大林精舎に至り、汝出家すべしと命ず。難陀王子出家の志なけれども、*面《まのあ》たり違することあたわずして出家を肯《うべな》うと。この類じゃ。

三業の真実の力

また一切世間がみなその言教《ごんきょう》に随うとある。

縁事を挙げば、山中にありて師子が出で来りしとき、世尊の命に随いて馴れ伏せしと。また世尊成道ののち、*波羅奈《はらな》城に赴きたまうとき、心なき河水もその言教《ごんきょう》に随い、中断して両辺へ分かれしとある。この類じゃ。なぜぞ。法としてかくの如くじゃ。

身業《しんごう》真正なれば、一切世間がその身業に就いて回るということじゃ。世尊六年苦行満じて、菩提樹下に趣きたまうとき、吉祥鳥《きちじょうちょう》空中に*翱翔《こうしょう》し、白鹿《びゃくろく》前導し、風神塵を払い、雨神微雨をそそぎ、草木まで偃《ひれふ》したとある。意業《いごう》真正なれば、一切世間がその人の意業に就いて回るということじゃ。律蔵の中にも、浄持戒の人は所念みな成就すとある。口《く》

門首…かどぐち。玄関。

大林精舎…インド中部の毘舎離国の大林中にあった修行の寺院。釈尊もここで説法をされた。

面たり…目の前にして。

波羅奈城…古代インドの国で、釈尊が成道して初めて説法をした鹿野苑がある。

翱翔…鳥が高く飛んでいるさま。翱＝翔＝かける。

業《ごう》真正なれば、一切世間がその人の言句《ごんく》に従うとある。これを諸仏の真実語と名づくる。たとい末世今日、底下《ていげ》の者でも仏法の中に出家し、生来《しょうらい》妄語なければ、無師自覚する器《き》となるじゃ。これ等は面白きことじゃ。実々に仏戒を護する人は、自らおぼゆべきことじゃ。

『華厳（経）』の入法界品《にゅうほっかいぼん》に、衆芸童子《しゅげいどうじ》、*善財《ぜんざい》童子に告ぐ。「善男子我れ菩薩の解脱を得たり。善知衆芸《ぜんちしゅげい》と名づく。我れ恒《つね》にこの*字母《じも》を唱持《しょうじ》す」と。この字母というは天竺の小児の手習《てならい》にすることで、我が邦《くに》でいえば「いろは」の類じゃ。支那国でいえば「*上大人《じょうたいじん》」の類じゃ。

阿字本不生

我れ阿字を唱うるとき、*般若波羅蜜門に入る。*菩薩威力入無差別境界《ぼさついりきにゅうむしゃべつきょうがい》と名づくと。この阿字は一切法*本不生《ほんぷしょう》の義じゃ。本不生の義は万法を統《す》ぶるによりて、無差別境界と名づくる。

この本不生というはどうしたことぞ。一切の法は本来生ぜぬものじゃ。生ぜぬにより て滅せぬものじゃ。

善財童子…『華厳経』入法界品で五十三人の善知識を訪ねて法を学ぶ童子。衆芸童子は、その内の四十五番目で、四十二字門を唱えて、その字義を観ずる観法を説く。

字母…サンスクリット語のシラブルのリスト。悉曇の摩多（母音）と体文（子音）の四十二字。諸字（語）の基であるから、この名がある。

上大人…伝統的な中国の教育において、子供が最初に文字を習うときに使用する句。全文は二十五字である。

般若波羅蜜門に入る…智慧の完成への門。ここでは具体的には阿字の義である「本不生」の境地である。

菩薩威力入無差別境界…菩薩威徳格別境界ともある。

本不生…＝阿字本不生。物の生滅は、法が縁によって生滅しているだけで、仏の境地からは生滅ではない。生ずることもなく滅することもなく、常住である。

人間の生の根源

先ず今日の者は、胎内に十月満足し、*六根円備して、生まれ出でたを生《しょう》と思うが、それは本《ほん》の生ではない。本の生は*託胎《たくたい》*羯邏藍《からん》のときにあるべきじゃ。託胎ののち、余の障《しょう》縁《えん》だになければ、五位増長せねばならぬ。*支分満足すれば決定《けつじょう》して生まれ出でねばならぬことじゃ。菓《このみ》の時至りて熟し落つるようなもので、生まれまじということはならぬじゃ。それならば、産生《さんしょう》の時は本の生ならぬ。託胎の時が正しき生かというに、この託胎は元来*業力《ごうりき》より生じたものじゃ。この*業種子《ごうしゅうじ》があれば、高き峰より大石《たいせき》を*まろばし落とすようなるもので、その中間に留めらるるものでなきじゃ。決定して因縁ある生処《しょうしょ》に趣かねばならぬじゃ。託胎の業に牽《ひ》かされた後のことで本の生ならず。この業成就した時が託胎の定まった時じゃ。それなれば業が本の生かと思えば、業は元来煩悩より起こったものじゃ。この煩悩が断ぜねば、決定して業を造作《ぞうさ》するに極まったものじゃ。それならば煩悩が生の初めかと思えば、この煩悩は自心に自心をとるより、細麁展転《さいそてんでん》し妄想《もうぞう》分別《ふんべつ》して生じたものじゃ。この妄想があれば、決定して煩悩は生ぜねばならぬ。煩悩は他に生ぜられたもので、余程後のことじゃ。それならば、妄想が生の初めかと思えば、妄想は*境に対して生ず。境は心に対して生ず。境よく境の縁となり、念また念を引き起こして、互いにその初めは不可得なるものじゃ。

六根…根＝機官。六つの感覚器官。眼・耳・鼻・舌・身・意。
託胎…母体に入ること。
羯邏藍…＝kalala＝胎内五位（母胎内の生長の次第を五つの状態に分ける）の一つで、受胎の初めから七日間のこと。
支分…部分。支＝身体の部分。胴・頭・腕・脚をいう。
業力…前世に行った行為（業）が因となって結果（果報）を引き起こす力。
業種子…善や悪の行為（業）により阿頼耶識に薫習されている種子。
まろばし…転。
境…対象。六根が感覚作用を起こす対象を六境という。

不生不滅の諸法

具《つぶ》さに思惟して看よ。元来一切法は不生*《ふしょう》じゃ。不生なれば不滅じゃ。今日目前の事もこの通りじゃ。今年の梅の花は去年の雪中より苞《つぼみ》を催し来る。旧冬《くとう》の苞は十月落葉の時より催し来る。その落葉は五月雨梅子《さみだればいし》熟せる時より催し来る。梅子は去りし落花の時より催し来る。その初めを尋ぬれば種子を植えし時にあるじゃ。この種子はまたその前の花を問うべきじゃ。春秋華菓《けか》互いに輪転して、本来不生なるものじゃ。

不増不滅の諸法

日の東に出でて西に没する。地上の人はこの出没を見る。元来日輪にこの出没はなきじゃ。海水は月に随いて盈縮《えいしゅく》すれども、元来大海に増減はなきじゃ。

百千万の衆生が同時に菩提心を発《おこ》し、同時に菩薩の行を修習《しゅじゅう》し、同時に無上正覚《しょうがく》を成じ、同時に大涅槃に安住するも、この衆生界一分を減ぜず。かの仏界一分を増《ぞう》せぬ。仏界と衆生界と元来増減はなきじゃ。百千万の衆生が同時に悪邪見*を発して、大重罪を造るも、この生死海一分を増せぬ。かの解脱海一分を減ぜぬ。生死海と解脱海と元来増減はなきじゃ。

不生…不生に関する尊者の法語を参考のために挙げる。「色身浮雲に似たり。縁来れば生じ、縁去れば滅す。此に生じて生実に不生。彼に滅して滅も亦不可得。経にいわく、空の大覚中に処する事、海の漚のごとし」・「凡聖迷悟空花の乱墜する如し。これを諸行無常という。此に生じて生実に不生。彼に滅して滅も亦不可得なり。これを生滅の法と名づく。生滅滅し已りて桃紅李白。寂滅現前して天長く地久し」。『慈雲尊者短編法語集』

悪邪見…理法についての誤った見解＝邪見。第十の不邪見戒の説に等しい。

時の去来

*刹那《せつな》を積みて須臾《しゅゆ》とす。この刹那に来去《らいこ》はない。須臾を積みて日夜とす。この須臾に来去はない。三十の日夜を積みて一月とす。この日夜に来去はない。月を積みて年とす。この月に来去はない。年を積みて*劫数《こうしゅ》を立す。この年に来去はない。この劫数の中に*世界成壊《じょうえ》する。ここに成じかしこに壊する。かしこに生起《しょうき》しここに隠没《おんもつ》する。得道の人は、弾丸の空中に上下するを見る如くということじゃ。

成は壊の縁となる。壊は成の縁となる。同類世界の同時に成じ同時に滅する。異類世界の異時に滅し異時に起こる。或は同類の異時に生滅し、異類の同時に生滅する。互いに輪転して、いつ初めということなく、いつ終わりということなく、これが久しきことかと思えば、元来*一念心上の転変によりてかくじゃ。

阿字と般若波羅蜜門

一切法ことごとく不生じゃ。ことごとく不滅じゃ。この義が衆芸童子の*阿字《あじ》を唱うる時、具足して衆生心中にあらわるるを、般若波羅蜜門というじゃ。

この阿の声は、*とりも直さず我が邦の「あさき」の「あ」じゃ。衆芸童子のみ阿字を

刹那…念・念頃と漢訳。きわめて短い時間。瞬間。一弾指時の六十五分の一が一刹那とも。刹那生滅は瞬間ごとに生滅を繰り返していること。即ち、万物は刹那刹那に生じては滅し、滅しては生じながら連続していること。

須臾…時間の単位。刹那と同視されることがある。わずかの間。短時間のこと。

劫数…（梵）kalpa の音写。種々の経論に劫の長さの喩を説くが、永遠に等しい。

世界成壊する…世界の成立から壊滅、空無となるまでの過程は本書巻第九不瞋恚戒での「世界の成立と壊滅」において詳説されている。

一念心上の転変…時間の経過も現象の変化も、仏の眼には時間と空間を超過しており、不生不滅の世界であることを示す。凡夫の一念心の中で仮に造り上げたこと。

阿字を～…阿字を唱えるときに、阿字の字義である本不生不可得の境地となる。これを般若波羅蜜門という。門とは見地・立場とい

唱うるではない。我が邦の手習い子も唱うることじゃ。人間ばかりこれを唱うるではない。一切鳥獣もこの般若波羅蜜門じゃ。有情ばかりではない。風声・水声もこれ菩薩《ぼさつ》威力入《りきにゅう》無差別境界《むしゃべつきょうがい》じゃ。*一切諸法がこの阿字門の中に摂し尽くして余なきじゃ。本来言《ごん》音声韻《いんしょういん》、徳としてかくの如くなれども、ただ過去無量劫の妄語の業障によりて、しばらく顕われぬまでじゃ。

羅字と般若波羅蜜門

次に羅字《らじ》を唱うるとき、般若波羅蜜門に入る。無辺差別門と名づくと。この羅字を『八十華厳』には多字とあるが、清涼《しょうりょう》国師の釈に、これは羅字多字、*字形相濫《そうらん》にて、囉字を本位とすとある。

この羅は*一切法塵垢《じんく》の義じゃ。塵垢なれば差別する。差別すれば辺際なきによりて、無辺差別門と名づくる。これが阿字門に入れば、*塵垢本来不可得じゃ。塵垢というものは、よくよくしみわたりて離れ得難きものなるに、なぜに塵垢不可得ぞ。

元来心に*蹤跡《しょうせき》はなきじゃ。蹤跡なきによりて本来清浄じゃ。虚空は*繊塵《せんじん》を受けぬじゃ。*心自心本来清浄なれば、山河大地草木叢林も本来清浄じゃ。一切衆生も本来清浄じゃ。心境倶に本来清浄なれば、煩悩業果《ごうか》も本来清浄じゃ。一切衆生は本来*塵染を解脱して、三

うほどの意。
とりも直さず…それがそのままに。
一切諸法が〜…この世の音のすべてが阿字門（不生不滅）そのものである。
字形相濫…梵字の羅（ラ）と多（タ）字は似ているので取り違えたということ。濫＝まぎらわしい。
一切法塵垢の義…義とは羅字の字義（深義）ということで、羅字が塵垢を意味するということ。
塵垢本来不可得…阿字は本不生不可得の境地であるから、この塵垢が不可得であるという境地に至る。不可得というのは固定的な実体がない空の意である。
蹤跡…あとかた。蹤跡なしとは、執着がないさま。
繊塵…細かい塵。
心境…心と心がとらえる客体。内心と外境。
塵染…煩悩や妄想。

世の諸仏と徳を同じうしたものじゃ。一切世界は本来塵染を離れて、全く法性の如く住したものじゃ。

衆芸童子が羅を唱うるとき、衆生心中にこの法門顕わる。これを般若波羅蜜門というじゃ。この羅の声は、「らむうゐ」の「ら」で、衆芸童子ばかりでなく、我が邦の手習い小児も唱うることじゃ。衆芸童子の唱うる羅の声と、我が邦の小児の唱うる「ら」の声と、元来相違なきじゃ。人間のみならず、この羅は舌を転ずる声で、一切鳥獣、諸の悪趣の衆生も、この羅の声のあるということじゃ。有情のみならず、水声・風声もこの羅の声あるということじゃ。ただ一切凡夫は無量劫来妄語の罪に覆《おお》われて、この徳が暫くあらわれぬまでのことじゃ。

波字と般若波羅蜜門

次に波字《はじ》を唱うるとき、般若波羅蜜門に入る。普照法界《ふしょうほっかい》と名づくと。この波字は*第一義諦の義じゃ。阿字門に入れば第一義も不可得じゃ。*諸法平等真俗双《なら》べ亡ずる。

この真如法界諸法平等は、普く諸法の*体性《たいしょう》を照らすによりて、普照法界と名づく。一切諸法をとりも直さず第一義じゃ。柳にありては緑じゃ。花にありては紅《くれない》じゃ。第一義がとりも直さず一切諸法じゃ。獣《けもの》が*林藪《りんそう》にかける。諸仏の大涅槃に相違せぬじゃ。鳥が

第一義諦…究極の真理。諦＝真理。
諸法平等真俗～…平等であるから真（第一義諦）も俗（世俗諦）も倶になし。世俗諦＝第一義諦（真諦）に対する語で、世俗的な立場での真理。
体性…体は実体・本体。性は体が不変であること。本性。
林藪…草木のむらがり。やぶ。

空中に飛ぶ。菩薩の智慧徳相に異ならぬじゃ。我相*ある者は、法に於て法相*を生ずる。法相生ずるによりて執著をおこす。執著おこるによりて取捨・憎愛生ずる。これが世に謂《いわ》ゆる浅間しき底下《ていげ》の凡夫法じゃ。迷う者は迷う。元来法に高下はない。経に「是《ノ》*法平等《ニシテ》無《シ》レ有《ルコト》二高下一。是《ヲ》名《ヅク》二阿耨多羅三藐三菩提《ト》一」とある。悟るものは悟る。元来第一義も不可得じゃ。第一義も不可得なるによりて、諸仏の無上菩提というは可得の法でない。経に、「菩提もし*可得の法ならば、畢竟《ひっきょう》じて壊滅《えめつ》すべし。菩提は不可得なるが故に、畢竟じて壊滅有ることなし」とある。

衆芸童子が波字を唱うるとき、衆生心中にこの法具足するを、般若波羅蜜門と名づくるじゃ。この波の声は「いろは」の「は」で、本邦《ほんぽう》の童子も唱うることじゃ。本邦の童子の唱うる「は」と、衆芸童子の唱うる波と、元来相違せぬことじゃ。人間ばかりでなく、一切鳥獣諸の悪趣も、唇にわたる音はこの波字あるじゃ。有情ばかりでなく、水声・風声にも、本来具足して相違せぬじゃ。法性法としてかくの如くじゃ。ただ今日の衆生が、妄想悪業の罪によりて且《しばら》く現ぜぬまでじゃ。

者字と般若波羅蜜門

次に者字《しゃじ》を唱うるとき、般若波羅蜜門に入る。普輪断差別《ふりんだんしゃべつ》と名づくるとある。者字は

我相…われという観念。実体としての自我があると思う妄想。
法相…法相とは真実のすがたのことであるが、ここでは物の実体を認めるという意味である。
是法平等～…『金剛般若波羅蜜経』
菩提もし～…出典不明。『智度論』・『涅槃経』に同類の文あり。

遷変《せんぺん》の義じゃ。遷変というは、日往き月来り、春謝し夏去るじゃ。秋過ぎて冬になるじゃ。冬がまた春に移り、年去り年来る。幼年は壮年になる。壮年は衰うる。生ある者は死する。死する者はまた生ずる義じゃ。

また諸行の義じゃ。諸行というは生死の体じゃ。またこれ出世の行じゃ。これが阿字門に入れば、*諸行遷変不可得の義じゃ。生死の諸行、出世の諸行を普輪と名づくる。この*流転還滅《るてんげんめつ》に種々浅深《せんじん》あるによりて差別と名づくる。本来不可得なるを断と名づくる。これによりて普輪断差別と名づくということじゃ。

一切衆生の此《ここ》に死し彼《かしこ》に生ずるも、元来法性のあらわれた姿じゃ。どのように業に随うて転変しても、心が自《みずか》ら心と言わぬじゃ。心が自ら心と思わぬ。色《しき》が自ら色と言わぬじゃ。色が自ら色と思わぬじゃ。*本来言説心念《ごんせつしんねん》を離れて、得もなく失もなく、生もなく滅もなく、凡夫・聖者の*仮名《けみょう》だもなく、迷・悟の*差排もいらぬじゃ。

この中*自調自度《じちょうじど》の声聞《しょうもん》の行を起こすも、水に画く如くじゃ。無師自覚する縁覚の果も、虚空を量り風をつなぐ如くじゃ。*大心万行、*悲智具足する菩薩の行も、夢に河を渡る如くじゃ。

衆芸童子が者字を唱うるとき、衆生心中にこの徳があらわるるを、般若波羅蜜門と名づくる。衆芸童子が唱うる者字は、本邦小児の唱うる「あさき」の「さ」と、元来

諸行遷変不可得…者（シャ）字の字義が「諸行」と「遷変」であるから、本不生の境地に至れば、この二つが不可得空となるということ。

流転還滅…迷いと悟り。迷って六道・四生の間の生死を続けることが流転。煩悩を滅して涅槃に入ることが還滅。この流転・還滅の対立がなくなることが「断」である。

本来言説心念を離れ…言語と想念を超えている。尊者が繰り返し説かれる言葉。

仮名…言語にすれば真実を外れるが、仮に名づけたもの。

差排…分けること。

自調自度…自ら持戒して道をおさめ、自ら解脱する。ここでは声聞乗のことを指している。

大心万行…清濁併せ呑んであらゆる善行を修する。

悲智…慈悲と智慧。

「さ」に相違なきじゃ。畜生・餓鬼等まで、歯に触るる音には、者の音を具足して相違せぬじゃ。有情のみならず、水声・風声にも、本来具足して、この徳相違なきじゃ。ただ諸の衆生が、無量劫来《こうらい》の妄語の罪に覆わさるるによりて知らずに居るじゃ。

那字と般若波羅蜜門

次に那字《なじ》を唱うる時、般若波羅蜜門に入る。得無依無上《とくむえむじょう》と名づくると。那字は*名字《みょうじ》の義じゃ。世間の者はみな名字にだまされて、もしは瞋《いか》りもしは喜ぶ。出世間の中には、この名字を以て*性相《しょうそう》を分別するじゃ。

阿字門に入れば、名字性相不可得の義じゃ。名字不可得にして*性相双《なら》べ亡ずるを、*無《む》所依《しょえ》というじゃ。*能詮《のうせん》・所詮《しょせん》も兼ね亡じ去るを無上というじゃ。これを得無所依無上と名づくという。

元来名字の相が不可得なれば、迷うこともいらぬ。悟ることもいらぬ。迷・悟の無き場処に至りて、よく*九界の*迷情を用うる。よく仏界の覚悟を説く。凡夫にも居らぬ。聖者にも居らぬ。凡・聖の仮名《けみょう》を絶して、よく一切凡夫境界に入る。よく一切聖者の境界に処する。尽未来際《じんみらいさい》、凡夫の中、生死の中に処して、常に大涅槃に相違せぬ。尽未来際、*寂滅性《じゃくめつしょう》に安住して、男《なん》となり女《にょ》となり、貴となり賤となり、智となり愚

名字…名色に同じ。名称と形態。

性相…一切の存在の本性と現象。

性相双べ亡ずる…諸法の本性と現象が一如で不可得空であること。

無所依…何ものをもよりどころとしない。何ものにも左右されないこと。

能詮・所詮…能詮＝言い表わすもの。経典に説かれる意義内容を表わす文句。所詮＝表わされる理。経文の文句によって表わされる理。表わされた事がら。

九界…十界から仏を除いた世界。地獄から菩薩界までの九界。

迷情を用うる…迷情＝凡夫の心の思い。情は思慮分別。自らは迷悟のない場所におりながら、迷いの心に入って法を説くこと。

寂滅…煩悩の火の消え果てた、心の究極の静けさ。ニルヴァーナ（涅槃）のこと。

となる。なぜぞ。一切法所依なきによりて、何れの処にも*繋縛《けばく》せられぬじゃ。衆芸童子の那字を唱うる時、衆生心中に法のかくの如く現ずるを般若波羅蜜門という。

衆芸童子の唱うる那字も、我が邦の小児の唱うる「そつねな」の「な」も、これに差別はなきじゃ。人間ばかりでなく、一切鳥獣諸の悪趣の声も、元来この那字を唱え、この法門を具足して居るじゃ。有情のみならず、非衆生、一切山河大地も、風声も水声も、この那字を説きおるじゃ。今日の衆生が何故にこの法門に入らぬなれば、妄語等の*罪障に覆《おお》わされて、且《しばら》く仏性が現ぜぬばかりじゃ。現ぜねども、なきとはいわれぬぞ。喩えば日月は常に明らかなれども、雲霧《くもきり》覆う間は、且くその光明現ぜぬ如くじゃ。光明現ぜぬというても、日月の体なくなったとはいわれぬじゃ。

衆芸童子が次第に*四十二字門を説き已《おわ》りて、善財童子に告ぐ。この字母《じも》を説き、この四十二の般若波羅蜜門を首として、無量無数《むしゅ》の般若波羅蜜門に入ると。上の五字は、梵文𑖀《ア》・𑖨《ラ》・𑖢《ハ》・𑖓《シャ》・𑖡《ナ》の五字で、これが即ち文殊菩薩の真言、諸仏*応身《おうじん》の徳ありということじゃ。また*五仏にも配するということじゃ。これ等は密教の阿闍梨《あじゃり》に尋ね受くべきことじゃ。

これを以て看よ。真正に不妄語戒を護持する人は、我が邦ならば「いろは」四十八字も法門となり来る。支那国ならば「上大人」も法門となり来るじゃ。「いろは」の如

繋縛…拘束。縛られて自由を失っていること。煩悩・妄想などのために迷いの状態にあること。

罪障に覆わされて…罪障＝煩悩・罪過のこと。覆＝おおうこと。

四十二字門を説き〜…『大方広仏華厳経』入法界品では、四十二字の字母（阿字から始まる母音と子音の四十二字）を唱えることによって般若波羅蜜門の智慧の境地を開くのである。

応身…衆生を救うために衆生に応じて現われる仏の身体。密教では応身の真言をア・ラ・ハ・シャ・ナとする。これは、文殊菩薩の智慧が応身の徳であるから。

五仏にも配する…ア・ラ・ハ・シャ・ナは五字文殊（文殊菩薩には一字文殊・五字文殊・八字文殊がある）の真言であり、この五字文殊の頭部には五髻があるが、これが大日如来の五智を現しているという意。

く、「上大人」の如く、詩書六経《ししょりっけい》、諸子百家《しょしひゃっか》、本邦諸記雑書、和歌の諸集も、みなこの法門となるじゃ。語業がかくの如くじゃ。*身口意業徧虚空とあるも、外《そと》より来ることではない。この不妄語戒の中に自ら具足することじゃ。真実に持《たも》てば自らその身に福徳智慧の備わることを知る。世にある者は、この*言教《ごんきょう》を以て人民を撫育《ぶいく》す。僧中にありては、*この法門を以てよく大衆を摂《せっ》す。乃至《ないし》三世の諸仏の真実語に達す。これを不妄語戒を持《たも》つという。

十善法語　巻第四　終

身口意業徧虚空…本書一〇五頁の注参照。

言教…世俗では言葉によって教導すること。

この法門…般若波羅蜜門の本不生の境地に入って衆生を導くということ。

十善法語　巻第五

不《ふ》綺《き》語《ご》戒《かい》

安永三年甲午《きのえうま》正月二十三日示衆

不綺語戒序説

師いわく、第五を不綺語戒という。綺は織り成して模様ある絹じゃ。*字書に、「綺は敧《き》也。その文敧《もんき》*邪不順《じゃふじゅん》」とある。*あやある詞《ことば》、正しからぬ辞《ことば》を綺語という。この戒はこの絹に*象《かたど》りて名を立てたものじゃ。この模様ある言辞《ごんじ》は、*質直《しつじき》を失うて散乱を招く。

これに異名《いみょう》ありて、*新訳に無義語と翻《ほん》ず。これは義理なく利益《りやく》なき辺《へん》に名を立てたものじゃ。また雑穢語《ぞうえご》と翻ず。純一ならず清浄《しょうじょう》ならぬ辺に名を立てたものじゃ。

口四《くし》の中に、*余の三戒はその罪著しければ、その悪たる、誰れ知らぬ者ない。この戒は他の*歓笑《かんしょう》を催すなればその相隠る。その悪たる、知らぬ者が多い。尚も細心に護持すべき戒じゃ。

凡《およ》そ*大人《たいじん》たる者は言語《ごんご》少なき習いじゃ。ましてかざりたる*言《ことば》、あやある*辞《ことば》、*義理に*か

字書に…『釈名』釈采帛

邪不順…よこしまで道理に外れている。

あやある詞…あや＝綾＝種々の模様を織り出した絹の意であるから、言葉に飾りがある、また、言葉が巧妙であることなどをさす。

象り…物の形を写しとること。類似した比喩を用いて。

質直…質朴正直。飾り気がなくて真っ直ぐな心。

新訳…唐の玄奘三蔵以前を旧訳(くやく)、以降を新訳。

余の三戒…不妄語・不悪口・不両舌。

歓笑…喜笑。喜び笑う。

大人…人格の高い立派な人。

言・辞・詞…どれも一般的に話し言葉の意で用いられるが、特に言（話し言葉）・辞（文章）・詞（詩文）の意でもあり、この不綺語戒にはこのすべてを含むことを示す。

義理…正しい筋道。人の踏み行うべき道。

かなわぬ…そぐわない。

なわぬ詞《ことば》、みな*その人品《じんぴん》に相違す。もし言えば、大人の道に違うて、この不綺語戒を破するじゃ。支那国に謂《いわ》ゆる*滑稽・*隠語の類、我が邦に謂ゆる*軽口《かるくち》・*誹諧・*狂言など、一切時ならぬ言、処不相応なる詞、みなこれに摂す。この中、*情詞・*艶曲《えんきょく》の類、筆を弄《ろう》して紙上に書し、*両片皮《りょうへんぴ》を鼓《こ》して言い出す。常人の軽々《けいけい》に看過する処なれども、有志の者は恐懼《きょうく》する処じゃ。近くは世間にありてその害が兆《きざ》す。遠くは法性《ほっしょう》に背きて、悪業種《あくごうしゅ》を成ずるじゃ。

陳の*後主《こうしゅ》の*玉樹後庭花《ぎょくじゅこうていか》の曲。隋の煬帝《ようだい》の*清夜遊《せいやゆう》の曲の類。その国を亡ぼし身を害する。みな自《みずか》ら招く所というべきじゃ。*駱賓王《らくひんおう》、*劉廷芝《りゅうていし》が類の、その身を全くすることだもなき、この十善の道より云わば、みな自ら招くところじゃ。黄山谷《こうさんこく》が初年に好んで情詩を作る。有志の者は*驢胎《ろたい》・馬腹《ばふく》だも許さぬじゃ。ましてもし王たる者、士君子たる者、*頑童《がんどう》・娼婦《しょうふ》の情態に倣《なら》うは、恥ずべきの甚だしきじゃ。また世中一類の者あり。好んで小児を戯弄《けろう》し恐怖《くふ》せしめ、或は好んで愚昧の者を戯弄し、或は*怪談を設け怪事を構造して、世を惑わし民を*誣《し》いる類、みな災いの兆しと知るべし。

身綺

綺語の体を云えば、語業に属して、口四の中の一種なれども、上《かみ》にも云いし如く、身

その人品…大人の人柄・品性。
滑稽…『史記』では饒舌を意味したが、笑いやユーモアと同義語として日本に伝わる。
隠語…意を隠した語。
軽口…しゃれ。
誹諧…たわむれ。誹＝そしる。
狂言…うそ。ざれごと。
情詞…男女の恋愛の情を述べた詞。
艶曲…恋歌。
鼓両片皮…唇を動かす。
後主…諡号を贈られなかった君主の呼称で、陳の叔宝のこと。歌舞音曲詩歌に耽った亡国の君主。
玉樹後庭花の曲…叔宝が溺愛していた寵妃張麗華をたたえた一曲。
清夜遊の曲…月夜に多くの宮女と馬上で演奏を楽しんだ一曲。
駱賓王…唐の詩人。「帝京篇」の詩で名声を得たが、晩年は行方不明。
劉廷芝…唐の詩人。有名な「白頭翁」の詩が世に出る前に、宋之問（そうしもん）が「年年歳歳花相似、歳歳

口意の三業は元来合一なるものにて、身業にもこの犯《ぼん》あるじゃ。それ故、律にこの戒を*身口綺戒《しんくきかい》と名づく。口業の綺は、次上《じじょう》に略指せる如くじゃ。身業の綺というは、下なる者が上《かみ》の衣冠《えかん》を着《ちゃく》し、上の威儀をまねする。

春秋の時、季氏《きし》が*八佾《はちいつ》舞《スル》二於庭《ニ》一の類。三家が*以《テ》レ雍《ようヲ》徹する類。漢の時、南越王佗《なんえつおうだ》が*黄屋《こうおく》・左纛《さとう》を作りし類。総じて身の作業の礼式を踰《こ》ゆるは身綺の甚だしきじゃ。この中麁相《そそう》に憶念する者は、上の身業の妄語と混ずべし。その差別を知れ。他を欺《あざむ》き誑《たぶら》かさんが為に礼式を踰《こ》ゆるは、身の妄語を犯す。戯《たわむれ》と心の傲《おごり》とによりて礼式を踰ゆる類が、この戒を犯《ぼん》ずるじゃ。

上《かみ》なる人が下《しも》の衣服を着し、下の威儀をまねする。これも身綺に属す。古に、たとい*習礼《しゅうらい》の時も、主上は臣下の例にはあるまじきという類。実に十善の正規則というべきじゃ。

明の武宗《ぶそう》が自ら威武大将軍鎮国公朱寿と名乗りて*諸国を巡見す。この類は甚だしきことじゃ。

男子が女人の衣服を着し、女人の威儀をまねする。女人が男子の衣服を着し、男子の威儀をまねする類、みな身綺という。これも*俳優伎児《ぎに》などは所論でない。平人已上は慎んで作すまじきじゃ。

年年人不同」の句を譲ってくれるよう頼んだが、受け入れられなかったので殺されたとある。

驢胎・馬腹…仏教では驢馬や馬に生まれ変わることとして用いる語。ささいなものの喩。

頑童…男色の相手となる少年。

怪談…あやしげな話。

誣いる…事実と異なることを言っておとしいれる。

身口綺戒…＝身綺。『人となる道』に「威儀常にたごうて度を乱るをいう」とある。

八佾舞於庭…八佾の舞（縦横八人づつで舞う）は天子の舞。それを魯の家老である季氏が行ったこと。孔子は『論語』でこれを不敬であると批判した。

以雍徹…魯の家老の三家が、天子の音楽である雍を自分の家の祭りで歌わせたこと。これも孔子が批判した。

黄屋・左纛…黄色屋根の車、天子の車の左前につける旗。

春秋の時、陳の霊公が、二臣と共に*夏姫《かき》が衵衣《じつえ》を着て朝に戯れし類は、尤も甚だしきことじゃ。

『史伝』に、*女子木蘭が男装して父に代わり軍だちせし類。またある人が勇士十人に女服を着せ、敵を欺いて陣を敗った類は別の趣で、この戒の犯ではなきじゃ。

身綺の例外

在家が出家の衣服を着し、出家の威儀をまねする。この類身綺に属す。但しこの中に差排を知るべきことがある。一類は、梁の*武帝が身を同泰寺に捨《しゃ》して、三宝の奴僕と称する。その志深重《じんじゅう》なれども、正法の*縄墨《じょうぼく》には中《あた》らぬじゃ。一類は、唐の太宗《たいそう》が*衲衣《のうえ》を製して軍中にも供養せし、これ等は正規則に準ずるじゃ。

医者・儒者の類が*法眼《ほうげん》・*法印《ほういん》などの僧官に任ずる類は、在家が出家のまねをするようなれども、これは中古よりその礼式になり来りしこと故、身綺にはならぬじゃ。総じて国風・例式になり来りしことは、綺語は破せぬということじゃ。在家の小児に何法師なとど名づくる類、まずこれも綺語は破せぬじゃ。

出家者の不綺語戒

習礼…重要な儀式の前の予行。
諸国を巡見す…巡見というのは表向きで、地方の美女たちと享楽に耽った。
俳優伎児…俳優のこと。
夏姫が衵衣を〜…霊公が夏姫（春秋時代の鄭の美女）の衵衣（肌着）を着て朝廷で戯れたこと。
女子木蘭…南北朝の梁の女性。父に代り男装して十二年もの間征夷したが、女子であることを周囲の者は知らなかったという。
武帝が身を〜…武帝は仏教の慈悲の心で政治をしたが、自分の帰依する寺に国費を投入させたので人民に重税を課して反発を招いた。
縄墨…規則。
衲衣…袈裟。
法眼・法印…中世以後、僧に準じて医師・絵師・儒者・仏師・連歌師などに対して与えられた称号。

出家が在家の衣服を着し、在家の威儀をまねする。みな身綺に属する。天竺にも、菩提大寺の沙門が、象馬《ぞうめ》・車乗《しゃじょう》・兵具《へいぐ》などを蓄え置きて王者に*擬せし類、正《まさ》しき犯戒《ぼんかい》じゃ。何れの国にも心を用いざる者は、多くこの類に堕するじゃ。大抵は房舎・車乗、随身の物具に至るまで、沙門は沙門の法に順ずべく、行住坐臥、著衣・喫飯まで、悉く法あることを知るべきじゃ。

今時世間に世僧・官僧などという類が、俗服を着し俗人の威儀をまねする。賢聖の*儀には違えども、その宗その寺の近古已来*格式になり来りしことは、まずそのままにてよきじゃ。身綺にはならぬじゃ。もし厳烈《げんれつ》に論ぜば、別威儀を設けて賢聖の儀に違する。みなあるまじきことじゃ。

もし外道に順ずればその罪更に重し。*袈裟木頭幡《もくづばん》の如くなるは法滅の相に属す。草衣《そうえ》・*木食《もくじき》みな正則《しょうそく》でない。

今時世間に律僧《りっそう》という類が、頭上に大笠《だいりゅう》を戴《いただ》き、胸前に*方袋《ほうたい》を係《かく》る。これも賢聖の儀には違えども、近比《ちかごろ》已来その宗その寺格になり来りしことは、その侭でよきじゃ。身綺にはならぬじゃ。

正法の律

擬せし…擬＝にせる。まねる。

儀…のり。てほん。きまりとして守るべきこと。礼式。作法にかなった動作・ふるまい。

格式…身分・儀式などに関する制定。格と式と。

袈裟木頭幡の如く…法が滅する時期には袈裟が変ずるとある。色も白色（外道の色）になるとある。

木食…五穀以外の木の実等だけを食して生活する。

方袋…頭陀袋のことであろう。

正しく云わば、*一事と雖《いえど》も新威儀を制すべからず。律文《りつもん》に、「*非制《ひせい》に制し是制《ぜせい》に違するを法滅の相」と説いてあるじゃ。世挙《こぞ》って然る事、衆人ことごとく然る事は、衆に順じ世間に随順するも可なり。我れひとり清めりというは不是《ふぜ》じゃ。また出家の*新発意《しんぼっち》に俗の官名を呼ぶ類、まずその通りにて、中人已下《いげ》には許すべし。綺語にはならぬじゃ。もし厳烈に言わば、沙門の俗服を着するを法滅の相という。沙門の俗称を称するを越法《おっぽう》の罪という。*爾余《じょ》異風・異儀、みな越法の罪ということじゃ。

真正にこの戒を護持する者は、出家は出家のあり通りを全くして、*四威儀《しいぎ》法に相応すべく、在家は在家のあり通りを全くして、内心《ないしん》法に随順すべし。在家の中に、尊貴の人は尊貴のあり通りを全くして法に随順すべく、下賤の者は下賤のあり通りを全くして法に随順すべし。男子は男子のあり通り、女子は女子のあり通りを全くして志を立つべきじゃ。

大人の不綺語戒

もし大人たる者この戒を全くせんとならば、こうじゃ。

周の世に、武王既に崩じ成王幼《せいおういとけな》し。周公旦《しゅうこうたん》政を摂《せっ》す。ある時成王その弟叔虞《しゅくぐ》と共に園に出て遊ぶ。戯《たわむれ》に桐葉《どうよう》を剪《き》り、*珪《けい》の形に作り、叔虞に与え、これを以て尓《なんじ》を*封《ほう》ずと。

一事と雖も〜…僧の威儀については『戒学要語』にも「毫も仏制に違すべからず。凡慮を以て仏制を取捨すべからず」とある。これは律の条文においても尊者の考えは徹底して同じであり、「律蔵戒学はただ世尊の自説のみにして、文殊弥勒も一字を賛（たす）くること能わず」と『法語集』にある。本書二三〇頁も参照。

非制に制し…『四分律』にこの趣旨の文あり。

新発意…新たに出家した者。

爾余…このほか。そのほか。

四威儀…行・住・坐・臥。

珪…諸侯の執る玉。

封ず…領主とすること。

叔虞喜んでこれを周公に告ぐ。周公衣冠を正して入りて賀す。成王いわく、戯なりと。周公いわく、天子に戯言《ぎげん》なしと。遂に弟を唐に封ず。成王こののち戯なかりしということじゃ。

十善の縄墨を以て看れば、これは*宗周盛徳《そうしゅうせいとく》の一事と云うべし。忠臣の幼主に事《つか》うる、かくあるべく、明君の諫めを用うる、かくあるべきじゃ。

君主の不綺語戒

凡《およ》そ徳ひとり立《りつ》せず。輔助ありて成立《じょうりゅう》するじゃ。事自《みずか》ら成ぜず。縁助ありて成立するじゃ。幼《いとけな》くして*邪僻《じゃへき》ならず。長じて*華奢《かしゃ》ならぬ。父母《ぶも》・*師傅《しふ》の教導、その功少なからぬじゃ。ただ国に*直臣《ちょくしん》得難く、家に*良佐得難く、聖賢といえども、過《あやまち》もあるまじきものでない。*直言を聞いて自ら過を知るべく、過を知りて改むるが、聖賢の志じゃ。

それじゃが、戯も一向に絶せよというではない。過も一向無しというべからず。但し事に大小有り。居処に軽重《きょうじゅう》あるじゃ。武士は軍事を戯れごとに為すまじきなり。仏者は法を戯れごとになすまじきなり。王者は政事を戯れごとになすまじきなり。この戯は一事と雖も容易ならぬじゃ。師傅《しふ》たる者は必ず教導すべく、臣としては諫めねばならぬじゃ。後世*柳子厚《りゅうしこう》などが弁は当らぬことじゃ。

宗周…周の都の地名。

邪僻…よこしま。不正。僻＝ひがむ。
華奢…華やかに奢ること。
師傅…先生。貴人の子弟を養育し教え導く役の人。
直臣…正しい家来。正直な家来。
良佐…良い助けとなる臣下。良臣。
直言…思うままを憚らず言う。ありのままの言葉。
柳子厚…＝柳宗元。中唐の文人。唐宋八大家の一。

君主一言の大事

総じて王公大人は、その威名日月の如く、その言行泰山の雲の如く、下民《かみん》仰ぎ瞻《み》る。*四海*則《のり》をとる所じゃ。それ故、その過《あやまち》も日月の*蝕《しょく》の如く、万国の見て知るところじゃ。美玉の瑕《きず》の如く、好絹《こうけん》の汚《けがれ》の如く、掩《おお》いて掩われぬじゃ。民庶の類は、*身微《かすか》に事眇《ことかすか》なる故、*戯謔《けぎゃく》によりて身を亡ぼすに至ること少なく、たとい身を亡ぼし家を敗るも、人に知られ世に数えらるるに至らぬじゃ。ここに至りては、君たること誠に難しというべきじゃ。

『晋書』に、孝武帝の時、「*張《ちょう》貴《き》人《にん》寵《ちょう》冠タリ二後宮《こうきゅう》ニ一。時年近シ二三十ニ一。帝戯レテレ之ニ云ク、汝以テスレバレ年ヲ当ニレ廃ス矣。吾意更ニ属ストニ少者ニ一。已ニ酔ヒテ寝ヌ二清暑殿ニ一。貴人使メテ三婢ヲシテ以テレ被ヲ蒙ハ二帝ノ面ニ一而弑スレ之ヲ」と。これ等看よ。一言の戯が身を害するじゃ。

『史記』周本紀に、「*褒姒《ほうじ》不レ好マレ笑ヲ。幽王欲ス二其ノ笑ヲ一。万方《ばんぽう》スレドモ故《ことさら》ニ不レ笑ハ。幽王為《つくり》二*烽《ほう》燧《すい》大鼓ヲ一。有レバ二*寇《あだ》至ルコト一則チ挙グ二烽火ヲ一。諸侯悉ク至ル。至リテ而無シレ寇。褒姒乃チ大ニ笑フ。幽王説《よろこ》ビレ之ヲ。為ニ数《しばしば》挙グ二烽火ヲ一。其ノ後不レ信ナラ。諸侯益亦不レ至ラ。後西夷犬戎攻ム二幽王ヲ一。幽王挙ゲテ二烽火ヲ一徴《め》スレ兵ヲ。兵莫シレ至ルコト。遂ニ殺シ二幽王ヲ驪山《りざん》ノ下《もと》ニ一。虜《とりこ》ニシ二褒姒ヲ一。尽《ことごと》ク取リテ二周ノ*賂《ろ》ヲ一而去ル」と。古今聖代《せいだい》と称する周が、この時より衰えて再び振るわずということじゃ。

四海…天下。古代の中国人は中国の四方を海が取り巻いていると考えた。
則をとる…則を取る＝手本とする。
蝕…欠ける。
身微に事眇…＝微眇（びびょう）。＝卑しく小さい。
戯謔…戯＝謔＝ふざける。
張貴人…東晋の第九代皇帝孝武帝が寵愛していた女性。
褒姒…周の幽王の后。幽王は褒姒の美貌に惑い国は破滅した。
烽燧…烽＝燧＝烽火（のろし）。笑わない褒姒を笑わせるために烽火を上げていたが、何度も上げるために実際に攻められたときに諸侯が集まらずに国が亡びた。
寇…外から攻めてくる賊。
賂…財貨。

『唐書』に、中宗の時、その后を韋皇后という。その父を韋玄貞という。「中宗欲《ス》下以《テ》二韋玄貞《ヲ》一為《サント》中*侍中《ト》上。*裴炎《はいえん》固《かたク》争《フ》。中宗怒《リテ》曰《ク》。我以《テ》二天下《ヲ》一与《フルモ》二韋玄貞《ニ》一。何《ノ》不可《アラン》。而《ルヲ》惜《シマンヤ》二侍中《ヲ》一耶。裴炎懼《レ》白《シ》密《カニ》謀《ル》二*廃立《ヲ》一。是月大后廃《ス》二中宗《ヲ》一」と。天下を由なき人に与うまじきは、庸人も知るところじゃ。これ等は*慢惰《まんだ》の心より起こりて、身綺・口綺に属するじゃ。

理を剋《こく》して言わば、王者の一行一言は小国小郡より重きじゃ。一言国を興す、万民の福となる。一言国を乱す、万民の*殃《わざわい》となる。

不綺語によるこの世の楽しみ

この綺語戯謔《けぎゃく》は、世にありて憂苦《うく》を長ずる。*謹慎篤実《きんしんとくじつ》は実に*歓楽《かんらく》のある処じゃ。ここに人ありて、その心*軽薄に落ちねば、天地四方、風雲日月、みな我が楽のある処じゃ。禽獣草木、古今の人物、みな我が楽のある処じゃ。一切の典籍、治乱の事跡、みな我が楽のある処じゃ。

太陽を見る楽しみ

日を看て楽しむ者が、明相《みょうそう》の現ずるより乃至日没《にちもつ》まで、春夏秋冬、時々《じじ》の風景、みな

侍中…皇帝の側近である官職の一つ。
裴炎…唐および武周期の宰相。
廃立…臣下が君主を廃して、別人を君主として立てること。
慢惰…なまけおこたること。懈怠（けたい）。
殃…天罰によるわざわい。
謹慎…言動が控えめで心が深く誠実であること。
歓楽…喜び楽しむこと。
軽薄…軽々しくて誠が少ない。

その楽となる。この中に変ありて*二を現じ三を現じ、或は慶兆《けいちょう》ありて甘露の降《くだ》るなど、悉く面白きことじゃ。上で言わば、頭陀《ずだ》の比丘が露地《ろじ》に坐して、この*日光偏照を看て空《くう》三昧《ざんまい》に入る。面白きじゃ。*鉢水《はちすい》を湛《たた》えてこの日光を胸裏《きょうり》に観ずる。その楽しみ世間の比すべき処ならずじゃ。思うて看よ。綺語などに随順する暇《いとま》はあるまじきことじゃ。

星を見る楽しみ

星を看て楽しむ者が、空中珠玉を散ずる如きも、面白きものという。*五星《ごせい》の出没《しゅつもつ》、*二十八宿の行度《こうど》、北斗の運転、みな然るべきことじゃ。この中、世上吉凶のあらわるるも、面白きものということじゃ。*立ち超えたことで言わば、*頭陀蘭若《ずだらんにゃ》の比丘が、この星を指示して睡魔を伏し、諸仏の行儀《ぎょうぎ》に順ずる。世間の楽しみの比すべきところでない。思うて看よ。綺語などに随順する暇はあるまじきじゃ。

月を見る楽しみ

*月を友なう者世に尤も多し。これも春夏秋冬、及び時々の景、みな*騒人《そうじん》の興《きょう》を催す。また星の逼《せま》ると、光の隠顕《おんけん》を看て、世の吉凶を云う者もある。ことごとく面白かるべきじゃ。上なることで言わば、*月輪観《がちりんかん》を修する者が、光によそえて自ら心地《しんち》を照らす。

二を現じ～…物事が変化して種々の現象が生じる喩。『老子』に「道は一を生ず。一は二を生じ、二は三を生じ、三は万物を生ず」とある。

日光偏照を～…全てを分け隔てなく平等に照らす。偏＝広く行き渡る。この平等性から空の境地に入るのであろう。

鉢水を湛え～…鉢の中の水に映った太陽からの光を胸中に入れて観想する。

五星…木星・火星・金星・水星・土星。

二十八宿…天を東西南北の四宮に分け、さらに各宮を七宿に分けたもの。

立ち超えたこと…すぐれていること。

頭陀蘭若…執着を離れ、静寂な所で修行していること。蘭若＝比丘の修行に適した静寂な場所。

月を友なう…月を友とする。

騒人…風流人。

月輪観…密教観想の一。月輪は満月の意。実際は一肘ほどの円相に向って自心の白浄菩提心を観ずる。尊者

*十六分の相によそえて法の円満を表《ひょう》す。思うて看よ。綺語などに随順する暇はあるまじきじゃ。

自然を見る楽しみ

雲を看て楽しむ者、よく四季*七十二候《しちじゅうにこう》の変を知るという。或は雲の姿を看、色を見、起滅を見て、世の吉凶を占い知る者もある。*隠逸《いんいつ》の士の雲を見て詩歌を弄《もてあそ》ぶもある。悉く面白かるべきじゃ。上なることを以て云わば、この雲によそえて*五蘊色身来去《ごうんしきしんらいこ》の相に達す。*縁起を明了《みょうりょう》にして優《ゆたか》に聖域《しょういき》に入る。或は風を楽とし雨を楽とし雪を楽とする。みなその趣あるべきじゃ。

山中独居《どっきょ》の者に、雷《かみなり》を聞いて楽しむ者もある。気象と相応すれば、これ等も面白いということじゃ。

経中に、この電光を、無漏道《むろどう》を一見するに比して、*電光三昧というがあるじゃ。菩薩の深思惟《じんしゆい》が、この雷震に逢うて知るる時節あるということじゃ。綺語などに随順すべきことではない。

*四時を楽しむ者は、*春陽の時は春陽を楽しむ。百花の開く、衆鳥の*哀鳴《あいめい》する、みなその興《きょう》あるという。夏熱《かねつ》の時は、林樹の蓁《しげ》る、虫蟻《ちゅうぎ》の奔走する、みなその興あるという。

の『両部曼荼羅追記』に「阿字観・月輪観をなしてその光明を見るは、世間の妄想、尽くるに随い、この自性の光明自から顕わるるものなり」とある。

十六分の相…月相＝月の満ち欠けを数字で表わす。新月が0で、満月は十五夜。
七十二候…太陽暦で自然現象を七十二の季節に区分。立春・啓蟄・夏至・大寒等。
隠逸の士…世の中から隠れのがれた人。
五蘊色身来去の相…身体と心が何処から来て何処に行くかというありさま。五蘊＝色（物質・身体）・受（感覚）・想（想念）・行（意志）・識（認識）。物質・身体と心のはたらき。色身＝身体。
縁起を明了…縁起の道理を明らかにさとること。
電光三昧…電光＝いなずま。『智度論』に、「三昧に住して諸三昧を照す、電光の如し」とある。
四時…四季。
春陽…春の日差し。
哀鳴…声かなしげに鳴くこと。

秋天の清明、冬景の霜雪、みなその楽あるという。俗情の者、別に四季の景《けい》を構造するは、小児の戯にひとしと。これ等みなその趣あるじゃ。漢・魏・六朝の者の、賦《ふ》を作り*逸興《いっきょう》を寓《よ》する処じゃ。この中、世外《せがい》に出頭《しゅっとう》する処がある。長明・兼好などは、*隠逸高趣に*聞きなすべき処じゃ。この中この道の存する処がある。諸の羅漢・縁覚の自ら娯楽する処、細審思察の者の自己を*省発《せいはつ》する処じゃ。

真実の楽しみ

已下《いか》、山水を愛し草木を愛するも、みなその楽その人にあるじゃ。誠の楽を云わば、*糸竹管絃《しちくかんげん》も末じゃ。まして綺語雑謔《ざつぎゃく》の中にあるべきことではない。古にも、「*楽とは情の変ずべからざるものなり」とある。「*弦歌干揚《げんかかんよう》は楽の末節」とある。大君《たいくん》は大君の楽しみあるべく、執政大臣《しっせいだいじん》は執政大臣の楽あるべく、士農工商は士農工商の楽あるべく、君子は君子の楽を*楽しむべく、小人は小人の楽を楽しむべきじゃ。凡《およ》そ誠の楽は*天の与うる所にありて、天地と共に尽きることない。且く近きに約して天と説けども、実は*法性等流して、その楽身心と共に際限なきじゃ。貴賤・尊卑、智愚・大小、浅深の別はあれども、その心の楽は一《いつ》じゃ。その天の付与するところは一じゃ。なぜぞ。道は浅深ないものじゃ。法は高下を離れたものじゃ。

逸興…世俗を離れた風流の趣。

隠逸高趣…世をのがれた人のすぐれた思索。

聞きなす…意識して聞いて納得する。

省発…＝省悟。本性を省察し、さとること。

絲竹管絃…楽器の総称。音楽を意味する。絲竹＝糸は琴・三味線などの弦楽器。竹は笛・笙などの管楽器。管絃＝管楽器と弦楽器。

楽とは〜…『礼記』楽記。音楽は人によって変わることのない感情に基づく。

弦歌干揚は〜…『礼記』楽記。弦歌＝三味線を弾いて歌うこと。干揚＝盾を挙げて舞う武の舞。干＝盾。

楽を楽しむ…真実の楽しみを楽しむべきだという尊者の表現。

天の与うる所…天命の所に真実の楽しみがある。

法性等流…真実がそのまま現われていること。本書八七頁参照。

君主の楽しみ

大君の楽しみは、上《かみ》天の道を全くするじゃ。賢君聖主は天の威を畏るる。この天威*を畏るる処に、天命*を受くるじゃ。農時に田猟《でんりょう》せぬ。日蝕*に身を慎む。天変に自《みずか》ら省察《せいさつ》する。みな多福を享《う》くる基じゃ。この慎みありて、歳時に天神*を享す。天とその徳を斉《ひと》しくする趣あるじゃ。『易』にも、「天に先だって*天たがわず。天に後《おく》れて天の則《のり》を受く」とある。出世法の中に、凡そ菩薩所作あれば諸天佐助《さじょ》すとある。

中《なか》は宗廟に事《つか》え、山川諸の神祇を崇《たっと》んで、常に怠らぬじゃ。先祖宗廟*を祭れば、先祖の徳を自己にうけ得て、これを子孫に伝うる。恩を報い礼式を闕《か》かぬばかりのことではなきじゃ。神祇に事うれば、神祇の冥助《みょうじょ》を得て、霊妙の徳を自己に全くする。民を将《ひき》い礼度を闕かぬばかりのことではなきじゃ。

下は万民の父母となりて、庶民を子の如く撫育《ぶいく》す。民*と憂《うれい》を同じくし、民とその楽を同じくする。民と憂を同じくすれば、その憂はなくなる。民とその楽を同じくすれば、その楽はつくることない。

君主における十善の徳

天威を畏るる…『論語』に「君子に三畏あり。天命を畏れ、大人を畏れ、聖人の言を畏る」と。「畏る」とは、敬虔の情。
天命を受くる…天を畏れない者は賢君聖主たり得ないということ。
日蝕に身を慎む…太陽は君主の象徴であるから行動を慎んだ。
天神を享す…天神を祭り供え物をする。
天に先だって…大人が文化を作れば天道に合致し、天理を知れば天の法則性を外れない。『易経』乾に「大人とは、天地と徳を合せ、日月とその明を合せ、四時とその序を合せ、鬼神とその吉凶を合せ、天に先だって天違はず、天に後れて天の則を受く。天すら且つ違はず、而るを況んや人に於てをや、況んや鬼神に於てをや」とある。
先祖宗廟…先祖の祭祀を行う廟のこと。
民と憂を同じくし…＝先憂後楽。民に先立って国を心配し、民が楽しんだ後に自分が楽しむこと。北宋の忠

不殺生

*仁慈事に触れて出《い》ずる。*老者を安んずる、少者《しょうしゃ》を懐《なつ》くる。時ならざれば山を焚《や》かぬ。時ならざれば池を涸《か》らさぬ。禽獣みなその生を遂ぐる。国中悪疾ない。不殺生の法、法としてかくの如くじゃ。

不偸盗

旧臣を棄てず、民の利を奪わぬ。賢者を挙げ用うる。能者を職に居らしむる。功ある者を賞する。天下の財これを天下に用う。私を以て公《おおやけ》を乱さぬ。財費《つい》やさずして諸人悦ぶ。*慳吝《けんりん》ならずして*国用《こくよう》足る。身《み》労せずして恩万民に*被《およ》ぶ。思慮を用いずして*四夷賓服《ひんぷく》する。不偸盗の法、法としてかくの如くじゃ。

不邪婬

*私愛《しあい》礼を乱さぬ。妻妾その所を得る。*内議外《ほか》に漏れぬ。外事《がいじ》内に入らぬ。下民《かみん》に至るまで*侵犯《しんぼん》私窃《しせつ》の行《こう》ない。男女《なんにょ》正しければ国政乱れぬ。不邪婬の法、法としてかくの如くじゃ。

不妄語

命令一たび下って万国推戴《すいたい》する。善政一たび布《し》いて永く子孫に伝う。不妄語の法、法としてかくの如くじゃ。

臣・范仲淹（はんちゅうえん）が為政者の心得を述べた言葉。

仁慈…思いやりがあり情け深いこと。

老者を安んずる〜…『論語』に「老者はこれを安んじ、朋友はこれを信じ、少者はこれを懐けん」（老人には安心されるように、友達には信ぜられるように、若者にはしたわれるようになること）

慳吝…物を惜しんで欲深いこと。

国用…国費。

被ぶ…こうむる。

四夷賓服…外国人が服従して来朝する。

私愛〜…私的な情愛にも礼儀があること。

内議…内々での評議。

侵犯私窃…領土を侵して我がものにすること。窃＝ぬすむ。

不綺語

*讒諛《ざんゆ》*便嬖《べんぺい》を遠ざけて*自ら私に溺れぬ。*利口・*雑謔《ざつぎゃく》を捨てて*質直《しっちょく》を貴む。不綺語の法、法としてかくの如くじゃ。

不悪口

言わずして治まる。怒らずして威ある。命令はただ善政じゃ。言音《ごんおん》はただ*愛語じゃ。不悪口の法、法としてかくの如くじゃ。

不両舌

*忠直骨鯁《ちゅうちょくこっこう》に任して*風俗*厚きに帰す。*廉吏《れんり》を用いて下民自ら安んず。*元首《げんしゅ》の四肢《しし》を役《えき》する如く。不両舌の法、法としてかくの如くじゃ。

不貪欲

衣は*文綵《ぶんさい》を*賎《せん》ず。器は*雕鏤《ちょうる》を貴ばぬ。*美好の徳を害するを知る。*遠物《えんぶつ》の用なきを知る。*文華の真を乱るを知る。多求《たぐ》の*性《せい》を傷《そこな》うを知る。我れ自ら足ることを知りて、民庶ことごとく足る。我れ自ら減ずることを守りて、四海みな倹を守る。不貪欲の法、法としてかくの如くじゃ。

不瞋恚

大臣忠義を全くする。*小臣その力をつくす。我れ*不如意の事ない。万民その業に安ん

讒諛…心が邪悪で媚びへつらう者。讒＝邪。そしる。諛＝へつらう。
便嬖…媚びへつらう人。
自ら私に溺れぬ…うぬぼれないこと。
利口…口先が上手なこと。
雑謔…戯れの言葉。謔＝たわむれる。
質直…飾らず真っ直ぐ。
愛語…やさしい言葉。四摂法（教導の四つの方法）の一。
忠直骨鯁…正直で自分を曲げない。
風俗…社会や地域の風習・世相や生活文化の特色。
厚きに帰す…立派で深みのあるものになる。
廉吏…心の清く正しい役人。
元首…君主。
文綵…あやもよう。
賎ず…いやしむ。
雕鏤…ほりちりばめて飾る。鏤＝ちりばめる。
美好の徳を害する…麗しいものは徳をそこなう。
遠物…遠地に産する珍しい高価な物品。『書経』に「遠物を宝とせざれば則ち遠き人格（いた）る」とある。

ず。海外*風に靡《なび》く。我れ不如意の事ない。苦声聞かず。*嚬蹙《ひんしゅく》見ず。我れ不如意の事ない。不瞋恚の法、法としてかくの如くじゃ。

不邪見

道の邪正を*弁じて、真正の道の貴むべきことを知る。*理の当然を詳らかにして、法に依れば身心の安きを知る。孔子の*少正卯《しょうせいぼう》を誅《ちゅう》せしことを聞けば、似て非なる者は斥くべきことを知る。*引正王《いんしょうおう》の龍樹菩薩を恭敬《くぎょう》せしことを聞けば、有道《ゆうどう》の師には親近《しんごん》すべきを知る。万国みな貢献する。この富を以て*福田・*悲田に納めおく。億兆ことごとく推戴する。この位を以て有徳を恭敬する。不邪見の法、法としてかくの如くじゃ。

君主における戒の開

これ等誠に大君の楽しみというべきじゃ。糸竹管絃の及ぶ所でない。まして狂言・綺語、酒宴遊興の比すべきことではなきじゃ。しかし王者は糸竹管絃を用うまじというではない。酒宴も一向に絶すべしというではない。道を以て楽しみ、四海清平なるを楽しむは常じゃ。*たまさか花前月下に親族群臣を集めて管絃を催す。これも妨げぬじゃ。*淫《いん》楽《がく》は一向大人のなすべきことならず。房中侍女・小臣の中、たまさかに見聞するまでのことじゃ。この楽ある、この位ある、臣庶に類せず。*菩薩は多く国王の身を現ずるとい

文華…華美な飾り。本書八五頁参照。
性を傷う…生まれながらの本性を傷つける。本書八五頁に「文華に過ぐるときは、実を失い盗を招く」と同じ語調である。同頁の注も参照。
小臣…身分の低い家来。
不如意…思い通りにならないこと。

風に靡く…風靡。なびき従う。
嚬蹙…眉をひそめ、鼻筋に皺をよせる。嚬＝ひそめる。蹙＝せまる。
弁じて…わきまえる。明らかにする。
理の当然…道理として確かにそうであること。
少正卯…春秋、魯の人。孔子が魯の相となり、政を摂すると政を乱す者として誅した。
引正王…龍樹菩薩に帰依し、仏法を崇敬し、広く仁政を行った。
福田…布施し、信奉することによって幸福をもたらすとされる対象。三宝のこと。これを尊崇し供養すること

うことじゃ。

大臣の楽しみ

*執政大臣《しっせいだいじん》の楽は、*上《かみ》一人を輔《たす》けて、自ら専《もっぱら》にせぬ。中《なか》百官を率いて、心常に謙遜す。下《しも》万民を保《やす》んじて、共に太平を楽しむ。この位は*人臣《じんしん》の極まり。この*威勢は大君に等し。一たび回顧すれば万国色を変ず。一たび言えば*率土《そつど》*奉行《ぶぎょう》する。徳*海内《かいだい》に加わって自らその*功に居らぬ。恩禽獣に及んでその能にほこらず。余《よ》は大君の楽に同ずるじゃ。その楽糸竹管絃の及ぶ所ならず。まして狂言・綺語、酒宴遊興に比すべきことではなきじゃ。

総じて上に命を受くる所あるを一の楽とす。天命に順ずるじゃ。下に恵む民あるを一の楽とす。人道行わるるじゃ。天命に順ずる故、家門永くその福を受く。人道を行う故、子孫常に賢才徳者を得るということじゃ。

臣下の楽しみ

諸侯の楽は、上その君に事《つか》うる。この君その天とする処じゃ。その命にたがわぬ。この命その天とする処じゃ。君命を*畏懼《いく》する処に、自ら徳を全くする。中はその*封境《ほうきょう》を治めて山海の利を得る。この封境天の付与する処、君恩・*祖徳の姿じゃ。下は四民を撫育

が幸福を生むという趣意で、田地にたとえられた。
悲田…貧者・病人など哀れみを受けるべき者。
たまさか…まれに。
淫楽…俗ないやしい音楽。
菩薩は多く…菩薩の多くはこの世に国王として生まれてくるということ。

執政…政務を執ること。
上一人…君主をさす。
人臣…臣下。
威勢…威光と勢力。
率土…全土。
奉行…上の者の命によって事を執行すること。
海内…天下。
功に居らぬ…「功成るも而も居らず」『老子』
畏懼…敬意と尊敬の念を示す。
封境…土を盛り上げて築いた国境。
祖徳…先祖の徳。

してその力を得る。この四民天の付与する処、君恩・祖徳の姿じゃ。前《まえ》は先祖の宗廟を守りてその善政を改めず。後《のち》は*賢能を挙げ用いて子孫に*善業《ぜんごう》を遺す。心に正法の貴むべきを知り、有道の士の敬すべきを知る。これ等を誠の楽とするじゃ。*小人の及ぶ所に非ず。戯《たわむれ》をなし戯を言うを楽と覚ゆるは愚なることじゃ。

役人の公務の楽しみ

*有司《ゆうし》の楽は、公にその君に事うる。その事に怠らぬ。この君その天とする処じゃ。この事その*天とする処じゃ。この天命に順じて自ら多福を得る。我が家の富栄《ふえい》、我が身の*威名《いめい》、この処にあるじゃ。父母《ぶも》の孝養、親戚朋友の*好《よし》み、みなこの処にあるじゃ。明君賢主に遇うて、我が才用いられ、我が志行わる。その民我れに*憑《よ》りて安く、その国我れに憑《よ》りて豊かに、その事我れに憑りて調えば、その楽あるべきじゃ。事大小あれども、みな君に代わりて作すじゃ。時長短あれども終身これ君の*股肱手足《ここうしゅそく》じゃ。位に上下あれども、職に*当路・*散地の別あれども、悉く国家の*棟梁《とうりょう》*柱礎《ちゅうそ》じゃ。謹慎にして敢てその職分を超えず。他を先にして己を後にする。ここに誠の楽あるべきじゃ。

役人の生活の楽しみ

賢能を挙げ～…賢くて有能な人を挙用する。「賢能は次を待たずして挙ぐ」『荀子』
善業…よい果報を得る因となる行為。
小人…小人物。心が狭く思慮の浅い人。
有司…役人。官吏。
天とする処…仏教的にいえば、安心のある処。
威名…威勢がある名声。
好み…親しい交わり。
憑りて…たよりにする。
股肱手足…頼りになる家来。股（もも）肱（ひじ）。
当路…重要な政治を執る中央の地。
散地…暇な地方。
棟梁…重任にあたる人。
柱礎…柱といしずえ。

私にはこの官爵・俸禄あり、この*僕従・*奴婢あり、この子孫あり、この*民人《みんじん》ありて、*分に*才士を用い孤独を恵む。余暇あれば文を学び武を習う。これを誠の楽とす。糸竹管絃、狂言・綺語の及ぶ所ではあるまじきじゃ。もしまた不幸にして暗君暴主に遇い、同僚の中*讒佞《ざんねい》の人ありて、忠を尽くして反って斥けられ、誠を行うて反って罪に陥《おちい》る。また国破れ家亡ぶる時に逢うて、名を没《もっ》し命を捨つる。これ等は変というもの、業報《ごうほう》因縁のなすところじゃ。これ等の時も、自らその命に処してその楽を失わぬ道あるべきことじゃ。もし事に触れて安からぬ時は、*明師賢友に従いてその道を問うべきじゃ。

農業の重要性

百姓農人《ひゃくしょうのうにん》は明君の重んずる所で、これが国の本じゃ。古より農人の栄衰は治乱に関わる。農人窮すれば田野《でんや》闢《ひら》けず。田野闢けざれば人みな本《もと》を棄てて末《すえ》を逐う。人末を逐えば利欲の心深し。利欲深ければ道を失う。これを乱の*階《はし》というべきじゃ。

*神農氏《しんのうし》が自《みずか》ら耕を教うる。*后稷《こうしょく》が四時に順じて*百穀を種《う》ゆる。この農業は自《おのずか》ら天地生育の趣に順ずる。その跡よりこれを見れば、天地を助けて万物《ばんもつ》を生育すというも可なりじゃ。

正法《しょうぼう》縁起の中は、*劫初自然《こうしょじねん》の粳米《こうまい》あり。朝《あした》に刈れば暮《くれ》に生じ、暮に取れば朝に熟す。

僕従…奉公人。
奴婢…召使の男女。下男（奴）と下女（婢）。
民人…人民。
分…もちまえ。天分。
才士…才智のある人。
讒佞…心が邪悪で口先がうまい。讒＝よこしま。佞＝へつらう。
明師…道理に明らかなすぐれた師。
階…きっかけ。
神農…古代中国の伝承に登場する三皇五帝の一人。諸人に医療・交易・農耕の術を教えたという。中国では神農大帝と尊称され、医薬（本草医学）と農業を司る神とされる。
后稷…上古の官名。后は君、稷は五穀。農事を掌る長官。周の始祖。堯の時、農師となり、舜の時后稷の官につき、后稷と称した。武王の十五世の祖。『史記』
百穀…多くの穀物。穀物の総称。
劫初…成劫の初め。世界の成立する当初。

茎幹《きょうかん》なし。*糠糟《こうそう》なし。*四隣相率いて随意に取り用う。その中一類*懶惰《らんだ》の者あり。朝に暮の糧《かて》を収め、暮に朝の糧を取る。見聞《けんもん》相傚《なろ》うて一日《いちじつ》乃至五日の糧を収む。これより漸《ようや》く糠糟生じて、刈り已《おわ》りて枯株《こちゅう》現ず。衆人*懊悩《おうのう》して、各《おのおの》*疆畔《きょうはん》を分かち*耕耘《こううん》種殖す。これを*四大姓《しだいしょう》の初めとすとある。

天地の理と農耕

大凡《おおよそ》天地は*至公《しこう》なるものじゃ。四時日夜は至公なるものじゃ。万物も悉く至公なるものじゃ。人或は*私ありて、天地に*戻《もと》り、万物を害し、自ら福分を減少するじゃ。今にして云わば、五穀も十七種の穀も、人趣《にんしゅ》福分の任持せる所にて、その種子《しゅし》朽敗《きゅうはい》せぬじゃ。春耕し夏*耘《くさぎ》り、自ら力を労して成就を天に任す。その作業自ら天の道を楽しむというべきじゃ。時至りて種子を下《おろ》す。時至りて成熟《じょうじゅく》を得る。これ等時の至公に順ず。*孔子も時ならざる食せずとある。地の宜《よろ》しきを察して植うる。これ地の至公に順ず。古に*江南の橘《たちばな》、江北の枳《からたち》となるとある。面白きことじゃ。我が食するところ、自の労を食す。我が着する衣、自の力を着る。饑《う》えて食す、労して憩う。*脱粟《だつぞく》・土塊《どかい》もその安んずるに任す。隣里力を共にす。その交わり*士君子に勝る。親戚相助く。その親しみ*官爵ある人に勝る。*俯仰《ふぎょう》・*揖譲《ゆうじょう》の煩わしきなくて*長幼の序乱れぬ。夫外《そと》に作《な》し妻食を*餉《おく》りて、*怨恨《おんごん》・

糠糟…酒かすと米ぬか。転じて、粗末な食べ物。値打ちのないもの。
四隣…前後左右の家や人。
懶惰…おこたる。なまける。
懊悩…なやみもだえること。煩悶。
疆畔…田間のあぜ。
耕耘…田畑を手入れする。耘＝草を刈ること。
四大姓…古代インドのカースト。氏姓制度。①婆羅門＝僧侶階級②刹帝利＝王族・武人。世俗の支配者。③毘舎＝生産事業者（農業・牧畜・工業・商業）④須陀＝奴隷（労作奉仕）。
至公…きわめて公平なこと。
私…私心・我欲・エゴ。
戻り…そむく。
耘り…田の雑草を取る。
孔子も〜…『論語』季節外れのものは食べない。（朱子の注）
江南の橘、江北の枳…橘化為枳（橘化して枳と為る）。淮南の橘を淮北に移植すれば枳となる。境遇によって性質の変わる喩。
脱粟…玄米の飯。
士君子…学問、人格ともに

嫉妬少ない。みな天の憎まぬ処、万物の至公に順ず。

農業の楽しみ

日出《い》でて作すところにその楽あるべく、日入りて家に帰るところにその楽あるべく、貢《こう》を怠らぬところにその楽あるべく、余分を以て父母に事え、妻子を育するところにその楽あるべし。この類が天より分付する真の楽というべきじゃ。糸竹管絃の及ぶ所ならず。まして狂言・綺語の及ぶ所でない。

もし暴君・酷吏《こくり》に遇うて、*二月新糸を売り、五月に新穀を*糶《う》る如きの困《くるし》みある。また風雨の不順、飢饉の歳に値《お》うて、*老弱《ろうじゃく》の*溝壑《こうがく》に転《まろ》び死するを眼前に見過《けんか》す。この変に遇わば自ら変に安んずべし。天を怨み時を怨むるは人道に背くじゃ。また貪吏《とんり》・*奸吏《かんり》の賄賂を貪るとき、道を曲げてこれを与うれば、隣里郷党もその災を免る。正直を守れば家門その*苛虐《かげき》に死亡する。この変ある。尚も変に処する道のあるべきことじゃ。

職人の楽しみ

*工匠の道も面白かるべきことじゃ。総じてこの手足あればこの労あるべく、この意あればこの思慮あるべし。*安逸は反って道に背く。道に背けば苦を生ずる。上一人より下

すぐれた人。
官爵…官職と爵位。
俯仰…起居動作。
揖譲…手を組み合わせ挨拶する会釈のこと。
長幼の序…子供は大人を敬い、大人は子供を慈しむ。『孟子』。序は席次の次第順序。
餉…田畑で働く人に食物を送ること。
怨恨…怨＝人をうらむ。恨＝うらみを心にとどめる。

二月新糸を売り、五月に新穀を糶る…唐時代の聶夷中（しょういちゅう）の「傷田家詩」の句。新糸＝夏に取るかいこの糸。糶る＝米を売り出す。
老弱…老人と子供。
溝壑…溝＝みぞ、壑＝たに。
奸吏…奸＝よこしま。吏は役人。
苛虐…人を手ひどく扱って、いじめ苦しめること。苛＝いらだつ。むごい。虐＝しいたげる。
工匠…細工・工作を職業とする人。
安逸…何もせず気楽に遊び暮らすこと。

士庶人に至るまで、各その作業《さぎょう》あること、譬えば天地の物を生ずるに、一草一木に至るまで悉くその用《ゆう》あるが如くじゃ。因縁あってその家々の業《ぎょう》を継ぐ。先祖已来の所作に、心を用い身を労する。その中にその楽あるべく、道もその中に顕わるべし。

『荘子』に、*輪扁《りんへん》が輪を*斲《き》る。*手に得て心に応ずと云うを聞けば、天下の理は輪扁が手裡《しゅり》に止《とど》まる。柳子厚が『*梓人伝《しじんでん》』を見れば、天下の理は梓人が*縄墨の中にも顕わる。舜の*寿丘にありて陶器を作る。*苦窳《くゆ》なかりしと聞けば、陶器の中にも聖徳顕わるる。仏経の中に、世尊、過去世に婆羅門童子となる時、*鍛師《たんし》あり。巧《たくみ》に針を作る。一枚を水上に置くに沈没せず。婆羅門童子もまたこの術に*閑《なら》う。七針を一針穴に投じ、これを水上に浮かぶというを聞けば、針工《しんこう》の中にも菩薩の徳顕わるるじゃ。

また目連尊者が過去世に*匠者《しょうしゃ》となる。*機関の木人《もくにん》を作って、動作運転全く生人《しょうにん》に異ならぬとあれば、機関の中にもその徳顕わるるじゃ。これによりて知れ、*百工は百工で、心を用うること専一なれば、その中に妙処を得る。妙処を得れば、天を楽しみ道を楽しむ場処ある。たとい妙処を得るに至らずとも、天下の重宝《ちょうほう》になり人民《にんみん》の便宜《べんぎ》になるべきならば、自らその身を養うに足り、父母を孝養するに余りあり。妻子を養育し、兄弟親族を恵むにも余りあるべきじゃ。この中自《おのずか》ら天より分付する楽ありて存する。この楽しみ糸竹管絃にすら比せぬ。狂言・綺語の及ぶ所でない。屋宅・舟車等、衣服等、一

輪扁…車大工の名匠で名は扁。
斲る…きりとる。けずる。
手に得て心に応ず…長年にわたって手でおぼえて、やっと得心できる。桓公に語った言葉。
梓人…大工の棟梁
縄墨…大工道具で材木に寸法の印をつけるための道具。
寿丘…舜が什器を作った場所。
苦窳…器が粗悪でゆがみがあること。苦＝もろい、あらい。窳＝ゆがむ。
鍛師…かなち。刀工。「鍛冶」の技術を用いることから、「鍛人」（かぬち）、「鍛師」（かなち）、刀鍛冶（かたなかじ）、刀匠（とうしょう）などとも呼ばれる。鍛＝金属を槌でたたきあげる。
閑う…習熟する。
匠者…大工。工匠。
機関…木でできた機械のからくり人形。
百工…各種の職人。

切世に*益ある物は尤も第一とす。一切武器の世の守りとなる。礼器《れいき》・楽器の世の教えとなる。悉く*切用《せつよう》とすべし。

『梵網経《ぼんもうきょう》』等に、*棺材板木《かんざいはんもく》を造るを制す。この類はその斟酌あるべし。爾余《そのよ》華奢《かしゃ》に随順する器、*放逸に随順する器、もしは*奇巧に過ぐる、もしは詐偽に渉るなどは、或はこの身綺・口綺に順じ、或は天命に背き人道に違う。道に志す者は容易なるまじきことじゃ。

商人の楽しみ

*商賈《しょうこ》の中にもその道その楽はあるべきじゃ。天地万物を生ずる、山海にその別あり。風土に随うて互いに有無・多少あるじゃ。百工の器物を造るにも、各その土地に随いその*作業に随うて種々差別す。互いに交易せざればその*用塞《ゆうふさ》がるじゃ。古に、「*神農氏《しんのう》日中為《なシ》レ市《いちヲ》、致《シ》二天下之《ノ》民《ヲ》一、聚《あつメ》二天下之《ノ》貨《ヲ》一、交易而《シテ》退《ク》」とある。これによりて知れ。交易も聖賢の道なるべきじゃ。

地気上《のぼっ》て雲霧となる。雨露降《くだ》って草木生育す。目足相助け左右相救う。古に「*日月相推《シテ》而明生焉《ズ》」と云い、「寒暑相推《シテ》而歳成焉《ル》」と云う。万事みなかくの如く、万物みなかくの如くじゃ。この*交易して*有無を通ずる、その道のあるべきじゃ。

益ある物…役に立つ物。
切用…極めて必要なもの。
棺材板木…『梵網経』第十二悩他販売戒（四十八軽戒十二）で棺に使う木材の売買を禁止している。
放逸…節度がなく勝手気まま。
奇巧…細工などが、珍しくて巧みであること。
商賈…商人。あきない。賈＝店を開いて売るあきんど。
作業…仕事。
用…つかう。はたらかせる。はたらき。財宝。器具。道具。つかいみち。用途。
神農氏日中〜…『易』繋辞下伝。
日月相推而明〜…『易』繋辞下伝　第五章。（日と月が入れ代わって明るくなり、寒暑が入れ代わって一年になる。相推＝交替する。
交易して…人間世界と天地の道理は一つである。その一つの顕われが交易でもある。
有無を通ずる…「有無を交易するの道通ず」『史記』。相互の有るものと無いものとを交換融通すること。交天竺国は四大姓《しだいしょう》ある中に、刹帝利《せっていり》・婆羅門《ばらもん》に次いで毘舎《びしゃ》という。毘舎とは商賈の称じゃ。この者輸陀《しゅだ》より上に居するじゃ。輸陀というは農人の称じゃ。この商賈の農家より上なるは、その作業殺生少なく、*智巧《ちこう》芸術を務むるによるということじゃ。勿論商賈は*財利を本とす。誤ればそのこころ*野鄙《やひ》に落つる故、支那国にても我が邦にても、農より下に置く。これによりて商賈はその心得のあるべきことじゃ。

財利の災

凡《およ》そ乱世《らんせい》には、誤れば武に誇ってその徳を失う。治世《ちせい》には、誤れば財利に*瀆《けが》れてその道を失なう。大人有志《たいじんゆうし》の、心を用いねばならぬ処じゃ。この財利というものは天命のある処、*宝蔵神《ほうぞうじん》の守護する処、妄《みだ》りに得べからずじゃ。本を推して云わば、法性等流、十善の*余慶じゃ。

*土地の利を度《はか》るに、地の理に順ぜばその利堅固なるべし。天の時を量るは、天命に順ぜばその利広大なるべし。天に違い理に違い、他を損して、己を利するは、実に災害の伏する処じゃ。

例を挙げて言わば、*卓王孫が居を臨邛《りんきょう》に定むる。*呂不韋《りょふい》が秦の公子子楚《こうししそ》を見て、奇貨おくべしと云う。この二途*鑑《かんが》むべきじゃ。

換し売買してこそ人々の生活が安定する。

智巧…知恵と技巧。
財利…金銭的な利益。
野鄙…下品でいやしいこと。
瀆れて…けがす。けがれる。にごる。
宝蔵神…財宝を与える夜叉。
余慶…おかげ。
土地の利…土地の効用。
卓王孫が居を〜…卓王孫は臨邛を拠点に異民族と貿易をして富を築いた。
呂不韋が秦の〜…呂不韋が子楚を見て、奇貨（珍しい宝）だから傍に置いておこう、といった。後に子楚は秦王朝の第三十代の君主となった。
鑑む…先例や手本などに照らして考える。

よく交易する者は、財利善根と共に成ずる。上君《かみ》に事うる、父母に事うる。下《しも》妻子眷属の恵み、子孫の教導、みなこの中に立《りっ》するじゃ。大人言《ことば》を寄す。僕従奔走す。時に当りては*枯骨《ここつ》に皮肉を生ずる。大抵如法に得、如法に積んで、如法に用うれば、商賈たる者の天命全きじゃ。四分の一を貯え守るは、仏説のある処じゃ。

支那に*陶朱公が越に功を成してその位に居らず。斉に往き陶に往きて、家に万金を累ね、隣里郷党を賑わす。

*聖教の中には、鼠金《そきん》長者が亡父《もうふ》の命を守りて家を興す。円満長者が兄の家を富ましてのち出家せし。*須達《しゅだつ》長者・*善生《ぜんしょう》長者の類、財を以て無上道の基本となす。みな面白かるべきことじゃ。この財あってこの楽あるは、糸竹管絃の及ぶところ、狂言・綺語の及ぶところにあるまじきじゃ。農人・商賈は、*詩賦文章も天の分付する楽でない。*遊山《ゆさん》玩水も天の分付する楽でなきじゃ。

医者の楽しみ

この四民の外に、医者の*天運を察し、*時気を察し、諸人の病苦を助くる。その楽あるべきことじゃ。糸竹管絃を以て比況《ひきょう》して比況ならば、真医とは許されぬじゃ。韓愈《かんゆ》が、「巫《ふ》・医《い》・楽師《がくし》・百工の人は君子は*歯《よわい》せず」と云うたが、天竺国には医者を重んじて、

枯骨…死人の骨。

陶朱功が越に〜…范蠡（はんるい。後の陶朱功）は越が呉を滅ぼす時には参謀として活躍したが、地位を捨てて商人となり斉から陶に移動し巨万の富を得た。

聖教…経典類。聖典。

須達長者…舎衛城の富豪。祇園精舎を建立し寄進した。孤独な貧者に食物などを施したので、給孤独（ぎっこどく）と呼ばれていた。

善生長者…富豪の子息で、在家信者として帰依した。『善生経』は釈尊が善生に戒律を説いたもの。

詩賦…詩を作ること。

遊山玩水…各地の自然の風景を見て回る。

天運…天から与えられた天命。

時気…流行病。病名。

歯せず…同類としない。

士君子の列にも置くじゃ。

医者には我が命をも任《まか》する。君父の命をも任する。諸の遊民弄臣*とは違うことじゃ。仏経の中、『薬師経』に、諸病悉除《しょびょうしつじょ》の願ある。『首楞厳経《しゅりょうごんきょう》』に、「薬王薬上*の二大士《だいじ》*、分二別シテ味因一ヲ従レツテ是ニ開悟ス」とある。菩薩所学処《しょがくしょ》に医方明《いほうみょう》*とある。外典の中*、神農氏百草を嘗《なめ》て始めて民に医薬を教うとある。誠に医は聖賢大人の道にかなう。

医者の心得

総じて病人は顔色も異なるもの、死する病人は顔色にも大概《たいがい》顕わる。これが常人も見ゆるからは、医者が心を純一に用いば、顔色を観《み》*て内外の病も分かつべく、風寒暑湿*のわかれも知るべきことじゃ。病人は音声も常に異なるもの。その病の軽重《きょうじゅう》に随いて、その音声漸次《ぜんじ》に違う。これ等が常人も知れるから見れば、医者がよく心を用いば、声を聞いて内外の傷《やぶ》れ虚実*の病も知るべきことじゃ。脈状《みゃくじょう》も、外邪《がいじゃ》*の類、痛みの類、大抵常人が見ても分かるるというから見れば、医者が心を用いば、人の死生をも断じ、虚実をも知るべきことじゃ。

仏在世の耆婆《ぎば》*が、一生浄行を守り、純一に心を用いしと聞けば、医者というものは、遊山玩水《ゆさんがんすい》・茶香囲碁・糸竹管絃などの遊《あそび》はあるまじく、まして狂言・綺語に随順する理

弄臣…人君のなぐさみものとなる臣。臣＝けらい。広く統治権下にある一般の人民。
薬王菩薩…薬師八大菩薩の一尊。薬上菩薩とともに釈迦如来の脇侍。薬上菩薩とは兄弟であったとされ、人々に薬を与えた功徳により双方が菩薩になった。薬壷と薬草を手に持つ姿。
大士…菩薩。
医方明…インドで医学のこと。
外典の中…『史記』三皇記
観て…確実に見ること。
風寒暑湿…天候の変化。この変化が病を起こすと考えた。
虚実…「虚」は、正気が虚弱なために現われる病態の総称。「実」は、外邪の感受、体内の病理産物（瘀血・痰など）によって起る病理的な状態の総称。
外邪…肌・口・鼻より入る病の因。「風・寒・暑・湿・燥・火」六邪。
耆婆…釈迦の弟子で名医。仏弟子と釈尊も治療を受けた。

はあるまじきことぞ。病と薬とに寝食をも忘れ、*老《おい》の将に至らんとするを知らずという
ほどにありたきことじゃ。

占術の楽しみ

陰陽《おんよう》師、巫祝《ふしゅく》の類も、その道あるべく、その道に楽のあるべきことじゃ。陰陽消長の理、天地四方を該《か》ね、古往今来に亘《わた》る。この陰陽消長、人間の*吉凶悔吝《かいりん》となるも面白かるべし。総束して*太極《たいきょく》を立つる。*天文の奇をあらわし、*地理の偶《ぐう》をあらわす。面白かるべし。この太極もこの*両儀も、今日事物の上に具りて相違せぬという。陰より陽を生じ、陽より陰を生じて*四象《ししょう》となる。この四象が今日人事《にんじ》・物類《もつるい》の上に顕われて相違せぬという。天地の理、生々《せいせい》して已《や》むことなく、四象より*八卦《はっか》を生ず。八卦の中に人倫父子の象《しょう》を顕わす。天地・日月星辰・山川の象を顕わすというじゃ。これを以て楽とせば、漸次に聖賢の地位にも入るべきじゃ。

神祇に事える楽しみ

神祇に事《つか》えてその心を直くするも、面白かるべし。*実類の神のその験《げん》著しく、*権類《ごんるい》の神のその理幽玄なる。天神地祇の品《しな》、*独化《どっか》*耦生《ぐうせい》の差別、立てて五*行とす。その神各々

老の将に～…『論語』
吉凶悔吝…吉（良）凶（悪）悔（後悔）吝（行き詰まる）。『易』
太極…陰陽が分かれる前の万物の根元。
天文の奇・地理の偶…天は陽で奇、地は陰で偶。
両儀…太極から生じた二極（陰・陽）。『易』
四象…陰陽の四種の形。陰・陽・剛・柔。少陽・太陽・少陰・太陰とも。『易』に「太極あり、これ両儀を生じ、両儀は四象を生じ、四象は八卦を生ず。八卦は吉凶を定め、吉凶は大業を生ず」とあり。
八卦…乾・兌・離・震・巽・坎・艮・坤の八つの要素。
実類・権類…実神＝人や動物が化した霊。狐や怨霊、生霊、鬼神など。権神＝本地が如来・菩薩である神。天照大神・イザナミ・イザナギ等で本地は阿弥陀で、その権現（垂迹神）であるという意。教を説くために現われたもの。
独化…一人で化生（なりいでする神。性別がない神。
耦生…男女で化生する神。

徳を顕わす。散じて万物となる。その神各々管《つかさ》どるところある。神人一体の中に冥助の顕わるる。神物不二の中にその徳具わる。*造化より人事に移る間《あいだ》に、神号を立《りっ》し神事を定むるじゃ。高天原《たかまがはら》といい、天御中主尊《あめのみなかぬしのみこと》といい、下至《げし》*荒振神《あらぶるかみ》といい、年の流行神、諸の*謗蘇鬼《ほうそき》まで、その理も、その事も、みな面白かるべし。糸竹管絃の及ぶ所ではあるまじきじゃ。まして綺語・狂言などを玩ぶべきことではない。通じてはこの陰陽師・巫《ふ》祝《しゅく》の類は、君子歯《よわい》せぬという。天竺にありては、これを*婆羅門浄行の者の道とす。古に、君子廊廟の上に居せざれば、*医卜《いぼく》の中に隠るるというじゃ。

この外に、*伯楽が馬を相するなどを思えば、小伎倆《しょうぎりょう》といえども、その妙処に至らば、面白かるべし。

技芸者の楽しみ

阿含部の中、『*牧牛《ぼくご》経』に依れば、牧牛法の中に無漏聖道を得る。

算術は*六芸《りくげい》の一たり。これも妙処に到らば、思慮の及ぶ所に非ずじゃ。

むかし阿難尊者が、*算法を布いて樹葉の多少を知る。後世には、*尼乾子《にけんし》が、算を布いて玄奘三蔵の寿命福徳を量る。*一行禅師が、天台にありて、異人に逢うてその術を伝うる。みな面白かるべきことじゃ。

五行…水火木金土。雲伝神道（慈雲尊者の神道説）では、神道に五行を説くことは『旧事紀』・『倭姫記』以降であり、しかもこの二書は偽書で、五行説も儒教を取り入れたに過ぎないとされる。『無題抄』

造化…天地万物を創造し育てること。また、それをなす神。造化の三神＝天御中主尊・高皇産霊神・神皇産霊神。

荒振神…邪悪で人に災いする妖神。

謗蘇鬼…疫神のことか？不明。

婆羅門浄行…＝浄行婆羅門＝ヴェーダに通じた人。バラモンのこと。

医卜…医者と卜者。

伯楽…周の人。馬を見分けることにすぐれていた。

牧牛経…『仏説放牛経』。牛を飼育する方法を修行の方法に喩えた。

六芸…礼（礼節）・楽（音楽）・射（弓術）・御（馬術）・書（文字）・数（数学）。

算法を布いて…算式をつらねる。布算。

書家の書法を論ずる。心正しければ筆おのずから正しという。その理あるべし。爾余《じよ》礼節の設《もう》け、騎射《きしゃ》の芸、暦術も、天学《てんがく》も、地理の学も、*風鑑《ふうかん》・*望気《ぼうき》の術、みな菩薩*工《く》巧明《ぎょうみょう》の中より等流《とうる》して世を利益す。これ等の中にも道あるべし。道があればその楽あるべきことじゃ。万般ことごとく志を専一に用うる処に神の助けを得る。神の助けあれば妙処に到る。妙処に到ればその徳漸次に成ずる。下って茶香の遊びに至るまで、みな道を寓することもあるべし。この場所に至りて、小道と雖も観《み》つべきことあるじゃ。

孝養の楽しみ

子たる者は、その父母、我が天命のある処じゃ。孝養、我が福智の成ずる処じゃ。*晨《しん》昏定省《こんていせい》の中に誠の楽あって存する。父母の顔色を視る、父母の音声を聴く、ことごとく我が福智の増長する処じゃ。

律中に、*波斯匿王《はしのく》が、その父の言《ことば》を称して「先王の詔《みことのり》はこれ梵王の令《れい》、これ帝釈の令」と。

*経中に、「もし人その父母に孝あれば、大梵天王常にその家に在《いま》す。帝釈天王常にその家に在す」とある。

父母の許《ゆるし》なければ、朋友に交わらぬ。妻を娶らぬ。父母好まずば、一切の学問文辞、

尼乾子…ジャイナ教徒。
一行禅師…真言密教伝持八祖の一人。天文・暦算・地理に通じた。
風鑑…風采鑑識、人相見。
望気…雲気を見て吉凶を占うこと。
工巧明…古代インドの学問の分類法（五明）の一。明＝学問。仏教徒の五明＝声明（文法・文学）・工巧明（工芸・技術・暦数）・医方明（医学・薬学・占い）・因明（論理学）・内明（仏教学）。
晨昏定省…『礼記』。朝晩父母の世話をし安否を問う。晨昏＝朝と夕。朝暮。定＝親の寝床を整える。省＝挨拶をして安否を問う。晨定昏省＝夕方に父母の布団を敷き、朝は安否を心配する。
波斯匿王…古代インドのコーサラ国の王。この王子のジェータ太子が土地を須達多に譲って祇園精舎が建てられた。
経中に…『父母恩重経』

諸の伎芸、みな為すまじきぞ。この為さぬ処に誠の学問が成就するじゃ。父母が嫌わば、一巻の孝経も手に取るまじきぞ。この手に取らぬ処に誠の孝経あるじゃ。この孝道立ちて天の福《さいわい》を得る。

むかし*虞舜《ぐしゅん》の、*玄徳升《のぼ》り聞こえて堯の譲を受けし、この父母に孝を全くする処に、四海の富、王者の位は顕わるる。世に孝道具わりて、しかも貧賤患難に身を終わることある。愚なるものはその徳なきように思うべけれども、そうでない。正眼《しょうげん》に看れば、人々《にんにん》箇々《ここ》その徳錯《あや》まらぬ。ただ事に遅速《ちそく》ありて、或は*現在にその報を得、或は来世にその果報を得る。四海の富、王者の位のみならず、*三十三天がこの孝養の中に具足する。梵王《ぼんおう》宮《ぐう》がこの孝養の中に具足する。帝釈梵王宮のみならず、無漏聖道の基となる。

『梵網経』に、「*孝順《きょうじゅんセヨ》二父母《ぶも》師僧三宝ニ一。孝順ハ至道之法ナリ。*孝ヲ名ヅケテ為スレ戒ト。亦名ヅク二制止ト一」とある。存生《ぞんしょう》の時は事うる。死後は思う。終身父母の道を改めず。父母の志を守る。そのうけ継ぎ来る業に安んずる。

父母愛念す。甘露を飲むが如く。父母呵責《かしゃく》す、甘露を飲むが如し。この処楽あるべし。糸竹管絃を仮りて楽しむべきでない。況《まし》て綺語の楽とは天地懸隔《けんきゃく》なるじゃ。

もし或は一念父母の志をもどかしく思う。その恩を歉《あきた》らぬように思う。みな災害の種を長じ、*悪趣の門を開く。もし或は父母が悪事に随順して止まぬことあれば、これは*変

虞舜…中国五帝の一。初、畎畝の中に居り、よく孝道を尽くし、居る所の民、多くこれに従う。
玄徳…かくれた徳。
現在に〜…現在の行為の結果を現在に受けることを順現受業。次の世で受けることを順次受業。それ以後の世で受けることを順後受業という。
三十三天…六欲天の一つ。須弥山の頂上にある天。中央に帝釈天がいて、頂の四方に各八人の天人がいるので合わせて三十三天。
孝順…孝行で素直なこと。父母に孝で順うこと。
孝名為戒…孝とは敬愛の心を以て父母に仕えることであるが、大乗精神においては、一切の怨親に等しく父母の如く仕えることであり、また孝は百行の本である。菩薩戒は、他を害するを制止するのみならず、他に仕えることを勧めるものであるから孝とする。
悪趣…三悪道。地獄・餓鬼・畜生。
変…異常のできごと。わざわい（災変）。

と知るべし。その時には事の軽重、時の*進不《しんぷ》を*斟酌《しんしゃく》すべきことじゃ。自心の及ばぬ処は、智者明師の指示を受くるがよい。

孝養の道

要を取りて云わば、この孝道、*思惟度量して、別にむつかしき一法を造作するならず。ただ子たる者の平生《へいぜい》安んずる処、これを孝の道という。何故にかくの如くぞ。この父母これ我が自性《じしょう》善根の開発《かいほつ》せる儀じゃ。もし業障深き衆生は、父母の名字《みょうじ》だも聞くことならぬじゃ。

『梵網経』に、「若シ有ルレ犯ズルコト者ハ不レ得三*現身ニ発スルコトヲ二菩提心ヲ一。乃至二劫三劫ニモ。不レ聞カ二父母三宝ノ名字ヲ一」とある。

余経に、夢に父・母・師僧をみる。みな福分のある処という。魚《うお》の水中に遊ぶ如く、鳥の空中に飛ぶが如く、*孝子順孫《こうしじゅんそん》の父母・祖父母の膝下にある。これに同じ。実々にかくの如くならば、*地中に金一釜《ぶ》を得ずとも、或は*冬時筍《たけのこ》を得ずとも、孝道全しとす。世に不孝の子ある。或は功利・名誉に蔽《おお》わる。或は博弈《ばくえき》・婬酒に蔽《おお》わる。みな宿悪深《じん》重《じゅう》のなす所と知るべきじゃ。

進不…進めるか進めないか。
斟酌…考えをめぐらして取捨すること。

思惟度量…十分に思案する。

現身…現世でのこの身。
孝子順孫…親孝行な子と祖父母に尽くす孫。
地中に金～…郭巨（かくきょ）の家は貧しく、母が孫に自分の食事を分け与えていたので、郭巨は母を養うために子を埋めようとしたところ、地面から黄金の釜が出てきた。そこに「孝行な郭巨に天からこれを与える。他人は盗ってはいけない」と書いてあった。
冬時筍を～…孟宗の老母が病気になり筍が食べたいと言った。冬なので筍はないが、天に祈って雪を掘っていると土の中から筍が出てきた。それを食べた母親は回復して天寿を全うした。

奉公人の楽しみ

＊臣僕たる者は、その主人、直《ただち》に我が天命のある処じゃ。主人の歓喜を得る。我が福智の成ずる処、天の分付する真の楽というべきじゃ。一たび使命ある、これ天福の下る時。一たび勤労ある、これ我が受け得る時節じゃ。一言一行《いちげんいっこう》も、その＊忠義あれば、その徳天に通ず。

且く近きに約して天と説けども、実は法性より等流し来りて、無福の衆生を救抜《くばつ》す。もし誠心《じょうしん》にその主人に事《つか》うれば、主人の福徳智恵＊冥《みょう》にその身に加わる。大事にて云わば、＊周公旦が世々《よよ》天子の礼楽《れいがく》を享《きょう》するも、過分でない。已下《いか》州郡の主、一介の士、農工商の家に家奴僕従の、主人の福徳智恵を得る。枚挙に及ばぬじゃ。＊殊《こと》に＊明者に遇うて主従一体の如くならば、これに過ぎたる楽はあるまじきぞ。音楽管絃も比する所ならず。綺語の楽とは、＊同日の論ではなきじゃ。

もし不孝にして悪人愚者の奴僕となりて、＊忠直を尽くして、反って＊罵辱《めにく》にあうも、智人はその福徳空しからぬことを知る。或は主人たるものの、国の法度《はっと》に背く。これ等は事の変というべし。その時は智者明師に遇うて、変に処する道を知るべきじゃ。変なれば変に処して誠の楽を失なうまじきじゃ。

臣僕…家来。
忠義…主君や国家に対して真心を尽くして仕えること。
冥に…知らないうちに。
周公旦…周王朝の政治家。姓は姫、諱は旦。文王の子。兄の武王を助けて殷を滅ぼし、その死後、幼少の成王を補佐して周の基礎を固めた。孔子は礼を整備した聖人として尊敬し、後世、先聖とあがめられた。
殊に…「特に」と同じ意であるが、「他とは違って」という意を含む。
明者…明らかな智恵のある人。
同日の論～…差が大きくて同じには論じられない。比較を絶していること。
忠直…忠義で正直に仕えること。
罵辱…ののしりはずかしめること。

女性の楽しみ

*女人は順を以て道とすということじゃ。支那の教に、*婦の四徳といい、*三従という。その要はただ順のみじゃ。『玉耶経《ぎょくやきょう》』の中に、*七輩《はい》の婦、*五善*三悪ある。その要はただ順のみじゃ。*十悪、*八十四垢あれども、順なれば過《あやま》ち少なきじゃ。この順を守る中に楽はあるべきじゃ。

この位ある、その夫の位じゃ。この禄ある、その夫の禄じゃ。夫の使令作業《さごう》、声韻《せいいん》顔色、婦人の天とする処というべし。夫の許さぬことは、礼仏誦経《らいぶつじゅきょう》もなすまじきぞ。この礼拝もせぬ処が仏の心にかなう。この誦経せぬ処に経意を得る。これも賢者智者に事えて、親愛の中に敬を失わぬは、天より分付する所の誠の楽というべし。

不幸にして婬夫庸夫にあう、時の変、業報因縁のなす処じゃ。ここにもその道あるべきじゃ。仏在世に諸の官人・長者の婦が、上の如き事縁ある時、法与大尼《ほうよだいに》に親近《しんごん》して、自身を潔くして、その夫にも邪婬を止めさせて、共に聖域に昇りしことがあるじゃ。もしまた不幸にしてその夫にとく離るるも、その*身を修め、その家を斉《ととの》え、その児女《じじょ》を撫育するに、道あるべきじゃ。*毘舎伽母《びしゃきゃも》の類、これじゃ。

総じてそのおる処に安んじ、来る縁に随い、道を得て心に相応せば、その楽、糸竹管絃の及ぶ所ではなきことじゃ。

女人は順〜…儒教は女性には従順と義務を説く。**婦の四徳**…婦徳＝女性の道徳。婦言＝優しい言葉。婦功＝料理裁縫を学ぶ。婦容＝身だしなみを整える。『礼記』 **三従**…嫁ぐまでは父親に従い、嫁げば夫に従い、夫の死後は子に従う。『礼記』 **七輩の婦**…母婦（夫をいとおしく思う）妹婦（妹が兄を慕うように）善知識婦（夫の相談相手になる）婦婦（婦人らしい妻）婢婦（献身）怨家婦（夫に怨みを抱く妻）奪命婦（夫を短命にさせる妻） **五善**…①早朝からの家事、美食は長幼に給与。②目上の注意に怒らない。③操を守る。④夫の長命を願う。⑤夫の留守に家計を守り、子女を保育。 **三悪**…七輩中の五婦と五善にほぼ反する内容。**十悪・八十四垢**…『玉耶経』に説く。 **身を修め〜**…儒教の基本的政治観。『大学』 **毘舎伽母**…釈尊を敬仰し、子が多く孫は四百人いたという。百歳まで生き、鹿子母講堂を寄進した。

儒学者の楽しみ

儒者の中、*文行忠信《ぶんこうちゅうしん》の教、*仁義孝悌《じんぎこうてい》の設け、行うときは民と共にす。蔵《かく》る時はその*独《ひとり》を慎む。孔子の*堯・舜を祖述し文武を憲章する。曾子《そうし》の*一を以て貫く。孟軻《もうか》の*浩然《こうぜん》の気を養う。下って、董仲舒《とうちゅうじょ》・劉向《りゅうきょう》が五行を説き、王通が六経《りくけい》を模する。*宋儒の*道学性理《せいり》まで、その浅深厚薄は異なれども、その自ら守り自ら楽しむ、糸竹管絃の比すべき所ならずじゃ。

墨翟《ぼくてき》が*倹をまもる。この道を以て国を強くし民を富ます。*楊朱が、父はただ父の道を全くして、子の孝を求めず。子はただ子の道を全くして、父の譲りを求めず。君はただ君の道を全くして、臣の忠を求めず。臣はただ臣の道を全くして、君の恩を求めず。これを人事に用い、これを政務に用いて、その成功を看るということじゃ。固より糸竹管絃の及ぶ所にあらぬじゃ。

音楽の有用性と楽しみ

如上《かみのごとく》且《しばら》く糸竹管絃を以て誠の楽に比対して、その及ぶ所ならぬという。元来道に高下なし。法は麁細を絶するなれば、この糸竹管絃を棄てよというではない。

文行忠信…儒教の四大綱。文＝詩書礼楽（学問）。行＝実践。忠＝真心。信＝信義。『論語』 **仁義孝悌**…仁＝おもいやり。義＝道理にかなうこと。孝＝親に孝行。悌＝年長者に従う。『孟子』 **独を慎む**…人のいないところでも行いを慎む。『大学』 **堯・舜を～**…孔子は堯・舜の道を祖として学び、これを敷衍し、文王・武王の法を憲（のり）とした。『中庸』 **一を以て～**…孔子の「一以て貫く」の道は忠恕（まごころと思いやり）だと曾子はいった。『論語』 **浩然の気**…天地にみなぎっている道にそった心。『孟子』 **宋儒**…北宋の程顥・程頤・朱熹の儒学。 **道学性理**…程頤による性即理説（人間本性は宇宙の根本原理の理である）。道学ともいう。 **倹をまもる**…＝節倹＝無用な出費をしなければ個人の利益、国の利益、人類の利益となる。 **楊朱**…戦国時代の思想家。個人主義的な為我説を主張。

この糸竹管絃も、古の聖賢の道を寓する器じゃ。黄帝の*伶倫《りん》に命じて、*六律六呂《りくりつりくりょ》を定めしという。虚誕《きょたん》にてもあるまじきぞ。

密教の中に、*嬉《き》・鬘《まん》・歌《か》・舞《ぶ》の菩薩ある。みな盧遮那《るしゃな》の*妙智印《みょうちいん》という。その跡より云わば、総じて聖賢を除いて外は、みな気質に偏なる所あるということじゃ。この偏を解くは、楽《がく》を第一とす。この形あればこの声《こえ》ある。この声あればこの感ある。声韻《せいいん》の物を感ずるは、至って親しきものじゃ。

古に、「*雅頌《がしょう》の音理《おさま》りて民正しく、*嘄噭《きょうきょう》の声興りて士奮い、*鄭衛《ていえい》の曲動きて心淫す」とある。五声《ごせい》を調えて過不及《かふぎゅう》の気質を等しくす。宗廟朝廷の威儀進退を称《かな》わしめ、上下の情を和する。拡《おしひろ》めて云わば、この楽によりて政治を輔佐し、陰陽五行を調和するも、あるべき理ぞ。*孔子も韶《しょう》を聞いて三月《さんげつ》肉の味を知らずとある。

仏法の中にも、馬鳴《めみょう》菩薩が*和羅伎《わらぎ》を制す。世人この声韻《せいいん》に感じて苦・空・無我を覚り、無漏道の因縁に成りしとある。これ等によりて見れば、舞楽・声韻の中に、聖賢の地位にも至るべきじゃ。

また晋の劉琨《りゅうこん》が、晋陽にありて*胡騎に囲まれしとき、月夜《げつや》に城楼の上に登りて嘯《うそぶ》く。胡人が聞いて、みな*凄々《せいせい》として嘆ず。中夜に至りて*胡笳《こか》を奏す。胡人が聞いて、みな涙を流して郷国の懐《おもい》を起こし、終に*囲《かこい》を解き去りしとある。これによりて見れば、声韻を

伶倫…黄帝の臣。嶰谷の竹を取って楽律を製した人。**六律六呂**…音楽の十二調子。**嬉・鬘・歌・舞**…金剛界曼荼羅の中央羯磨会で、大日如来が四仏を供養するため現じた四菩薩。**妙智印**…大日如来の智拳印。つまり四菩薩は大日の徳を現す。**雅頌**…雅は正楽の歌（朝廷の雅楽の歌）、頌は先祖を讃歌する歌。『史記』 **嘄噭**…高く叫ぶ。**鄭衛の曲**…鄭と衛は国名。その二国の音楽は淫猥で亡国の音。『礼記』 **孔子も〜**…孔子が韶（舜の徳をたたえた音楽）という音楽を聴いて感動した。「楽を為ることの斯に至らんとは」（音楽を作ることがこれほどまでに至るとは）とも言っている。『論語』 **和羅伎**…和羅（仏弟子で、少欲知足の人）の伎曲。この悲痛な曲を聞いて五百人の王子が出家した。**胡騎**…胡（えびす）＝漢民族が異民族を卑しんで呼んだ言葉。**凄々**…もの寂しい。**胡笳**…気鳴楽器。**囲を解き去り**…「胡騎北走」という故事。

以て敵を退け国を全くするも、あるべき理じゃ。*楽師伶人《れいじん》にて云わば、この声韻により て道に入るべし。未だ道に至らずとも、心を専一に用いば、天より分付するところの実の楽を得べし。狂言・綺語とは違うじゃ。

詩歌の楽しみ

詩賦《しふ》文章の類、我が邦の*敷島の道、みな精神を模し出し、*風化を助け、道理を寓する器じゃ。歌学者が、一草一木・一瓦一石まで、言《ことば》を発《おこ》して歌よめと云わぬばかりの姿じゃという。詩人が、人事万般、四時の風景、ことごとく佳句《かく》のある処と云う。男女の情に寄せて君臣の義をのべ、杯酒によせて*慷慨《こうがい》の*気象を顕わすと云う。並びにその楽その人にあるべきことじゃ。『詩経』三百篇を審《つまび》らかにすれば、国風人情の中《うち》に、世を救い民に長たる趣ありて存する。『文選《もんぜん》』に至り、唐詩に至るまで、時の治乱、民の苦楽、事の成敗、情の虚実、条然と分かれて、面白きこと多いということじゃ。

降りては宋詩の理に過ぐるも、明詩の模様にわたるも、その楽その人にあるべし。我が邦の和歌、万葉已来、その風采、千歳の後も感に入ることじゃ。*玄賓僧都《げんぴんそうず》の*山田もるの詠、蝉丸が*これやこのの歌、喜撰が*宇治山の歌の類、その逸趣《いっしゅ》、天竺の偈頌《げじゅ》の文《もん》にも比すべきという。また*桜かざして今日も暮らしつと云い、*紅葉《もみじ》の錦神《にしきかみ》のまにまにと云い、

楽師伶人…演奏家。
敷島の道…和歌の道。
風化…教育。教化。
慷慨…いきどおりなげく。世間の悪しき風潮や社会の不正などを、怒り嘆くこと。
気象…＝気性。
玄賓僧都…興福寺の高僧。僧都職を辞して備中に隠遁した。
山田もるの詠…山田もるそほづの身こそ哀なれ秋果てぬれば問ふ人もなし
これやこのの歌…これやこの行くも帰るも別れては知るも知らぬも逢坂の関
宇治山の歌…吾が庵は都のたつみしかぞすむ世を宇治山と人はいふなり
桜かざして…ももしきの大宮人はいとまあれや桜かざして今日もくらしつ
紅葉の錦…このたびはぬさもとりあへず手向山紅葉の錦神のまにまに

*我身ひとつは旧《もと》の身にしてと云う類、三百篇にも比すべきというじゃ。

また有道《ゆうどう》の士が、自の所得の法を文辞《ぶんじ》に寓する。三祖の『*信心銘《しんじんめい》』・永嘉《ようか》の『*証道歌《しょうどうか》』・『寒山詩《かんざんし》』・『*杯度歌《はいどか》』、その類多きじゃ。また勧戒《かんかい》を世に垂るるもある。上古の*金人《きんじん》の銘《めい》・*鼎《かなえ》の銘の類、みな糸竹管絃の比対すべきところにあらず。狂言・綺語とは同日の論にあらずじゃ。

綺語の開遮

法としてかくの如くなれども、この綺語をも一向に廃せよというではない。広く云わば、世間一切事、みな利あり害ある。たとい詩書六経《りくけい》も、時によりてはその害生ずる。囲碁・飲酒も、事に当りては少分の徳ある。喩えば一草一木の、みな能あり毒ある如くじゃ。

人参・*白朮《びゃくじゅつ》も、時によりて害ある。*砒礵《ひそう》・*斑猫《はんみょう》も、その病に当りては薬となる如くじゃ。今民間の風俗を観るに、*世僧の*連歌*聯句を習うすら、なお我慢勝他の俗態少なく、細民の誹諧などを好む。なお非理の口論に勇まぬじゃ。

道にも大小あり。徳にも大小吉凶ある。大人《たいじん》は大人の*軌度《きど》あるべく、小人《しょうじん》は小人の作法あるべし。小人の作法は、綺語をも許すべきじゃ。婬男婬女、花児《かじ》などは、その器な

我身ひとつは…月やあらぬ春や昔の春ならぬわが身ひとつは旧の身にして

『信心銘』…禅宗の三祖・僧璨（そうさん）著。

『証道歌』…唐の永嘉玄覚著。

『杯度歌』…晋の僧杯度禅師著。

金人の銘…孔子が周の霊廟を見に行ったときに見た黄金の人物像の背中に刻まれていた銘文。言葉の慎みが大切であると述べられている。

鼎の銘…古代人は祭器である青銅の鼎に銘（祈願や頌徳の文等）を刻んだ。

白朮…水毒を除く薬。腎臓や胃腸病に用いる。

砒礵…砒素の化合物で三酸化砒素を砒礵という。劇毒を含む。

斑猫…虫の名。有毒。薬用。

世僧…世俗的な僧。

連歌…長句（五七五）と短句（七七）とを二人以上で連続して作っていく韻文。

聯句…複数の人物が交互に詩を作り、合わせて一編の作品とする。

軌度…のり。きそく。法則。

るべしじゃ。良民の中にも、侍女の類、小臣弄臣の類は、時々嬉戯《じじきけ》あるも可なりじゃ。時にのぞみ興にまかせては、公卿《こうけい》たりとも、少分の綺語は妨げあるまじき歟《か》じゃ。ただ国君大人《こくくんたいじん》と、真正《しんしょう》の仏弟子とは、謹慎に護持すべきことじゃ。女人の中、国母后妃《こくもこうひ》たる人は国君に準ず。官女の類は、位の高下による。

仏在世の*摩訶波闍波提《まかはじゃはだい》・*耶輸陀羅《やしゅだら》・*摩利夫人《ぶにん》等は、綺語に随順ありしことを聞かぬじゃ。律蔵の中に、増長《ぞうちょう》が猛光王《みょうこうおう》に事《つか》うる。或は綺語に随順せしことがある。

また『史記』の滑稽伝等を見るに、*淳于髡《じゅんうこん》・*優孟《ゆうもう》・*東方朔《とうぼうさく》等の、綺語を以て君の心を正しくし、人を救い政《まつりごと》の弊《へい》を改めし。この類は許して可なりじゃ。

印度の事実に、*行雨《ぎょうう》大臣が阿闍世《あじゃせ》王に事うる。摩訶男釈氏《まかなんしゃくし》が*浄飯王《じょうぼんのう》に事うる。支那の事実に、*稷《しょく》・*契《せつ》・*皐陶《こうよう》の堯《ぎょう》・舜《しゅん》に事うる。*太公望《たいこうぼう》・*周公旦《しゅうこうたん》の文王《ぶんおう》・武王《ぶおう》に事うる類、その綺語を聞かぬじゃ。君にもより、自身の位の高下にもより、時処にもよりて、心得のあるべきことと思わるるじゃ。

歌謡等を許す例

たとい十善の世にしても、*馬子《まご》・日傭《ひよう》に黙然《もくねん》として馬挽《ひ》けと云うではない。寂静に地*づきせよと云うでない。馬子が馬子歌ある、彼が分には違犯《いぼん》ならぬじゃ。日傭の者の音《おん》

摩訶波闍波提…釈迦の叔母で養母。教団の最初の比丘尼となった。
耶輸陀羅…釈尊の王子時代の妃。後に比丘尼となる。
摩利夫人…舎衛城主波斯匿王の妃。王と共に祇園精舎で釈尊の説法を聞いた。
淳于髡…戦国時代、斉の威王に仕えた。
優孟…戦国時代、楚の荘王に仕えた。
東方朔…前漢の文学者。武帝に仕えた。西王母の桃を盗んで食べ長寿を得たという。
行雨大臣…＝雨行とも。阿闍世王に事えたのちに釈尊の在家信者となる。
浄飯王…釈尊の父。
稷…舜の農事を掌る長官(后稷)。
契…禹の黄河治水事業を助けた。舜は契に子という姓を与えた。
皐陶…堯の法官。
太公望…＝呂尚。文王・武王を助けて殷を滅ぼした。
周公旦…武王の弟。武王を助けて殷を滅ぼし、武王の死後は幼少の成王を助けて政務を執った。

頭軽口《どかるくち》、彼等が分には違犯ならぬじゃ。農人が田うえ、草かり、臼ひき、*麦かちなど、それ相応の謡いものあるべし。これも綺語にはならぬじゃ。もし王侯これを好めば、その違犯あるべし。木こり・漁り《すなど》、舟子《ふなこ》などの歌、みな違犯ならぬ。これ等の中にも、善悪は簡《えら》ぶべし。もし*婬蕩《いんとう》に随順することあらば、これを禁ずべきじゃ。『楚辞』の漁父《ぎょふ》の辞《じ》などは、仮り設けたるにもあるべきが、*滄浪《そうろう》の水清《す》まばの歌は、道を寓せし言《ことば》と見ゆるじゃ。

詩文の綺語

近代の僧徒が、世途《せいと》にわたり、人情を雑《まじ》え、色々の*謡いものを作り出して、相似の仏法を寓する。これ等は全く綺語というべし。君子*端人《たんじん》は目にも見ぬがよい。手にも取らぬがよい。これ等を玩べば、人民が軽薄に落ちる。わろくこざかしくなる。大に風化を損ずるじゃ。まして真正法には遠くして遠きじゃ。

正しく云わば、出家人にもせよ、在家にもせよ、大人たる者は、*渾然として*璞《あらたま》の未だ磨せざる如く、淵《ふち》の浪《なみ》だたざる如く、この処道の存する所じゃ。*伎芸の徳を損ずるを看る。*文采《ぶんさい》の性《せい》を傷《そこな》うを看る。詩は古詩を誦《しょう》して可なり。時あって志を述ぶる。*巧拙《こうせつ》は所論でない。歌は古歌を詠じて可なり。時あって懐《おもい》を寄する。巧拙は所論でない。善言《ぜんげん》

馬子…駄馬をひいて荷を運ぶ者。
地づ（突）き…地固めをするときに歌う地形（じぎょう）歌。
麦かち（搗ち）唄…臼のまわりで調子を合わせる唄。
婬蕩…酒色におぼれる。
滄浪の水～…滄浪の水がきれいなときは冠のひもを洗い、濁っていれば足を洗えばよい、という屈原に対する漁父辞。
謡いもの…「語り物」に対する。歌物。旋律を重視する種目。地歌・長唄・端歌・小唄など。
端人…心の正しい人。
渾然…円満で欠点がない。
璞…掘り出したまま磨いていない玉の意。磨けば本物になる。
伎芸の徳を～文采の性を～…本書八五頁の「文華に過ぐる」の注参照。また、一四九頁にも「美好の徳を害するを知る」等の表現がある。
巧拙…技術的な巧さと拙さ。

善行《ぜんこう》は古の聖賢を称して可なり。我が言を立つべきならず。我が行を飾るべきならず。事に触れてただ*過少なからんことを思うべきじゃ。典籍を読まば略《ほぼ》その義に通じて可なり。その隠れたるを索《もと》むべからず。*書は姓名を記し得ば可なり。その巧拙は所論でない。才能芸術はその人を用いて可なり。*籩豆《へんとう》のことは有司存するじゃ。大抵不綺語戒はここにありて全きことじゃ。

君子の楽しみ

凡《およ》そ端人《たんじん》君子の憂《うれい》は、道の行われぬ処にある。*細民小人《さいみんしょうじん》の苦は貧を第一とす。『論語』に、「*飯《シ》二疏食一ヲ飲レミ水ヲ、曲レゲテ肱ヲ而枕レトス之ヲ。楽亦在二リ其ノ中一ニ矣」と云う。『荘子』に「*我れは尾を泥中《でいちゅう》に曳かん」と云う。陶潜は、「*今日《きょう》は是にして昨日《きのう》は非なりしことを覚ゆ」と云う。世相は千変万化、*さもあらばあれ。有道の士の道を以て楽とするは一じゃ。もし道を楽しまば糸竹管絃の及ぶ所にあらず。まして狂言・綺語とは同日の論にはあらずじゃ。出世間にありては、*四部*七衆という。同一仏子の中に、無為《むい》に随順する辺《へん》にこの差排を説く。この中*自調自度《じちょうじど》の行を声聞乗《しょうもんじょう》という。*五欲の繫縛《けばく》を超過して欲界の外に遊ぶ。思想の転変を解脱し*三界の外に遊ぶ。初心より後心《ごしん》に至り、綺語に随順すべき暇はあるまじきじゃ。

過少なからん〜…賢聖を手本とし、行き過ぎてないか、不足はないかを考えよ。

書は姓名を〜…『史記』項羽本紀

籩豆のこと〜…祭りの器物を取り扱うことは、その係りの者がいる。『論語』。籩豆＝中国で祭祀に用いた供物を盛る器。

細民…貧しい人たち。

飯疏食〜…粗末な飯を食べて水を飲み、腕を曲げて枕にする。楽しみはまたそこにある。

我れは尾を〜…亀のように尾を泥中に曳くのが（仕官するより）望ましい。

今日は是〜…今が正しく昨日までは間違っていた。陶淵明「帰去来辞」

さもあらばあれ…それならそれでしかたがない。

四部…＝四衆＝比丘・比丘尼・優婆塞・優婆夷。

七衆…四衆に沙弥・沙弥尼・式叉摩那を加える。

自調自度…自己を制御し、自分の救いを求める。

五欲…五官（眼・耳・鼻・舌・身）による貪り。

三界…欲界・色界・無色界。

七衆と三乗

*自利利他《じりりた》兼ね運び、*人法二空《にんぽうにくう》兼ね達するを菩薩と名づくる。この人ありて法を護持する。上仏種を紹《つ》ぐ。下衆生を救抜《くばつ》する。ここに出家の菩薩あり、在家の菩薩あるじゃ。出家の菩薩の中に、菩薩沙弥《しゃみ》・菩薩比丘ありて、*五衆の階級乱れぬじゃ。この中戒具足せるを比丘と名づく。五衆の首じゃ。この*衆和合《しゅわごう》の上に僧の名を立する。頭髪《ずはつ》既に剃除す。宝冠瓔珞《ようらく》その飾永く絶す。世間の階位を超過せる儀じゃ。俗服既に脱去す。*剣佩《けんぱい》の飾永く絶す。世間四民の摂《しょう》でなきじゃ。*童真入道、君臣の義この生になし。夫婦の愛この生になきじゃ。みな塵俗を離れし儀じゃ。

経中にこの喩《たとえ》あるじゃ。梅檀樹、初めて芽出ずるとき、余《よ》の雑木《ぞうぼく》の香《こう》を奪う。*迦陵《かりょう》頻伽《びんが》、殻中《かくちゅう》にありて、その声余鳥に勝る如くと。少分もこの境界に相応せば、この楽世間に類せぬ。糸竹管絃の及ぶ所にあらずじゃ。*畦畔《けいはん》*条葉《じょうよう》の衣《え》、世の良《りょう》*福田《ふくでん》たるを表《ひょう》す。*周円無底の鉢、難量の器《うつわ》なるを表す。先仏の相、賢聖の姿、かくの如くじゃ。

賎しきことは、位なく官なし。尊きことは、人間・天上の師位じゃ。この貴賎相関《あず》からぬ処に、その道ありて存する。貧しきことは、資財みな念を絶す。富めることは、万国の応供《おうぐ》、世間の福田じゃ。この貧富相関《あず》からぬ処に、その道ありて存する。下等《げとう》なる

自利利他…悟りを求め、かつ他に利益を与える。
人法二空…実体としての自我も物質（法）も存在しないこと。
五衆…比丘・比丘尼・沙弥・沙弥尼・式叉摩那。
衆和合…（梵）saṃgha（僧）の漢訳。
剣佩…＝佩剣。剣を腰につけること。
童真…童子。また、沙弥のこと。「一切婬事にふれざるを童真という」『人となる道随行記』
迦陵頻伽…妙音鳥（漢訳）。ヒマラヤ山中にいる美声の鳥。穀の中にいる時から啼くという。
畦畔…あぜ。
条葉…袈裟は条葉部と縁部とが裁縫されてできたものである。
福田（衣）…袈裟のこと。福徳を生み出す田。畦畔条葉によって田のように見えることになぞらえてもいう。
周円無底の鉢、難量の器…托鉢の鉢は僧が施物を容れるものであるが、仏法の分量は我々の常識を超えているということ。尊者の鉢の

ことは、邑里《ゆうり》行乞《ぎょうこつ》の士、上等なることは、梵王・帝釈の恭敬《くぎょう》するところじゃ。この上下相関からぬ処に、その道ありて存する。

出家生活の楽しみ

分に随って聖教《しょうぎょう》を読む、読めば必ず如説修行《にょせつしゅぎょう》す。分に随って法の趣を知る、知れば必ず身口相応す。分に随って道の邪正《じゃしょう》を弁ず。弁明すれば必ず邪を棄て正に帰す。ここに至りて三宝の境に浄信心を生ず。その楽生ずる。余人の知るところでない。

聖教の偈に、「*諸仏出世第一快《しょぶつしゅっせだいいちけ》。聞法奉行安穏快《もんぼうぶぎょうあんのんけ》」とある。因果報応の理、毫釐《ごうり》の差《たが》いなきを知る。この処その楽生ずる。余人の知るところでない。諸悪は怖れてまた怖る。諸善は欣慕《ごんも》してまた欣慕す。この処その楽生ずる。余人の知るところでない。世間一切の戯謔《けぎゃく》、たとい許すとも、見聞して居らるる場所でない。

一分《いちぶん》の法味を得る、止まんと思うても止められぬじゃ。法が棄て置かれぬじゃ。到る処の樹下、もしは石上、もしは静室《じょうしつ》の中、みな我が修行の道場となる。結跏趺坐して*正憶念する。この楽はまた世間に類せず。

『智度論』の中に、魔王が結跏趺坐《けっかふざ》の画を視ても怖るるとある。経中に「*如《シ》二龍《ノ》蟠《ばん》結《けつスル》一」とある。塵外《じんがい》に*睥睨《へいげい》して、胸中に一世を空ずる。月下に経行《きょうぎょう》して、自ら我相を

図の賛に「山をかくし　谷をおさむ　千万歳」とある。

諸仏出世…仏がこの世に出られることは最もすばらしいこと。大衆がその法を聞き実行し安らかであることはすばらしいこと。「大衆和合寂滅快。衆生離苦安楽快」と続く。

正憶念…尊者は憶念の重要性を「すでに解了しても憶念せねば法が我が物にならぬ」と示されるが、この正憶念とは如理作意を意味し、坐禅や観想において真実を思惟することである。

如龍蟠結…蛇がとぐろを巻いている姿。『肇論』

睥睨…にらむ。

伏する。一分の聖教を解《げ》して、如説修行する。一句の中に衆多《しゅた》の義を得る。一分の*理趣《りしゅ》、身口《しんく》相応する。一法の中に衆多の法門を得る。一分の法に邪正*弁明する。この少智慧の中、衆多の法相応し、決徹して疑わぬ。この時三宝に於て不壊《ふえ》の信を得る。

相似の法に随順せぬ。諸法の浅深《せんじん》ことごとく我が憶念の中に入る。諸方の*節角諸訛《せっかくごうけ》、ことごとく我が見聞の中《うち》に帰する。我が憶念する処、悉く先仏の経に相違せぬ。ここに至りて茶香・*蹴鞠《しゅうきく》・囲碁等の興《きょう》、たとい許すとも、随順して居らるる場所でない。

布薩

半月《はんがつ》の*布薩、仏世よりうけ来りて今日に至る。凡聖《ぼんしょう》共に和合し、上中下座均《ひと》しく奉行す。経中に、「我滅度せず、半月に一たび来る」とある。罪ある自ら知る。知れば必ず懺悔《さんげ》す。罪なき自ら知る。黙然《もくねん》として安住する。この軌則ありてこの*道業にすすむ。経中に、*仏法の大海、入るに随いて漸次に深きとある。

安居

冬夏《とうげ》の二時、もしくは春夏冬《しゅんげとう》の三時、要期《ようご》を立てて*安居《あんご》す。この日ありてこの憶念ある。日々かくの如し。この住処ありてこの修行ある。もしは一室に坐して移らぬ。もし

理趣…真理のおもむき。

弁明…説明を加えて事理を明らかにすること。

節角諸訛…複雑で理解しがたい事柄。節角＝木の節と動物の角。諸訛＝入り組んではっきりつかめない。『碧厳録』八・三十八

蹴鞠…平安時代に流行したけまり。

布薩…半月ごとに僧が集まり、戒律の条項を読んで罪を懺悔する儀式。

道業…仏道の修行。真理の実践。

仏法の大海…『大智度論』に「仏法の大海は入るに随って深し」とある。また、海雲比丘が大海を念じ、大海の徳を思惟して、「思惟大海漸々深広」（大海の漸々に深広なるを思惟す）とある。『六十華厳』入法界品

安居…僧が一定期間一か所にこもって修行すること。

は一院にありて門を出ぬ。期限満じて*解制《かいせい》す。実に虚《むな》しく信施《しんせ》を消せぬ。虚しく時日を送らぬ。今年《こんねん》の人は去年の人にあらず。*満夏《まんげ》の人は*結夏《けつげ》の人に非ず。誠に楽しむべきことじゃ。

四威儀

行に行の法ある。この法我が行に随いて違背せぬ。住に住の法ある。この法我が住に随いて違背せぬ。坐に坐の法ある。この法我が坐に随いて違背せぬ。臥に臥の法ある。この法我が臥に随いて違背せぬ。*寤寐合一《ごみごういつ》、語黙《ごもく》みな相違なきじゃ。ここに至りて美服《みぶく》美飾《みじき》、*広厦大廡《こうかだいぶ》、一切の名誉、みな我が心を煩《わずら》わすに足らぬ。

時を積み年を累ぬる、日々《にちにち》未だ知らざるところの法を知る。未だ見ざるところの法を見る。飢たる者の食を得る如く、法味身心に徹して、永く捨離せぬ。寒《こご》えたる者の衣服を得る如く、*法服《ほうぶく》普く覆《おお》いて、永く捨離《しゃり》せぬ。*熱時《ねつじ》に涼風を得る如く、世間の熱悩《ねつのう》この処に遠離《おんり》す。疲極《ひごく》の者の休息を得る如く、身心の煩労《はんろう》この処に遠離す。誠に歓喜を生ずべき処じゃ。誠に楽しむべきことじゃ。

*空閑独処《くうげんどくしょ》して自ら欺かぬ。世間に交わりて慈悲と相応する。一念この場処に相応すれば、*二六時中《にろくじちゅう》相違せぬ。今日この場処に相応すれば、*生々世々《しょうじょうせぜ》の処にこの楽あり。

解制…安居の制を解くこと。
満夏…安居の修行を終えること。
結夏…安居の修行を始めること。
寤寐…寤＝さめる。寐＝寝る。
広厦大廡…廈＝門のひさし。家。廡＝ひさし。廊下。
法服…袈裟。
熱時…夏季。
空閑…静かな所・人里離れた寂静の所。
二六時中…昼六時と夜六時に分けていたので、これを合わせた十二時をいう。昼夜のこと。
生々世々…永遠にこの世に生まれ変わること。

この歓喜あるじゃ。これは且く今時《こんじ》劣機の及ぶ分際をいう。得道賢聖の趣は、今の述ぶる所にあらずじゃ。

三時説（正・像・末）

経中にかく説いてある。*正法《しょうぼう》千年を過ぎて後は、賢聖跡をかくし、法式漸次《ほっしきぜんじ》に違い、相似より相似に転ず。*像法千年を過ぎては、その規則模様だも違い、ただ剃髪染衣《ぜんね》の相のみあると。この正《しょう》・像《ぞう》・末《まつ》の式が、通途《つうず》劣機の者に当り分斉じゃ。しかし*大根機《だいこんき》の者は、この三時を超越《ちょうおつ》するということじゃ。曇無讖《どんむしん》三蔵の『持地戒本《じじかいほん》』の跋に、「よくこの法を奉持《ぶじ》する者は、相似の法をして実義*熾然《しねん》ならしめ、正法をして永く滅尽せざらしむ」とある。有志の者の*策励《さくれい》すべきところじゃ。

沙弥

戒未具足の人を沙弥《しゃみ》と名づく。この未具足というも、*平等法中の階級にして、世間等位の例ではない。その内証に至りては、*耆宿《ぎしゅく》も闕《か》くるところある。年少も勝る処ある。経中に、「毒龍と火と王子と沙門とは、少《しょう》なるも侮《あなど》るまじき」とある。その童真の行《ぎょう》、実に大道の基《もと》となるじゃ。

正法〜…正法（教・行・証が存在している釈尊滅後から五百年間）・像法（教・行が存在している千年）・末法（教えのみが残る千年）。三時。この三時を過ぎると法滅の時。
大根機…宗教的な能力が高い。
熾然…盛んなこと。
策励…大いにはげむこと。
平等法中の階級…本来は階級のない仏法の世界であるが、仮に設けた階級。
耆宿…耆年宿老の略。耆年も宿老も、年たけた人。即ち老僧の意。

＊法華の十六沙弥は、＊諸根通利、智慧明了《みょうりょう》とある。＊阿育王《あいくおう》の時、外道を＊呑嚼《どんしゃく》す沙弥あり。瓶中《びょうちゅう》に浴《よく》する沙弥あり。仏世の鈞提《きんだい》沙弥は、舎利弗を供養せん為に、＊徳無学果に登りて、戒末具足の位に居す。末世にも、迦湿弥羅国《かしゅうみらこく》の山中古＊伽藍に、羅漢沙弥、群従遊戯《ぐんじゅうゆけ》す。石壁に手指摩画《しゅしまが》せる跡あり。山峰《さんぼう》に馬に乗りて往来せる遺跡ありという。藍摩国《らんまこく》の沙弥伽藍の初開は、大比丘が仏塔を供養せん為に、自ら位階を降《くだ》して、＊荒草《こうそう》を鋤《す》き、＊時華《じげ》を＊採掇《さいてつ》せしという。

その徳ありてその位に居らぬは、実に貴しとすべきじゃ。この処に楽しみあるじゃ。好事《こうじ》上座に譲る。苦事は衆《しゅ》に先だって作して、この処に楽しみあるじゃ。夙《つと》に興《お》き晩《おそ》く寝《いね》て、＊和上阿闍梨《わじょうあじゃり》諸の大僧に事《つか》うる。花を採り＊香火《こうか》を拈《と》りて、仏塔の前に供う。この処に楽しみあるじゃ。諸善功徳を増上するじゃ。糸竹管絃を玩ぶべきでない。まして綺語に随順すべきでない。

出家僧の三業の修行

経中にこの説がある。出家人三業ありて終身心を寄すべき処と。一に坐禅。二に誦経《じゅきょう》。三に＊営事。

坐禅

法華の十六沙弥…『法華経』化城喩品第七。十六人の王子が出家して沙弥になり、大通知勝如来の説く『法華経』をよく聴き、記憶し、信解して人々に法を説いた。それぞれが如来となり、その十六番目が釈迦牟尼仏である。
諸根通利〜…諸の根は通利にして、智恵は明了なり。
阿育王…アショーカ王。仏滅後百年マガダ国の王。
呑嚼…呑んで咬むこと。
徳無学果…無学果＝もはやこれ以上修行弁道すべき必要のない完成した境地。徳果＝解脱の果報。
伽藍…僧たちが集まって修行する清浄閑静な場所。後には寺院や、寺院の建築物を意味する語となった。
荒草…草むら。
時華…季節の花。
採掇…掇＝ひろう。
和上阿闍梨…和上＝和尚＝尊称。阿闍梨＝密教で修行を終えた師の尊称。
香火…香と灯明。
営事…修行僧の日常における雑事や身辺の手助けをする役目。

坐禅というは、諸仏賢聖《げんじょう》は余事なし。ただこの禅定のみじゃ。仏の無上正覚、入涅槃、みな禅定相応の姿ということじゃ。その中間《ちゅうげん》の説法、みな禅定三昧の所現ということじゃ。

*海印三昧に入《いり》て華厳を説き、*三昧王三昧に入て般若を説き、*無量義処三昧に入て法華を説き給うとあるじゃ。諸の賢聖、*三乗の差別あれども、みな禅定力を以て証果ありという。諸の*神通妙用《じんずうみょうゆう》、みな禅定より発《ほっ》すという。

禅者

この法の中に禅者というがある。ただ*見性《けんしょう》を論じて禅定・智慧を論ぜぬ。これを仏世賢聖在世に照せば、*三帰相応の慧にして入道の初基《しょき》じゃ。末世に至りて、言句模様を主とするは所論でない。

誦経

誦経《じゅきょう》というは、仏語を受誦して、これを以て心地を照らす。一句半偈《げ》ことごとく甘露味にして、無漏大定より等流し来る所じゃ。

*雪山道士《せっせんどうし》は、*羅刹《らせつ》の為に身を棄捨《きしゃ》して求むる。帝釈天王は、*野干《やかん》の為に坐となって求むる。口誦《くじゅ》すら業障を消除し、善功徳を得る。心《しん》憶念すれば累劫《るいこう》の迷習《めいしゅう》を解脱し、聖《しょう》慧《え》を獲得《ぎゃくとく》す。三乗の差別あれども、もと一法性の印ずる所じゃ。終に*一仏乗に帰して、

海印三昧…『華厳経』に説く仏の三昧。海のように広い心に一切の実相が映し出される三昧。
三昧王三昧…種々の三昧の境地の中でも最もすぐれていると言われる三昧。
無量義処三昧…無量の説教の確立という意味。この三昧に入って『法華経』を説かれた。
三乗…声聞乗・縁覚乗・菩薩乗。
神通妙用…悟りの境地からの自由なはたらき。
見性…自己の本性を現成すること。
三帰…仏・法・僧の三宝に帰依すること。
雪山道士…釈尊の前世でヒマラヤに住む修行僧であったときの名。
羅刹の為に〜…「諸行無常、是生滅法」の後半「生滅滅已、寂滅為楽」を聞くために羅刹に身を与える約束をした話。
野干の為に〜…帝釈天王は井戸に堕ちて無常を感じた野干（狐）の法を聞こうとした。『未曾有経』
一仏乗…三乗は一仏乗（真

更に余帰なしじゃ。

肝要は、密教を奉持《ぶじ》する者は*観誦功《かんじゅ》を累《かさ》ぬるにある。*顕説《けんぜつ》を奉持する者は如説修行にある。

教者

この法の中に教者《きょうしゃ》というがある。無差別の中に差別を建立し、無礙弁舌《むげべんぜつ》を以て*分教開宗する。これを仏世賢聖在世に照らせば、三帰相応の慧にして入道の初基じゃ。末世に至りて、章を尋ね句を逐い、科の上に科を分かち、自ら是《ぜ》とし他を非《ひ》とするは所論でない。

営事

営事というは、経中に、「仏地一掃、閻浮提《えんぶだい》の仏を造るに勝る」とある。一瓦一椽《いちがいちえん》、ことごとく*梵福とある。昔は*実力子《じつりきし》、羅漢の身堅固ならぬことを知りて、僧の為に*知事となる。近くは*雪峰が、*笊籬木杓《そうりもくしゃく》を将《もち》て、到る処*庫下《くか》に労を執る。賢聖の福分に従事するかくの如くじゃ。

衆僧我れに憑《よ》りて安楽に修行す。仏法我れに依りて世に久住す。自利々他、*当来の*資糧、ここに積集《しゃくじゅう》するじゃ。これも末世に至りて、名利に*馳逐《ちちく》し、権門《けんもん》に奔走し、日夜*怱々《そうそう》たるは所論でない。

の教えは唯一である）に導くための方便であると『法華経』に説く。

観誦…観想と真言をとなえること。「真言は不思議なり、観誦すれば無明を除く。一字に千理を含み、即身に法如を証す」。空海『般若心経秘鍵』

顕説…密教に対し、釈尊の直説をいう。

分教開宗…教義を分析して主旨を述べる。

梵福…大梵天王の有する福徳。

実力子…権力がある人。

知事…＝営事。

雪峰が〜…雪峰が洞山禅師のもとで典座になったこと。

笊籬木杓…ざるとひしゃく。

庫下…＝庫院＝庫裡＝もと寺院の厨（ず）房。厨房。

当来…来世。

資糧…素材の意。さらに修行のもととなる善根・功徳。

馳逐…馬に乗ってはやい速度で追いかけること。

怱々…忙しいこと。あわただしいこと。

この坐禅入定の楽しみ、受誦経論の楽しみ、営事福業の楽しみ、ことごとく糸竹管絃の比すべき所にあらずじゃ。僧徒《そうと》の詩賦文章にわたり、書画に耽る、みな恥ずべきの甚だしきじゃ。

尼僧の楽しみ

*尼《に》の三衆も、甚深なることじゃ。仏在世に、「衆多比丘尼、皆已ニ久シク集メ二清浄*白法《びゃくほう》ヲ一、近ヅク二*仏種智ニ一」とある。阿含の中、諸律の中に、摩訶波闍波提《まかはじゃはだい》・耶輸陀羅《やしゅだら》・*蓮華色《れんげしき》等、みな別徳《べっとく》の称《しょう》ある。それよりして滅後に至りても、賢聖跡を継《つい》で出ず。

鄔波毱多《うばきくた》尊者の時、一尼が、上首大徳の凡位に居《こ》するを察して、尊者自ら荘厳すべしと云いし。羅什三蔵《らじゅうさんぞう》の母の*第三果の聖者たる。義浄三蔵も、印度の尼衆《にしゅ》は丈夫の志あると称す。*脂粉諸態の*汚穢《おえ》を出でて、持戒清涼《しょうりょう》の中に身を潔《いさぎよ》くする。*憍慢*妬忌《とき》の*等類を離れて、寂静無為の衆に入る。その道を全くせば、その楽しみは糸竹管絃の及ぶ所にあらず。その禅定智慧に至りては、大僧《だいそう》にも同ずべきじゃ。支那の*浄秀の行業、衆の規本ともなり、諸天の随侍《ずいじ》もありし類、ここに至りては、男女の相を論ずべき処ではなきじゃ。

尼の三衆…比丘尼・沙弥尼・式叉摩那。
白法…法の性質を色にたとえたもので、仏の正しく善なる教えを純白清浄にたとえて白法という。
仏種…仏、仏性とも。
蓮華色…比丘尼における神通第一の弟子。出家前は不幸な人生を送った。
第三果…小乗の四果のうちの、第三＝不還果のこと。あともどりをしない位。
脂粉…紅とおしろい。化粧。
汚穢…けがらわしい。
憍慢…自ら高ぶり、他を軽蔑する。
妬忌…妬＝忌＝ねたむ。
等類…仲間。友達。
浄秀…七歳で自然に戒をたもち、五戒を受ける。父母が出家に反対したが、十九歳で出家。兜率天に昇ると言い残し八十九で寂。『比丘尼伝』巻第四

優婆塞の楽しみ

*優婆塞《うばそく》・優婆夷《うばい》は、迹は俗中に在りて、心は出離《しゅつり》の道に遊ぶ。『四十二章経』に、「優婆塞行《ジテ》二*五事《ヲ》一不二*懈退《セ》一、至《ツテ》二*十事《ニ》一必得《ズル》レ道《ヲ》者」とある。俗態を改めず、僧伽《そうぎゃ》に親近《しんごん》し三宝に奉事するを、*近事男《ごんじなん》という。威万国に加わり、位人神の主たれども、この身朝露《ちょうろ》に等しきを知る。徳億兆に被《こうむ》り、智古今を貫けども、この頭《ず》臭髑髏《しゅうどくろ》なるを知る。群臣*翼従し、*嬪御囲繞《ひんぎょいにょう》すれども、世界みな無常に帰するを知る。身心を諸仏に帰す。流水の海に趣く如し。身心ただ正法に依る。病に良薬を得る如し。身心を僧伽に帰す、一切の賢聖これ我が師範とする所じゃ。

仏世、諸の国王、早朝に政務を聴き、事竟《おわ》りて宮中に入り、正法を憶念し、正智《しょうち》を明らかにす。時ありて軍旅を指麾《しき》する。時ありて舞楽嬉戯《きけ》を見聞する。種々みな人事を廃せぬ。浄行*鄔波婆沙《うぱばしゃ》の者は、或は*日を限り時を剋《こく》して、出離の行に従事す。婬戒の中には、*邪正共に離るる。嬉戯の中には、雅楽・淫声共に視聴せぬ。仏在世は論ずるに及ばぬ。滅後にも、*火弁論師《かべんろんじ》は、形は俗に隠ると雖も、智は道侶よりも高しとある。*菴羅林《あんらりん》中《ちゅう》、法蔵《ほうぞう》婆羅門は、数百歳世に住して法を維持ありしという。支那国にありては、*傅大《ふだい》士《し》・*龐居士《ほうこじ》が類、これ等その楽しみ糸竹管絃の及ぶ所にてはなきじゃ。

優婆塞・優婆夷…在家の男性の信者と女性の信者。本頁の近事男の注参照。
五事・十事…五戒と十善戒。
懈退…専一でないこと。途中で投げ出すこと。
近事男…「近事」＝三宝に近づいて仕える五戒を受けた在家の信者。男を近事男・優婆塞、女を近事女・優婆夷という。
翼従…両翼のように左右に従うこと。
嬪御囲繞…宮女がとりまくこと。
鄔波婆沙…近事男・近事女のこと。
日を限り〜…半月に三日八斎戒をたもつ。八斎戒＝五戒（殺・盗・婬・妄・不飲酒）に、正午以後は食事をしない・歌舞を見聞しない・高く贅沢なベッドに寝ない、を加えた八戒。
邪正共に…不邪婬と不婬。
火弁論師…唯識十大論師の一人。文辞に巧みで境地が高かった。『唯識述記』
菴羅林…マンゴー林。
傅大士…四九七〜五六九。達磨の指示で松山頂に棲んだ。昼は傭作、夜は行道す。

優婆夷の楽しみ

優婆夷《うばい》は、上后妃より下臣庶の婦人に至るまで、俗態を改めず、尼衆に親近し、三宝に奉事するを、近事女《ごんじにょ》という。*西施《せいし》・*南威の美あれども、自ら*虫聚身《ちゅうじゅしん》なるを知る。*曹《そう》大家《たいか》・*蔡琰《さいえん》が才あれども、自ら*五障・*十悪の身なるを知る。*粉黛《ふんたい》のかざり、衣裳のよそおい、*巾幭乳哺《きんべつにゅうほ》の業、俗儀を闕《か》かずして、内心法に随順す。もしその浄行鄔波婆沙《うばばしゃ》は、分に出家の行を修する。もしは日を限れば、その日自ら粧《よそお》わぬ。歌舞作楽《さがく》見聞せぬ。一切の不浄行をなさぬ。仏在世には、多く尼伽藍《にがらん》の中にありて、この日賢聖と共に正法を修習ありしという。

*尽形寿《じんぎょうじゅ》の浄行は、*紺容夫人《こんようぶにん》の*優陀延王《うだえんおう》に事うる。位を中宮に正して、常に禅定相応ありしという。*瞿夷夫人《くいぶにん》は、*迦維羅衛《かいらえい》の王宮に寡居《かきょ》し、*華厳会《けごんえ》の中、善財童子《ぜんざいどうじ》の為に法門を開示す。『首楞厳《しゅりょうごん》』中に、「昔事ヘテ二菩薩ニ一心無シ二*諂曲《てんごく》一」とある類、支那国にありては、*霊照女《れいしょうにょ》が類じゃ。これ等もその楽、糸竹管絃の及ぶ所にあらず。狂言・綺語は一向その境界にあらぬじゃ。

不綺語戒結語

要を取りて云わば、諸法のそのあり姿の、改まらず変ぜず、飾らず違わざるを、この

武帝に召されて問答・講読す。
龐居士…馬祖・石頭に参じて印可を得る。晩年は家族と襄陽の鹿門山に住み、禅風を起こす。
西施…春秋時代の呉王夫差の愛妃。中国の四大美女の一人。
南威…春秋時代、晋の美女。
虫聚身…本書三九一頁「虫食」で詳説されている。
曹大家…大家は女性の尊称。和帝の命により兄班固の著『漢書』を完成した。
蔡琰…後漢の女流詩人。蔡邕の娘。音律にも長ず。
五障…女人は梵天・帝釈・魔王・転輪王・仏になれないという五種の障り。
十悪…十善に反すること。これは女性だけではない。
粉黛…おしろいとまゆずみ。化粧。
巾幭乳哺…授乳のこと巾幭＝覆いかぶせる布。
尽形寿…一生涯。生きているかぎり。
紺容夫人…優陀延王の妃。釈尊とその弟子を供養した。

中に不綺語の相と名づく。一法性が天地となり来れば、天象・地理が分かる。一法性が人となり来れば、この人道がある。

衆星分野乱れず。日月出没《しゅつもつ》す。天のあり姿かくじゃ。海水外に環《めぐ》り、山嶽内に聳《そび》ゆ。泉源地脈、条然《じょうねん》として乱れぬ。地のあり姿かくじゃ。*眼横鼻直《がんのうびちょく》、*手に執捉《しっそく》し、足に運奔《うんぽん》す。人のあり姿かくじゃ。この中にこの道ある。無しと云われぬじゃ。身のあるべき道に背くを身綺という。口のあるべき道に違うを口綺というじゃ。

不綺語戒の異熟果・等流果・増上果

『華厳経』に、綺語の罪、衆生をして三悪道に堕せしむとある。これを異熟果と名づく。悪趣を出でて、たまたま人間に生ずるも、性軽躁《きょうそう》にして威光なしとある。多くの人のあざけり侮《あなど》りを受くるとある。これ等を等流果という。余の経論に、官人なれば位を失い、商賈《しょうこ》なれば利を失なうとある。この類を増上果と名づく。

十善法語　巻第五　終

優陀延王…釈迦在世中の仏教を保護した王。
瞿夷夫人…耶輸陀羅（釈迦の夫人）の異名。
迦維羅衛…釈迦誕生の故郷の国。
華厳会の中…『華厳経』で善財童子が訪ねる五十三人の善知識のうちの四十一番目。
諂曲…他人にへつらい自分の心を曲げること。
霊照女…龐居士の娘。父と一緒に竹篭を売って生活をした。
眼横鼻直…眼は横、鼻は縦。道元禅師が示した法爾自然の真実の喩。『永平広録』一
手に執捉し〜…真実の心のはたらきを示したもの。元は達磨の弟子の波羅提尊者の偈であるが、『臨済録』でも提唱されている。ここでは尊者が曹洞と臨済を並べて出されたのであろう。

十善法語　巻第六

不《ふ》悪《あっ》口《く》戒《かい》

安永三年甲午《きのえうま》二月八日示衆

不悪口戒序説

師いわく、第六は他を侮《あなど》らぬ法じゃ。この法を不悪口戒という。または不麁悪語戒《ふそあくごかい》と名づくる。上中下等の人に対して、麁言《そごん》を以て*罵詈《めり》する、これを悪口という。この悪口の*鄙劣《ひれつ》なることを知りて、口業《くごう》を守り、*柔軟語《にゅうなんご》に順ずるを不悪口という。法ありてこの不悪口を護するを不悪口戒と名づくる。

不悪口戒の犯相

その*戒相を言わば、下賤なる者を下賤と云い、愚痴なる者を愚者と言い、形不具足《かたちふぐそく》なる者をかたわものと云う類、尽《ことごと》くこの戒の違犯じゃ。もしは上等の人を中等に言い下し、中等を下等《かとう》に言い下し、*引きこなされぬ人を引きこなして言う類は、この戒増上の違犯

罵詈…罵＝詈＝ののしる。

鄙劣…＝卑劣。性質や行動がいやしくて劣っていること。

柔軟語…やわらかでやさしい言葉。

戒相…具体的に戒をたもっている姿。戒や律の具体的な内容を示す。

引きこなす…「ひきけなす」の転。「ひき」は接頭語。見下してけなす。

じゃ。もしは種類を挙げて、軽躁《きょうそう》なる者を猿に比し、暴悪なる者を豺狼《さいろう》に比し、愚昧なる者を虫蟻に比して*毀呰《きし》する類は、尤《もっと》も甚しきことじゃ。

他の口業との関連

もし実事なきに、故《ことさら》に設けなして罵詈《めり》するは、悪口に妄語を兼ぬる。もし*嘲弄《ちょうろう》して罵詈すれば綺語を兼ぬる。もし他の親好を破すれば両舌を兼ぬる。内心に毒を含みて、口にこの*麁獷《そこう》の辞を出《いだ》す。或は*憍慢*倨傲《ここう》、他を*蔑《ないがし》ろにして、罵詈の言辞《ごんじ》を出す。或は小根怯弱《こにゃく》の者、自ら高ぶることを好みてこの麁言ある。或は軽躁の性、卑賤の習い、口業麁悪なる類、みなこの戒違犯の差排なるじゃ。

この悪口は身を亡ぼし国を敗る。且《しばら》く*一二の例を挙げば、東晋《とうしん》の代に、*王敦《おうとん》謀反す。*王導自ら安んぜず。家族男女二十余人をひきいて、*罪を禁門に待つ。*周伯仁《しゅうはくじん》これを見、今年はこの輩を殺して、*金印の斗の如くなるを取るべしと云うて過ぎ去る。のち王敦勢い強くなりて、諸の公卿《こうけい》を殺害するとき、周伯仁が事を王導に問う。王導黙然す。これによりて終に周伯仁を殺す。のち王導*禁中に入りて、諸の*表文を点撿《てんけん》するに、周伯仁、王導を救いし表、数通あるを看て、*我れ伯仁を殺さずと雖も、伯仁我れによりて死すと云うて悔やみしとある。看よ、周伯仁に悪心はなけれども、一言の悪口によりて終に身

毀呰…毀＝呰＝そしる。
嘲弄…あざけり、からかうこと。
麁獷…麁＝獷＝あらい。
憍慢…おごり高ぶって人を見下す。
倨傲…傲慢で威張る。倨＝傲＝おごる。
蔑ろ…「無きが代」＝人をないものとする＝軽視・無視。
一二の例…『晋書』
王敦…東晋の将軍。
王導…東晋の政治家・宰相。王敦は従兄。書家の王羲之が従甥。
罪を禁門に〜…従兄が謀反をおこしたので、禁門で罪を待っていた。禁門＝皇宮の門。
周伯仁…周顗（しゅうぎ）。晋代の官僚・軍人。字は伯仁。
金印の〜…一斗もある金印を褒美として貰おうと言った。
禁中…宮中。
表文…君主に奉る文書。
我れ伯仁を〜…自分が殺したわけではないが、自分のせいで死んだ。

を亡ぼしたじゃ。

三国の時、蜀《しょく》の関羽《かんう》に女子あり。呉の孫権《そんけん》、使者をつかわして、その子の為に婦を求む。関羽その使者を罵りて婚を許さず。そののち荊州《けいしゅう》に敗軍して、終に呉の虜《とりこ》と成りて殺さる。これも一言の悪口、終に身の災いとなり、その国の亡ぶる階《はし》となったじゃ。

天竺には、迦維羅衛国《かいらえいこく》*、釈種《しゃくしゅ》の婢女《ひにょ》*が毘琉璃《びるり》*太子を罵りて、婢子《ひし》*何ぞ釈種の堂に上ると云う。この一言によりて、堂々たる王都一旦*に亡びて、釈種の威勢がこれより微弱になったじゃ。

凡聖縁由《ぼんしょうえんゆ》の中には、善生長者《ぜんしょうちょうじゃ》、往昔《むかし》縁覚を悪口して生々《しょうじょう》の処傭作《ようさ》*の人となり、不信の医師が、面《まのあ》たり世尊を罵りて、生身《しょうしん》に悪趣《あくしゅ》に入る。

王舎城の婆羅門童女が、迦羅比丘《からびく》*を謗《そし》りて、五百生瞎烏《かつう》*の報を招く。この悪口、現世より来世に至るまで、衆生を悩乱するじゃ。

心での悪口

上《かみ》の妄語・綺語に準じて、この戒も身業・意業にわたるべきじゃ。もし内に軽躁《きょうそう》の心、憍慢の心ありて、他を看ること禽獣の如くなるを、意業の犯《ぼん》とす。意気揚々*として、鷹の衆鳥をしのぐ如くなるを、身業の犯とす。

婢女…身分が低い女。
婢子…婢女が生んだ子。
一旦…一朝。忽ち。
迦維羅衛国…釈尊誕生の国。カピラヴァストゥ。
毘琉璃太子…古代インドのコーサラ国の王。釈迦族を滅ぼした王。
傭作…雇われてはたらくこと。
迦羅比丘…迦羅とは小さいことを意味する。子供の修行僧のことであろう。
瞎烏…目がみえないカラス。
意気揚々…気持ちが高揚し、いかにも誇らしげに振舞う様子。

もし語業悪口を離るるとき、心自ら憍慢を離るる。身《み》自ら倨傲《こごう》を離るる。この故に有志の者は、初めに語業を慎むべきじゃ。およそ上位の者は、*宿善の余慶ある故、三業麁《そ》獷《こう》ならず。この戒自ら具わるじゃ。たといその位下賤なるも、この戒に慎みある者は、その徳大人に比すべし。聖主《せいしゅ》の人民に主たる、この戒闕《か》くることなければ、身《み》*深宮《しんきゅう》の内にありて、その徳海外に及ぶということじゃ。*近習《きんじゅう》より*散官《さんかん》に至り、*匹夫匹婦《ひっぷひっぷ》まで、その*徳に化せられて、大人の趣を得るということじゃ。

外書に、「*堯・舜の民、比屋《ひおく》みな封ずべし」というも、ここにあるべきことじゃ。韓非子など「*君逸《シ》二於上《ニ》一臣労《ス》二於下《ニ》一」と云う如きは、実にこれ邪智の慮《おもんばか》りで、正法の中には許さぬ所じゃ。これを一身に喩うるに、*君は元首の如く、臣庶は四肢の如し。大臣は腕の如く、小臣は指の如し。*元首枕を高くして臥して、四肢千里に奔《はし》るべしと云わば不是じゃ。腕寸毫を動かさずして、十指を*執捉《しゅうそく》し来れと云わば不是じゃ。君*垂拱《すいきょう》して無為《むい》なるも、その守りを失わぬ処あるべく、*臣北面して畏伏するも、また謹慎に守るべし。

古に、「*為《たルコト》レ君難《シ》。為《ルコト》レ臣不レ易《カラ》」と云う。この難と不易とを守りて、上下その楽を同ずべし。

漢の高祖が、*叔孫通《しゅくそんつう》を召して朝儀《ちょうぎ》を定めしむる時、「*可《シ》二試《ニ》為《ス》レ之《ヲ》令《メヨ》レ易《カラ》レ知《リ》。度《ツテ》三吾《ガ》

宿善の余慶…宿善とは、前生で積んだ善。『易経』では「積善の家に余慶あり」とある。余慶＝おかげ。
深宮…奥深い宮殿。
近習…主君のそば近くに仕える役。
散官…ひまな官職。
匹夫匹婦…身分の低い男女。
徳に化せられ…徳に感化されること。徳化＝徳によって感化すること。
堯・舜の民～…堯と舜の民はどの家の人もみな諸侯にしてもいいほどの人物である。『漢書』比屋＝家をつらねる。
君逸於上～…君主は上にいて気ままにし、臣下は下にいて苦労する。
君は元首～…ここでの元首とは頭のこと。
元首枕を～…ここでの元首とは君主のこと。
執捉…つかまえる。
垂拱…衣の袖を垂れ、手をこまねいていること。何もしないでいること。
臣北面して～…臣下は北に向かって君主に礼をする。
為君難～…君であることは

所ヲ二能ク行フ一為セレ之ヲ」と。これを開国英主*の意とす。自ら行う事ならねば、臣庶を将《ひき》いられぬじゃ。

大人の徳と楽しみ

大人の大人たる所は、意気揚々の処にはなくて、*志性《ししょう》温良の処にあるじゃ。その楽*放逸歓楽《ほういつかんらく》の処にはなくて、*謹慎篤実《きんしんとくじつ》の処にあるじゃ。一度《ひとたび》の麁言《そごん》、一度の傲慢、みな災害の兆と知るべし。

その平日家《へいじついえ》に処する。志同じければ四海同一身となる。その心*戻《もと》れば兄弟妻妾《きょうだいさいしょう》も皆怨《おん》賊《ぞく》となる。

*経中に、善生子《ぜんしょうじ》長者の六方を礼《らい》する。東方これ父母《ぶも》、南方これ師位、西方これ妻女、北方これ朋友、下方《かほう》これ僕従、上方これ*福田《ふくでん》。身を以て拝するのみには非ず。心に敬う所ある趣じゃ。

孝養勤めざれば、その災東方より起こる。*師承《しじょう》を敬せざれば、その災南方より起こる。*閨門に礼を失すれば、その災西方より起こる。交友信なければ、その災北門より入る。*使令《しれい》法なければ、その災下方《げほう》より来る。*三宝に憍慢を生ずれば、その災天より下る。

難しい、臣であることも易しくない。『論語』
叔孫通…前漢の儒者。儒教国教化の基礎をつくる。
可試為之〜…ためしに作ってわかりやすくせよ。吾ができることを考えて作れ。

英主…すぐれた君主。
志性温良…心が穏やかなこと。
放逸歓楽…気ままに楽しんで暮らすこと。歓楽とは物質的な欲望の楽しみ。
謹慎篤実…ひかえめで情が深く誠実なこと。
戻…そむく。たがう。
経中に…『善生子経』。六方に礼拝することは『六方礼経』等などにも説かれている。
福田…僧。
師承…師から教えを受けること。
閨門…男女間の道。
使令…命令すること。
三宝…仏・法・僧。

謹慎篤実による楽しみ

ただ謹慎篤実の人のみありて、今世後世《こんせごせ》の楽事《らくじ》を全くするじゃ。愚かなる者は謹慎は窮屈なるように思い、放逸は安楽なるように思う。そうでない。誠の楽は謹慎篤実の上にありて、*燕安《えんあん》放逸の処にはない。愚かなる者は謹慎篤実なれば、不器量《ふきりょう》なるように思い、倨傲大胆《こごうだいたん》なれば、一器量《ひときりょう》あるように思う。そうでない。誠の度量《どりょう》は謹慎篤実の上にありて、倨傲大胆の処にはなきじゃ。

古《いにしえ》*嵇叔夜《けいしゅくや》が*鍾会《しょうかい》を侮《あなど》りて、のちその身刑せらる。その『養生論』閑言語《かんごんご》となる。*知伯が*韓・魏を侮りて、終に身を亡ぼし国を亡ぼす。その*強土堅甲《きょうどけんこう》、みな敵の*資《し》となる。嵇叔夜が自ら才を負《たの》み、知伯が自ら威名に夸《おご》る。*実を剋すれば、みなその*量の狭小なるより起こる。恥ずべきことじゃ。

殷の時、紂王長夜の飲をなして、酒池肉林の中に、男女を裸にして相戯れしむる類は、憍慢の甚だしきじゃ。

*孕婦《ようふ》の腹を割くは、婦女子を弄び物のように思う故じゃ。*朝《あした》に渉る脛《はぎ》を斮《き》るは、庶民を土芥《どかい》のように思う故じゃ。*賢人の胸を割《さ》くは、有徳を憚《はばか》らぬ故じゃ。武乙《ぶいつ》が木像の天神を作って倶に博戯《はくげ》し、或は革嚢《かくのう》に血を盛りて高処にかけ置き、仰ぎ射て天を射ると云いしは、上天に畏懼《いく》なき故じゃ。この類みなこの戒の身業・意業の犯じゃ。

燕安…心がくつろぎ楽しむ。 **嵇叔夜**…=嵇康。竹林の七賢の一人。 **鍾会を侮りて**…嵇叔夜から無視されたので計略して嵇叔夜を処刑させた。鍾会=魏の武将・政治家。蜀平定後、姜維と共に反乱を起こしたが殺害された。 **知伯**…=智瑶。晋の政治家・武将。 **韓・魏を侮り〜**…知伯は韓・魏と共に趙氏を攻めようとしたが、裏切られて滅ぶ。 **強土堅甲**…強さが並でないこと。強堅。 **資となる**…相手の強さが逆にこちらの利となる。資=たすけ。 **実を剋すれば**…事の真実をよく検討してみれば。 **量**…前述の「一器量」・「度量」と同様に、「量」は心の容量のこと。 **孕婦の〜**…殷の紂王の伝。『日本書紀』の武烈天皇にもあり。妊婦。孕=はらむ。 **朝に渉る〜**…紂王は冬水を渉る者を見て、その脛を切った。『書経』。 **賢人の胸を割く**…紂王は叔父の比干の諫言を聞かず、その胸を割いて殺した。

秦の始皇が、*古書を燔《や》き、儒者を坑《あな》にし、*阿房宮《あぼうきゅう》を造営せし。晋の武帝が、羊車《ようしゃ》に乗りて*後宮《こうきゅう》に遊びし類。心の憍慢より起こる。

実を剋して云わば、みな小器量に摂す。もし万民を以て子とせば、儒者も邪魔にはならぬ。天下を以て家とせば、阿房宮は狭小なる造営じゃ。天地陰陽の和合を楽しめば、別に多人を後宮に閉じ置くには及ばぬじゃ。誠の大丈夫は、これに異なる所あるべきじゃ。

『孝経』に、「治《ムル》レ国《ヲ》者《ハ》不三敢《テ》侮《ラ》二於*鰥寡《かんかヲ》一。而況《ルヲンヤ》於《テオヤ》二士民《ニ》一乎。治《ムル》レ家《ヲ》者《ハ》不三敢《テ》失《ハ》二於臣妾之《ノ》心《ヲ》一。而況《ルヲンヤ》於《テオヤ》二妻子《ニ》一乎」とある。*信陵君が*侯嬴《こうえい》に事《つか》うる。*張子房が*黄石公《こうせきこう》に事うる。事を成し功を遂ぐる儀《よそおい》じゃ。宋の真宗《しんそう》が、群臣の拝を受くるに、首に観音大士の像を戴《いただ》く。漢の高祖が、*四皓《しこう》を重んじて*戚姫《せきき》の愛を割く。上りては周の武王の*箕子《きし》を訪《とむら》う。*周公の食時に三たび吐き、沐時《もくじ》に三たび髪を握る。堯の舜を登庸する。聖主賢君の*亡臣《ぼうしん》・*側陋《そくろう》を侮らぬ。かくの如くじゃ。

聖教の中には、帝釈天の*頂生王《ちょうしょうおう》を接す。*紺容夫人の*曲脊女《きょくせきにょ》を礼《らい》する類、みな賢聖の儀則じゃ。

大名釈氏が*槃特《はんどく》の愚を侮るは、過去世無智の縁由じゃとある。*畢陵《ひつりょう》伽婆蹉《かばしゃ》尊者の、水神に「*小婢避《ケヨ》レ水《ヲ》」と命ずる。これを慢の余習ということじゃ。

古書を燔き〜…＝焚書坑儒。焚書＝医学、占術、農学以外のすべての書物を焼いた。坑儒＝帝を非難する儒者四百六十人を生き埋めにした。『史記』　**阿房宮**…始皇帝が建てた大宮殿。**後宮**…后妃や女官たちが住む宮中の御殿。　**鰥寡**…鰥＝妻のない男性。寡＝夫のない女性。　**信陵君**…魏の昭王の公子で戦国四君の一人。　**侯嬴**…魏の隠士。信陵君の出陣に老齢で従えず、自分の首をはねて自殺した。　**張子房**…前漢を築いた劉邦の軍師。　**黄石公**…秦の隠士。張子房は黄石公に兵法を授けられる。『史記』　**四皓**…秦代に乱世を避けた四人の隠士。みな鬚眉が皓白の老人だった。**戚姫**…漢の高祖の側室。自分の子を太子に立てたかったが、高祖の信頼を置く四皓を妃が招いたので失敗した。『史記』　**箕子**…紂王の叔父。紂王に諫言し身を守り、周の武王から現在の朝鮮の地を与えられる。　**周公の〜**…＝握髪吐哺。周公旦が一食の間に三度も口中

言語の慎み

よくこの戒を護持する者は、*君臣の名分《みょうぶん》分明《ぶんみょう》にして、しかも臣庶をも侮らぬじゃ。小*心翼々《よくよく》として、一日《いちにち》より一日を慎む。男女位定まりて、しかも婦女子《ふじょし》を侮らぬ。閨門の間《あいだ》も常に礼節あるじゃ。父子兄弟位定まりて、しかも子弟を侮らぬ。家門常に修まる。王者が群臣を侮らぬによって、能者が事に当りて自ら能を隠さぬ。直臣《じきしん》が諫言《かんげん》を尽くして隠さぬ。庶民を侮らぬによりて、億兆の推戴すること日月の如くじゃ。男子《なんし》が婦女子を侮らぬによりて、賢女貞婦が徳を輔《たす》け道を守る。父兄が子弟を侮らぬによりて、*孝子《こうし》順孫が家風を墜《おと》さぬ。一日より一日を慎む中に、この楽事《らくじ》ありて尽くることなきじゃ。

経の中に、十善輪王には、その子に不肖なる者なく、その臣に奸佞《かんねい》なる者なく、後妃《こうひ》に醜陋妬婦《しゅうるとふ》なく、その民に頑愚の者なく、戦わずして万国帰伏するということじゃ。総じてこの人のこの世にある、上下貴賤、一人《いちにん》としてこれにてよきぞと心を許すことはならぬ世界じゃ。もしこの怠《おこたり》あれば、この災その処に長ずる。

事例を挙げば、*周代子弟を封《ほう》じて、後世に微弱になり下る。秦の始皇これに懲りて天下を郡県にす。のち奸臣が君を欺いて速やかに亡ぶる。*漢の高祖が、秦の孤立に懲りて、

の食べ物を吐き出し、一回の髪を洗う間に三度もやめて天下の士に面会した。**亡臣**…他国へ逃亡した臣。**側陋**…身分が低い人。**頂生王**…転輪聖王である頂生王が三十三天を治めようとしたときに帝釈天が迎えた。『増一阿含経』八。**紺容夫人**…ウデーナ王の妃。**曲脊**…背中が曲がっていること。**槃特**…釈迦の弟子の周利槃特。愚者だったという。**畢陵伽婆蹉尊者**…仏弟子の一人。**小婢避水**…畢陵伽婆蹉は人を小婢と呼ぶ癖があり、釈尊はそれが前世からの習慣だと諭した。

君臣の名分…君主と臣下が守るべき確然たる分。**小心翼々**…つつしみ深く、細かい配慮をすること。**孝子順孫**…子が父母に、孫が祖父母によく仕えること。**周代子弟〜**…周王朝以来、子弟・功臣を諸侯として封建してきたが、始皇帝は郡県制とした。**漢の高祖が〜**…始皇帝の郡県制を廃止。景帝は諸侯の領地を削

子弟を分かち封ず。景帝の時に至りて、呉楚七国の兵起こる。事の利と害と相依り、功と弊と相伴うことかくじゃ。

謹慎の大事

その要は、徳高ければ弥《いよいよ》慎まねばならぬ。この謹慎の処に自ら利し他を利する。孔子の言に、「加*シテ二我ニ数年ヲ一五十ニシテ以テ学バレ易ヲ。可シ三以テ無カル二大過一矣」とある。名高ければ弥慎まねばならぬ。この謹慎の処に天の助けを得る。

古人の言に、「大名《たいめい》*の下久しく居るべからず」とある。年長ずれば弥慎まねばならぬ。この謹慎の処に無病延寿がある。

魯の機氾《きはん》*という者、老いて益《ますます》恭*を守る。魯君告ぐ、「子七十なれば恭をやむべし」と。氾答う、君子は恭を以て名を成す。小人は恭を以て身を全くす。功大なれば弥慎まねばならぬ。この謹慎の処に威名を全くする。

『老子経』に、「功成リ名遂ゲテ身退ク。天之道ナリ」とある。位尊ければ弥慎まねばならぬ。この謹慎の処に万国推戴する。

『書経』に、「都《ああ》帝慎シメ二乃《なんじ》ノ在位ヲ一」とある。「四海困窮セバ*天禄永ク終ラン」とある。富めば弥慎まねばならぬ。この謹慎の処に財宝尽くることなく、行立ち名正しい。

減したので呉楚七国の乱が起った。

加我数年～…私がもう数年生きて五十歳で学んだとしても、大きな過ちを犯すことがないだろう。『論語』述而

大名の下～…大きな名誉を挙げた後は人の嫉妬で災いを招き、久しく名誉をたもつことができない。春秋時代の范蠡（はんれい）＝後の陶朱公（一二二頁参照）の言葉。『史記』

機氾…魯の国の慎み深い人であったと伝えられる。

恭…うやうやしくする。つつしむ。

天禄…天からの恵み。

『史記』に、「蜀の寡婦清、能《ク》守《ル》二其《ノ》業《ヲ》一。用《イテ》レ財《ヲ》自《ラ》衛《まもり》不レ見《らレ》二侵犯《セ》一。秦皇帝以《テ》為《シ》二貞婦《ナリト》一而客《トス》レ之《ヲ》。為《ニ》築《ク》二*懐清台《ヲ》一」と。これじゃ。眷属多ければ弥慎まねばならぬ。この謹慎の処に子弟淳厚になる。

*万石君《ばんせきくん》、*郭子儀《かくしぎ》などの家法思うべきじゃ。独孤無伴なれば弥慎まねばならぬ。この謹慎の処に神霊の守りあるじゃ。

悪口の果報

古に、「*君子はその独《ひとり》を慎む」とある。*三業の悪口なければ、その人を徳者と名づくる。これに闕《か》くることあれば、徳者とは名づけられぬじゃ。

老人もしこの戒を謹《つつし》まざれば、*世に処して辱《はじ》が多いじゃ。貴人もしこの戒を謹まねば、下より上を侮る。君父《くんぷ》もしこの戒を謹まねば、子弟の侮《あなどり》をうくる。古より*乱臣賊子ある、多くは自ら招くところじゃ。

富者《ふしゃ》もし惰慢軽躁なれば、資財減損する。*孤弱《こじゃく》の者もし惰慢軽躁なれば、自ら身を置くに所がない。上下貴賤、その品《しな》は別あれども、日夜に*戦々兢々《せんせんきょうきょう》として、自ら許されぬは一《いつ》じゃ。*徳建ち寿《じゅ》全く、位うごきなく、財物《ざいもつ》足り、子弟淳厚、*神霊護すれば、この楽言《ことば》の宣《の》ぶべき所ではない。誠に大人の大人たる所、徳者の徳者たる所、ことごとくこ

懐清台…始皇帝が蜀の寡婦清の貞節を表彰するために築いた台。 **万石君**…＝石奮。漢の隠者。その子はみな孝行、慎み深いことで誰もが及ばない一家であった。 **郭子儀**…唐の武将。子の郭曖は代宗の娘昇平公主をめとり、孫は憲宗の妃となり、その子は穆宗となった。 **君子は〜**…慎独。人のいないところでも行いを慎む。『大学』 **三業の悪口**…一八九頁の「この戒も身業意業にわたるべきじゃ…」を参照。身業・意業・口業で悪口に相当する戒を犯す。 **世に処して**…処世＝世間と交わってうまく生活していくこと。世渡り。 **乱臣賊子**…国を乱す臣、親を傷つけ害する親不孝の子。 **孤弱**…寄る辺なくか弱いこと。 **戦々兢々**…「戦々兢々薄氷を覆（ふ）むが如く、深淵に臨むが如し」『詩経』。薄い氷を覆んで割れて水の中に沈まないように、また深い淵で落下しないように。おびえ恐れてつつしむさま。 **徳建ち**…徳が確立して動か

の戒にあるべきじゃ。

悪口の開遮

それなれば大人は一向に悪口をせぬかというに、この戒にまた*開・*遮ということがある。諸仏の法門に、*折伏《しゃくぶく》あり*摂受《しょうじゅ》あるじゃ。猛獷《みょうこう》の言辞《ごんじ》を以て呵責《かしゃく》し、*神通変現にも、猛利《みょうり》の言を以て外道を*降伏《ごうぶく》する類を、折伏という。*布施《ふせ》・愛語《あいご》・利行《りぎょう》・同事《どうじ》を以て、上中下を導くを、摂受という。この二門はなければかなわぬことじゃ。

折伏と悪口の相違

この中折伏門は、悪口に似て悪口ならぬじゃ。律中に、亡人《もうじん》の遺財《ゆいざい》を貪る者を呵《か》して、汝*旃陀羅心《せんだらしん》を起こすこと勿れと云う。経中に、愚痴の比丘を呵して*唖羊僧《あようそう》と名づく。大迦葉《だいかしょう》尊者の阿難《あなん》尊者を呵して、汝年少の比丘と。『梵網経』に、不受仏戒の者、犯仏戒の者を呵して、畜生無異、木頭《もくず》無異と。仏世尊の提婆達多《だいばだった》を呵責して、汝人の唾《だ》を食《じき》する者と。また*無比《むび》童女を罵辱《めにく》して、この卑賤身、不浄遍充満すとありし。この類折伏に属す。

世間法の中に、孔子が*原壌《げんじょう》を責めて、「幼《いとけな》くして遜弟《そんてい》ならず、長じて述べらるること

ない。建徳。　**淳厚**…素直で心があたたかいこと。

開・遮…開＝行為を許すこと。遮＝禁ずる事。　**折伏**…悪人をくじき屈服させること。　**摂受**…受け入れる。摂し受け入れる、の意。慈悲によっておさめとって衆生を導く方法。　**神通変現にも**…神通力によって不思議を現すこと。にも＝〜においても。　**降伏**…威力で相手をおさえ鎮めること。　**布施・愛語・利行・同事**…四摂法（四摂事）人々を仏道に引き入れる四つの方法。布施＝真理を教えたり（法施）、物を与えたり（財施）すること。愛語＝優しい言葉をかけること。利行＝三業による善行で人々に利益を与えること。同事＝相手と同じ立場に身をおくこと。　**旃陀羅**…インドの四姓のさらに最下層の人々への呼称。言葉としては差別的。尊者がこれを悪口とせず折伏としておられるのは、歴史的な背景もあろう。　**唖羊僧**…僧侶を品位により四種に分ける中の一つ。破

なく、老いて死せざる、これを賊とす」と。

周の武王が殷の紂王を罵りて、「*独夫受《どくふじゅ》、洪《おおい》ニ惟レ作スレ威ヲ。乃チ汝ノ*世讐《せいしゅう》ナリ」と云いし類。もしは国法を犯し、不忠不義、国事に惰《おこた》りある類。みな呵責を用う。これは悪口とはせぬじゃ。大抵慈悲心・孝順心《きょうじゅんしん》と相応すれば、みな破戒ならぬじゃ。

不悪口戒の異熟果・等流果・増上果

『華厳経』の中に、「仏子、悪口之ノ罪亦使ム三衆生ヲシテ堕セ二三悪道ニ一」とある。これ異熟果じゃ。「若《も》シ生レバ二人中ニ一得二二種ノ果報ヲ一。一ニハ常ニ聞ク二悪声ヲ一。二ニハ言多シ二諍訟一」とある。これ等流果じゃ。余文《よもん》に、外《ほか》の器世間*までも*荊棘《けいきょく》と*鹵莽《ろもう》多きとある。これ増上果じゃ。

法性法として、そむけばこの罪業あること、譬えば印章を紙に印し出《いだ》す如く、鋳造《ちゅうぞう》の*模《も》を脱する如く、毫釐《ごうり》も差《たが》いなきとあるじゃ。ただ心の麁なる者、道理に暗き者は、自《みずか》ら解せず。名利五欲に随順するもの、事に*掩《おお》わさるる者は、自ら迷うじゃ。

凡聖一如

一切衆生いきとし生ける者*、*蠢動含霊《しゅんどうがんれい》、みな一仏性なること、大海《たいかい》の同一《どういつ》*鹹味《かんみ》なる如く、太虚空《たいこくう》の同一《どういつ》*洞豁《とうかつ》なる如くじゃ。この一仏性、凡夫にありても減ぜぬ、仏にあ

戒はしないが、事の判断が出来ず、羊が無言であることと同じである僧をいう。**無比童女**…比較する者がないほどの美女を意味し、釈尊が美しさの中も糞尿に満ちていると言った。『スッタニパータ』 **原壌**…孔子の幼なじみであるが、礼儀知らずだった。

独夫受…くだらない男。紂王のことを指して言った。『書経』

世讐…先祖代々の仇。

器世間…=器世界。環境。国土。 **荊棘**…いばら。

鹵莽…鹵=荒地。莽=やぶ。 **模**…かた(型)。鋳型。

掩…おおう。おおいかくす。

いきとし生ける者…「と」と「し」は強めの助詞。この世に生きているすべてのもの。

蠢動含霊…うごめく虫と有情。蠢動=虫のうごめき。含霊=有情。

鹹…しおけ。

洞豁…広々としている。

りても増せぬ。この*仏性の増減なきことを信ずれば、自《おのずか》ら憍慢の心なく、悪口は離るるじゃ。迷に迷を累《かさ》ぬれども、元来相違なく、*廓然《かくねん》として開悟すれども、元来相違ない。この迷悟へだてなきことを信ずれば、自ら憍慢の心なく、悪口は離るるじゃ。

迷悟一如

この*迷といい、この悟ということ、物の表裏ある如く、日の昼夜ある如く、一仏性の中、*仮に分別し説示するのみじゃ。*賢聖は一仏性の中に於て、この世間常恒《じょうごう》に清浄無為じゃ。凡夫は一仏性の中に於て、この世間常恒に煩悩無明《むみょう》じゃ。

この煩悩無明の中、影を逐うて止まぬ。業に随うて流転する。*一多を建立する。自他を建立する。*捉えられぬ影を無理に捉えんとする。無常に常相を拵《こしら》える。無我法中に我相を計《け》する。*一法中に心境を分異する。*常住法中に三世転変をみる。

唯識

今この人間世界、肉眼《にくげん》に見る所は、*処として人間ならざるはなく、禽獣草木に至るまで、ことごとく人間所用《しょゆう》の為に、世に生育せるものじゃ。たといこの海を超え、かの山を超え、千里万里の外に往くとも、無量億の国土を過ぐるとも、ただこの人間世界涯際《がいざい》

仏性の増減～…仏性は増減（相対せるもの）を離れている。悪口戒の根底には、この平等の仏性がある。

廓然…心が広くわだかまりがないさま。

迷といい～…尊者が達磨図の賛に「迷ひてふ悟りてふことむつかしき世はかくてこそあるべかりけれ」とある。

仮に分別し～…本来一つのものであるが説示のために仮に設けたもの。

賢聖は～…同じ場所で賢聖は清浄の世界におり、凡夫は無明の世界にいる。

一多を建立…一と多（一切）に分ける。

捉えられぬ影～…実体がないものを掴もうとする。

一法中に心境…心と外界は一つであるのに心と境（対象）と対立させる。

常住法中に～…永遠である真理（法）に過去・現在・未来（三世）を造り出す。

処として～…人間の目から見れば、何を見ようとどこに行こうと人間の世界である。

なきということじゃ。もし*鬼神部族なる者ありて、鬼眼《きげん》を以て見れば、到る処が鬼類鬼界で、山川草木も、ことごとく鬼類相応の鬼世界なるということじゃ。

『華厳経』に、人間の聚落《しゅうらく》と、*夜叉《やしゃ》の聚落と、互いに相依住《あいえじゅう》して、互いに見聞せぬ。互いに障礙《しょうげ》せぬとある。今日人間の中に、間に別に業感の者ありて、鬼類を見ることがあるということじゃ。この者の眼には、大地樹木、一囲《いちい》二囲に堪《た》うる木には、みなそれ相応の鬼神依住《えじゅう》して、空間《くうげん》なるものなしという。また真言呪力《じゅりき》によりて*世間悉地《しつじ》を得るもの、その悉地物《しつじもつ》に*三相具足して現ずる時、諸の*持明仙《じみょうせん》来り迎う。天上地上ことごとく仙宮充塞《せんぐうじゅうそく》して、金閣珠楼、諸仙遊住して、一処として、空間《くうげん》の処はなきということじゃ。

点撿し将《も》ち来れば、三界悉くただ一大夢じゃ。*此の者の夢は彼の者は知らぬ。彼の者の夢は此の者は知らぬ。一塵の中に彼々《ひひ》の世界を建立す。*同類同業の者が、その中に依住して言語往来《ごんごおうらい》する。一刹那の中に年月日時《ねんがっぴじ》諸《もろもろ》の劫数《こっしゅ》を建立して、同業同類の者、その中に生じその中に死して悲しみ悦ぶ。更に謬《あやま》れば、自他憍慢に役使《えきし》せられて、三業の悪口を生ずる。これによりて*三途に頭出頭没《ずしゅつずもつ》するじゃ。

鬼神…天地万物の霊魂。死者の霊魂と天地の神霊。
夜叉…古代インド神話に登場する鬼神。のちに仏教に取り入れられ護法善神の一尊となった。
世間悉地…大日如来の境地を成就するまでに至らない、世間的な有相の境地。
三相…有為法の三つの特性。生・住・滅。三有為相。
持明仙…霊鷲山に住んでいたという真言（明）を誦呪して神通力を得た仙人。
此の者の夢は〜…自分の夢を他の人が知らないように、人はそれぞれ自分の造り出した世界で生きているということ。
同類同業の〜…似た者同士が親交しながら迷いの世界に住んでいること。
三途…三悪道。地獄・餓鬼・畜生。

この中一の因縁あり。有信の者思惟すべし。『法華経』に、過去無量劫の時に仏あり。*威音王仏《いおんおうぶつ》と名づく。その威音王如来の滅後、像法*の中、一の菩薩比丘あり。*常不軽《じょうふぎょう》と名づく。この人学問せず。誦経《じゅきょう》せず。只*四衆《ししゅ》にあえば、貴賤のわかちなく、みな尊重《そんじゅう》心《しん》を起こし、礼拝讃嘆してこの言《ことば》を作す。「吾汝を軽んぜず。汝を敬う。汝等《なんじら》みな当来*に作仏《さぶつ》すべし」と。常にかくある故に、人呼んで常不軽という。

その時四衆の中に瞋恚不浄なる者あり。悪口罵詈して、「この無智の比丘、何処《いずこ》より来れる。我等この虚妄《こもう》の授記*を用いず」と云い、或は杖木《じょうもく》、或は瓦石《がしゃく》を以て*打擲《ちょうちゃく》す。その時遠くさけ走りて、尚高声《こうしょう》に唱う。「我れ敢て汝等を軽んぜず。汝等当ニベシ二作仏ス一」と。この比丘のち命終《みょうじゅう》の時、虚空の中に威音王仏を見奉り、*六根浄《ろっこんじょう》の功徳を成就し、更に寿命を増《ぞう》せしとある。

人の性は仏性のみ

これ等《ら》の文《もん》、*教家《きょうけ》の中には、人々家々《にんにんけけ》の解了《げりょう》、浅深《せんじん》もあるべきなれども、その釈義は且《しばら》く置きて、直《ただち》に経意を看よ。衆生に、仏性あることを知れば、礼拝尊重《そんじゅう》すべし。仏性を尊重すれば、その人の目にはただこれ仏性のみじゃ。元来世間に、一衆生として凡夫という者を見ぬ。この仏性威音王仏は、この空中に顕われねばならぬ。この威音王仏

威音王仏…『法華経』で説かれる仏。響き渡る声を持った王の意。

像法…仏教が時代を経ていく中での変化を表した三つの時代（三時＝正法・像法・末法）の一つ。像法は教えと実践が残っていても悟りに至る人がいない時代。

常不軽菩薩…釈尊の前世の姿であったとされる。『法華経』常不軽菩薩品

四衆…比丘・比丘尼・優婆塞・優婆夷。仏教教団の中の出家と在家。

当来…未来。

授記…修行者が未来に最高の悟りを得るであろうことを仏が予言、約束すること。

打擲…木で叩き、石を投げつける。擲＝投げる。

六根浄…＝六根清浄。眼・耳・鼻・舌・身・意の機官が清らかであること。

教家…経論によって教えを説く仏教家。禅家・律家に対するが、尊者は禅者・教者と区別してその仏教に対する姿勢の違いを説かれることが多い。

が自性空の中に顕われるれば、生なく滅なく、寿命延ぶることを得べし。

常不軽菩薩の真実

*等虚空界《とうこくうかい》の寿命あれば、等虚空界の眼功徳《げんくどく》を得る、その見る所を見る。

等虚空界の耳根《にこん》を得る、その聞くべき所を聞く。

等虚空界の鼻根を得る、*戒香・定香・解脱香を嗅ぐ。

等虚空界の舌根を得る、その辛《しん》・鹹《かん》・苦《く》・酢《そ》、みな法味を受用する。

等虚空界の身根を得る、その寒温・軽重、みな妙触《みょうそく》を受用《じゅゆう》する。

等虚空界の意根を得る、得失・是非、我が安立する所に随いて、「*十方仏土中《じっぽうぶつどちゅう》、唯有《ゆいう》一乗法《いちじょうほう》」じゃ。

*従地涌出《じゅうじゆじゅつ》の菩薩は、悉く我が教導せる所じゃ。*多宝塔、縁に随って起滅して、共に辺際《へんざい》なし。その時の常不軽菩薩は、今の釈迦如来なりとある。

罵る者は罵るに任《まか》す。彼が睡夢の中の差排じゃ。打つ者は打つに任す。虚空に来去なく生滅ない。取るべきこともなく捨つべきこともない。憎むべきこともなく愛すべきこともない。その時に打罵《ちょうめ》呵責せし者は、今の阿難等の大衆なりとある。「*常在霊鷲山《じょうざいりょうじゅせん》、我此土安穏《がしどあんのん》」じゃ。

等虚空界…虚空と一体になった境地。虚空が無色無形で一切万有を包括することから真如・空・般若を譬えていう。

戒香…戒律を守る功徳が四方に薫ずるのを、香にたとえていう。戒を守った功徳が香ること。

十方仏土中、唯有一乗法…仏の世界であるこの全世界にはただ仏の教えの一乗法（唯一の真実の教え）のみがあるということ。一仏乗という。『法華経』。声聞・縁覚・菩薩の三乗は一仏乗の方便だとする。

従地涌出の菩薩…釈迦が本門の教えを説いたとき、地上から出現した多くの菩薩。『法華経』従地涌出品

多宝塔、縁に随って起滅…釈尊が説法をしていたときに、地中から七宝（宝石や貴金属）で飾られた巨大な宝塔が出現し、空中に浮かんだこと。多宝如来の出現である。『法華経』見宝塔品

常在霊鷲山、我此土安穏…釈尊が滅しても法身は常に霊鷲山で説法し、この仏国

知る者は五百塵點劫《じんでんごう》已前《いぜん》に相知る。知らぬ者はただこの因縁説のみじゃ。

空と縁起

これによりて仏性を礼拝恭敬《らいはいくぎょう》すれば、無量の功徳を得る。悪口すれば大罪を得る。真正の道人《どうにん》、*第一義に入りて、縁起の相を壊《え》せず。その罪のあることを知る。その功徳のあることを知る。一切衆生、*業風《ごっぷう》に吹きまどわされて、此《ここ》に死し彼《かしこ》に生ずること、譬えば空中に浮かぶ雲の如くじゃ。風に随って合《がっ》す。合すれば同一の雲じゃ。風に随って離散す。離散すれば百千万の雲じゃ。一切衆生が自性空中に起滅して、彼あり此あるに似る。貴あり賤あるに似る。智愚賢不肖あるに似る。

この法性縁起の中に、常不軽菩薩の行というは、強いて道のほとり、市町《いちまち》の中にありて礼拝することでない。中下等の人に対して*足恭《すうきょう》することではない。真正にこの戒を護持する者は、*道路街衢《がいく》の中、たとい人どめをさせても、*先ばらいをさせても、如説修行のあるべきことじゃ。

十善法語　巻第六　終

土は安穏であること。『法華経』寿量品

第一義に入りて～…究極の境地に至っても、縁起の現象を否定することなく、善悪の業果があることを知る。

業風…業のはたらきを風にたとえたもの。

足恭…過度に恭しくすること。また、おもねること。足＝度が過ぎること。

道路街衢…衢＝ちまた。まち。

先ばらい…貴人が通行するとき、前方の通行人を追い払うこと。

十善法語　巻第七

不両舌戒《ふりょうぜっかい》

安永三年甲午《きのえうま》二月九日示衆

不両舌戒序説

師いわく、今日《こんにち》は不両舌戒を説くじゃ。この戒は平等性《びょうどうしょう》じゃ。和合の徳じゃ。人に交わりて*友愛親好の心あるが、この戒の趣じゃ。菩薩は自《おのずか》ら友愛親好の心なるによりて、他の友愛親好を喜ぶ。誤っても*離間《りけん》して他の親好を破することはない。この不両舌戒が直に菩薩の本性《ほんしょう》たるじゃ。この心一分全き者が人間の*当分じゃ。もし衆に及ぶ者が人民の主たる徳じゃ。

この友愛親好、*近くは人の人たる道で、家にありて孝となり、君に事《つか》えて忠となり、郷党朋友の交わり、みな*和順するじゃ。*遠くは縁にふれて法を得る。境に対して自心を明らかにする。飛花落葉に無師自覚する。一句一偈《げ》の中に*無漏聖位《むろしょうい》に入る。一切時一切処、みな自心と相応して、無上正覚《しょうがく》の基本たるじゃ。

友愛親好…兄弟や友人に対する情愛、親しみの情。
離間…人と人との仲を裂くこと。両舌を離間語ともいう。
当分…さしずめ具わっている分限。
近くは…身近な喩の意味であるが、ここでは俗世間の例でもある。
和順…穏やかに従うこと。
遠くは…「近くは」に対し、出家僧の不両舌戒の徳を示したもの。
無漏…漏とは煩悩で、煩悩を超えてしまうこと。

通*じて世間の中に、小児のとき兄弟《きょうだい》睦まじき者が、長ずれば必ず父母に孝順《*きょうじゅん》の子となる。家にありて父母に孝順なる者、のち君に事えて必ず忠義の臣となる。この者が出家すれば、必ず正法を光顕*にする。この不両舌戒は、その義広大なることじゃ。たとい才芸中人に及ばず、智行《*ちこう》庸流《ようる》に異ならぬ者も、この友愛親好の心だに全ければ、世間出世間の中に徳者たるべきじゃ。

両舌の実際

両舌というは、律文に、「彼此《ひし》闘乱《とうらん》シテ令《ムル》二他《ヲシテ》破《セ》一也」とある。およそ世間の習《ならい》、中已《ちゅうい》下《げ》の人の言《ことば》は、多く抑揚*表裏あるものじゃ。これ等の言は、聞かざれば愈《いよいよ》よし。もし聞くも心頭に留むべきことではない。もしこれを聞いて憶持し、この語を彼に伝え、彼の語を此に伝うれば、必ず彼此の親好を破して、なかなかあしくなるべきじゃ。もし今まで親好なる者が、そのよしみ*我れゆえ破るは、これを十悪業の第七とす。

両は両人両家等を指す名じゃ。舌は言説《ごんぜつ》往来のことじゃ。新訳にはこれを離間語《りけんご》と翻ずる。離とは離別じゃ。間とはへだつることじゃ。この事の鄙悪《*ひあく》なることを知りて、他の親好を破せぬを不両舌という。法ありてこの不両舌を護する。友愛親好、人に交わりて偏党《*へんとう》なきを不両舌という。これが十善の第七じゃ。

通じて…総じて。一般的に見ると。大方。
孝順…父母によく従い、仕えること。
光顕…本質を明らかにする。
智行…智恵と修行。
抑揚…褒めたりけなしたりすること。
よしみ…好み・誼。親しい付き合い。縁故。何らかの縁によるつながり。親交。
鄙悪…いやしく悪い。
偏党…偏ること。公正な立場でないこと。

他の口業との関連

この中ありのままなることを云うて離間するが、この戒当分の犯*じゃ。少しもありのままを違うれば、両舌に妄語を兼ねる。もし麁獷《そこう》の言辞《ごんじ》を雑《まじ》うれば、悪口を兼ねる。もし綺飾《きしょく》の言を雑うれば、綺語を兼ねる。分別して言わば、単複種類多いことじゃ。

不両舌戒の開遮

この戒また開《かい》・遮《しゃ》を知るべきじゃ。『瑜伽戒本《ゆがかいほん》』の中に、「見テ下諸有情ノ為ニ二悪朋友ノ一之所ラレレ愛セ親愛不ルヲ上レ捨テ。菩薩見已ッテ起シ二憐愍心《*れんみんしん》ヲ一。発二生シ利益安楽意楽《*いぎょう》ノ一。随ヒレ能ニ随ヒレ力ニ説イテ二離間語ヲ一。令ムレ下離二悪友ヲ一捨テ中相親愛スルヲ上。勿レレ令ムルコト下有情ヲシテ由テレ近ヅクニ二悪友ニ一当ニ受ケ中長夜ノ無義無利ヲ上。菩薩如クレ是ノ、以テ二饒益心《*にょうやくしん》ヲ一、説イテ二離間語ヲ一、乖《*け》離スルハ二他ノ愛ヲ一、無クレ所二違犯スル一、生ズ二多ノ功徳ヲ一」とある。

また世の変、事の変にて国の乱れたるとき、撥乱《はつらん》の主、智謀の士が、軍中の計略に、或は離間し、或は反間《*はんかん》を行う。これも違犯ではない。

*斉の田単《でんたん》が、恵王《けいおう》に楽毅《がくき》を疑わせて燕《えん》の兵を退け、漢の高祖の、*陳平《ちんへい》が謀《はかりごと》を用いて、項羽《こうう》に范増《はんぞう》を疑わせて楚を破った類じゃ。

当分の犯…不両舌戒通常の犯。当分＝さしあたって。

憐愍心…あわれみの心。

意楽…念願する。楽＝ねがう。

饒益心…利益し救おうという心。

乖離…結びつきが離れること。乖＝そむく。

反間を行う…敵のスパイに偽の情報を流して戦いを勝利に導くこと。

斉の田単が〜…燕の楽毅が斉を攻めた。そこで、斉の将軍田単は楽毅が斉の国の王になる野望を抱いているという噂を流す。その噂を信じた燕の恵王に楽毅はうとまれたので趙に逃れた。

陳平が謀を〜…陳平が項羽の陣にスパイを送り、范増が裏切ろうとしていると嘘の情報を流して仲の良かった項羽と范増の仲を裂いた。

世の常の両舌

もし他の反間に堕《お》つるも、*この戒全からぬ罪を知るべきじゃ。

治世《じせい》には、禄利・名称を貪る者が、その近き処に託して、*讒《ざん》を構え偽《いつわり》を売る。乱世には、智謀の士が種々に計略して反間をなす。仁君《じんくん》も時に臨んでは罪なきを遠ざく。明主《めいしゅ》も事に触れては忠臣を疑う。無しと云われぬじゃ。もし誤って忠臣を疑えば、強国も直に弱国となる。誤って奸臣《かんしん》に信任すれば、治国も亡国となる。奸臣も時によりては或は*忠直に似る。反間の言が或は親好に*まがう。

ただ十善護持の大人のみありて、神祇守護し、輔佐誠を尽くして事うる故に、他の反間におちぬ。また奸臣に欺かれぬじゃ。

友愛親好のすがた

この友愛の徳尤《もっと》も広大なるによりて、これに反して、両舌離間は至って*狭劣なることじゃ。この友愛の徳尤も尊尚なるによりて、両舌離間語は語業の中に尤も*卑陋《ひろう》なることじゃ。*匹夫匹婦の*利禄に走る心より起こり、奸臣*佞人《ねいじん》の賢を嫉《ねた》み能を害する心より起こりて、終に人を敗り自ら害し、家を亡ぼし国を覆《くつがえ》すじゃ。

尊貴の人、富饒《ふにょう》の家には、この両舌離間の語は相応せぬじゃ。*威権《いけん》当路の人、*清平《せいへい》の

この戒全からぬ罪…スパイの手に落ちたことは、落ちた者にも不両舌戒の罪があったからである。

讒を構え…＝讒構。ないことをこしらえて告げ口をし、人を陥れること。讒＝他人を陥れるために事実でない悪口を言うこと。讒言。

忠直…忠義で正直に仕えること。

まがう…紛う＝他のものと似ていてとりまちがえる。

狭劣…（智恵が）狭くて劣っていること。狭＝狭量。

卑陋…品性・言動などがいやしいこと。

匹夫匹婦…平凡な男女。身分の低い男と女。

利禄…利益と俸禄（役人に与えられる給与）。

佞人…心がよこしまで人にへつらう人。

威権当路の人…威力と権力があり、重要な地位についている人。

清平…世の中が清らかに治まっているさま。

世には、この両舌語相応せぬ。法としてかくの如くなる故、もしこの戒を破する者は、貴人《きにん》はその位を失う。徳者はその徳を失う。威権当路の人はその威権を失う。人倫の賤《いやし》むるところ、神祇の憎むところ、天命の許さぬところ、法性《ほっしょう》に違背する処じゃ。

この戒法性より等流《とうる》し来りて、今日現今、事々物々《じじもつもつ》の上に相違せぬじゃ。この友愛親好、天地の道じゃ。万物の情じゃ。看よ、天地の間、この事ありこの物ありて、或は*各々相応し、或は相制する。物独り立《りっ》せぬ。事独り成ぜぬ。左右相依り、能所互いに扶《たす》け、時を得処を得て成立するじゃ。

友愛の徳

古に、「*雷出《ズレバ》則《チ》万物出《デ》、雷入《レバ》則《チ》万物入《ル》」と云う類。*星風を好み、星雨を好むと云う。「*雲《ハ》従《フ》レ龍《ニ》」と云う類。みな友愛の徳じゃ。不両舌の功じゃ。

世間に、山あれば川ある。峰あれば谷ある。陸地あれば海ある。春夏あれば秋冬ある。刀剣あれば甲冑ある。矛あれば盾ある。*公輸子《こうゆし》が器械あれば、墨翟《ぼくてき》が防御備わると云う類。みな友愛の徳、不両舌の功じゃ。

周代*文徳備わる。これが子孫微弱の兆となる。戦国のとき、*処士の類が*横議する。これが*秦代に書を燔《や》き儒を坑《あな》にする基《もとい》となる。

各々相応し～…物事は独立して展開するのではなく、他の縁を待って成立することを示す。この左右・能所等の存在そのものが不両舌戒の道理（法性等流）である。
雷出則万物～…『易経』
星風を～…『書経』
雲従龍…『易経』
公輸子～…公輸子（魯の工匠）が王のために雲梯という城の壁を登るはしご車のような機械を造った。しかし墨翟（墨子）が攻略法を示し成功した。
文徳…学問を修めた徳。武徳に対す。
処士…官に仕えず野にいる人。
横議…ほしいままに議論する。
秦代に～…始皇帝の焚書坑儒。一九三頁参照。

『史記』に、「伯禽*受ク二封ヲ之魯ニ一。変ジ二其ノ俗ヲ一革《あらたム》二其ノ礼ヲ一。太公*封ゼラル二於斉ニ一。簡ニシ二其ノ礼ヲ一従フ二其ノ俗ニ一。周公*歎ジテ曰ク。嗚呼魯ハ後世北面シテ従ハンレ斉ニ矣」と。斉は「後世有ラン二*弑逆《しいぎゃく》ノ之臣一」と。これ等聖人という者は始めを見て終わりを知るじゃ。

和合の妙

仏法より云わば、始終相応し、事勢相為す。みな友愛不両舌の趣じゃ。大なるものは天地陰陽。小なるものは一草一木。その趣違いなきじゃ。

医者の*薬性《やくせい》を論ずる。各々相応し、或は相制《あいせい》する。これを病に用いてその功を得る。書家の偏旁《へんぼう》の法を立つる。楽人《がくにん》の*律呂《りつりょ》を論ずる。その余万般悉く同*軌轍《きてつ》じゃ。*薬方《やくほう》も*張仲景このかた、名医の立てた方は、妙があるということじゃ。文字も名家の手跡は、偏旁の儀が格別なということじゃ。音楽も*律呂《りつりょ》相和すれば、聞く者の感あるということじゃ。

人間界の和合

この人のこの世に居する。上《かみ》天を戴《いただ》き、下《しも》地を履《ふ》む。昼日《ちゅうじつ》事縁ありて、夜分休息す。*父慈《ちちじ》に子孝《ここう》ある。君誘《きみいざな》い臣輔《しんたす》くる。ことごとくこの戒の趣ならぬことはない。

伯禽…魯の初代君主。周公旦の長男。
太公…斉の太公望のこと。
周公歎曰…『史記』では、ここは太公望が言ったことになっているので尊者の記憶違いであろう。
弑逆…臣子が君父を殺すこと。
薬性…薬の個性。
律呂…中国の音楽の音律。
同軌轍…同じ筋道。
薬方…薬の処方。
張仲景…張機。後漢の官僚で医師。医聖と称せられる。著書に『傷寒論』。
律呂…古代に定めた六律（陽）・六呂（陰）の十二律の音調。広くは音楽のこと。
父慈に子孝…『菜根譚』

もし天を軽んじ地を侮《あなど》る、*天地は何とも思わねども、その人は災あるということじゃ。夜分《やぶん》に作事《なすこと》あって、昼分睡眠する、不祥の兆ということじゃ。

たとい子は孝行なくとも、父は慈悲なるべし。この慈悲というも、甘やかすことではない。その道あるじゃ。*たとい父母は*頑嚚《がんぎん》でも、子は*至孝《しこう》なるべし。頑嚚の目にかかるは、その子たる者の志ではない。一念も父母を軽んずる心あるは、自ら福分を減ずるじゃ。

君の臣を用うる、その才を*量りて事を任す。名医の薬方《やくほう》を用うる如くということじゃ。臣の君に事うる、*満分《まんぶん》に君命に従いて、私を顧みぬということじゃ。古に、「*命を聞いて奔走するは利を好む者なり。己を直くして道を行うは義を好む者なり」という言もあれども、臣子《しんし》たる者の大体は、命を聞いては奔走すべきじゃ。

友愛から平等性へ

自他元来二なきじゃ。友愛の心、法性等流《ほっしょうとうる》して、一切衆生に*偏ずる。*心境元来別なきじゃ。友愛の心、法性等流して、一切世界に偏ずる。凡聖《ぼんしょう》元来*融会《ゆうえ》す。*修証《しゅしょう》元来別なし。悉くこれ友愛の心を拡《おしひろ》め、この平等性《びょうどうしょう》を成ずる。初め凡位より、終わり*法性相応して賢聖の地位に入る。みな不両舌の徳じゃ。この中この迷情を起こすは、譬えば*翳《えい》

天地は何とも～…創造主を立てない仏教の因果の趣がここにある。『論語』に「天何をか言わんや。四時行われ百物生ず」にも通じようか。

たとい父母は～…『論語』に「君君たり、臣臣たり、父父たり、子子たり」とある。また、『古文孝経』に「父父たらずといえども、子は以て子たらざるべからず」ともある。

頑嚚…かたくなで道理にくらい。頑＝頑固。嚚＝愚か。

至孝…この上もない孝行。

量りて…思案する。

満分…十分な。

命を聞いて奔走～…命令を聞いて走り回る者は利を好む者である。己を正しく守って道義を実行する者は義を好む者である。『唐宋八家文』

偏ずる…広く行き渡る。

心境…心と外境。認識の主体と客体。

融会…融通会通すること。別々のものがとけあって一体となること。

修証…修行と悟り。

法性相応…法性（真理）と

眼《げん》に*空華《くうげ》を見る如くじゃ。

平等の本性

*法性空中、妄りに造作《ぞうさ》して*自他を見る。この自他分上にも、平等の性、和合の徳は、本来隠し得ぬじゃ。看よ、自は他に対してその相を顕わす。他は自に対してその相を顕わす。もし相対なければ、元来*不可得じゃ。およそ*法を説くはただ相対の儀じゃ。

分別と平等

看よ、*生死に対して涅槃を説き、凡夫に対して聖者を説き、煩悩無明《むみょう》に対して菩提を説く類じゃ。ここに至りては、迷の源に達すれば直に聖域《しょういき》に入る。迷情の中にこの心境を見る。この*心境能所の中にも、平等の性、和合の徳は、本来隠し得ぬじゃ。

能所と平等

看よ、*能縁《のうえん》の心は境によりて能となる。*所縁《しょえん》の境は心によりて所となる。心現ずれば境来る。境来れば憎愛生ずる。もし能所《のうじょ》を離るれば、法元来不可得じゃ。およそ*法を論ずるは、ただこの能所の差排じゃ。ここに至りて*能所各立《かくりつ》して、ただ心源を見るじゃ。

一体化すること。

翳眼…物がかすんで見える眼病。翳＝かげ。

空華…目の病で空中に花があるように見えること。実体があるように物を見ることのたとえ。

法性空中…空である法性の中に。

自他を見る…自と他に分ける。

不可得…いくら求めても認知することができないこと。ものの本体（自性）を求めても、ついに得られない＝空。

法を説く…仏が法を説いたとしても、相対の域を出ない。

生死…生と死をくりかえす迷いの世界。

心境能所…心が「能」でその対象の外境が「所」。

能縁…ものを認識する主観。

所縁…認識の対象。

法を論ずるは～…論ずること自体が能所があること。

能所各立して～…能所が厳然とありながら本性を見る。

生死界の平等

妄想*相続の中にこの生死あるじゃ。この生死界にも、平等の性、和合の徳は、本来隠し得ぬじゃ。生自《みずか》ら生ならぬ、滅に対して仮に生を現ず。滅自ら滅ならず、生に対してその相を顕わす。この隠顕《おんけん》を捨つれば、世界元来不可得じゃ。およそ世相を分別するは、ただこの隠顕のみじゃ。

この生死界中、内あれば外ある。一あれば二生ずる。万般の世事、*紛々として起こる。この万般事物の上にも、平等の性、和合の徳は、本来隠し得ぬじゃ。なぜぞ、本は末に*徹して麁細差《そさいたが》わぬ。末は本の如く*安立《あんりゅう》して、*左右その源に逢う。今日世に交わり人に朋《とも》うて、心に偏党なく、語せざれば止みね、語すればただこの友愛親好と倶なるべきことじゃ。一言一黙、人倫の全き処、神祇の守護する処、天命のある処、法性の随順する処じゃ。法としてかくの如くじゃ。

法性に順う

古に、王者が五行の徳を以て天下を治むるという、これも虚誕《こたん》ではない。五行の官を設けて民事を治むるという、これも虚誕ではない。*水官修まりて龍を*馴れ養う。*豢龍《かんりょう》

相続…継続すること。

紛々…乱れ起こるさま。

徹…通る。つきとおす。

安立…安置建立。秩序にしたがって成立すること。

左右その源に逢う…『孟子』に「これを資（たの）むこと深ければすなわちこれを左右にとるもその源にあう」とある。左に行っても右に行ってもその根源に逢うということ。

水官…水を治める官（五官の一つ）。古の官名。

馴れ養う…馴養（じゅんよう）＝動物を飼い馴らして育てる。

豢龍氏…『史記』『左伝』

氏《し》ありて龍を養うという。これ等もその理あるべきことじゃ。

馬を御《ぎょ》する者の馬の情を得る、牛を牧《か》う者の牛の情を得る、鳥を畜《か》う者の鳥の情を得る、魚を飼う者の魚の情を得る、乃至非情万物におし亘《わた》りて、各々その性を敗らぬが、この戒の趣じゃ。

*夏禹《かう》の洪水を治むるは、水の性に順《したが》うという。*郭橐駝《かくたくだ》が樹を植ゆるは、ただその性を害せぬということじゃ。悉く人倫の全き処、神祇の守護する処、天命のある処、法性に随順する処じゃ。

道と私意

世間この物あり。*大小異なれども、この道存在して欠減《けつげん》ない。ただ*私に掩《おお》わるる者が知らぬばかりじゃ。世間この事あり。大小異なれども、この道存在して欠減ない。ただ私に掩わるる者が知らぬばかりじゃ。

縁事を挙げば、『西域記《さいいきき》』の中に、「*釈種疎族ノ烏仗那《うじょうな》国王、備ヘ二*法駕《ほうが》ヲ一、就イテ二龍宮ニ一迎ヘテ二龍女ヲ一以テ還ルニレ都ニ、福力ノ所レ感ズルニ遂得二人身ヲ一。深ク自ラ慶悦ス。然レドモ其ノ宿業未ダレ尽キ余報猶在リテ、毎ニレ至ル二*燕私ニ一、首ヨリ出ス二九龍ノ之頭ヲ一。釈種畏レ悪《にく》ミ莫シレ知ルコトレ所ヲレ計ル。伺ヒテ二其ノ寐《いぬ》ルヲ一也、利刀ヲモッテ断ズレ之ヲ。龍女驚キ寤《さ》メテ曰ク、斯レ非ズ二後継《ごけい》ノ之利ニ一。非ズ三徒ニ我命有ルノミニ二少シキ損傷一。而汝ガ子孫当ニレ苦ム二頭痛ヲ一ベシ。故ニ此国族常ニ

夏禹…中国古代、夏王朝の始祖とされる伝説上の帝王。治水に成功。舜から帝位を譲られた。

郭橐駝…柳宗元の『種樹郭橐駝伝』に述べられている庭師・植木屋の名人。

大小異なれども〜…「物に大小はあれども、その理は違わぬじゃ」に通じる。本書三〇六頁。

私に掩わるる者…私欲に覆われている者。

釈種疎族〜…龍女を人間に変えて妻にしたが、安息時には九つの竜の首が出てくるので恐ろしくて刀で切った。このために子孫は頭痛で苦しむことになった。『西域記』巻三

法駕…天子が乗る車。

燕私…くつろいで休む。

有《リ》斯《ノ》患」と。これ等の事も、思惟すれば平等性の縁起を明らむべきじゃ。先祖の所作が、累代子孫の禍《わざわい》となり福となる。その縁を引いて消失せぬじゃ。

また漢の武帝の小子*を昭帝という。『漢書』に、「武帝元始《げんし》*三年昭帝妊身。十四月《ニシテ》生《ル》鉤弋宮《*こうよくきゅうニ》。上曰《ク》、昔聞《ク》堯十四月《ニシテ》而生《ルト》。今鉤弋亦然《リ》。廼《すなわチ》命《ジテ》其所生《ノ》門《ヲ》曰《フ》堯母《ぎょうぼ》門《もんト》。常言《ニフ》類《スト》我《ニ》。又感《ジテ》其《ノ》生与衆異《ナルニ》、心欲《ニス》立《テント》焉《これヲ》。以《テ》其《ノ》年稚《わかク》母少《わかキヲ》、猶預《なおあらかじめ》久《シウス》之《ヲ》。鉤弋倢伃《しょうよ》従《フ》幸《ニ》甘泉《ニ》。有《リテ》過見《ル》譴《けんせ》、以《テ》憂《ヒヲ》死《ス》。年八歳即《ク》皇帝位《ノニ》。壮大《ニシテ》多知《ナリ》。年二十余《ニシテ》崩《ズ》」という。これも前の烏仗那国《うじょうなこく》の縁に準じて見ば、この昭帝の早世も、その母鉤弋夫人の良死を得ぬによるなるべし。総じてその子を貴くせんと欲せば、その母を安んずべく、その子孫を福《さいわい》せんと欲せば、その民を撫育すべし。これがこの戒の趣なることじゃ。

また『西域記』に、「摩竭陀《*まかだ》国《ノ》幼日王、生擒《しょうきんシ》磔迦《たくか》国《ノ》大族王《ヲ》、数《ヘテ》其《ノ》罪《ヲ》曰《ク》、宣《シク》従《フ》刑《けい》辟《へきニ》。時《ニ》幼日王《ノ》母善《ク》達《ス》占相《せんそうニ》。欲《ス》一《タビ》見《ント》之《ニ》。幼日王命《ジテ》引《イテ》大族《ヲ》至《ル》母宮中《ニ》。王母曰《ク》、子其《レ》自愛《セヨ》。当《ニ》《ベシ》終《おフ》尓《ガ》寿《ヲ》。已《すでニシテ》而告《ゲテ》幼日王《ニ》曰《ク》、此《ノ》人余福未《ダ》尽《キ》。若《シ》殺《サバ》十二年《ノ》中菜色相視《ン》」と。これ等も具《つぶ》さに思惟すれば面白きじゃ。もし余福ある者を殺せば、国に饑饉《ききん》の災いある。平等性*縁起の中に信*を生ずる一助じゃ。

小子…子ども。

武帝元始三年～…昭帝の母、鉤弋夫人は昭帝が皇太子になったときに、過失があって譴（せめ）られて亡くなる。その昭帝は八歳で皇帝に即位したが二十歳で崩御した。『漢書』外戚伝。『史記』には武帝が鉤弋夫人を殺したとある。

鉤弋宮…宮殿の名。鉤弋宮で昭帝を生んだので鉤弋夫人と称す。

摩竭陀国幼日王～…幼日王が隣国の大族王を捕えて刑罰を与えようとしたとき、幼日王の母が大族王には余福が尽きていないので死刑にすればこの国に災いがあると言って止めた。『西域記』巻四

平等性縁起…縁起の性質が本来平等であること。因が自然に果を成すこと。

信を生ずる…尊者の言葉に「初心の者はこれ等を信ぜよ…信ずるというは、律儀に聖賢の書を信受するじゃ。あるいは理を拡めて信ずることじゃ」とある。

不和合による禍

天地和合せぬを、『易』に否塞《ひそく》と云う。諸事がこの処に敗るるじゃ。陰陽互いに和合するを、『易』には交泰《こうたい》と名づく。万物がこの処に生育するじゃ。古より律呂《りつりょ》和せざれば災禍《さいか》兆すと云い、君臣和合せざれば国家が治まらぬと云う。父子和合せざれば家門栄えぬと云う。朋友和合せざれば所作の事《こと》廃すると云う。兄弟・親戚・夫婦みな和合せざれば児孫衰滅すと云う。これ等悉く法性より等流し来りて、現今世間にかくの如く顕わるるじゃ。

『書経』に、「*八音克諧《はちいんよくととのひ》テ 無ク レ相二奪フコト倫ヲ一神人以和テス」と云う。『史記』の中、*鄒忌子《すうきし》が言に、「琴音調テ而天下治マル」と云う。隋の煬帝《ようだい》のとき、或る者が宮声往《きゅうせいゆ》いて復《かえ》らぬを聞いて、「君は他国に没すべし。宮声は君なり。往いて復らぬは、他所にありて命終《みょうじゅう》の兆なり」と云うた。果たして揚州に巡狩《じゅんしゅ》して、*宇文化及《うぶんかきゅう》に弑《しい》せらる。この類、声韻律呂《せいいんりつりょ》もその趣あるということじゃ。

殷のとき、*比干《ひかん》殺され箕子《きし》囚《とら》われて国の亡ぶる。*楚国に屈原放逐《ほうちく》せられて漸《よう》や く衰うる。これ等人の知る通りじゃ。

衛の*霊公が、世子蒯聵《かいがい》を逐うて国乱る。晋の*獻公《けんこう》が太子申生《しんせい》を殺して、五世安からぬ。*泰伯の、父の志を見て呉に去りて周が興る。*伯魚・子思が、父祖の道を守りて孔氏が永《えい》

八音克諧～…物事が調和すれば、神と人とが調和するという意。八音＝金（鐘）石（磬）糸（絃）竹（管）瓠（笙）土（壎）革（鼓）木（祝敔）の八種の楽器。

鄒忌子…斉の宰相で威王・宣王に仕えた。

宇文化及…隋の政治家、軍人。

比干殺され～…比干と箕子は共に紂王の叔父であるが、紂王により比干は胸を裂かれ箕子は投獄された。一九二頁にも既出。

楚国に屈原～…屈原＝楚の貴族で詩人、政治家。懐王によく仕えたが、頃襄王が即位すると追放された。

霊公が～…太子の蒯聵は南子（霊公の夫人）を殺そうとしたので、追放された。

獻公が～…献公の寵姫である驪姫（りき）は息子の奚斉を跡継ぎにするために異母兄の申生、重耳、夷吾を殺害または追放した。

泰伯の～…父太王が末子の昌（文王）に継がせたいという思いを知り、出国して呉の国を建てる。

伯魚・子思…共に孔子の孫。

葉《よう》伝わる類。父子の道かくじゃ。

古に「*舜耕《シテ》二於歴山《ニ》一而交《リ》レ益《ニ》。陶《シテ》二於河浜《ニ》一而交《ル》レ禹《ニ》」。*廉頗《れんぱ》・藺相如《りんしょうじょ》が交わりを結んで趙を全くせし類。朋友の道かくじゃ。

三国のとき、*袁紹《えんしょう》が死後兄弟相争うて速やかに亡ぶる類。文帝が弟を殺して、これも乱の階となる類。*夏《か》のとき、五子《ごし》が心を同じくして、父祖遺訓《ゆいくん》の趣を述べて歌を作る類。兄弟の善悪も著しかるべきことじゃ。

*周の幽王が申后《しんこう》を斥け、楚の平王が鄖《うん》夫人を斥けて、禍《わざわい》児《じ》孫《そん》に及ぶ類。唐の太宗が、*長孫皇后の諫めを聞く類。夫妻の好《よし》みも鑑《かんが》むべきじゃ。これ等は常人も盛んに云うことじゃが、戒学の中より看れば、この不両舌戒の験《しるし》じゃ。

不両舌戒の戒相

よくこの戒を護持する者は、在家にもせよ、出家にもせよ、道が身心の中に備わるじゃ。初めに口過《くか》を守りて両舌離間語せぬ。世に処して自ら*嫌疑ない。他の親好を見て喜ぶ。他の不和合を見て*憂戚《ゆうせき》する。この心二六時中相応する。事にふれて相違せぬ。時に随って増長するじゃ。

舜耕於歴山～…舜は歴山で耕作して利益を得、河浜で瓦器を焼いて禹を後継者とした。『史記』

廉頗・藺相如が～…共に趙の政治家で親好を結んで趙を斉・秦より守った。

袁紹が～…漢の武将・政治家。袁紹の死後、子息の袁譚・袁尚兄弟が争い、曹操に滅ぼされる。

夏のとき～…夏の第三代皇帝太康の五人の弟たちが「五子之歌」を作った。『史記』

周の幽王が～…周の第十二代の王幽王は、妃の申后を廃して褒姒を后としたために、申候に攻められて殺された。

長孫皇后…長孫無忌（太宗に仕えた元勲）の妹。

嫌疑…疑わしいこと。まぎらわしいこと。

憂戚…うれい悲しむ。

和合の種々相

親子の和合

俗中にありて、先ず父子の間嫌疑ない。父子嫌疑なければ、*父は自《おのずか》ら慈、母は自ら悲。これに定まったことじゃ。この慈悲外より来るでない。父母となれば、*縁起法としてかくの如くじゃ。子は自ら孝行を尽くす。これに定まったことじゃ。この孝外より来るでない。子となれば、縁起法としてかくの如くじゃ。

漢の世に、*鼂錯《ちょうそ》が父、その子の智術を逞《たくま》しくするを憂えて、「*吾不レ忍ビレ見ルニ二禍ノ逮《およ》ブヲ一レ身ニ」と云いて、自ら毒薬を飲んで死んだということじゃ。これは父たる者の慈心、その子を感ぜしむる志なるべし。

また*王陵が母が、敵国に捕らわれて、自ら剣に伏して死んだということじゃ。これはその子に忠義を全くせしむる志なるべし。変に処してはかくもあるべし。珍しきことではない。*虞舜《ぐしゅん》、*曾子《そうし》の孝もかくあるべし。珍しきことではない。

兄弟の和合

兄弟の間に嫌疑ない。兄弟嫌疑なければ、兄は自ら友愛。これに定まったことじゃ。この友愛外より来るでない。兄となれば、縁起法としてかくの如くじゃ。弟は自ら*悌順《ていじゅん》。

父は自ら～…「父に慈恩あり、母に悲恩あり」『父母恩重経』

縁起法…縁起の道理。

鼂錯…前漢の政治家。

吾不忍見禍…毒を飲んで十日余りで鼂錯は誅された。『漢書』

王陵が母が～…項羽が陵の母を捕えて自分の配下に入れようとしたが、自分のために（漢王を）裏切らないようにと自殺した。項羽は怒ってその母を釜茹でにした。

虞舜…虞に都した舜王のこと。自分を殺そうとする父親にも孝養を尽くした。

曾子…孔子の弟子。母との絆が深く逸話が多い。

悌順…兄や年長者に従順なこと。

これに定まったことじゃ。この悌順外より来るでない。弟となれば、縁起法としてかくの如くじゃ。

*周公・康叔の如きも、*伯夷《はくい》・叔斉《しゅくせい》の如きも、珍しきことではない。*謝康楽が夢に*恵連《けいれん》を見て、「*池塘《ちとう》生ズ㆓春草ヲ㆒」の句を得るも、法爾《ほうに》の理じゃ。

君臣の和合

君臣の間嫌疑ない。嫌疑なければ、君は才を量って用い、能を択んで任ずるに定まったことじゃ。この任用外より来るでない。君となれば、縁起法としてかくの如くじゃ。臣は自ら忠義ある。これに定まったことじゃ。この忠義外より来るでない。臣となれば、縁起法としてかくの如くじゃ。

堯の舜・禹を用い、*湯《とう》の伊尹《いいん》を用うる。珍しきことでない。*田単《でんたん》が斉を存する。*申包《しんほう》胥《しょ》が楚を存するも、珍しきことでない。

朋友の和合

朋友の間嫌疑ない。嫌疑なければ、事の大小みな信を尽くす。これに定まったことじゃ。この信外より来るでない。朋友となれば、縁起法としてかくの如くじゃ。

周公・康叔…周公旦は周の成王を支え、弟の康叔には衛の国を治めさせた。一四〇・一七二頁も参照。
伯夷・叔斉…殷末・周初の孤竹国の王子で兄弟。ともに王位を継がずに国を出て隠棲して餓死した。孔子は二人を聖人としたが、孟子は反対する。『史記』
謝康楽…＝謝霊雲。東晋・南朝宋の詩人・文学者。
恵連…＝謝恵連。南朝宋の文学者。謝霊雲の族弟で、謝霊雲は大謝、謝恵連は小謝と称された。
池塘…池の堤。
湯の伊尹を～…殷の開祖湯王が伊尹を宰相として夏を倒し、殷を建国した。
田単が斉を～…二〇六頁参照。
申包胥が楚を～…楚が呉から侵略されたので秦の哀公から援軍をもらい、楚を救った。

古に、*信陵君が趙を救い、*鮑叔牙《ほうしゅくが》が管仲《かんちゅう》を進むる事跡も、珍しきことでない。

夫婦の和合

夫婦の間嫌疑ない。嫌疑なければ、夫義を以て将《ひき》ゆ。婦敬を以て従う。これに定まったことじゃ。この義と敬と、外より来るでない。夫婦となれば、縁起法としてかくの如くじゃ。

*梁伯鸞《りょうはくらん》が夫婦の如きも、*郤欠《げきけつ》が夫婦の如きも、珍しきことでない。『*子華子《しかし》』に、「父不《レバ》レ疑《ハ》二於其《ノ》子《ヲ》一、子必《ズ》孝。兄不《レバ》レ疑《ハ》二於其《ノ》弟《ヲ》一、弟必《ズ》共。夫不《レバ》レ疑《ハ》二於其《ノ》婦《ヲ》一、婦必《ズ》貞。君不《レバ》レ疑《ハ》二於其《ノ》臣《ヲ》一、臣必《ズ》忠」とある。『*商書』に、「*立《ツル》レ愛《ヲ》惟《これ》親。立《ツル》レ敬《ヲ》惟《レ》長。始《マリ》二于*家邦《ニ》一終《ハル》二于四海《ニ》一」とある。『易』に、「*二人同心其《ノ》利断《ズ》レ金《ヲ》。同心之言其《ノ》臭如《シ》レ蘭《ノ》」とある。これ等の文、みな不両舌戒の俗中に顕わるる儀《よそおい》じゃ。

神々との和合

また世間*現見《げんけん》にこの人間あるじゃ。現見に人間あれば*幽冥《ゆうみょう》の中に神祇あるじゃ。この神祇とこの人間とは、必ず相応するじゃ。幽冥と現顕と、その理違わぬということじゃ。

『*虞書』に、「*肆《ついニ》類《シ》二于上帝《ニ》一禋《いんシ》二于六宗《ニ》一、望《シ》二于山川《ニ》一、偏《クス》二于群神《ニ》一」とある。『左伝』

信陵君が趙を〜…秦の昭王が攻めたときに趙を救う。戦国の四君と称せられた。

鮑叔牙が管仲を〜…共に斉の政治家で親友。「管鮑の交わり」という。鮑叔牙は桓公に管仲を宰相にするように進言した。

梁伯鸞が夫婦〜…梁伯鸞と妻の孟光は山中で質素な生活をした。『後漢書』。故事「孟光荊釵（けいさい）」という。

郤欠が夫婦〜…＝郤缺。晋の政治家。恵公に仕えたが隠棲して妻と農事に勤しむ。その夫婦は互に敬い礼儀正しかったという。

『子華子』…晋の程本撰。二巻。

『商書』…『書経』の中の一編で、殷時代のことが記されている。

立愛惟親…親を愛することが愛の根本。

家邦…家と国。

二人同心〜…二人のこころが一つであれば、その鋭さは金を断ち切るほどである。これを「断金乃交」という。

現見…直接に知覚するこ

に、「夫《レ》民《ハ》神《ノ》之主也」とある。また「民和《シテ》而神降《ス》二之《ニ》福《ヲ》一」とある。これ等みな神助むなしからぬ儀じゃ。

古に、聖賢の君の山川群神を祭る。みないたずら事ではなきということじゃ。この人と神と相応して、禍あり福あり。みな虚言ではなきじゃ。

今一の縁事を挙げば、律蔵の中に、仏広厳城《こうごんじょう》に在《いま》すとき、この毘耶離城《びやりじょう》、諸の栗呫《りちょう》毘《び》と摩竭陀《まかだ》国の未生怨王《みしょうおんおう》と、互いに闘戦を催す時、目連尊者、日の初分広厳城《しょぶんこうごんじょう》に入りて*分衛《ぶんえ》す。城中の*栗呫毘衆、尊者を見て問う。「両陣交《こもごも》戦《フ》誰《カ》当《ニ》シレ勝《ツ》耶」と。尊者答えていわく、「汝等得《ン》レ勝《ツコトヲ》」と。かの者この言を聞いて、共に相謂っていわく、「聖者目連与《フ》二我等《ニ》*記《ヲ》一。戦当《ニ》シレ得レ勝《ツコトヲ》」と。羅漢に虚言なし。勇気百倍して陣に臨む。初めて鉾《ほこ》を交うるに摩竭陀の軍敗北す。毘耶離の兵勝に乗じて、追うて*殑伽河《きょうか》の岸に至る。未生怨王自ら念ず。今日この河を渡らば、かれ来りて我れを捕る。網中に魚を取るが如しと。速やかに軍中に令し、兵を廻して戦う時、摩竭陀の軍士*悱憤《ひふん》して陣に臨む。一以て十に当る。栗呫毘衆大いに敗走し、城に入り門を閉じて固く守る。この後*六群比丘《ろくぐんびく》城中に入り分衛するとき、諸人*譏嫌していわく。尊者目連すら、言真実ならず。汝等が法信ずるに足らずと。

六群比丘これを聞いていわく、「汝戦得《バ》レ勝《ツコトヲ》 即《チ》合《まさニ》シ二*却廻《きゃくかいス》一。誰《カ》更《ニ》遣《しむル》三汝《ヲシテ》 逐《ハ》二他《ノ》軍衆《ヲ》一。

と。
幽冥…幽遠で常識の及ばない場所。
『虞書』…『書経』の一編。虞の史官が作った。
肆類于上帝〜…天の神を祭り、四方の神と東母・西母を煙をあげて祭り、山や川の神々は、その方向に望んで祭り、他の神々もあまねく祭る。

分衛…托鉢。
栗呫毘…リッチャヴィ族。
記…予言。
殑伽河…ガンジス川。
悱憤…口に出せないほどの憤り。悱＝言葉に表せないこと。
六群比丘…修行僧らしからぬ行いをする六人の比丘たち。難陀・跋難陀・迦留陀夷・闡那・阿説迦・弗那跋。『四分律』
譏嫌…そしり嫌う。
却廻…しりぞきかえる。

汝豈《ニ》不《ズヤ》レ聞《カ》。*野干《やかん》被《レテ》レ迫《マ》力同《ジ》二猛虎《ニ》一」と。かの衆黙然す。六群還り来りて、目連尊者を*挙《こ》罪《ざい》し、*捨置羯磨《しゃちこんま》を以て*治罰《じばつ》すべしと云う。諸の*苾蒭《びっしゅ》これを世尊に白《びゃく》す。爾時《そのとき》世尊、諸の衆僧に告げたまう。「およそ人戦闘を催す時、神祇先ず空中に闘う。この国の神祇戦勝たば、この国の人勝つことを得。敵国の神祇戦勝たば、敵国勝利を得て、この国必ず敗北す。目連記する時に当りて、広厳城の神祇戦勝つ。王舎城の神祇敗北す。のち河岸に至りて、王舎城の神祇勝利を得て、広厳城の神祇敗北す。目連はその初めを記して、のちの敗北を記せず。目連に咎《とが》なし。但しその智不足なり」と。看よ、軍事などは、神人相応して、*運数定まりありということじゃ。思えば面白きことじゃ。

支那国、元の亡ぶる前、「絳州《こうしゅう》夜*天鼓鳴《ル》。将《ニ》シテレ暁《ントレ》復鳴《ル》。声如《シ》二空中《ノ》戦闘《ノ》一」とある事など、思い合すべきじゃ。

また世尊波吒離城《はたりじょう》に遊行したまう。*晡時《ほじ》禅定より起きて、清涼処《しょうりょうじょ》に詣《けい》し、阿難に告げたまう。「汝この処に城邑を量度《りょうたく》するを聞かずや」と。阿難尊者の答う。「頃《このご》ろ聞く*行雨《ぎょうう》大臣処所を巡視し、この処に都城を創営す」と。世尊告げたまう、「行雨大臣知恵あり、この処福徳の地なり。我れ天眼を以て観見するに、空中に諸の天神各《おのおの》住処を求む。この処*三十三天と形状相似たり。この処に諸の福徳大人住すべく、諸の勝商人来りて交易往還すべし」と。その後*城邑《じょうおう》漸次に成立し、百年ののち、*阿育王《あいくおう》に至り

野干…野ぎつね。
挙罪…罪を摘発すること。
捨置羯磨…罪を犯した比丘の権限について決議をする作法。羯磨＝作法。
治罰…処罰。
苾蒭…（梵）bhikṣu の音写で比丘と同じ。

運数…運命。

天鼓…雷。

晡時…夕刻。
行雨大臣処所を～…パータリプトラに城を築き、釈尊に賞賛された。
三十三天…須弥山の頂上にある天。忉利天。中央に帝釈天がいて四方の各々に八人の天人がいるので三十三天となる。
城邑…都市。
阿育王…アショカ王（紀元前三世紀）。インドを統一し仏教を保護した。第三回の結集を行う。

て、王舎城より遷りて、この処に都し、威力《いりき》*瞻部《せんぶ》一洲に加わったとある。これ等も看よ、人事によりて諸天が感ずる。天神の助けによりて人事が成立する。面白きことじゃ。

この神祇人事の相感ずるに、近く看れば、己心中不両舌戒の儀じゃ。遠く云わば、法性等流の徳じゃ。

言説・心念の超過

要を取りて云わば、言わぬ処に言語の徳は全く、思わぬ処に心念の徳は具わる。

*山が自《みずか》ら山と云わぬ。山と思わぬ。山の徳はここに全い。海が自ら海と云わぬ。海と思わぬ。海の徳はここに全い。天が自ら天と云わぬ。天と思わぬ。地が自ら地と云わぬ。地と思わぬ。天地の徳はここに全い。*四時行われ百物《ひゃくぶつ》生ずるじゃ。眼《まなこ》が自ら眼と云わぬ。眼と思わぬ。眼の徳はここに全い。古往今来《こおうこんらい》かくの如くじゃ。この徳*頑空無記《がんくうむき》でない。感あれば必ず通ずる。各々神霊ありて、常に人事に応ずるじゃ。

*耳が自ら耳と云わぬ。耳と思わぬ。耳の徳はここに全い。鼻が自ら鼻と云わぬ。鼻と思わぬ。鼻の徳はここに全い。舌が自ら舌と云わぬ。舌と思わぬ。舌の徳はここに全い。身《しん》が自ら身と云わぬ。身と思わぬ。身の徳はここに全い。古往今来かくの如くじゃ。この徳頑空無記でない。常に人間に随逐して、*迷となり悟となる。苦となり楽となる。

瞻部（洲）…須弥山の南方にある洲。閻浮提。人間の世界。

山が自ら山と～…ここに山・海・天地・眼を出し、すべて「云わぬ・思わぬ」とあるのは、尊者のいわゆる「言説心念を離れて自性（究竟）解脱した」世界を説かれたもの。

四時行われ～…「天何をか言うや。四時行われ、百物生ず」『論語』。天は何も語らないが、四季は巡り、生命は誕生する。

頑空無記…まったく何もないこと。頑空＝虚無。何も存在しないこと。無記＝善でも悪でもない。

耳が自ら～…耳・鼻・舌・身・意という六根のはたらきが言説と心念を離れていることを説く。

迷となり悟となる…言説心念を離れているのが悟、言説と心念で分別すれば迷。

意は自ら意と云わぬ。意と思わぬ。意の徳はここに全い。古往今来かくの如くじゃ。この徳頑空無記でない。万象*の主となり、迷悟の基となる。

『起信論《きしんろん》』に、「一*切法従リレ本已来《いらい》、離レ二言説ノ相ヲ一、離レ二名字ノ相ヲ一、離レテ二心念ノ相ヲ一、畢竟平等。無シレ有ルコト二変異一。不レ可ラ二破壊ス一。唯是レ一心ナリ。故ニ名ヅク二真如ト一」とある。

『般舟三昧経《はんじゅざんまいきょう》』に、「心*自ラ不レ知ラレ心ヲ、有心ナレバ不レ見レ心ヲ。心有レバレ想則チ痴《ち》。無ケレバレ想是レ泥《ない》洹《おん》」とある。

仏性縁起

仏性は言説心念を離れて、しかも常に縁起*する。縁起端なきこと環の如くじゃ。この縁起の中に仏性を知るべきじゃ。譬えば鏡の明《めい》によりて面像《めんぞう》を現ず。この面像は好醜によりて鏡の明を知るごとくじゃ。

六根と六境

一、眼根と物質

試*みに目前の色《しき》に対して、眼*を開いて看よ。内外《ないげ》*は何れの処に安布《あんふ》す。自他は何れの処に安排布置《あんばいふち》する。この内外*を見て仏性を知る。この自他を見て仏性を知る。この好悪

万象の主…云わず、思わぬところが主となる。

一切法従本～…『大乗起信論』で、法と心と真如の関係を説いた文。言葉と文字と妄念を離れた無差別平等の世界が真如（真実の世界）。それには我々の心（一心）が無分別の世界に入ることである。

心自不知～…この句を本にした尊者の法語に「心みづから心をしらず。このしらざるところ、よく諸仏の師となる」とある。「知らざる処に道存して滞らず塞がらず。この中に楽ありて間断なく欠失なし。謬れば憂う、道ここに没す」も味わい深い。

縁起する…言説心念を離れた真如は真実の様相であり、それは釈尊が説かれた縁起の道理でもある。

試みに…原文は以下、六根（眼・耳・鼻・舌・身・意）とその対象（境）である六境（色境・声境・香境・味境・触境・法境）との関係が説かれていく。

眼を開いて看よ…この六根と六境によって六識（見・

の相を見て明らかに仏性に達する。色境と眼根と、一異の相なく、凡聖の相なく、迷悟の相なく、言説の相なく、心念の相なきじゃ。これを*不両舌戒の体と名づくるじゃ。

二、耳根と音

*耳に声を聞く。内外は何れの処に安布す。自他は何れの処に安布す。好悪は何れの処に安排布置する。この内外を見て仏性を知る。この自他を見て仏性を知る。この好悪の相を見て明らかに仏性に達する。声境と耳根と、一異の相なく、凡聖の相なく、迷悟の相なく、言説の相なく、心念の相ない。これを不両舌戒の体と名づくるじゃ。

三、鼻根と香

*鼻に香を齅《か》ぐ。内外は何れの処に安布す。自他は何れの処に安布す。好悪は何れの処に安排布置する。この内外を見て仏性を知る。この自他を見て仏性を知る。この好悪の相を見て明らかに仏性に達する。香境と鼻根と、一異の相なく、凡聖の相なく、迷悟の相なく、言説の相なく、心念の相ない。これを不両舌戒の性と名づくるじゃ。

四、舌根と味

聞・嗅・味・触・知）の認識作用が同時に起こる。これに対する尊者の和歌があるので以下順に列記する。
「眼識」山の端のそこともわかず霞みつつながめにさそふ春のあけぼの

内外は何れの〜…本来、内外・自他が分かれていない法界の何処に内外・自他を置くのか、という問いかけ。

内外を見て仏性を〜…分別された自他は自他で、好悪は好悪そのままで本来解脱したものであることを知って仏性（本性）に達していくこと。

不両舌戒の体…妄想によって分かれることと、分かれたものの本性を知ることが不両舌戒の本体であること。以下、六境についても同様に説かれる。

耳に声を聞く…「耳識」いつの間に秋の声とやこのごろの聞くになれにし山おろしの風

鼻に香を齅ぐ…「鼻識」深山路はいけばいぶきのさしも草さしてそれともわかなくの香に

舌*に五味を嘗《な》むる。内外は何れの処に安布す。自他は何れの処に安布す。好悪は何れの処に安排布置する。この内外を見て仏性を知る。この自他を見て仏性を知る。この好悪の相を見て明らかに仏性に達する。味境と舌根と、一異の相なく、凡聖の相なく、迷悟の相なく、言説の相なく、心念の相ない。これを不両舌戒の性と名づくるじゃ。

五、身根と触

身*に触を覚する。内外は何れの処に安布す。自他は何れの処に安布す。好悪は何れの処に安排布置する。この内外を見て仏性を知る。自他を見て仏性を知る。好悪の相を見て明らかに仏性に達する。触境と身根と、一異の相なく、凡聖の相なく、迷悟の相なく、言説の相なく、心念の相ない。これを不両舌戒の性と名づくる。

六、意根と法

意*に法を分別する。内外は何れの処に安布す。自他は何れの処に安布す。善悪邪正・是非得失は何れの処に安排布置する。この内外を見て仏性を知る。この自他を見て仏性を知る。この善悪邪正・是非得失の相を見て明らかに仏性に達する。一切の善悪邪正・是非得失と意根と、一異の相なく、凡聖の相なく、迷悟の相なく、言説の相なく、心念

舌に五味を嘗むる…「舌識」みどり子はそれともわかず百石に八十石そふる母のめぐみを

身に触を覚する…「身識」の和歌は上の句が現存のみであるので、他の句を挙げる。「象喩図（群盲象を撫づ）」の賛に「手に触れてをのが物とやおもふらむその法ならぬ法の面影」

意に法を分別する…「第六識　意識常現起」見渡せばかぎりしられぬ海づらにさて浪風ぞたたぬ間もなき

の相ない。これを不両舌戒の性と名づくるじゃ。

法性と相

仏在世の*六十四種の梵音というは、名相勝妙《みょうそうしょうみょう》なるべけれども、ただこの声じゃ。不両舌戒が満足すれば、一切の音声《おんじょう》は直に三世諸仏の*妙法蔵となる。在世の放光動地《ほうこうどうじ》・雨《う》華《け》変化《へんげ》、滅後の*黄巻赤軸《おうかんしゃくじく》・*右行下行《うぎょうげぎょう》の文字は、むつかしき名目《みょうもく》なれども、ただこの色じゃ。不両舌戒が満足すれば、方円三角・遠近闊狭《おんごんかっきょう》・高下長短・青黄赤白黒《しょうおうしゃくびゃくこく》が、とりも直さず正法の姿じゃ。*渓声即《チ》是《レ》広長舌、山色豈《ニ》不《ンヤ》二清浄身《ナラ》一じゃ。*花より外に知る人はなきじゃ。

『華厳経』の中に、藤根国《とうこんこく》の普眼《ふげん》長者が、一切香を和合する要法を知るとある。不両舌戒が満足すれば、一切の自性の香、和合の香が、菩薩の解脱門じゃ。

『維摩経』の中、香積《こうしゃく》世界には飯食《ぼんじき》を以て仏事をなすとある。不両舌戒が満足すれば、一切飯食の色・香・味が、直に菩薩の不可思議解脱じゃ。

『首楞厳経《しゅりょうごんきょう》』に、跋陀婆羅《ばつだばら》菩薩が、浴室に入りて*水因三昧を得るとある。不両舌戒が満足すれば、一切の冷暖軽重《れいなんきょうじゅう》等の触《そく》が、菩薩の禅定三昧じゃ。論蔵の中に、*獣は林《りん》藪《そう》に帰し、法は分別に帰すとある。不両舌戒が満足すれば、一切の善悪邪正が法の*性相

六十四種の梵音…「梵」には清浄・神聖という意がある。六十四梵音は仏の音声。『大宝積経』『大方等大集経』に説く。

妙法蔵…妙法（真理）を内に蔵すること。

黄巻赤軸…仏教の経巻。黄色の紙に書写し、赤色の軸を使ったのでいう。

右行下行…経典の文字。右行＝左から右に書く文字（サンスクリット）。下行＝上から下に書く文字（漢字）。『法苑殊林』

渓声即是～…蘇軾「贈東林総長老詩」

花より外に～…もろともにあはれと思へ山桜花よりほかに知る人もなし

水因三昧…自己と水が一如の境地。

獣は林藪に～…獣は林の中に隠れ、法は分別するところにある。

性相…本体と現象。存在の本性。

じゃ。

法性の身、法性の土、*身土相融《あいゆう》じて、一異を云うべからずじゃ。諸仏の*応現、*機教相和して、一異を云うべからずじゃ。凡心に即して仏心を見る。*発心畢竟二無別じゃ。衆生の善根は、全く諸仏大悲*摂化《せっけ》の中にありて進退するじゃ。諸仏の*神通《じんずう》説法は、全く衆生機感の中にありて隠顕不可得じゃ。

*護法菩薩は唯識《ゆいしき》と説く。*清弁《しょうべん》菩薩は唯境と説く。心境相融じて法門成立するじゃ。

ここに至りて、*一戒を全くして一切戒を護持する。一切戒を護持して一戒を護持する。*偏なく党なく、世に処して出世の徳を得る。凡心に即して*優《ゆたか》に聖域に入る。

真の修行

一切顕密の行、ただ深信《じんしん》に修する者がこの趣を知る。口に説きて道を得るではない。譬えば高山に登る思いあらば、道に迷わぬように足を傷《そこ》なわぬようにして、ただ歩を移すばかりでよきじゃ。歩を移して休まねば、山頂を窮むる時節あるべきことじゃ。今時《こんじ》の者の法を得ぬは、ただ教相の深浅、法門の高下を論じて、実修実行《じっしゅじつぎょう》なき故じゃ。譬えば高山に登ろうとして、ただ山下《さんげ》にありて山上の勝景を談じ、一歩を進めずして、山徑の曲折を論ずるばかりじゃ。談論半ばにして日已に曛《くる》るじゃ。

身土…法性生身（法性から生じた身体）と凡夫が生じる国土。
応現…仏・菩薩が衆生の素質に応じて身を現わすこと。機に応じて現われる、の意。
機教…衆生の機根と仏の教説。
発心畢竟…発心と悟り。
摂化…摂取化益の略。衆生を救いとり、導いて利益を与えること。
神通…一般の能力を超えた、自在の活動能力。
護法…南インドのドラビダ国の人。無著・世親の流れをくむ唯識瑜伽派に属す。
清弁…龍樹・提婆の流れを受け継ぐ中観派の学者。
一戒を全くして〜…本書不偸盗戒六八頁「一多元来不二なれば、一戒の中に諸戒を具す」に通じている。
偏なく党なく…＝無偏無党。無偏＝かたよらず公平なこと。
優に…劣の反。力のありあまる意から、何事にもつまらず、苦にならないこと。

六和敬

僧宝の中には、父子の和合なく、君臣の和合なく、朋友の和合なく、夫婦の和合なく、兄弟《きょうだい》の和合なく、世間に異なる道じゃ。人倫を超過した姿じゃ。この中には、友愛親好は何れの処にあるぞ。この人倫を超過せる中に、*六和敬《ろくわきょう》を以て僧体とするじゃ。六和敬は戒・見・利・身・口・意の和敬じゃ。和は和合の義。敬は恭敬《くきょう》じゃ。上中下座互いに和し、互いに恭敬する。これを僧という。僧というは略言《りゃくごん》で、具さには僧伽《そうぎゃ》という。*梵言《ぼんごん》の僧伽、これには*衆和合という。一人《いちにん》は僧と名づけぬ。二人は僧と名づけぬ。四人已上、この六和敬具足せる上に僧伽の名を立するじゃ。仏と徳を等しくし、法と体を等しくして、三宝の随一《ずいいち》たるは、この徳によるじゃ。

一、戒和敬

第一戒和敬というは、*満分具足戒じゃ。この中には沙弥《しゃみ》已下は僧とは名づけぬ。小乗の中には大比丘具足戒二百五十、*三千威儀等を以て所学の法とするじゃ。大乗法の中は、一切仏所制の律儀戒法を以て所学の法とするじゃ。仏在世の文殊・弥勒・大迦葉・阿難より、末葉《まつよう》初受戒の比丘に至るまで、同一*戒体同一*戒相じゃ。大小乗の異あれども、凡

六和敬…修行者が互いに行為・見解を同じくして和合・敬愛し合う六種の方法。身和敬＝礼拝などを同じくする。口和敬＝讃詠などを同じくする。意和敬＝信心などを同じくする。戒和敬＝清らかな戒を同じくしうる。見和敬＝空などの見解を同じくする。利和敬＝利得を同じくする。

梵言の僧伽…（梵）saṃgha の音写。

衆和合…（梵）saṃgha の漢訳。

満分具足戒…在家者・沙弥などの五戒・八戒に対して、具足戒をさしていう。

三千威儀…三千威儀八万細行ともいう。仏弟子の守るべき日常の威儀作法。

戒体…戒を受けたことによって備わる、悪を止め善を修する心のはたらき。

戒相…戒または律の姿・特徴を意味し、戒や律の具体的な内容を示す。戒法・戒体・戒行・戒相を戒四別という。尊者は『戒学要語』に詳細を説く。

聖の別あれども、法界《ほっかい》塵沙《*じんじゃ》の善法を以てその体とすることは一じゃ。

布薩の規則

この戒和敬の中に、布薩《*ふさつ》ということがあるじゃ。これは半月半月《はんがつ》にとり行う法じゃ。『梵網経《ぼんもうきょう》』に、「我今半月半月、自《カラ》誦《しょうス》二諸仏戒法《ノヲ》一。汝等一切発心菩薩《ノ》、乃至十地《ノ》諸菩薩《モ》亦誦《セヨ》」と云う。この儀じゃ。布薩法に、凡聖同じく籌《*ちゅう》を取る。偈《げ》に、「羅漢聖僧衆、凡夫衆和合」と云う。菩薩衆、声聞衆、同じく所犯を発露懺悔《*ほつろさんげ》する。『瑜伽論《ゆがろん》』に、「応《ニベシ》乙向《ツテ》下有力《*うりきノ》於《テ*》二語表義《ニ》一能《ク》覚《シ》能《ク》受《ル》小乗大乗補特伽羅《ノ*ふとがらニ》上発露懺悔《ス》甲」とある。

安居の規則

この戒和敬の儀に安居《*あんご》ということがあるじゃ。これは年《とし》の二時、年の三時に、要期《*ようご》を立ててとり行う法じゃ。今時は多くは冬夏《とうげ》二時に安居するじゃ。その夏安居《げあんご》満ずる日は、上中下坐各々草座に膝を屈し、衆僧の挙罪《*こざい》を請う。これも凡聖同一儀じゃ。『新歳経《しんさいきょう》』に、「衆僧各々相謝《シ》、懺二悔所失《シヲ》一訖《おわりテ》、還復坐《ス》二其本位《ノニ》一。仏時見《ニテ》二衆各還《リ》レ位坐《ニスルヲ》一、仏垂《ル》二慈愍《*じみんヲ》一。因《テ》従《リ》レ坐起《ツテ》、而《シテ》自叉手《ラ*さしゅシ》、向《ツテ》二諸比丘《ノニ》一言《ハク》。諸比丘衆《ノヨ》、当《ベシニ》二和心相向《ヒフ》一。向《ツテ》レ汝《ニ》悔《*げスカヲ》レ過」とある。この儀じゃ。三千年来、これに異途《いと》はなきじゃ。近世已来これに異儀を存するは、小根劣機、分受*異見の差排というものじゃ。

受戒の規則

塵沙…塵と砂。数の多いこと。　**布薩**…半月ごとに僧が集まって自己反省し、罪を告白懺悔すること。月の十五日・三十日（満月と新月の日）に行う。ウポーサタ。尊者著に『布薩式略軌』・『広布薩式』あり。　**籌**…竹木でつくった算木。数を計算し、投票などに用いる。　**発露**…犯した罪を隠さず申しあらわすこと。悪事を告白すること。　**有力於語表義**～…力があり、言葉に真実を表し、よく覚り、よく受けることができる。『瑜伽師地論』巻第四十一　**有力**…精神が堅固で困難に堪える力がある。　**語表**…＝語表業。言語として表現すること。　**補特伽羅**…（梵）pudgala の音写＝人・個人。　**安居**…四月十五日から三ヶ月の雨季の間、外出すると草木・小虫を知らずに踏み殺すおそれがあるとして、洞窟や寺院に籠って修行に専念した。これを雨（夏）安居という。　**要期**…安居の期間を前中後の三期に分ける。尊者の『安居法則並自恣作法』参照。　**挙罪**…

この戒和敬の儀に、受戒ということがあるじゃ。これは初めて法門に入るとき、とり行う法じゃ。およそこの*仏性戒は、*法体常爾《ほったいじょうに》、古今に亘《わた》るじゃ。一切世界、有情非情に偏ずるじゃ。処としてこれなきことあらず。時としてこれなきことあらずということじゃ。

それならば授受もいらぬかというに、そうでない。この仏性戒の中に、妄想に掩《おお》わる者が、自ら*隔歴《きゃくりゃく》を生じて自心界に入る。この色身の巣窟に入る。これを三界の生死《しょうじ》と名づく。この生死界の中には、悪作犯戒《あくさぼんかい》もあるじゃ。この罪悪あれば、長《とこしえ》に三悪趣の*罪累となるじゃ。この人界の中、少分十善の力と、仏・菩薩の大慈等流と相成《あいじょう》じて、法ありて現ずる。授受の規則ここに立する。

この正規則は、上《かみ》賢聖より承け来り、神祇擁護《おうご》して、瓶《びょう》の水を瓶に瀉《うつ》す如く、師資相承《ししそうじょう》して今日に至る。在世の文殊・弥勒も*一辞を賛《たす》けず、迦葉《かしょう》・舎利弗《しゃりほつ》もただ*祇奉《しぶ》するのみということじゃ。末葉の者も、人情を雑えず、情識に依らず、如法に授受し、身命を尽くして*欽奉《きんぶ》すれば、法界塵沙《ほっかいじんしゃ》の善法が、己心中《こしんちゅう》の具徳たるということじゃ。これが*一得永不失《いっとくようふしつ》の法で、*七支十支倍増して、未来際を尽くすということじゃ。経中に、「衆生受《クレバ》二仏戒《ヲ》一、即入《チル》二諸仏位《ノニ》一。位同《ウシ》二*大覚《ニ》一已《ッテ》、真是《ニレ》諸仏子《ノ》」とある。この儀じゃ。

小乗声聞乗の者は、この中に少分*尽形寿《しょうぶんじんぎょうじゅ》の*無作《むさ》を発して、*自調自度《じちょうじど》相応するとい

罪を摘発すること。　**慈愍**…あわれみの情。　**叉手**…インドでは合掌。　**悔過**…過ちを悔い懺悔すること。　**異見**…悪見。

仏性戒…大乗戒の通名＝一切衆生の具えている穢れがない仏性にしたがって制定した戒という意＝菩薩戒。『梵網経』に説く。　**法体常爾**…法が常に存在している。　**隔歴**…煩悩によって法性から隔たる心を起こす。　**罪累**…罪が続いていく。累＝つなぐ・つらねる。　**一辞を賛けず**…言葉をはさんで助けない。　**祇奉**…祇＝ただ　奉＝うやうやしく持つ。うけつぐ。　**欽奉**…欽＝つつしむ・おそれうやまう。　**一得永不失**…一度受戒すると永遠に失われない。　**七支十支**…七支＝身業三・口業四。十支は意業三を加える。　**尽形寿**…命が尽きるまで。　**大覚**…仏。　**無作**…戒が言語や行動に現われずに身体に習慣として存続していくこと。無作戒という。　**自調自度**…自分で自分の心を調え解脱す

うことじゃ。有為執著の者は、この中に少分尽形寿の無作を発して、人天の勝楽をまねくということじゃ。*権乗《ごんじょう》の菩薩は、この中に少分尽心の無作を発して、*地々の階級を歴るということじゃ。譬えば、大海水の、汲むに随って増減なきが如く、*蒼天の、管《くだ》の大小に随って象《かたち》を顕わす如くじゃ。

二、見和敬

第二見和敬というは、上*等覚《とうがく》の大士《だいじ》より、今日の凡夫まで、同一*聖智見《しょうちけん》に安住《あんじゅう》するじゃ。法に*権実《ごんじつ》の別はあれども、教は*顕密《けんみつ》の差はあれども、悉く*同一師に学して、余《よ》望《もう》はなきじゃ。

この中世尊有《う》と説く。この有、法の当相、義の極成《ごくじょう》、欽奉《ごんぶ》する者は、その根機《こんき》に応じて*勝益《しょうやく》を得るじゃ。世尊空《くう》と説く。この空、法の当相、義の極成、欽奉する者は、その根機に応じて勝益を得るじゃ。

世尊性相を分別する。一名一句、ことごとく法の当相、義の極成、欽奉する者は、その機根《きこん》に応じて勝益を得るじゃ。世尊諸相を*泯絶《みんぜつ》する。一名一句、法の当相、義の極成、欽奉する者は、その機根に応じて勝益を得るじゃ。

世尊*三乗を分異する。一名一句、ことごとく法の当相、義の極成、欽奉する者は、そ

る。二乗の持戒。

権乗…仏が仮に方便（権）として説き示した大乗教。

地々…菩薩の修行のそれぞれの階梯における境地。

蒼天の管～…管の大小によって現われ方が相違すること。「管を以て天を窺う」『荘子』狭い見識で天を見る。

等覚の大士…等覚大士＝等覚菩薩。十地の上に出た菩薩。菩薩の最高位。

聖智見…聖＝正。正しい認識。正見。

権実…権教と実教。方便として仮に説いた教えと真実の教え。

顕密…顕教と密教。真言宗を密教とし、他を顕教とする。

同一師…ここでは釈尊のことをさしている。

勝益…すぐれた利益。

泯絶…無とする。泯＝ほろぼす。なくする。

三乗を分異…声聞乗・縁覚乗・菩薩乗を分けて説く。

の機根に応じて勝益を得る。世尊三乗を融会《ゆうえ》する。法の当相、義の極成、欽奉する者は、その機根に応じて勝益を得るじゃ。その浅深《せんじん》を論ずるは、ただ論ずる者の浅深じゃ。『金剛経』に、「是ノ法平等ニシテ無レ有ルコト二高下一、是ヲ名ヅク二*阿耨多羅《あのくたら》三藐三菩提《さんみゃくさんぼだい》一ト」とある。その相違を*会《え》するは、会する者の妄想じゃ。経中に、経の相違を会す。これ法滅の相とある。

印度に、*摩訶提婆《まかだいば》の時より、*上座《じょうざ》・大衆《だいしゅ》の二部を分出したということじゃ。乃至五*部二十の部別、五百の異見を出すとある。その部*執計《ぶしゅけ》より見ば、*有部《うぶ》の*経部を破する。経部の有部を破する。あるべき理じゃ。もし正知見より看ば、各々の法門、各々その趣あるじゃ。

『大集経《だいじっきょう》』に、「五部雖モ二各別ナリト一、不レ妨ゲ二諸仏ノ法界涅槃ヲ一」とある。大乗の中に、或は空《くう》有《う》・性相《しょうそう》、或は*真如縁起《しんにょえんぎ》の宗を説く。その中より見ば、護法菩薩の清弁《しょうべん》を破する、清弁菩薩の護法を破する、あるべき理じゃ。

もし正知見の中には、ことごとく一*智印《いっちいん》の印出する処、一*円音《えんのん》の開示する処、みな聞者《もんじゃ》善根の感応に随う差排じゃ。譬えば清涼の池の如く、四面みな入るべきことじゃ。支那に流伝して、智愚・貴賤その利益を得る中、諸の英俊の人、自の所解に随いて分教開宗する。ここに是とする所は、彼に非とする所。彼に深とする所は、ここに浅とする

阿耨多羅三藐三菩提…（梵）anuttara samyak sambodhi ＝無上正等覚。この上ない完全な悟り。　**会する**…解釈すること。　**摩訶提婆**…仏滅後一〇〇年頃に根本分裂した大衆部の祖といわれる人。　**上座・大衆**…仏滅後に分裂した二つの派。この後も小乗二十部と分裂する。　**五部**…曇無徳部（法蔵部）・薩婆多部（説一切有部）・弥沙塞部（化地部）・迦葉遺部（飲光部）・摩訶僧祇部（大衆部）または婆麤富羅部（犢子部）。　**部執計**…部執（小乗二十部における各部が固執した）見解。　**有部**…説一切有部。小乗の一派。諸流の中で最も勢力がある。　**経部**…経量部。小乗仏教二十部の一。　**真如縁起**…『大乗起信論』の説。万物は真如（仏性・如来蔵）からの縁により生起する。　**智印**…仏や菩薩が内に具えている智慧を象徴する三昧耶形。　**円音**…一音とも。教を説く人、つまり仏の声。

所、その趣まちまちなれども、悉くこれ聖智見の中より分付せる所の法で、*修多羅蔵《しゅたらぞう》の中の、一部一品一句の中に、各々その*根性の近き所を得る分斉なるのみじゃ。譬えば大海水の汲むに随って増減なきが如く、蒼天の管の大小に随って象を顕わす如くじゃ。

三、利和敬

第三利和敬とは、上賢聖より、下凡小に至るまで、同一戒に住する者、同一見に安住する者、みなその*利養を同じくして、隔歴《きゃくりゃく》を存せぬじゃ。この中現今に来り住するを*現前僧という。もしは過去、もしは未来、及び余の住処に在るを不現前僧という。

もし施主ありて、一寺院を造立《ぞうりゅう》する、一*房舎を経営する、この寺院、この房舎、これ利和敬の処じゃ。もし施主ありて、一*資財を寄する、一*資具を寄する。この資財器具、みな利和敬のある処じゃ。現前僧その利を受用《じゅゆう》するのみならず、不現前僧もその利養に分あるじゃ。仏在世の諸賢聖より、現今の衆僧に至るまで、その受用の徳むなしからぬじゃ。釈迦一家《け》に通ずるじゃ。

僧坊の規則

この房舎寺院を*僧坊という。必ず*十方僧に属して、私の住処とせぬ。律中に、世尊成

修多羅蔵…経典のこと。修多羅＝（梵）sūtra の音写。
根性…機根。
利養…利得。人から物を受けるなど実質的の利得のこと。利益。
現前僧…現にその界内にいる比丘の僧団。
房舎…修行僧の住居としての建物。
資財…生活のための財。資産。
資具…生活のための道具。
僧坊…伽藍。僧房とも。僧尼が居住する坊舎。
十方僧…すべての僧。

道し已《おわ》りて、頻婆遮羅《びんばしゃら》王を度《ど》し、因《ちな》みに有事福業《うじふくごう》・無事福業《むじふくごう》を説く。無事福業とは、禅定作善《さぜん》等の、ただ心地に修する福業じゃ。有事福業とは、この僧坊等の如き、一たび成立し已りて、敗壊《はいえ》せざる已前は、その施主の*無作の福業ありて、日夜に増長すとある。たといその施主余の善・悪・無記の業あるも、この福業を障碍することなきということじゃ。その中衆僧の布薩、*自恣《じし》・受戒、諸余顕密の法用あるに随いて、その福縁広布すとある。*初後夜の坐禅、晨昏《しんこん》の念誦《ねんじゅ》、もしは比丘、もしは沙弥の持衣《じえ》・用鉢《ゆうはつ》の事に至るまで、みな施主その福分ありということじゃ。この福分、現前の辺に増上するのみならず、不現前僧の辺にも増上するということじゃ。

僧伽物の規則

この資財器物を僧伽物《そうぎゃもつ》という。仏世の賢聖より、今日の凡小まで、同一和合、身心依《え》住《じゅう》して、*道業を修習するの*資縁たるじゃ。一床も法ありて受用《じゅゆう》す。一器も法ありて受用す。その受用に随いて、施主福業を成就す。仏説に、これを事在の無作《むさ》と名づくるじゃ。律中に、世尊自ら受用の式を定めたまう。大智大徳、迦葉・舎利弗の如きも、大根大機、文殊・弥勒の如きも、敢てその令を超ゆることなきじゃ。例を挙げて云わば、僧の諸の敷具《しきぐ》、これを*露地《ろじ》に用いず。もし他処に去るに、収護《しゅうご》の法あることじゃ。一器も法

無作の福業…すでに身体内にあって存続していく福業。
自恣…安居の最終日に、修行僧らが互いに自己の犯した罪を告白し、懺悔して許しを乞うこと。尊者著に『自恣作法』あり。
初後夜…初夜（夕方の六時頃から夜にかけて）と後夜（夜明けに近い時間）。
道業…仏道の修行。真実の実践。
資縁…衣食住のように外側から仏道修行をたすける縁となるもの。
露地…屋外。

を備えて存在するじゃ。一僧も法を闕《か》かずして受用するじゃ。

食戒の規則

*知事となる者は、殊に*分付の法を知るべきとある。晨粥《しんしゅく》・*中斎、これを僧食《そうじき》という。亦聖制《しょうせい》あるじゃ。仏世より今日まで、受用みな法に順ずるじゃ。*調宰《じょうざい》その人定まる。これを*浄人《じょうにん》という。*舂磨《しょうま》その処定まる。これを*浄地という。時ありて用うる。時ならねば用いぬ。水にも*時水《じすい》・非時水を分かつ類じゃ。受用に至りて、上中下座、凡聖斉しく受用す。

『維摩経』に、「*於《テ》レ食《ニ》平等《ナル》者《ハ》於《テ》レ法《ニ》平等」とある。もし請《しょう》あれば必ず受く。これも聖制あるじゃ。施主の心広布《こうふ》なれば、上座より次第に受く。『梵網経』にこれを*僧次請《そうじしょう》という。もし別縁ありて別人を請する。仏の波羅奈《はらな》長者の請に応ずる例、これを別請《べっしょう》というじゃ。

房舎造立の規則

もし別人ありて、所帰依《しょきえ》の人の為に、一房舎を造作するは、これを有主房《うしゅぼう》という。もし自己に造作するは、*無主房という。その*法ありて造作し、その法ありて居住《こじゅう》するじゃ。

知事…諸僧の雑事や庶務をとり行う役。　**分付**…役を割り当てて言いつけること。　**中斎**…＝昼食・斎食・中食。　**調宰**…僧の修行のために身辺を調えてきりもりする。　**浄人**…出家せず寺に住み、僧に仕える者。また給仕する役。　**舂磨**…舂＝臼でつく。磨＝石うす。　**浄地**…寺院で、塩・醤油など僧の食料を置く所、または厨房。　**時水・非時水**…時水＝中食に飲む水。非時水＝中食以降の水。　**於食平等～**…頭陀第一の迦葉が憐みの心で貧しい村を托鉢していると、維摩が「平等に托鉢せよ、食に平等であるからこそ法も平等といえるのだ」と叱った。　**僧次請**…教団の命により施主の招待を受けること。施主が特定の人を指名して供養するとき以外は、席順にしたがって供養する。　**無主房**…＝無主自作屋。乞食のみで建てた屋舎。　**法ありて～**…律に規定されている大きさを超えて造ってはならない。造る場所についても僧たちの承認が必要。

一房一宇*、ことごとく法の成立せる儀。一茅《ぼう》一瓦、みな法を任持する功あるということじゃ。

この僧坊の中に聖賢かならずその徳を隠し、凡僧に如同して跡*を垂れたまうということじゃ。譬えば水ありて月影をうつさざることなく、鏡ありて面像《めんぞう》を現ずる如くとあるじゃ。

四、身和敬

第四身和敬というは、初めにこの剃髪染衣《ていはつぜんね》が、釈迦仏一化《いっけ》*の通相じゃ。仏世の五*比丘・三迦葉《かしょう》*より、今日初受戒の人に至るまで、この身相別儀なきじゃ。同一円顱《えんろ》*で、髪をとどめぬじゃ。鬚《ひげ》をとどめぬじゃ。律中に、頂に小髻《しょうけい》*をとどめ、もしは髪を剃りて鬚をとどめ、鬚を剃りて髪をとどむ。みな非法なりとある。

袈裟の規制

同一袈裟衣、凡聖斉しく奉持する。その中財体《ざいたい》*は、律に錦《きん》*・綺《き》・綾《りょう》・羅《ら》等は非法とある。『涅槃経』に、好衣服を好むは法滅の相という。また律文に、木皮・草皮・皮衣・羽衣《うえ》等は外道の服なりとある。『妙《みょう》臂《ひ》菩薩経』に絹衣《けんね》を用うべからずとある。染色《ぜんしき》の法は、

宇…家。
跡を垂れ…仏事を行うこと。
一化…釈尊の一代にわたっての教化。
五比丘…釈尊と共に修行をした五人の比丘。
三迦葉…釈迦の弟子となった三人のカッサパ（迦葉）兄弟。もとはバラモン出身の火の神アグニを信仰する事火外道で、それぞれが多くの弟子と信者がいたため、彼らが仏弟子となると教団が一気に大きくなり釈迦の名も広く知れ渡ったという。二祖の摩訶迦葉とは別人。
円顱…円頂。まるい頭。
小髻…髻＝結んだ髪。
財体…袈裟の材料となる布。
錦・綺・綾・羅…「錦」は数種の染糸で模様を織り出した厚い絹布。「綺」は不綺語戒の喩であったように織模様のある絹。「綾」も色々な模様を織り出した絹。「羅」は紗・絽のような薄い絹。

青《しょう》・黒《こく》・*木蘭《もくらん》の三如法色《にょほうじき》ということじゃ。律に、純黒・純黄《おう》・純赤《しゃく》・紫・緋・紺・緑・硫黄《りゅうおう》等、みな非法なりとある。経に法滅の時、袈裟白色《びゃくしき》に変ずとある。製作の法は、*五条・七条等の相、乃至二十五条、その中、*長・短、みな法あることじゃ。諸の*衫《さん》・袴《こ》・褶《しゅう》・襦《じゅ》等、みな非法なりとある。着用《じゃくゆう》は、*通肩《つうけん》を福田《ふくでん》の相とす。一切師位に臨み、聚落《じゅらく》に入る等の着法《ちゃくほう》じゃ。*偏袒《へんだん》を執作《しっさ》の相とす。一切*請白《しょうびゃく》・諮問《しもん》等の着法じゃ。これ等みな法式楷定《ほっしきかいじょう》せることじゃ。近世仏像・羅漢像など、多く聖儀に違背す。ことごとく法滅の相ということじゃ。

行路、入聚落《にゅうじゅらく》にも法あるじゃ。もし止宿処に至る、もし暫く休息処に至る、みな仏制あるじゃ。今時《こんじ》の僧徒、多く俗威儀に順じて、故《ことさら》に仏制に違背するは、悲しむべきことじゃ。

鉢の規則

器物《きもつ》にも法あるじゃ。*鉢は、体・色・量みな法に順ずべし。これもと梵音で、具《つぶ》さには*鉢多羅《はったら》という。ここに応量器と翻ず。*坐具《ざぐ》も、体と量と、みな法あるじゃ。これを用いるに法あるじゃ。みな明律《みょうりつ》の師に随い受くべきことじゃ。

木蘭…赤黒い色。
五条・七条〜…五条・七条・九〜二五条の三衣の所有が僧には認められた。
長・短…袈裟の各条は長短の布をつなぎ合わせるが、その位置や枚数に規則がある。
衫・袴〜…衫＝褊衫＝袈裟の下に着る上衣。僧祇支（胸と腋を覆う布）と覆肩衣とを縫い合わせた衣。袴＝はかま。褶＝裏のついた着物。襦＝肌着。
通肩…両肩を覆う着用法。
偏袒…＝偏袒右肩。右肩のみを出す着用法。インドの礼法で恭敬の意を表す。
請白・諮問…教えを請うときや尋ねるとき。
鉢は〜…体（素材）・色・量が法に応ずることから応量器とも言う。体は泥・鉄、色は黒赤色・孔雀咽色・鴿色、量は1斗半〜三斗と定められている。
鉢多羅…（梵）pātra
坐具…坐臥するときの敷物。古布で二重・四重に作る。

威儀の規制

行《ぎょう》・住《じゅう》・坐《ざ》・臥《が》、みな法あるじゃ。坐は*全跏《ぜんか》・半跏《はんか》の法あり。住は安坐・*踞跪《こき》の法あり。行は独行《どくぎょう》・共行《ぐうぎょう》・大衆《だいしゅ》・及び*経行の法あり。臥は*右脇累足《うきょうるいそく》の臥法あり。もし法を執行《しゅぎょう》するときは、一人《いちにん》坐して*法を秉《へい》すれば、大衆みな坐す。一人立ちて法を秉すれば、大衆みな立つ。一人*長跪《じょうき》して法を秉すれば、大衆みな長跪す。衆事畢《おわ》らざれば、一人猥《みだ》りに席を離れぬ。衆僧露地《ろじ》に坐すれば、一人猥りに屋下に居せず。みな聖制ありて、軌度《きど》みだれぬじゃ。これ等の類を身和敬という。これも近世は大いに違うたことじゃ。

五、口和敬

第五口和敬とは、僧宝の中に*羯磨《こんま》の法があるじゃ。これは仏の制約で、諸の菩薩・羅漢も、一句を増せず。一句を減ぜず。そのままに伝え来りて、今日までとり行うということじゃ。*法に八位を分けて、その*条例濫《らん》ぜぬということじゃ。住処に、この法ありて成就する。これを*結界羯磨と名づくる。この羯磨結界の地は、虫蟻まで法縁を結ぶということじゃ。戒体この法ありて成就する。受大戒羯磨と名づくる。この羯磨如法に成就すれば、その人に戒徳具わりて、世の福田となるということじゃ。

三衣《さんね》、この法ありて成就する。一鉢《いっぱつ》一坐具《ざぐ》も、この法ありて成就する。この法、仏の

全跏・半跏…両方の足を腿に上げて坐すことを全跏、片方の足だけを上げることを半跏。
踞跪…＝右膝著地。右の膝と足先とを地につけ、左のひざを立て、足裏を地につけて敬礼すること。インドの礼法。
経行…読経しながら歩く。キンヒンとも読む。
右脇累足…右脇を下にして足を重ねて寝る。
法を秉すれば…作法を行う。
長跪…両膝を地につけ、両足指を地にささえて礼すること。
羯磨の法…授戒・懺悔などの戒律に関する作法。
法に八位を分けて…八位法。羯磨の八種類の分類。
条例濫ぜぬ…区別が乱れない。
結界羯磨…結界＝一定の地域を選んで区切ること。作法によって結界を立てること。

所制に違わねば、衣物《えもつ》にも功徳具わるということじゃ。経中に、袈裟段*四寸を得れば、神祇守護すとある。安居《あんご》・自恣《じし》等、みなこの法ありて成就する。この法如法なれば、戒*徳漸次に成就するということじゃ。食事《じきじ》、この法ありて成就する。薬事、この法ありて成就する。経を誦ずるに、同業《どうごう》同誦の法あり。経を受くるに、逐句《ちくく》随受の法あり。行道《ぎょうどう》に、賢聖黙然《げんじょうもくねん》と法語との法あり。

二六時中みなこの法ありて、これを守る者は、賢聖の地位《じい》にも到るということじゃ。煩悩無明の悪法に惑わされぬということじゃ。貴姓《きしょう》出家も、その種族にほこらぬ。大《だい》富饒財《ふにょうざい》も、その富あるにほこらぬ。博識多聞も、その智解《ちげ》にほこらぬ。上座の教誥*《きょうこう》、師僧の教誡*、仏世より相承けて今日に至るじゃ。

六、意和敬

第六の意和敬は、なおも人々志を用うべき所じゃ。四姓*《ししょう》出家して、ことごとく釈氏と称する。貴族卑姓《ひせい》の品《しな》あれども、同一和敬じゃ。凡聖まちまちなれども、悉く同一師に学する。

要を取りて云わば、この意《こころ》は制伏せねばならぬものじゃ。『涅槃経』に、「心の師とは*なるべし、心を師とすること勿《なか》れ」とある。『遺教経《ゆいきょうぎょう》』に、「心の恐るべきこと、毒蛇・

袈裟段…袈裟の切れ端。
戒徳…戒をたもつことによる功徳。
教誥…おしえ告げること。
教誡…教え戒めること。
四姓…インドの四つの社会階級。九八頁参照。
心の師〜…尊者の「経に心を師とすることなかれと」と題する和歌に「山陰や路のぬかりのほどとをしたなれぬ駒にこころゆるすな」とある。この「経」とは『大般涅槃経』である。

悪獣・怨賊よりも甚だし」とある。

ここに於て、人々《にんにん》*屏息《びょうそく》して、妄りに思わぬ。平生自ら省みて、自心の非処を知る。*三毒の厚薄を知るじゃ。もし自ら非を知らば、更に是処《ぜしょ》はいらぬじゃ。もし我が三毒を知らば、必ず随順せぬ。自ら制伏する道を思う。譬えば*賊帥《ぞくすい》を生擒《しょうきん》すれば、その眷属自ら伏する如く、その強き者を制すれば、余惑自ら微劣《みれつ》になるということじゃ。もし余念纔《わずか》に萌《きざ》せば、自ら*僧私《そうし》を知る。もし念私《わたくし》に属すれば、自ら善悪を察す。未生《みしょう》の善生ぜしめ、已生《いしょう》の善増長せしむ。未生の悪生ぜしめず。已生の悪速やかに滅す。上座もかくの如くなれば、下座もかくの如くじゃ。年少もかくの如くなれば、長老もかくの如くじゃ。もし念*僧事に属すれば、自ら法に随順するや随順せざるやを思惟す。法に随順せざることは速やかに止める。法に随順することは、また時宜《じぎ》に相応するや相応せざるやを思惟す。時宜に相応せぬと知れば、他時異日を待つ。もし時宜に相応すと知れば、上座もしは知事の人に告ぐる。上座もしは知事これを聞いて、その言理《ことば》に当るや不《いな》やを察す。その言理に当らざれば*諫諭《かんゆ》して止めしむ。もし理に当ると知れば、また時宜に適するや不やを察す。時宜に適せずと知れば、他時異日を待つ。もし時宜に適うと知れば、大衆和合してこれを用うる。一言といえども、これを容易にせず。一事といえども、これを捨て置かぬ。上座もかくの如くなれば、下座もかくの如くなり。年少も

屏息…息をころして恐れ慎む。息を殺してじっとしている。屏＝ひそめる

三毒…貪(貪欲)・瞋(瞋恚)・痴(愚痴)。

賊帥…賊のかしら。

僧私…サンガにありながら、和合を乱す私的な心を起こすことか？

僧事…授戒・説戒など、教団の中の事務的な事柄。

諫諭…いさめさとす。

かくの如くなれば長老もかくの如し。

禅定相応

もし禅定相応せば、これを聖語《しょうご》と名づくる。仏在世に、一時、仏祇園精舎にありて阿難に告げたまう。「勝恵河辺《しょうえがへん》、*苾芻《びっしゅ》住処、近隣の者、*大善利を得」と。仏の常法として、その人を讃嘆したまうは、必ずその人に*面晤《めんご》の尊意あるということじゃ。

阿難尊者、世尊の尊意を察して、信を寄せて勝恵河辺の苾芻に告ぐ。「*不日《ふにち》に*来謁《らいえつ》すべし」と。勝恵河辺の苾芻この命を承けて、速やかに祇園精舎に詣《けい》す。この時諸人伝え聞きて、みなおもう。勝恵河辺の苾芻、精進禅定あり。今仏処に詣す。仏かならず深妙の法を授けたまふべし。時失うべからずと。諸の在家出家奔走して、祇園の門前多人群集す。

世尊、阿難を召して命じたまう。「彼の河辺の苾芻、本住処に還るべし」と。諸の苾芻この教を承けて還り去る。その後世尊、阿難に告げたまう。「勝恵河辺苾芻住処、近隣の者大善利を得」と。阿難尊者前事《ぜんじ》を*鑑《かんが》みて、密《ひそか》に告げ知らしむ。勝恵河辺の苾芻、阿難の意を察して、密に祇園精舎に詣す。その時世尊、初夜《しょや》*初禅《しょぜん》に入りたまう。勝恵河辺の苾芻、世尊入定、言語《ごんご》すべき時ならぬを知りて、みな初禅に入る。世尊乃至*第四

苾芻…（梵）bhikṣu（托鉢乞食する者）の音写。＝比丘。「乞士と翻訳す。食を乞て身を養い法を乞て心を養うじゃ」『金剛般若経講解』

大善利…広大な恩恵。

面晤…＝面語。逢って話す。晤＝会談。

不日…近いうちに。

来謁…訪れてお目にかかること。

鑑みて…過去の例や手本などに照らして考える。

初禅…四禅定の第一。色界における瞑想の第一段階。

第四禅…四禅定の第四段階。

禅に入り、乃至*非想定《ひそうじょう》に入りたまう。彼の苾芻、乃至第四禅に入り、乃至非想定に入る。世尊、乃至*自定《じじょう》に入りて、諸の声聞・縁覚のはかり知らぬ境界に住したまう。彼の苾芻*念言《ねんごん》す。世尊今自定に住したまう。我等も自定に住すべしと。各々自定に住す。乃至*天明《てんめい》に至るまで、一語も交えたまわず。

かくの如く乃至諸の苾芻還り去る時、阿難尊者問い奉る。「世尊頻々《ひんぴん》に勝恵河辺の苾芻を讃嘆したまう。今ここに来る、*慰問を*蒙《こうむ》らぬは如何なる義ぞ」と。世尊答えたまう。「我已に彼の諸人と共に語し*訖《おわ》れり。聖語《しょうご》・聖法律に依りて、共に相*安慰《あんに》せり」と。看よ、ここに至って、*目撃に道存すと云うべし。目撃ならざるも、道相通じて乖異《かいい》なきじゃ。千里万里も可なり。眼々《げんげん》相対するも可なり。*言詮喃々《ごんせんなんなん》丁寧なるも可なり。黙して多劫《たこう》を経るも可なり。ただ知る人のみありて知るじゃ。

十方同一和合

この意和敬、十方僧宝同一和合じゃ。印度の賢聖或は支那に跡を顕わす。*南山律師、関中に戒壇を開くとき、長眉の僧来り*証する類じゃ。支那の賢聖或は印度の請に赴く。*中天竺*幼日王《ようにちおう》、那爛陀《ならんだ》寺東北伽藍を造立し已りて、斎会《さいえ》を設くるとき、一僧後れ至る。人問う。「何故後れ至る」と。僧答う。「我れは至那国《しなこく》なり。和上瘧《やまい》に臥す。食《じき》を捧げ已

非想定…＝非想非非想定。『涅槃経』によると、四禅定→空無辺処定→識無辺処定→無所有処定→非想非非想定→滅受想定（滅尽定）である。

自定…自らの自在な禅定の境地。

念言…心に思うこと。

天明…あけがた。

慰問…ねぎらう。

蒙る…行為や恩恵などをお受けする。

訖…すます。つくす。

安慰…安んじなぐさめる意。

目撃に道存す…一見して道がここに在ることを知る。『荘子』

言詮喃々…言葉で説明し続ける。喃々＝しゃべり続けるさま。

南山律師…＝道宣唐代の律宗の僧。南山律宗の開祖。

証する…真実であることを証し明かすこと。受戒の証明師（受戒に立会い、完了を証明する役）のこと。

中天竺…古代インドを五つに分けたときの中央部分。中天。

幼日王…バーラディティア

りて来る。故に後れたり」と。この類じゃ。

十方諸仏ことごとく一法身じゃ。この土に釈迦世尊を師とする。一切諸仏の*化儀《けぎ》に異ならぬ。他方の仏土も、その儀多くこの土に異ならぬということじゃ。

*仏勅に、「*法に依りて人《にん》に依らぬ、智に依て識に依らぬじゃ。義に依りて語に依らぬ。了義経に依りて不了義経に依らぬ」とある。

『智度論』に、「*我れ釈迦仏の法、別の菩薩僧なし。文殊・弥勒も、声聞衆中に入りて次第に坐する」とある。東西南北百里の外より来る者も、悉く水乳の相合する如く、互いに*乖諍《けじょう》なきじゃ。

この意和敬は、賢聖の*歓喜《かんぎ》奉行する処で、末世凡夫僧の仰ぎ*則《のっと》る所じゃ。たとい底下の者と雖も、この意和敬闕《か》けることなければ、直にこれ聖儀じゃ。今時所宗も異《こと》に、所学も区《まちまち》になり、*人我相《にんがそう》に随順する。ただ細心護持の人《にん》のみありて、*自ら欺かぬ地位《じい》に到るべきじゃ。

和合僧の正法

この六和敬具足すれば、*聖法久住《しょうぼうくじゅう》と名づくる。『戒序』に、「賢聖衆*牢固《ろうこニシテ》、然後《しかシテニ》破《ル》魔軍《ヲ》」とある。この六和堅牢の衆力、よく魔網を破し、煩悩を摧いて、世の福田と

王。高さ三百余尺の大寺院を建立した。

化儀…仏が衆生を教化指導するのに用いる説法の形式。

仏勅…釈尊のいましめ。『涅槃経』四依品

法に依りて〜…この法・義・智・了義経を法四依（仏滅後に比丘が拠り所とすべき四つ）という。了義経＝教義を完全に解き明かした経典。

我れ釈迦仏の〜…釈迦仏の時には大乗・小乗の区別がなかったので、文殊・弥勒も声聞（小乗）の比丘たちの中で席次に従って坐した、の意。『大智度論』三十四

乖諍…争うこと。

歓喜奉行…宗教的な満足によるよろこびで実行すること。

則る…手本とする。規範にする。

人我相…我執。自己への執着。

自ら欺かぬ…自分の良心に反しない。

聖法久住…仏の説かれた教

なるじゃ。

また「聖衆若シ和合スレバ、世尊所ノ二称誉スル一、以テノ二衆和合スルヲ一故ニ、仏法得二久住スルコトヲ一」とある。この和合僧宝、世の福田となりて、世間の中に聖法久住するじゃ。もしこの衆力和合せざれば、法滅の相じゃ。

事縁を挙げば、律中に、昔*拘睒弥国《くせんみ》に、清論法師《しょうろんほうし》と善釈《ぜんしゃく》律師と、*互いに争いを起こして、十二年の間、布薩を行ぜざりし。この因縁、正法が早く滅する相とあることじゃ。伝戒の人は殊に意を用うべきじゃ。*僧網《そうもう》密なれば、上中下の者ことごとく*漏らさぬ。法網頽壊《たいえ》すれば、人々邪途《じゃと》に走るじゃ。

不両舌戒の顕現

この十善の中、不両舌戒相の世間に顕わるるは、面白きものじゃ。経中に、色《しき》の*辺際《へんざい》に*極微《ごくみ》を説く。この極微両々相合《りょうりょうあいがっ》して、万物《ばんもつ》*化成《けじょう》すということじゃ。心の辺際に一念を説く。この一念*相似《そうじ》相続して、念相《ねんそう》成就すということじゃ。

心自ら心ならず、境に対して是非得失を成ず。境自ら境ならず、心に対して成壊起滅す。且く一類の業相牽き来りて、この人間世界がある。物に随いてその道が顕わるる。おり処に随いてその智が生ずる。みな友愛親好の徳相ならぬことはなきじゃ。


えが永遠に存続すること。

聖法＝正法。

牢固…かたい。堅固。

拘睒弥国…コーサンビー国。インド十六大国の一。
互いに争いを〜…釈尊在世の時代にも戒律の解釈によって争いが度々起こっている。コーサンビーでもそのために僧の和合が崩れ、別々に布薩を行ったとある。
僧網密なれば…規律が網の目のように細やか（網密）なこと。
漏らさぬ…戒をしっかりとまもること。犯すことを漏戒という。

辺際…きわまるところ。
極微…これ以上分解できない微粒子。
化成…できあがること。
相似相続…似たものが連続していくこと。

人の長所と十善の道

一、聖賢と奴婢

世教の中に、『論語』に、「＊樊遅《はんち》請《フ》レ学《バント》レ稼《＊かヲ》。子曰《ク》、吾不レ如《カ》ニ老農《ニ》一、請《フ》レ学《バント》レ為《つくルコトヲ》レ圃《＊ほヲ》。曰《ク》我《レ》不レ如《カ》ニ老圃《ニ》一」とある。この十善の道より看ば、儒者・君子の分際では、＊耕稼《こうか》のことは知らずして可なりじゃ。たとい少時貧賤で、鄙事《ひじ》に多能なるも、老農・老圃に譲るべきじゃ。古語に、「＊耕《ハ》問《ヘ》レ奴《ぬニ》。織《しょくハ》問《ヘ》レ婢《ひニ》」と云う。これ等も格言というべきじゃ。聖人賢者たりとも、事によりては＊婢子《ひし》・奴僕《ぬぼく》に及ばぬが、十善の道じゃ。婢の長処には婢を用い、奴の長所には奴を用うるが、十善の道じゃ。

二、主人と奴僕

一家の主たる者は、必ず一家統領の智恵がある。この場所はかしこき奴僕の才覚よりも、通途《つうず》の主人が勝るものじゃ。もし下人として主人を蔑《ないがし》ろにする者は、必ず＊天命に背きて、自の善果報を減ずるじゃ。たとい愚《ぐ》なる奴僕も、主人を大切にする者は、その善果報増長する。十善の法かくの如くじゃ。

少衆《しょうじゅ》といえども、その衆に主たる者は、必ずその長処があるものじゃ。この長処は

樊遅…樊遅が野菜造りを学びたいと言ったときに、孔子が年寄りの百姓には及ばないし、年寄りの畑つくりにも及ばないと答えた。樊遅＝孔子の門人。孔子より三十六歳若かった。稼＝五穀の栽培。圃＝野菜ばたけ

耕稼…耕して穀物を植えつける。耕稼之業＝農業。

耕問奴～…『宋書』巻七十七

婢子…下女。

天命…本書一七頁参照。『人となる道随行記』に「天とは上に位し蒼々として測りがたきものなり。この中に道あり命あり。道とはしかるべき道理なり。命とは上より下にほどこす禍福なり。およそ人のこの地上に居る、禍あり福あり。この禍も偶然として出でたるものにあらず、この福も知恵才芸を以て求め得るものにあらず、みな定まるところありて一生まぬがれえぬなり。儒者これを天命と名づく。論語に、孔子五十にして天命を知るという、これなり。もし人たる道を全くしおこなうものあらば、内

細民《*さいみん》の知る処ではない。その部下に居て、その首領を蔑ろにし、私《わたくし》の威命《*いめい》を立てんとする者は、必ず天命に背く。必ず善果報を減ずる。たといその才は中人に及ばずとも、その首領を尊重《そんじゅう》する者は、必ず天命に順ずる。必ず善果報を増長する。十善の法かくの如くじゃ。

三、先祖と子孫

小家《しょうけ》といえども、その元祖たる者は、必ず統《*とう》を垂《た》るる徳がある。庸流《ようる》よりは勝るものじゃ。まして郡国の開祖たる者は、通途の果報ではないじゃ。その家々《いえいえ》に立て置きし法は、各々長ずる所があるべきじゃ。小心に枯淡を守るもその一風じゃ。大量に人を恵むもまた一風じゃ。武を励まして厳烈なるも一家風じゃ。文を主として温厚なるも一家風じゃ。各々その家先祖の定むる所が家の守りじゃ。これを十善の道と名づくる。もし児孫たる者、少しく書を読んで、祖考の不学を侮《あなど》り、下民たる者、己が才芸にほこりて、国の政を議する者は、必ず天命に背く。自の善果報を損ずるということじゃ。

四、君主と庶民

天下を掌握の中に領ずる君は、必ず万民を覆育《*ふいく》する智恵がある。これは一切臣庶の及

心あきらかなること鏡の塵垢をはなるるがごとし。この人よく天命に達するなり」とある。

細民…貧民。
威命…威力あるいいつけ。

統を垂る…子孫が受け継ぐべき本来のものを伝える。

覆育…守り育てること。

ぶ所ではない。執政の人は、必ず大君《たいくん》を輔《たす》けて世を治むる智恵が備わる。これは*隠士書生などの及ぶ所ではない。

古今書生の類が、古を*援《ひ》いて今を非とする。他国に例してその国を議する。みな愚の甚だしきじゃ。その論断する所を見るに、十に六七は世を乱し事を*敗る兆じゃ。孔子が「*不《レバ》レ在《ラ》二其《ノ》位《ニ》一不レ謀《ラ》二其《ノ》政《ヲ》一」と云う。児孫たる者、臣庶たる者は、ただ謹慎に君父の命を受けて、少しも侮《あなど》り怠らぬが、十善の道じゃ。

あるべき姿と十善

この十善の道は、万物各々生育を遂ぐるにあり。我これを生育するでない。上下・貴賎・智愚、各々その*所を得るにあり。我これを*安排布置するでない。ここに至りて、万物各々我が用となりて、棄つべき物ない。その人民億兆、各々自己心中の法となって、棄つべきない。

世間の中、*楊朱《ようしゅ》・*墨翟《ぼくてき》が*儒を非する。*孟軻《もうか》が楊墨《ようぼく》を非す。みなその得る所を是とし、その学びしことを本とす。その人より云わば可なり。もしこの十善の法より見れば、各々長処ありて、その用処障礙なきじゃ。

孝悌・仁義の道を以て、士大夫の子弟を教えしむるには、孟軻を用うべし。国用倹を

隠士書生…世の中を避けて政務に通じない学者。
援いて…ひきよせる、ひきぬく、の意。
敗る…破る＝こわす。かきみだす。
不在其位〜…その位にいないのであれば、その政務に口出しをしない。『論語』泰伯・憲問
所を得る…自然にあるべき所にある。所を得ているのが十善のすがた。
安排布置…造ってしつらえる。
楊朱…戦国時代の思想家。極端な利己主義・個人主義を唱えて墨翟の兼愛（親族と他人を区別しない）説と対立（楊墨論争）した。
墨翟…墨子。戦国時代の思想家で、宋の昭王に仕えた。兼愛説を唱えた。
儒を非する…楊朱は個人主義者であり、墨翟は徹底した利他の考えで、家長制度の儒教とは相いれなかった。
孟軻が楊墨を非す…特に孟子は墨翟を批判(儒墨論争)した。

守り、財穀の出入を慎み、*封彊《ほうきょう》の守禦《しゅぎょ》をなすには、墨翟を用うべし。*孫《そん》・呉《ご》・管《かん》・晏《あん》が類。*田文《でんぶん》・商鞅《しょうおう》が類。*陳仲子《じんちゅうし》・許行《きょこう》が類。*司馬《しば》相如《そうじょ》・楊雄《ようゆう》が類。程頤《ていい》・朱熹《しゅき》が類も、みな用うる処があるべきことじゃ。この各々長処ありて、その用むなしからぬ。各々短処ありて、事に触れて滞りあるが、みな世間のあり通りというものじゃ。このあり通りがこの戒の趣じゃ。

喩えば鳥は空に飛んで水に入ることならず。魚は水に游いで陸地に上ることならぬ如くじゃ。面白きことじゃ。

*有人《あるひと》が、「*至《リテハ》二於用《フルコト》レ力之久《シクシテ》而一旦豁然《トシテ》貫通《スルニ》一焉、則《チ》衆物之表裏精粗無《クシテ》レ不《ルコト》レ到《ラ》、而吾《ガ》心之全体大用無《シ》レ不《ルコト》レ明《ナラ》矣」と云う。*これ等は妄想の差排じゃ。仏教の一切智々の言句《ごんく》を聞いて模擬せるであろうけれども、それは別途のことじゃ。

この身限りあり。その智限りありて、一人衆能を該《か》ぬることならぬ処に、天道人理も備わることじゃ。我れ一人の智を以て、衆事を統《す》べらるると思うは、理に昧《くら》きことじゃ。

地位相応の境涯

要を取りて云わば、一家の主は、一家の大体を心とすべし。薪《しん》・水《すい》・塩《えん》・酢《そ》の営《いとなみ》は、奴婢に命じて可なり。一郡一国の主は、一郡一国を我が心とすべし。細末の事は、知ら

封彊の守禦…国境を守り、敵を防ぐ。
孫・呉・管・晏〜…孫武（春秋時代の武将）・呉起（戦国時代の兵法家）・管仲（春秋時代の宰相）・晏嬰（春秋時代の政治家）。田文＝孟嘗君（戦国時代の斉の王族）・商鞅（戦国時代の政治家・法家）・陳仲子（戦国時代の斉の官吏）・許行（戦国時代の楚の人で諸子百家の一人）・司馬相如（前漢の詩人）・楊雄（前漢の文人・学者）。
有人が…程子。『大学』五章
至於用力〜…理に達しようとする心を長く続けていると、豁然と悟って、それを貫く理を得るに至る。それは物の表も裏も精細さも粗雑さもないところで、そして自の心全体のはたらきも明らかになる。
これ等は妄想…『大学』での「格物致知」を説明するための文であるが、これに対して尊者は妄想であると朱子学を批判して、仏教の「一切智々」（仏の智慧）とは異なるものとする。

ざるも可なりじゃ。*一天四海の主は、一天四海を我が心とすべし。諸の学才・文物《ぶんぶつ》等は、その人を用いて可なりじゃ。これを十善の法という。ここに至りては、甚深の理屈も末が末じゃ。後世の儒生が、*先聖未発の論などということを珍重するは、愚の甚だしきじゃ。

生来の業因縁

経中に、仏世に染師の子あり。舎利弗尊者の弟子となる。尊者これに*数息観《すそくかん》を授く。年月を経て功を積めども、その証を得ず。鍛師《たんし》の子あり。これも舎利弗尊者の弟子となる。尊者これに*不浄観を授く。これも年月を経て功を積めどもその証を得ず。舎利弗尊者これを世尊に白《びゃく》す。世尊告げたまう。「舎利弗法を授くる、その人機《にんき》に違う。染師の子不浄観を修すべく、鍛師の子数息観を修すべし」と。この二子仏勅《ぶっちょく》に順じて修するに、久しからずして聖果《しょうか》に登るとある。

これ等の趣も看よ。この業因縁ありて染師の子となる。垢汚《くお》を浄除して、日を送り年を送る。出世道に入りてもこの縁随逐す。不浄観の成ずる、その趣思うべきじゃ。

この業因縁ありて鍛師の子となる。*橐籥《たくやく》にとものうて、日を送り月を送る。出世道に入りてもこの縁随逐す。数息観の成ずる、その趣思うべきじゃ。

一天四海…全世界。天下全体。

先聖未発の論…昔の聖人が論じていないこと。

数息観…出入の息を数えることに集中する観想法。数息観については、尊者に『数息観大要』があり、また、「開明門院上臈御方に答ふる書」（『慈雲尊者御消息集』）に「数息観を御修しなされたく候。但し、数息観は御ことしげきに御とりまぎれあるをりは成しがたき事に御座候」との用心を示されている。

不浄観…貪欲を離れるために肉体の不浄を観想する法。「不浄観」（『法語集』）に尊者の詳説がある。

橐籥…ふいご。鉄製で使われる送風機。橐＝ふいごう。籥＝ふえ。

また『修行道地経』の中に、「禅法を教授する者、*他心道眼あれば、自ら禅定に入り、その根縁《こんえん》を観じて、随宜《ずいぎ》の法を授くべし。もし他心道眼なき者は、その相貌《そうみょう》威儀を察して、*塵労を分別し、法を授くべし」と。

*文に、「何《トシテ》而知《ル》人《ノ》有《ルヲ》貪婬相《ヲ》。文飾《もんしょく》自《ラ》喜《コビ》、*調戯性急《ニ》志躁《しそう》怱怱《そうそう》。性如《クニシテ》獼猴《みこうノ》而多《ク》忘誤、智計浅薄《ニシテ》無《シ》有《ルコト》*遠慮。挙動所《ノ》為《ス》不《ス》顧《ミ》前後《ヲ》。造作《シ》不要《ヲ》多事恐怖《ス》。多言喜《コビ》啼《クコトヲ》易《ク》詐《リ》易《シ》伏《シ》。安穏易《ク》解《シ》不耐《ヘ》勤苦《ニ》。若《シ》得《テハ》小利入《ヲ》大《ニ》用《イテ》歓喜《ス》。忘失《シテ》少々《ヲ》而《モ》甚《ダ》*憂慼《ゆうせきス》。聞《イテ》人《ノ》称誉《スルヲ》歓喜《シテ》信《ズ》之《ヲ》。*伏匿之《ノ》事悉《ク》為《ス》道説《ヲ》。体温《ニシテ》多《ク》汗皮薄《ク》身臭《シ》。毛髪希疎《ニシテ》多《ク》白多《シ》皺。不好《マ》長鬚《ヲ》白歯*趨行《すうぎょうス》。喜《このみ》浄潔衣《ヲ》荘厳《ス》其《ノ》身《ヲ》。多《ク》学《ビ》伎術《ヲ》数《しばしば》行《ナフ》遊観《ヲ》。常《ニ》喜《ンデ》含《ミ》笑《ヲ》性和《シテ》敬《ス》長《ヲ》。性不*狼戻《ろうれいナラ》少《ナク》於瞋恚《ニ》尊敬《ス》長老《ヲ》。雖《ドモ》学《ブト》于法《ヲ》愛欲《ス》財物《ヲ》。結《ブコト》友《ヲ》不久《シカラ》。聞《イテ》色欲《ノ》事《ヲ》即《チ》貪著《ス》之《ニ》。説《イテ》其《ノ》*悪露《ヲ》尋《ついデ》復《タ》厭《フ》之《ヲ》。易《ク》進《ミ》易《シ》退《キ》。是《レ》為《ス》貪婬相《ト》」と。この者多くは*有見《うけん》に著すということじゃ。

また文に、「何《ヲ》以《テカ》当《ニ》《ベキ》観《ズ》瞋恚之相《ヲ》。解《シテ》於深義《ヲ》不卒《ついニ》*懟恨《ついこんセ》。若《シ》怒《レバ》難《ク》解《ケ》無《シ》有《ルコト》哀心。所言《フ》至誠《ニ》悪口麁獷《そこう》。普《ク》懐《キ》*狐疑《ヲ》不尋《ネ》*信人《ヲ》。喜《ンデ》求《メ》他《ノ》短《ヲ》多《ク》寤《ご》少《ナシ》寐《しん》。多《ク》有《リ》怨憎。結《ブコト》友《ヲ》究竟《シ》、*仇讎《きゅうしゅう》難《ク》和《シ》所受《クル》不忘《レ》。無《ク》有《ルコト》恐驚人怖《セドモ》不懼《レ》。*多力反《シ》徳《ニ》不能《あたハ》下屈《スルコト》。身体長大肥頸大頭。広肩方額好髪勇猛。若《シ》有《ルモ》失《フコト》財《ヲ》永《ク》無《シ》愁顧《スルコト》。難《ク》進《ミ》難《シ》退《キ》。是《レヲ》為《ス》瞋恚《ノ》相《ト》」と。この者多くは*断見を好む等じゃ。

他心道眼…他人の心を知るすぐれた眼。
塵労…心を疲れさせる心の塵。煩悩。
文に…これより『修行道地経』分別相品八によって、貪欲・邪婬・瞋恚の相を説かれる。
調戯…わるふざけ。
遠慮…先の事を考えること。
憂慼…憂＝慼＝うれえる。
伏匿之事…ふして隠していること。
趨行…多く並んでいる意か。
狼戻…心がねじけて道理に反する。
悪露…不浄。
有見…全ての存在に固定的な実体を認める見解。
懟恨…懟＝恨＝うらむ。
狐疑…疑い深くて決心がつかないこと。
信人…誠があって欺かない人。
仇讎…あだかたき。
多力…力が強いこと。
断見…因果を否定し、すべてをこの世限りのものとする見解。本書の不邪見戒に詳しい。

悟りと因縁

この多婬の人は、不浄観を修して法に入るべし。この多瞋恚の者は、*慈悲を修すべし。看よ、これ等因縁ありてこの色身ある。色身は心を顕わす。この色心ありてこの法随逐する。面白きことじゃ。

経中に、世尊毎《つね》に言う。「阿難は精進に過ぎて、反って道を障《ささ》う」と。仏滅後、大迦葉尊者阿難を呵《か》す。時に阿難尊者、迦葉の呵責《かしゃく》を被り已《おわり》て、勇猛《ゆうみょう》に禅定を修するに道を得ず。この時世尊平日の教誡を憶念し、少しく眠息せんとして、足既に床《ゆか》を離れ、頭未だ枕に及ばぬとき、*無学果を証得せしとある。看よ、この薬反って病となり、この法反って障礙《しょうげ》となる。薬去ってその病も去る。*法絶して障礙も断絶する。この趣面白かるべきじゃ。

女人の中に、*痩瞿曇彌《しゅうくどんみ》は、諸の患難《かんなん》に遇うて得道せりとある。業報因縁がこの身心の憂苦《うく》となる。この憂苦因縁、この法を得る。これもその趣面白きじゃ。蓮華色尼《れんげしきに》が目連尊者に遇うて道に入る。のち尼衆の中に神通第一の徳を顕わす類、宿業《しゅくごう》随い来りてこの人に遇う。この人縁となって我が行成就す。みな因縁*契当《かいとう》、留《とど》めて留め得られぬ場処があるじゃ。

慈悲を修す…慈悲観（五停心観の一）を修すること。一切衆生に対して慈悲を観じ、怒りをなくすための観想。前出の数息観・不浄観に加え、慈悲観、さらに因縁観・界分別観を五停心観という。

無学果…阿羅漢果。これ以上修行が必要ではない完成した境地。

法絶して…法すらも念頭になくなること。

痩瞿曇彌…＝瞿曇彌。太子の叔母・養母の名。マハー・プラジャーパティー。ゴータミーとも。釈迦族の女性たち共に出家の意向があったが最初は許されなかったが、阿難が懇願して許された。修行に励んで阿羅漢果を得て、多くの比丘尼衆から信頼された。

契当…かなう。

要を取って云わば、二六時中生より死に至るまで、法を得る時節じゃ。天文・地理、一切人事、禽獣・草木に至るまで、みな全く法の当相じゃ。縁のある処はこの法のある処、法のある処は我が得道のある処じゃ。

名利と五欲

*有部律《うぶりつ》の中に、「*婆羅痆斯《ばらにし》城有《リ》一《ノ》陶師。於《テ》其《ノ》作《レル》坊内《ニ》有《リ》四人《ノ》独覚《どっかく》。為《ニ》求《ム》止宿《センコトヲ》。時《ニ》諸《ノ》大士、前後《ニシテ》而至《ルニ》、互《ヒニ》不相知《ラ》。時《ニ》一《ノ》独覚入《リ》*火光定《ニ》、遂《ニ》即《チ》互《ニ》見《ル》。共《ニ》相問《フテ》曰《ク》、仁者《ハ》是誰《レゾ》。一人答《ヘテ》曰《ク》、仁等聞《クヤ》杖瓶《じょうびょう》王《ヲ》耶。余《ノ》独覚《ノ》云《ク》、我等嘗《テ》聞《ケリ》。曰《ク》其《ノ》杖瓶王《トハ》我《レ》是《ナリ》。余《ノ》独覚問《ヒテ》曰《ク》、仁者、国郡豊饒、人民熾盛《ナリ》。縁《ツテカ》何事《ニ》而作《ル》出家《ト》。杖瓶独覚答《ヘテ》言《ク》、我《レ》昔嘗《テ》在《リテ》高楼《ニ》、乃見《ル》*鵄鳥《しちょうノ》持《シテ》肉《ヲ》而飛《ブヲ》。群類随従《シ》遽《にわかニ》相争撃《ス》。前《ノ》鵄鳥棄《テテ》其《ノ》肉《ヲ》、休《ミ》高樹《ノ》杪《こずえニ》安閑《ニシテ》而住《ス》。其《ノ》衆鳥共相《ニ》*牽掣《けんせいシ》互《ヒニ》撃《ッテ》傷苦《ス》。我見《テ》斯《ノ》事《ヲ》情生《ジ》*厭捨《おんしゃヲ》。作《サク》如《クノ》是《ノ》念《ヲ》。何用《ゾイント》如《クノ》此《ノ》無益《ノ》事《ヲ》。悉皆《ク》棄捨《シテ》而為《ス》出家《ヲ》」と。看よ、鵄鳥が目には、この一団の肉は、まことに美味好境じゃ。

今日の人間の名利・五欲、大禄・高位官爵の類も、人間の目にこそ好境界なれども、諸天もしは仏・菩薩の眼より見れば、*鵄《とび》の一団肉を争う如くじゃ。これづれのことも、決徹して疑わぬ処に至れば、一切の欲境はみな風前の塵じゃ。

有部律の中に…以下四つの例を『根本説一切有部苾芻尼毘奈耶』第二巻から引いて、不両舌戒の趣を説かれる。
婆羅痆斯城…バーラーナシー国。今のベナレス。古代十六カ国の一。商業都市。
火光定…火の光につつまれて瞑想すること。
鵄鳥…とび。
牽掣…牽＝掣＝ひく。
厭捨…いとい捨てる。
鵄の一団肉を争う…尊者の和歌に「名利とは魔王の釣のいとぞかし餌につく魚の身のはてを看よ」とある。

貪欲は苦の本

「次問第二独覚。仁者是誰。彼即答曰、仁等頗《もし》聞醜面王不《いなや》。答曰、嘗聞。報言、醜面王者我是。復問曰、仁者以何因縁而作出家。醜面独覚答曰、我在宮中、或時見二特牛逐一牸牛《じぎゅう》。共相觝触躯体傷損、一牛角折退走而去。我既見已情甚嗟嘆、而作是念。諸憂患《うげん》貪欲為本。心為悩害深生厭患、便即出家」と。この中前の鵄鳥の肉を争うと、この特牛の牸牛を争うと、所見の境界は相似たれども、杖瓶王と醜面王との心の感は別じゃ。前の杖瓶王独覚は、無益《むやく》瑣細《ささい》の事に苦しむことを感じ、この醜面独覚は、一切の苦は貪欲より起こるを嗟嘆す。この貪欲の苦本《くほん》なることを決徹して知れば、万境は自ら解脱するじゃ。

無常の徹底

「次問第三独覚、仁者是誰。彼即答曰、卿等頗《もし》聞婆羅痆斯《ばらにし》城《じょう》有梵摩達《ぼんまだっ》多《た》。皆答言嘗聞。報言、其梵摩達多王我是。余独覚問曰、仁以何縁而作出家。梵摩授独覚答言、我在王宮、時属三春百花敷栄、茂林・清池・花鳥交暎。孔雀・鸚鵡・鵝・雁・鴛鴦、雑類哀鳴群飛合響。我時与宮人婇女、出遊芳苑随所周

特牛…牡牛（おうし）。
牸牛…牝牛（めうし）。
嗟嘆…嗟＝嘆＝なげく。
厭患…いといううれえる。

三春…春の三か月。
敷栄…草木が茂り花が咲く。
交暎…＝交映。交々相映ずること。

旋スル一、与二諸ノ婇女一歓娯嬉戯シ、*飡《そん》シテ二美ナル飯食一ヲ疲乏シテ而臥ス。宮人*縦逸《しょういつ》ニシテ貪二愛シ花果一ヲ、見テ二我ガ眠ルヲ一詣ツテ二諸樹ノ辺ニ一、採リレ花ヲ取リレ菓ヲ*摧残毀析《さいざんきせつ》ス。我時ニ従リ二睡眠一起チ、見已リテ情甚ダ憂嘆ス。此ノ樹向者《さき》ニハ花果茂盛ナリ。須臾《しゅゆ》ノ間ニ摧折シ尽クス。我身亦《もまた》爾《しか》ナリ世間亦《もまた》爾リ。無常変壊此レ不レ須ラレ疑フ。世間ノ言論ハ唯悩マス二身心ヲ一。即チ棄二捨シテ国位ヲ一而作ス二出家ヲ一」と。

これも看よ、*無仏世に出でて無師自覚するは、高遠なることは甚だ高遠なれども、この花菓《けか》の無常なることは、今日の者も目にふるることじゃ。諸法の常なきことも、解すれば解しらるることじゃ。ただ決徹せぬによって、いつがいつまでも凡夫地に居るじゃ。もし*審諦思惟《しんたいしゆい》せば、人人箇々《にんにんここ》聖域《しょういき》に入るも、遠くはあるまじきじゃ。

一切事物が法門

「次ニ問フ二第四独覚ニ一。仁ハ為ル二是レ誰トカ一。答ヘテ曰ク、卿等頗《もし》聞クヤ三瓔珞城ニ有リシコトヲ二壮勝王一。答ヘテ曰ク曽《かつ》テ聞ケリ。報ジテ言ク、其ノ壮勝王トハ我是ナリ。復問フテ曰ク、仁以テカ二何ノ縁ヲ一而作ス二出家ヲ一。壮勝独覚答ヘテ曰ク、我昔在リテ二宮中ニ一情纏ツハレ二艶色《えんしょく》ニ一婇女囲繞《いにょう》セラル。時ニ厭フテ二衆多*憒閙《けにょう》ナルコトヲ一命ジテ二一宮人ニ一侍セシムレ側ニ。此ノ女人臂ニ着ク二種ノ*瓔珞環釧《ようらくかんせん》ヲ一。随ヒテ二動ズルレ手ヲ時ニ一、其ノ環釧互ヒニ相撃触シテ作ス二閙《さわが》シキ声響ヲ一。命ジテ脱シレ一ヲ脱シレ二衆多ヲ一皆脱シテ、唯留ム二一釧ヲ一。時ニ寂然トシテ無シレ声。我時ニ見ル二此ノ事ヲ一已リテ情生ズ二憂歎ヲ一。此ノ非情頑物ナルモ且《かつ》互ヒニ相撃触シテ、遂ニ則チ作シレ声ヲ悩マセリ二我ガ耳門ヲ一。況ンヤ在リテ二諸欲ノ之中ニ一豈ニ得ンヤ二安静ナルコトヲ一。遂ニ命ジテ去ラシメ二女人ヲ一、独リ在リテ二床上ニ一思

飡…食事をすること。
縦逸…ほしいままにする。
摧残毀析…くだかれてこわれる。
無仏世に〜…小乗の縁覚をさす。
審諦…明らかに。
憒閙…憒＝心が乱れる。閙＝さわがしい。さわがしい事、場所。
瓔珞環釧…首、胸、腕などにつける装身具や手足につける輪状の装身具。

惟スラク。世人ト*祇接《しせつ》スル並ビニ悩二マス心識一ヲ。無レシ益二トガ我身一ニ。終ニ譲リテレ国ヲ出家ス」と。
看よ、衆多憒閙《けにょう》は、一侍者には如《し》かぬじゃ。一侍者の随従するより、独立《どくりゅう》無伴は勝るじゃ。*念を弄《ろう》し智を逞《たくま》しくするは、*絶学無為には如かぬじゃ。*彼此相対《ひしあいたい》すれば、*乖《け》諍《じょう》生ずる。纔《わずか》に取捨にわたれば、身心を悩乱するじゃ。

この中自ら省察せよ。一切事物、到る処が法の在る処じゃ。杖瓶王は鵄が法門となり来った。醜面王は牛が法門となり来る。梵授王は華樹が法門となり来る。この壮勝王は女人環釧の声が法門となり来ったじゃ。面白きことじゃ。その時この陶師が、この四聖の縁事を聞いて、国王尊貴の人だに、各々位をさり出家す。我れこの卑賤の業をなし、一生まぬがれ得ぬ。誠に鵄の肉を貪り、牛の牸牛を争うに異ならぬと思い定めて、出家の志決定したとある。これが大迦葉尊者の*因位《いんに》なるということじゃ。この四聖の、*境にふれて感あるも、陶師の*賢を見て斉《ひと》しからんことを思うも、十善の法より見れば、みな不両舌戒の儀じゃ。

不両舌戒の異熟果・等流果・増上果

『華厳経』に、両舌の罪、また三悪道に堕せしむとある。これは異熟果じゃ。もし人中に生ずれば二種の果報を得。一には眷属乖離《けり》し、二には親族*弊悪なりとある。これは

祇接…つつしんで接する。
念を弄し〜…心のはからいが多い。尊者の「思想多き人にしめして」と題する和歌に「身をおもふ心こそまづこの世より身を苦しむる心なりけれ」とある。
絶学無為…修行も学問も忘れ去った無為。『証道歌』に見る。
彼此相対…分別して相対的に見る。
乖諍…あらそうこと。
因位…悟りを得ていない修行中の位。
境…感官と心に知覚され、思慮される対象。
賢を見て〜…「賢を見ては斉しからんことを思い、不賢を見ては内に自ら省みる」『論語』里仁
弊悪…弊＝悪。

等流果じゃ。
*蘇秦・張儀などの類が、諸国に遊説して乱をおこす類。*楚の費無極《ひむきょく》が郤宛《げきえん》に甲兵《こうへい》を門に寘《お》かせて、令尹子常《れいいんしじょう》に讒《ざん》せる類。女人の中には、*鄭姫《ていき》が魏国よりおくりし新人に、鼻を掩わせて刑に陥《おとし》れし類。

悪趣の異熟も、親族弊悪《へいあく》の等流果も、この両舌戒にあらわれねばならぬ理じゃ。余論に、この余業、外《ほか》の国土までに亘りて、五穀・華果《けか》*茂盛《もじょう》ならず。道路に瓦礫《がれき》・*嶮岨《けんそ》多きとある。これは増上果じゃ。妄語・綺語戒に準じて、この両舌も、身業・意業に通ずべし。具さに憶念せよ。

如上の四罪、摂すれば一の妄語に帰する。*優婆塞《うばそく》・優婆夷律儀《うばいりつぎ》の中には、*一の妄語を立てて、余の三罪を摂する。この十善の法は、具さに開示して口に四罪を分かつじゃ。

要約して云わば、*上来を四重禁《しじゅうきん》とす。

身口業における果報の総括

一、不殺生の五つの果報

『分別善悪所帰経』に、「仏ノ言ク、人於テ二世間ニ一慈心ニシテ不二殺生セ一、従ツテ二不殺ニ一得ル二五ノ福ヲ一。何等カ五ゾ。一ニハ者寿命増長。二ニハ者身安穏。三ニハ者不下為ニ二兵刃虎狼毒虫ノ一所中レ傷害セ上。四ニハ者得二上天ヲ一、天

蘇秦・張儀〜…共に親友で縦横家。蘇秦は六か国の宰相となり秦に対した。張儀は秦の宰相となる。『史記』

楚の費無極が〜…費無極は郤宛に武器を置かせて令尹子常を暗殺しているように謀った。『春秋』

鄭姫が〜…后が魏の国から送られてきた美女に華を覆わせて、王の匂いが嫌いだからと告げ口して処刑に追い込んだ。

茂盛…勢いよく伸びる。

嶮岨…嶮＝岨＝けわしい。

優婆塞・優婆夷…男性の在家信者と女性の在家信者。

一の妄語を〜…在家の五戒では口業の戒が不妄語だけであるが、他の綺語・悪口・両舌がこれに含まれているという意。

上来を四重禁…十善戒の口四も重罪に含まれるということ。四重禁＝殺生・偸盗・邪婬・妄語。

上寿無《シ》レ極《リ》。五者従《ニハ》二天上一来《ッテ》、下二生《スレバ》世間一則《チ》長寿《ナリ》。今見《げんニ》有《ルハ》二百歳者《ノ》一、皆故世《*こせ》宿命《しゅくみょう》不《ふ》殺《せつノ》所《ナリ》レ致《ス》。楽死不《ハ》レ如《カ》二苦生《ニ》一。如《ク》レ是《ノ》分明《ナリ》。慎《ンデ》莫《レ》レ犯《ズルコト》レ殺《ヲ》」とある。もし殺生の者は、これに反して、一には寿命短く、二には驚怖多く、三には仇怨《きゅうおん》多く、四には命終して悪趣に入る。五に悪趣より出でて、たまたま人中に生ずるも、短命《たんみょう》多病、形《かたち》不具足《ふぐそく》とある。

この経は後漢の安世高《*あんせいこう》の訳じゃ。安世高三蔵は得道の人なるということじゃ。得道の聖人の仏語を伝うる。先ずこれを首《*しゅ》とすることじゃ。

この善悪報応、智者の小心翼々《*しょうしんよくよく》として、終に聖慧明《しょうえみょう》を得る処じゃ。愚人も、終に非を改め過を悔い、闇より明に趣く処じゃ。声聞乗の人の、厭背《*えんぱい》して禅定智慧を発する基じゃ。菩薩乗の人の、大慈悲心相応する処じゃ。

因果と悟り

この生死業果なくば、一切賢聖も大道を窮むることなく、諸仏出世して衆生を利益したまうことなきじゃ。真正の道人、この中に実相に達する。果を見て因に達する。是なく非なく、得なく失なし。この身ここにありて迥然《けいぜん》として世外に遊ぶ。因を看て果に通ずる。自なく他なく、縛なく脱なし。ただ善相応して、常に世人を利益するじゃ。

故世…過去世。

安世高…後漢時代に渡来した訳経僧。安息国の王位を捨てて出家、洛陽に至り三十余部の経典を訳出した。市井の乱闘に巻き込まれ殺された。

首…第一。本とする。

小心翼々…細心の注意をすること。

厭背して…見思惑を厭い捨てる。『慈雲尊者法語集』の「楞伽心印」と題する法語の中に、断常の二見等の見惑、貪瞋痴慢等の思惑を断じて涅槃を証得する者が声聞であると説かれている。

二、不偸盗の五つの果報

経に、「仏言ハク、人於テ二世間ニ一不レ取ラ二他人ノ財物ヲ一。道中ニ不レ拾ハレ遺《お》チタルヲ。心不レ貪ラレ利ヲ。従ツテレ是ニ得二五ノ善ヲ一。何等カ五《ご》ゾ。一者ニハ財物日《ひび》ニ増ス。二者ニハ不二亡遺《ぼういせ》一。三者ニハ無シレ所レ畏ルル。四者ニハ得二上天ヲ一。天上ニハ多シ二珍《ちん》宝《ぼう》一。五者ニハ従リ二天上一来ツテ下二生スルニ世間ニ一、保二守シ其ノ財産ヲ一、*県官盗賊モ不三敢テ侵犯シテ取ラ二其ノ財ヲ一。今現在ツテ保レ財ヲ至ルレ老ニ者ハ、皆故世《こせ》宿命ガ不三敢テ取ラ二他人ノ財物ヲ一所レ致スナリ。亡ニ無スルハ多少ヲ一令ム二人ヲシテ憂悩《うのうせ》一。亡《ぼう》遺《い》不レ如カ二保在《ほざい》ニ一。如クレ是ノ分明ナリ。慎ンデレ莫レ取ルコト二他人ノ財物ヲ一」とある。

もし偸盗の者は、これに反して、一に財物日《ひび》に耗減《こうげん》する。二に王法の疾《にく》む所、覚知せられて罪に当る。三に身常に安からず、心常に恐怖《くふ》し、また自ら欺く。四に死後悪趣に入る。五に悪趣より出でて、たまたま人中に生ずるも、或は奴婢となりて他に役使せられ、或は貧賤にして衣食常に足らぬとある。この業果面白きじゃ。

天地この富ありて人間に付与する。偸盗の者ばかりが用うることならぬじゃ。業障の者が饑寒するじゃ。人君この仁慈ありて万民を撫育するに、偸盗の者が自ら刑にあたるじゃ。父母仁慈ありて児孫に付与するに、盗心の者が自ら耗減《こうげん》するじゃ。上下互いに仁慈ありて世人を輔助するに、盗心の者が自ら隔つるじゃ。真正の道人、これを看て実相に達する。日夜常に足る。身心常に富む。財物法の如くに用うる。この中是非・得失*でない。自他隔歴《かくれき》でない。*一炷《いっちゅう》の香、十方諸仏に供養するというも、*一茎草《いっきょうそう》を丈六《じょうろく》の金《こん》

県官…役人。

是非・得失〜…不両舌の平等性をいう。

一炷…炷とは焼香のこと。線香一本、または一片の香木を焚くこと。

一茎草を〜…一本の草で釈迦像(丈六金身)を作った、の意。平等自在の境地をたとえる。「一茎草を拈じて丈六の金身となす」『碧巌録』からの引用。

身《じん》と作し用うるというも、その理あるということじゃ。

三、不邪婬の五つの果報

経に云く、「仏《ノ》言《ハク》、人於《テ》二世間《ニ》一不レ犯《ゼ》二他人《ノ》婦女《ヲ》一。心不レ念《ゼ》二*邪僻《じゃへき》《ヲ》一。従《ッテ》レ是《ニ》得二五《ノ》善《ヲ》一。何等《カ》五《ゾ》。一者《ニハ》不二亡費《ぼうひせ》一。二者《ニハ》不レ畏《レ》二県官《ヲ》一。三者《ニハ》不レ畏《レ》レ人《ヲ》。四者《ニハ》得二上天《ヲ》一。天上《ニハ》*玉女《ヲ》作《ス》レ婦《ト》。五者《ニハ》従《リ》二天上一来下《ッテ》二生《スレバ》世間《ニ》一、多《シ》二端正《ノ》婦一。今尊者、見《げん》有《ニッテ》二若干《ノ》婦一端正*好色《ナルハ》、皆故世宿命不《ルニ》レ犯《ゼ》二他人《ノ》婦女《ヲ》一所レ致《ス》也。見在《げんざい》分明《ナリ》。慎《ンデ》莫《レ》レ犯《ズルコト》二他人《ノ》婦女《ヲ》一」とある。

もし邪婬の者は、これに反して、一には*家室《かしつ》和せず。夫婦しばしば闘い、しばしば銭財を費やす。二に王法の疾《にく》む所。県官の罰《ばっ》する所、身罪に当り、死亡《しもう》を招く。三に自ら身を欺き、常に人を畏る。四に悪趣に入る。五に悪趣より出でて、たまたま人中に生じても、自ら*婬蕩《いんとう》・*不羈《ふき》、随意の眷属を得ず。たまたまあるも柔順《にゅうじゅん》ならず。婦容色《ようしょく》なく、悪性《あくしょう》嫉妬す。もし女人となれば、独一主人ならず。多人共《ぐう》じて婦とし、常に*棰杖《すいじょう》に遇うとある。この業果面白きじゃ。

天地みな分界*あり。万物各々主ある。守ればこの処に福智生ずる。侵せばこの処に罪累起こる。これ等の事、真正の道人の世間にありて常に*咲《わらい》を含む処じゃ。

邪僻…ひがみ。ねじける。
玉女…玉のように美しい女性。
好色…美人。
家室…夫婦。
婬蕩…酒色にふけってだらしがないこと。
不羈…物事に束縛されず気ままなこと。
棰杖…むちうつ杖。棰＝杖で打つこと。
分界…さかいがあること。
咲を含む…道を得た人の微笑。

口業の五つの果報

経に、「仏《ノ》言《ハク》、人於《テ》二世間《ニ》一不四両二舌讒《＊ざん》三言《げんセ》人《ヲ》一。不四悪二口罵《シラ》三人《ヲ》一。不二妄言《もうごん》綺語《セ》一。従《ツテ》レ是《ニ》得二五善《ノヲ》一。何等《カ》五《ゾ》。一者《ニハ》語言皆信《ゼラレ》。二者《ニハ》為《に》レ人所《レ》レ愛《セ》。三者《ニハ》口気香好《＊こうきこうごう》。四者《ニハ》得二上天《ヲ》一。為《メニ》二諸天一所《レ》レ敬《セ》。五者《ニハ》従《リ》二天上一来《ッテ》下二生《スレバ》世間《ニ》一。為《ッテ》レ人好《トク》二口歯一、他人不下敢以《テテ》二悪語《ヲ》一汚《サ》上之《ヲ》。今見《げんニ》有《ルハ》下従《リ》レ生至《ルマデ》レ老《ニ》、不《ル》レ被《ラ》二口謗《くぼうヲ》一者上、故世宿命護《ルノ》二口善言《ヲ》一所《ス》レ致也。如《ク》レ是《ノ》分明《ナリ》慎《ンデ》莫《レ》三妄《リニ》讒《ざん》二言《げんスルコト》人《ヲ》一」とある。

もし妄語・綺語・悪口・両舌の者は、これに反して、一に世に処して怨憎《おんぞう》多く、二に自身を欺き、言うところ人みな信ぜず。三に数々《しばしば》禍《わざわい》に逢う。四に悪趣に入る。五に悪趣より出でて、たまたま人中に生ずるも、多く瘖瘂《＊おんあ》となり、或は謇吃《＊けんきつ》・兎欠《＊とけつ》・口歯疾《くししつ》病《びょう》あるとある。この経のみならず、余の経論に亘りて広説あることじゃ。

果報の楽しみ

この心未来際を尽くして断絶せぬは、楽しむべきことじゃ。一たび作った事の消失せぬは、楽しむべきことじゃ。この善悪業果ありて、一切世界の苦楽昇沈、みな我が心より生ずる。悉く楽しむべきことじゃ。

讒言…事実を曲げて告げ口をする。
口気香好…語り口調が美しい。
瘖瘂…話すことができない人。
謇吃…吃音者。
兎欠…口唇口蓋裂。

十善法語　巻第七　終

十善法語　巻第八

不貪欲戒《ふとんよくかい》

安永三年甲午二月二十三日示衆

不貪欲戒序説

師いわく。第八の不貪欲戒も護持せねばならぬことじゃ。この戒に随順する者は、夜も安穏じゃ。昼も安穏じゃ。家居《いえい》も安穏じゃ。遊行も安穏じゃ。無病長寿じゃ。独居して憂いなきじゃ。世に交わりて災害無きじゃ。無漏聖道《むろしょうどう》の因縁となるじゃ。

経中に、貪《とん》・瞋《じん》・痴《ち》を三根と名づけ、また三毒と名づく。また貪・瞋・邪見を三道と名づく。十善戒の中、後《のち》三戒これによりて制するじゃ。

古より釈して、*境《きょう》に染するを貪と名づけ、*忿怒《ふんぬ》を瞋と名づけ、*闇惑《あんわく》を痴と名づくと云う。*謬執《びょうしつ》して理に乖《そむ》くを邪と名づけ、邪心に推求《すいぐ》するを*見《けん》と説くと云う。今ここに貪欲というは、境に染著《せんじゃく》して心に希求《けぐ》する義じゃ。この*境の虚仮《こけ》なることを知りて、希求《けぐ》の心なきを不貪欲という。法ありてこの不貪欲に随順するを、不貪欲戒という。

境に染する…対象に染まる。対象にとらわれること。
忿怒…忿＝腹を立ててうらむ。怒＝腹を立てたことが表に出ること。
闇惑…愚かで道理がわからず迷っていること。
謬執…誤りに固執すること。
見…ここでは「邪心に推求するを見」とあり、本書十巻の不邪見戒（三二八頁）では、見を「心に見定むる処あること」と説く。つまりは見解、見る立場をいう。
境の虚仮…六根の対象は実体がないこと。

貪欲とは何か

世間に凡夫という者がある。無しと云われぬじゃ。また聖者というものがある。無しと云われぬじゃ。凡夫とは何を名づくるなれば、貪欲ある者の名じゃ。貪欲が丸こかし凡夫の心じゃ。聖者とは何を名づくるなれば、貪欲なき人の名じゃ。不貪欲戒が丸こかし聖者の心じゃ。今日の人間、五尺の小身、別に金色光明《こんじきこうみょう》を放たずとも、胸前に*卍字《まんじじ》吉祥《きちじょう》の相現ぜずとも、この貪欲だになくば、人々生まれついた顔貌《げんみょう》で、これが聖者じゃ。たとい身に*解脱幢相《げだつどうそう》の袈裟を着すとも、手に人天応供《にんでんおうぐ》の鉢を持《じ》すとも、内に貪欲があるならば、これを底下《ていげ》の凡夫と名づくるじゃ。

貪欲と凡夫

仏説に、*結使《けっし》を*懐抱《かいほう》せば彼袈裟に応ぜずとある。結使とは、この貪欲・瞋恚等のことじゃ。この貪欲等が自心を*繋縛《けばく》し、身心を*役使するによりて、結使と名づくるじゃ。なぜにこの貪欲を凡夫心と名づくるなれば、貪欲は必ず苦と相応するものじゃ。一切欲ある処として、苦ならぬはない。この貪欲ありて、身も心も苦しみ、二六時中定かならぬ者が、世に謂《いわ》ゆる浅ましき凡夫じゃ。

卍字吉祥…仏の胸・手足・頭髪に現われる吉祥のしるし。インドのヴィシュヌ神に由来する。

解脱幢相…袈裟の異名。幢相＝はたじるし。

結使…煩悩。結も使も煩悩の異名。人間を苦しみに縛りつけ（結）、かつこれを駆使する（使）ので、このようにいう。ここに尊者は具体的に貪欲や瞋恚等のこととしている。

懐抱…懐に抱く。

繋縛…拘束。心が煩悩・妄想のために迷いの状態にあること。縛られて自由を失っていること。解脱の対。

役使…命令して使うこと。

『論語』にも、孔子が「*我未ダレ見二剛者《ごうしゃ》ヲ一」と。ある人が門人の中、申棖《しんとう》は剛者なるべしと。孔子いわく、「棖《とう》は欲あり、なんぞ剛を得ん」と。こうじゃ。もし*情欲あらば、勇者も勇を失なう。智者も智を失なう。世中にありても、剛者という名は許されぬ。仏法の中では、凡夫という名を与うべきじゃ。

貪欲は苦に帰す

*経中に、「諸苦所ノレ因ル貪欲ヲ為レ本ト」とある。貪欲心を以て色を見れば、*五色みな苦じゃ。貪欲心を以て声を聞かば、*五声みな苦じゃ。貪欲相応すれば、鼻の香、舌の味、身の触、みな苦じゃ。貪欲心を以て世間に住すれば、男女大小みな苦じゃ。金銀財宝・禄位官爵、みな苦じゃ。一切時一切処が、みな凡夫境界じゃ。

なぜに不貪欲戒を聖者の心と名づくるなれば、天竺で、*上人《しょうじん》を阿哩耶《ありや》と云う。支那に釈して聖者《しょうじゃ》と云う。*適対正翻《てきたいしょうほん》せば出苦者と云う。この貪欲の諸苦を出過せる人が聖者じゃ。

不貪欲と実相

不貪欲戒に住して、色に対すれば、一切の青《しょう》・黄《おう》・赤《しゃく》・白《びゃく》がこの眼を養うに足るじゃ。

我未見剛者…『論語』公治長。剛者＝意志が固い人のこと。
情欲…世俗的な種々の欲望。四欲（①情欲 ②色欲 ③食欲 ④婬欲）の一。
経中に…『法華経』比喩品。
五色…青・黄・赤・白・黒。
五声…宮・声・角・徴・羽という音階の音。
上人…仏。すぐれた人。高僧。阿哩耶＝（梵）ārya
適対正翻…正しく翻訳すれば。

一切の松風水声《しょうふうすいしょう》・糸竹管絃《しちくかんげん》がこの耳*を遊ばしむるに足るじゃ。一*切の好香《こうこう》・悪香《あっこう》がこの鼻を安んずるに足るじゃ。一切の辛鹹《しんかん》・苦甘《くかん》がこの舌を養うに足るじゃ。一切の寒暖《かんだん》・温冷《おんれい》がこの身を置くに足る。一切の善悪邪正・是非得失がこの心を遊ばしむるに足るじゃ。一切時一切処が上人聖者の境界じゃ。

一日この戒を持《たも》てば、その日が聖賢の心行*じゃ。三日この戒を持てば、三日聖賢の心行じゃ。一生この戒を持てば、一生聖賢の心行じゃ。尽未来際この戒を持てば、未来永劫聖賢の心行じゃ。

不飲酒と十善

仏戒に差排あって、初入道の男子を優婆塞《うばそく》という。女を優婆夷《うばい》という。この輩先ず五戒を護持するじゃ。その五*戒の中には飲酒戒《おんじゅかい》*を制し、この十善には飲酒戒を制せぬじゃ。なぜぞ。十善は世間・出世間の通戒じゃによって、飲酒は所論でなきじゃ。初入道の人も、少分無漏道に順ず。この酒は諸漏*に随逐するによって、制せねばならぬじゃ。十善の人、礼式に順じて、時あって酒を用うる。過ぐるに至らぬじゃ。もし過ぎて威儀を乱すに至れば、この不貪欲戒を破するじゃ。

俗中の教に、禹《う》*は旨酒《ししゅ》を悪《にく》んで儀狄《ぎてき》を遠ざくとある。「酒誥《しゅこう》」に、「天*降《シ》二威《ヲ》我民《ニ》一用《イテ》

耳を遊ばしむる…「風鈴をよめる」という題の尊者の和歌に「鈴の音や己がしらべをそのままにそよ吹く風にさそはれてゆく」また「このごろは諸一切種もわすられていたづらにきく入相の鐘」。
一切の好香・悪香〜…好い香りにも悪い香りにも、倶に心が動くことがない。
心行…心のはたらき。
五戒…不殺生・不偸盗・不邪婬・不妄語・不飲酒。
飲酒戒…さまざまな罪を犯す原因となり、心を惑わすので禁じる。
諸漏…漏＝煩悩。
禹は旨酒を〜…儀狄とは初めて酒を造った人であるが、それを禹王が飲んで、その美味に「酒によって国を滅ぼす者があるだろう」といって儀狄を遠ざけた。『戦国策』
「酒誥」…『書経』周書の篇名。誥＝戒め。
天降威我民〜…成王が、文王の教えを諸官たちに伝えた言葉。つまり、「民が徳を失うのは酒が原因であるし、大小の国が亡びるのも

大《イニ》乱《レテ》喪《うしなフコト》レ徳《ヲ》、亦罔《なシ》レ非《ズトイフコト》二酒惟《これ》行《フニ》一。越《ここニ》小大邦《ノ》用《もっテ》喪《そうスルコト》、亦罔《シ》レ非《ザルコト》二酒惟《レ》罪《つみスルニ》一」

とある。

『詩(経)』の小雅に、「賓*之《ノ》初筵《メテえんニック》温々《トシテ》其《レ》恭*《シ》。其《ノ》未《ダ》ルレ酔《ハ》止、威儀抑*々《タリ》。曰《ここニ》既《ニ》酔《フ》止、威儀*怭《ひつ》々《タリ》。是《レ》曰《ニ》既《ニ》酔《フ》、不レ知《ラ》二其《ノ》*秩《ちつヲ》一」とある。

孔子が、「*惟《ダ》酒《ハ》無《シ》レ量《レ》不《バ》レ及レ乱《ニ》」と。俗中にも、諸君子の心は、自らこの戒の具わることじゃ。

経論の文に、酒*に三十五事、三十六事の過失ありとある。在家の人は、抄出して常に憶念すべきことじゃ。また律中に、世尊祇多《ぎだ》太子に飲酒を*開《かい》したまう。また末利夫人が、他の罪ならずして刑に中《あた》る者を救わんために、斎日なれども、これ等の戒を破す。これを世尊に告す。世尊いわく、「破戒ならず。善功徳を得る」と。この*進不《しんふ》ことごとく憶念すべきことじゃ。

天地は不貪欲の姿

この正法の処より看れば、天地も全く不貪欲戒の姿じゃ。日も中《ちゅう》すれば傾く。月も満つれば虧《か》くる。物盛んなれば衰う。草木も、花のうるわしきものは果《このみ》が美ならぬ。禽獣も、角ある者は牙を略す。珠玉の多き国は、必ず五穀衣服に乏し。寒雪の国は暴風少な

酒の罪が原因であるに他ならない」と。

賓之初筵温々～…筵＝宴会の席。恭＝慎み深い。抑々＝抑制している。怭々＝軽々しくなる。秩＝地位、身分の序列。

惟酒無量～…酒は量にかかわらず乱れるところまではいかない。『論語』郷党

酒に三十五事～…『大智度論』

開し…許すこと。遮の対。

進不…許可と禁止。

きと云うじゃ。

人はみな不貪欲の姿

人間も全く不貪欲戒の姿じゃ。生ずるときただ独り生ずる。眷属と共に生まるる者もない。衣食玩具を持ちて生まるる者もない。死するときただ独り死する。眷属僕従を将《ひき》いて死する者もない。衣食玩具を将《も》ち去る者もない。思えば面白きことじゃ。富栄《ふえい》の人は短命なるが多い。貧賤の家は、多く子孫に乏しからぬじゃ。多事なれば身を損ずる。多慮なれば心を労する。*華奢《かしゃ》を好む者は、多くその家を亡ぼす。*枯淡を守る者は多く一世を全くするじゃ。

この中に独り生まれ独り死して、眷属衣食をも身に従えぬというは、畜生などのように無福で生まるるというではない。この人間界、福分高下差別あれども、不貪欲戒の姿なることは一じゃ。*千乗の主も独り死し独り生ずる。不貪欲戒の姿じゃ。万乗の君も独り生じ独り死する。不貪欲戒の姿じゃ。千金の子も一銭を将《も》ち来らず。一銭も将ち去らぬ。不貪欲戒の姿じゃ。勇烈の士も、この生力なく、この死力ない。不貪欲戒の姿じゃ。智謀《ちぼう》の士も、この生自ら知らず。この死自ら弁ぜぬ。不貪欲戒の姿じゃ。枯淡を守るというも、*慳吝《けんりん》なることではない。慳吝は貪欲に順ずる。反って自らの果報を減ずる。窮《きゅう》

華奢…はなやかに飾ること。
枯淡…無欲でさっぱりしていること。
千乗…兵車千両。
慳吝…慳貪で吝嗇。欲深く物惜しみする（吝）こと。

鬼《き》が集まりて事の成就を妨ぐる。

天地の心と不貪欲

要を取って云わば、世に処してこの戒を護する者は、*天地を以て我が心とするじゃ。天の与うる所は、万乗も辞せず。天の惜しむ所は、一草一木も取らぬ。施《せ》は天の施に随う。恵み万民に被《おお》う。収むるは天の収むるに随う。珠玉を山海に置き、器財を国家に布《し》く。位と名と、常に保著《ほちゃく》して*猥《みだ》りに他にあたえぬ。金銀貨財、上下通用して滞らぬじゃ。

不貪欲の生活

*驕奢《きょうしゃ》の身に益なきことを知る。常に減じて更に減ずる。飢えて食すれば、諸味みな口に適《かな》う。困《こん》じて眠れば、*寝席《しんせき》常に安きじゃ。

*文華の*志を*傷《やぶ》ることを知る。*拙を守りて更にまもる。器物の飾《かざり》を省く。衣服の飾を省く。言辞巧《こう》を去って*直《じき》に就く。進退繁《はん》を去って簡に就く。位《くらい》は居る処にして足る。富《とみ》は命《めい》ある処に足る。楽は四時昼夜に具わる。清夜《せいや》に仰いで名月衆星を見る。この荘厳は金銀珠玉の及ぶ所でない。*丹霞《たんか》の空に浮かぶを見る。軽霧《きょうむ》の林樹《りんじゅ》を擁《よう》するを看る。この荘厳は*綿繍綾羅《きんしゅうりょうら》の及ぶ所でない。この不貪欲戒を以て心とするは、面白きことじゃ。

天地を以て我が～…『慈雲尊者短篇法語集』にも、「天地を以てわが心とせば、到るところ安楽なり。日月を以てわが光明とせば、二六時中くらきことなし。何をか天地をわが心とすと云う。事にふれて私なく、二六時中障りなければ、元来そのところ清浄身なり」とある。

猥りに…むやみに。わけもなく。

驕奢…おごり。

寝席…寝室。

文華の志～…文＝あや。華＝かざり。華美な飾り。本書八五・一四九頁参照。

志…志には徳の意味も含まれる。

傷る…そこねる。他では、害する・乱る・失う、と表現されている。

拙を守り…守拙＝功利的にならず、つたない態度を守る。

直に就く…すなおな心に従う。

丹霞…赤い雲気。

綿繍綾羅…本書三八頁の注参照。

不貪欲戒と世間の道

古今の経伝、＊諸子百家の教も、全く不貪欲戒の儀《よそおい》じゃ。『詩（経）』の唐風に、「好《ミ》レ楽《ヲ》勿《レ》レ荒《ムコト》＊良士瞿々《はくく》」とある。世間の法として、楽《たのしみ》をも好むべきなれども、これに時日を費やすは愚じゃ。一切の歌・舞・作楽《さがく》・能・狂言・茶・香、諸の遊事。好めば好むに随いてその中に味《あじわい》が生ずる。その中に巧《たくみ》が生ずる。これを荒《こう》と名づくる。この味が生じ巧が生じて止むことなければ、徳義をそこなうに至るじゃ。

『易』に、「＊天道虧《ハカイテ》レ盈《みつるヲ》而益《ス》レ謙《ニ》。地道変《ハジテ》レ満《ヲ》而流《シク》レ謙《ニ》。鬼神害《ハシテ》レ満《ヲ》而福《ス》レ謙《ニ》。人道悪《ハンデ》レ盈《ヲ》而好《ム》レ謙《ヲ》」とある。この中に、天・地・神・人の四、その道別あるようなれども、畢竟《ひっきょう》じて云わば、この不貪欲戒が、天にありては天の道となり、地にありては地の道となり、鬼神にありては鬼神の道となり、人間にありては人の道となるじゃ。『書経』に「＊内勿《レ》レ荒《ムコト》色《ニ》外勿《レ》レ荒《ムコト》禽《ニ》」とある。世にありては、男女婚嫁もあるべく、＊武を講ずることも無ければかなわぬなれども、過ぐれば過失を生ずるじゃ。世間の至って愚痴なるものは、猪《しし》がりを作さねば獣《けもの》が人を害し、漁《すなどり》を作さねば魚が海中に充満して、船の渡海も止まるように思うべけれども、そうでない。古語に、「＊東莱《とうらい》＊加《ヘテ》レ租《ヲ》而海魚不《レ》出《デ》。合浦《ごうほ》貪《ツテ》レ珠《ヲ》而＊璣蜂《きほう》遠《ク》移《ル》」とある。天地生々＊の道は、目のこ算用で知れることではなきじゃ。

諸子百家…諸子＝春秋時代の儒家、道家等の学派の孔子・孟子・老子・荘子・墨子・列子・韓非子など。
良士瞿々…良士＝賢士。瞿々＝つつましく礼儀正しい。
天道虧盈而〜…謙遜を説いた文。天の動きは盈（み）ちれば虧（か）け、不足すれば益す。地も盈ちれば変化し、足らない所に流れる。鬼神も十分な者に禍、謙遜の人に福を与える。人は驕慢の人を憎み、謙遜の人を好む。
内勿荒色〜…荒色＝女色に耽ること。荒禽＝狩猟に耽ること。『書経』の原文は「内荒於色、勿外荒於禽」。
武を講ずる…＝講武。武術を習う。
東莱加租…（東莱で海産物への租税を課したので魚がいなくなった。珠を産する合浦では珠を貪ったのでとれなくなった）東莱、合浦＝郡名（漢）。『漢書』・『後漢書』・『釈迦氏譜』道宣撰。
加租…租税をとる。
璣蜂…貝からとれる珠。璣＝小さい珠。蜂＝蚌＝どぶ

『史記』に、周の厲王《れいおう》利を好む。そのとき*芮伯《ぜいはく》が王を諫めて、「夫《レ》利《ハ》百物之所レ生《ズル》也。天地之所レ載《のスル》也。而《シテ》或《ハ》専《ニセバ》レ之《ヲ》其《ノ》害多《シ》矣。夫《レ》王レ人《タル》者《ニハ》、将《ニスル》三導《イテ》レ利《ヲ》而布《しカント》二之《ヲ》上下《ニ》一者也。使《ム》二神人百物《ヲシテ》無《カラ》レ不《トイフコト》レ得《ノ》二其極《ヲ》一、猶日《ニ》*怵惕《じゅってきシテ》懼《ル》二怨之来《ランコトヲ》一也。匹夫専《ニスル》レ利《ヲ》謂《フ》二之《ヲ》盗《ト》一。王《ニシテ》而行《ナハバ》レ之《ヲ》其《ノ》*帰《スル》鮮《すくなシ》矣」とある。

*箕子《きし》が紂王《ちゅうおう》の象箸《ぞうちょ》を為《つく》るを嘆ずる。孟子が梁恵王を見て、「*王何ぞ必ず言《ハン》レ利《ヲ》」と云う。

『左伝』に、荘公二十四年、魯の大夫御孫が言に、「倹《ハ》徳《ノ》之共也。侈《おごりハ》悪《ノ》之大也」と。

『論語』に、*季康子盗みの多きを憂いて、これを孔子に問う。孔子答う。「苟《いやしくモ》子之《ガ》不欲《ナラバ》、雖《モ》レ賞《スト》レ之《ヲ》不レ窃《ぬすマ》」とある。

『老子』に、「*不レ貴《レバ》二難《ビ》レ得之貨《ヲ》一、使《ム》二民《ヲシテ》不《ラ》レ為《サ》レ盗《ヲ》。不《レバ》レ見レ可《キヲ》レ欲《ス》、使《ム》二心《ヲシテ》不《ラ》レ乱《レ》」とある。

『周書』に、「*不《レバ》下貴《ンデ》二異物《ヲ》一賤《ひんぜ》中用物《ヲ》上、民乃足《ル》。犬馬非《レバ》二其《ノ》土性《ニ》一不レ畜《たくハヘ》、珍獣奇禽不レ育《やしなハ》二于国《ニ》一。不《レバ》レ宝《トセ》二遠物《ヲ》一則《チ》遠人格《いたル》」等とある。この類みな千古の格言で、この戒の戒相なるじゃ。

美への貪欲

また、老子の言に、「*美好《ナル》者《ハ》不祥《ノ》器《ナリ》」とある。こうじゃ。美好なる者は、古今に推し

がい。からすがい。

生々…自然が活動して物が絶えず生じるさま。

芮伯…武王の臣。芮に封ぜられ、成王の時、司徒となる。

怵惕…びくびくする。怵＝惕＝おそれる。

帰鮮…なつき従う者が少ない。

箕子が紂王の〜…＝象箸玉杯（故事）。象牙の箸を作れば次に玉杯を作り、贅沢な食べ物にもなる。この限りない連鎖を箕子（紂王の叔父にあたる政治家）は恐れた。その後、殷は五年で滅ぶ。『韓非子』

王何ぞ必ず〜…「王はどうして利益のことしか言わないのか」の意。仁義を言ってさえいれば目先の利益は言う必要はないと孟子は説いた。

季康子…魯の三人の家老の一人。「あなたが無欲ならば、人民は感化されて褒美をやっても盗まない」。

不貴難得〜…貴重なものを貴ぶことがなければ盗みをしない。欲を起こすような

通じ、情・非情に推し通じて、道を害し徳を敗《やぶ》る事が多いじゃ。この美好は天より与うる徳じゃ。なぜに不祥の器なるぞ。この中具《つぶ》さに思惟し看よ。美好なるものは、人が見るとき貪欲と相応する。自ら守るとき慳吝《けんりん》と相応する。動《やや》もすれば放逸・憍慢の門を開く。甚だしきに至りては自心を悩乱する。身を亡ぼし国家を乱すじゃ。要約して云わば、美好の者は、災のついてまわる処じゃ。ただ謹慎護持の人のみあって、その美好の徳を全くするじゃ。

且く事例を言わば、花を愛するも、梅の雪中に開くを賞する。可なりじゃ。桜を庭前に植ゆるも、山林に尋ぬるも、可なりじゃ。美しき花樹の昔より庭前にあるを、ほり棄つるでもなきじゃ。春寒《しゅんかん》に花の遅きを恨《うら》むる。風の急なるに散るを惜しむ。*騒人《そうじん》の一興は許すべきじゃ。もし他家《たけ》庭前の植木をも奪い、財を費やし力を労して、求めて止まぬ類は、実に災の伏する処じゃ。

甚だしきに至っては、隋の煬帝のとき、「秋冬凋《しぼみ》落ルトキハ則チ*剪《きりテ》レ綵《さいヲ》為《シテ》二花葉ト一綴リ二於枝葉ニ一、色*渝《かわルトキハ》則チ易《かゆルニ》以テスル二新シキ者ヲ一」の類。*斉の東昏侯《とうこんこう》が金蓮を作りて、潘妃《はんき》に踏み行かしむる類は、亡国の兆じゃ。

容貌への貪欲

ものを見なければ人民の心は乱れない。

不貴異物〜…変わったものを貴んで必需品を疎かにするようなことがなければ人民は満足する。犬や馬は土地の性に合わなければ飼わないし、珍しい鳥や獣はこの国では育てない。遠方の物を宝としないような国には、遠方から人が好んでやってくるのだ。

美好者不祥器…人でも物でも美しいもの、素晴らしいものは不吉なものである。

騒人…文人、詩人。風流人。

剪綵…模様のある絹を切って花葉の代わりに使う。

渝…ゆっくりと悪い色に変わっていくこと。

斉の東昏侯が〜…=金蓮歩（故事）。金製の蓮をまいて、その上を歩かせた。

人の容貌《ようみょう》もこれに準ずるじゃ。春秋の時、*孔父嘉《こうほか》が、その妻艶色《えんしょく》ありし故その身を亡ぼした類。古今何れの国にも多きということじゃ。男子にもせよ、女人にもせよ、通人《つうにん》より勝るは、先ず不祥の器じゃ。これも眷属の中に容貌端麗なる者あるを棄てよと云うではない。これには道のあるべきことじゃ。大抵は*万事を減じてまた減ずれば、天道にも人道にも背かぬということじゃ。

また自身の容貌が世に絶《すぐ》るれば、なおも慎みあるべきことじゃ。これも男子の威厳、女子の艶美、みな天の与うる一徳なる故、その*守りだにあらば、天命も爰《ここ》に帰する。人望も爰に帰する。一生その徳を全くすべきじゃ。もしその守りが疎なれば、不祥の器となる。通途《つうず》の人よりも危《あやう》きじゃ。

才能への貪欲

才智芸能も、これに準じて、天の与うる一徳じゃ。この徳また災害のつきそう処じゃ。これも自身にもせよ、他にもせよ、この才智芸能を棄てよというではない。その守りを知るべきじゃ。

上で云えば、孔門の*顔回《がんかい》の不幸短命なるも、天命が全きと云われぬところがあるじゃ。中で云えば、*秦越人《しんえつじん》が寿を全くせぬ。*屈原が楚国を放たれて汨羅《べきら》に沈む。下で云え

孔父嘉…春秋の人。孔子六世の祖。宋の司馬となったが、華父督に殺され、妻を奪われた。

万事を減じて…何事もひかえめな上にもさらにひかえめにすること。

守り…自分の与えられた分を超えることなく守っておくこと。『人となる道』に「そなわれる分を楽しむ」とある。

顔回…孔子の弟子であったが早逝。「ああ天、予を喪ぼす」と孔子は嘆いた。

秦越人…＝扁鵲。戦国時代の伝説的名医。秦の医官の李醯から嫉妬され殺された。

屈原が〜…楚の頃襄王から追放され、放浪の末に汨羅の川に身を投じた。

ば、*楊修《ようしゅ》・禰衡《でいこう》が良死を得ぬ。*王勃《おうぼつ》・李賀《りが》が類の短命なる。一切詩人文人の類が多く*放逐せらる。一切の*芸者の貧窮なる者多き、みな面白きことじゃ。

宝物への貪欲

世間一切の珠玉珍宝物具《ちんぽうもつぐ》、みなこれに準ずる。これも先祖より持ち来った宝器のあるを、棄てよと云うではない。あるに随ってその守りあるべきことじゃ。

上で云わば、*卞和氏《べんかし》が璞《あらたま》を得て、刖《あしきら》れた類。この名玉の出るは世の福分なれども、初めて得る人は、その道なければ、その身に災いあるということじゃ。大抵は得がたき宝を貴ばぬというがよき教じゃ。中で云えば、*虞公《ぐこう》が垂棘《すいきょく》の玉、屈産の乗を貪ってその国を亡ぼした類。故なくして宝物の来るときは、その心の用いようのあるべきことじゃ。下で云えば、金銀財宝、諸の珍好の物ゆえ身を亡ぼす者多きじゃ。古往今来みなこうじゃ。

謹慎の重要性

鳥獣も、虎が皮ゆえ殺さるる。象が牙ゆえ身を亡ぼす。鸚鵡《おうむ》が、人語をよくまなぶ故に*樊籠《はんろう》に入る。翡翠《かわせみ》の、羽が美好なる故殺さるる。みな不祥の器じゃ。これも虎皮象牙

楊修・禰衡…楊修＝才知があったが曹操に処刑された。禰衡＝傲慢さから黄祖に殺された。

王勃・李賀…王勃＝唐の詩人。ベトナムの父を訪ねていく途中で海に落ちて死んだ。李賀＝唐の詩人。韓愈に詩才を認められたが二十七歳で夭折。

放逐…追放。

芸者…芸によって生活する人。

卞和氏が…楚の人。粗玉を楚の山中に得、厲王に献じたが、ただの石だとされて左足を切られ、次の武王には右足を切られた。

虞公が垂棘の…晋の献公が虢（かく）の国を討つため、通り道である虞に垂棘の玉と屈産の馬を差し出した時に、虞公はこれが欲しくて通行を許した。これがもとで虞は滅んだ。

樊籠…鳥かご。

の*文《もん》、鸚鵡がよく言う、翡翠が羽の美なるを咎《とが》むるではない。この類を推して、人道を慎み、天道に順ずべきことじゃ。

聖人の教と十善

『老子経』に、「*大成《たいせいハ》若《ク》レ欠《かけタルガ》。大盈《たいえいハ》若《ク》レ冲《むなシキガ》。大直《だいちょくハ》如《ク》レ屈《スルガ》。大巧《たいこうハ》若《ク》レ拙《キガ》。大弁《たいべんハ》若《シ》レ訥《とつナルガ》」と云い、「*天下有《レバ》レ道却《しりぞケテ》二走馬《そうばヲ》一以糞《テふんス》。天下無《ケレバ》レ道戎馬《じゅうば》生《ズ》二於郊《ニ》一。罪莫《ハク》レ大《ナルハ》二於可《キヨリ》一レ欲《ス》。禍莫《ハク》レ大《ナルハ》二於不《ヨリ》一レ知《ラ》レ足《ルコトヲ》。咎莫《ハシ》レ大《ナルハ》二於欲《スルヨリ》一レ得《ント》。故《ニ》知《ル》レ足《ルコトヲ》之足《ルハ》常《ニ》足《ル》」とある。全くこの戒じゃ。『論語』に、「*禹《ハ》吾《レ》無《シ》二間然《かんぜんスルコト》一。悪《ンデ》二衣服《ヲ》一而致《ス》二美《ヲ》乎黻冕《ふつべんニ》一。卑《クシテ》二宮室《ヲ》一而尽《クス》二力《ヲ》乎溝洫《こうきょくニ》一」と云う。これも全くこの戒の趣じゃ。誠に老子も外ならぬ人じゃ。異端ではない。外道ではない。夏《か》の禹王《うおう》も外ならぬ人じゃ。異端ではない。外道ではない。もし通じて言わば、古今*命世《めいせい》の者、多くはこの十善中の人と云うべし。その中、老子の教は、多分天道を説き、少分人道を云う。『論語』・『礼記《らいき》』は、多分人道を説き、少分天道を言う。この中、天道ある処は人道これに従う。人道全き処は天命これに応ずる。点撿し将《も》ち来れば、悉くこの道の左右じゃ。

文…模様。

大成若欠～…最も完全なものは欠けているように見える。最も充実したものは空虚、最も真っ直ぐなものは曲がっているように、最も技量がある人は不器用に、最も雄弁な人は口下手なように見える。

天下有道～…天下に道が行われる時は、足の速い馬は耕作に用いられる。道が行われない時は、軍馬が都市周辺に増える。欲ほど大きな罪はなく、足るを知らないことほど大きな禍はなく、手に入れようとするほど大きな過ちはない。それで足ることを知ることで常に満足があるのだ。

禹吾無間然～…禹は完全だ。自分の飲食をきりつめて神々を祭り、衣服を粗末にして祭服を立派にし、住まいを質素にして灌漑水路に力を尽くした。

命世の者…世に秀でて著名な人。

天地の間《あいだ》、この道時に随いて隠顕《おんけん》する。*東夷西戎《とういせいじゅう》、何の処か是ならざるべき。上下貴賤何人《なんぴと》か是ならざるべき。*限局《げんきょく》して守る者は、少分*身を修め家を安んずる。通貫して用うる者は、その徳古今に布くべし。且く老子を善く用うる者は、*無為にして天下国家を安んずる。悪く用うる者は、*放蕩として礼儀を廃する。謬《あやま》れば*申子《しんし》・韓非子が如きに堕つる。甚だしきに至りては、*張角・林霊素が類にも流るるじゃ。孔子の書を善く用うる者は、四海一家の如く、万民一身の如くじゃ。悪く用うる者は、*礼教に滞り反って国を乱す。謬れば明の*建文君・方孝儒がようになる。甚だしきに至りては、漢の*王莽《おうもう》・宋の*王安石が類にも堕つる。孔丘・老聃《ろうたん》の意には違うことじゃ。

また孔子『易』を読んで、損益の卦に至って、*喟然《きぜん》として嘆ず。子貢問う、「夫子何《なん》為《すれ》ぞ嘆ず」と。孔子答う、「*夫自ら損ずる者は益す。自ら益する者は欠く。吾ここを以て嘆ず」と。この損の卦を見れば、忿《いかり》を懲《こ》らして止めねばならぬ。自ら貪欲を慎み止めねばならぬ。これに惰《おこた》りあれば身に災が出で来るじゃ。国に災が出で来るじゃ。この益の卦を見れば、善を見ては行わねばならぬ。過《あやまち》を知って改めねばならぬ。これに惰りあれば身に災が出で来るじゃ。国に災が出で来るじゃ。

東夷西戎…夷＝東方の未開の国。戎＝西方の異民族。
限局…範囲を限る。一部分。
身を修め〜…「修身斉家治国平天下」『大学』
無為…自然のままで作為がないこと。
放蕩…酒色にふけって品行の修まらないこと。
申子・韓非子…両者は老荘思想に基づく思想家ではあるが、申子は実利を追求し、韓非子は法律のみを重視して禍が起った。
張角・林霊素…張角＝太平道という教団を組織して漢王朝に対して反乱を起こす。林霊素＝徽宗に仕えたが、横暴な振舞いにより追放され没した。
礼教…儒教的倫理。礼節。
建文君・方孝儒…建文帝は、方孝儒などの名臣と共に、皇帝権力を強化し、各地の諸王の領土を削減しようとした。それに反発した燕王が反乱を起こした。建文帝は敗れて南京城で自殺。
王莽・王安石…王莽＝表面上は君子を装い、皇帝となっても勝手な政治を行った。王安石＝儒教を政治に

福と災の兆

*功なくして禄ある。徳うすくして位貴き。不意に*財利を得る。分に過ぎて称誉を得る。みな智者の慎む処じゃ。この禄位は、寿命の滅ずるか、或は眷属を奪うじゃ。この財利は、必ず禍の伏する処。この称誉これ*毀謗《きぼう》の兆じゃ。もし謹慎余りあって災難に遭う。この難は福の基じゃ。*満分に他を恵んで*怨讎《おんしゅう》を生ずる。この怨讎は必ず人望の帰する基じゃ。世の愚なる者は、災難に遭うて*憂悩《うのう》する。憂悩増長すれば、鬼類便《たより》を得て、災害が断絶せぬじゃ。*あたら福縁を失うじゃ。怨讎に遇うて嗔怒《しんぬ》を生ずる。嗔怒が増長すれば、これも鬼類その便を得て、生々《しょうじょう》怨敵《おんてき》となる。あたら人望を失うじゃ。正眼に看れば、易の書も全く十善のよそおいじゃ。

少欲知足

また『老子』に、「知《ル》レ足《ルコトヲ》者《ハ》富《ム》」とある。『遺教経《ゆいきょうぎょう》』に、「知足の人は、貧しといえども常に富めり。不知足の者は、天堂に処すといえども、なお意にかなわぬ」とある。これに至りて、*内道《ないどう》・*外典《げてん》を分別するは相違せることじゃ。

『老子』に、「*又知《リテ》二其《ノ》雄《ゆうヲ》一守《レバ》二其《ノ》雌《しヲ》一為《ル》二天下《ノ》渓《けいト》一。為《レバ》二天下《ノ》渓《ト》一、常《ノ》徳不レ離《レ》。復二帰《ス》於嬰《えい》児《じニ》一。知《リテ》二其《ノ》白《ヲ》一守《レバ》二其《ノ》黒《ヲ》一為《ル》二天下《ノ》式《ト》一。為《レバ》二天下《ノ》式《ト》一常《ノ》徳不レ惑《ハ》。復二帰《ス》於無極《ニ》一。知《リテ》二其《ノ》栄《ヲ》一守《レバ》二

生かして改革しようとしたが、国が乱れて滅亡の原因ともなる。

喟然…嘆息するさま。

夫自ら損ずる～…自ら謙遜する者はその身を益し、自ら益ありとする者は却って失う。『説苑（ぜいえん）』敬慎

功なくして禄ある…禄盗人（ろくぬすびと）。技能も功績もなくて高禄を受ける者。

財利…財物利益。金銭上の利益。

毀謗…そしること。誹謗。

満分…十分な。満足な。

怨讎…恩讐。うらみ。

憂悩…心の悩み。

あたら…せっかくの。

内道…仏教。

外典…仏教以外の典籍。

又知其雄～…対極を知りながら、自分の分に甘んじている。貧しさと富は必ずしも両極端に対峙するものではない。雄（強さ）を知りながら雌（柔軟さ）に居ることで渓（何物も受け入れる）となる。白と黒、栄（栄誉）と辱（汚辱）も同様。

其《ノ》辱《じょくヲ》一為《ル》二天下《ノ》谷《ト》一。為《レバ》二天下《ノ》谷《ト》一常徳《ノ》乃足《チル》」とある。これ等も面白き教じゃ。

仏在世に、波斯匿王《はしのくおう》が逝多林《せいたりん》に往き、下乗《げじょう》の処に至り、象より下りて、世尊の所に拝《はい》詣《けい》す。世尊の、王の気息喘《あえ》ぐを見て問いたまう。「大王は何ゆえ気息喘急《*ぜんきゅう》なるぞ」。王のいわく、「我が身体肥満して行歩艱《なや》む故に」と。世尊因みに多食《たじき》を戒《いまし》めて、偈《げ》を説きたまう。「夫《レ》人常《ニ》応《ニ》《ベシ》二自《ラ》憶念《ス》一。若《シ》得《テハ》二飲食《ヲ》一応《ニ》《ベシ》レ知《ル》レ量《ヲ》。身体軽便《ニシテ》受《クルコト》レ苦《ヲ》少《ナシ》。正《ニ》得《テ》二消化《スルコトヲ》一護《ルコト》レ命《ヲ》長《シ》」と。時に波斯匿王この偈を聴受し、顧《かえり》みて婆羅門に命ず。食時毎に、汝我が側にありて、常にこの妙偈を誦せよと。これ等のことは小事なれども大事に比すべきことじゃ。

『通鑑《つがん》』に、「趙宋《ノ》大祖《ノ》時、永寧公主侍坐《ス》。与《ニ》二皇后一同《ジク》言《ッテ》曰《ク》、官家作《なルコト》二天子《ト》一日久《シ》。豈*不《ンヤ》レ能《ハ》下用《イテ》二黄金《ヲ》一装《フコト》中*肩輿《けんよ》《ヲ》上。帝笑《ッテ》曰《ク》、我《ハ》為《ニ》二天下《ノ》一守《ル》レ財《ヲ》耳。豈可《ケンヤ》二妄《ニ》用《フ》一」と。『史記』に、「孝文帝《ノ》時、即位二十三年、宮室苑囿《きゅうしつえんゆう》、車騎服御《しゃきふくぎょ》、無《シ》レ所二増益《スル》一。嘗《テ》欲《ス》レ作《ラント》*二露台《ヲ》一。召《シテ》レ匠《ヲ》計《ル》レ之《ヲ》、直《あたい》百金《ナリ》。帝《ノ》曰《ク》、百金《ハ》*中民十家之《ノ》産。吾*奉《ジテ》二先帝《ノ》宮室《ヲ》一、常《ニ》恐《ル》レ羞《はずカシメンコトヲ》レ之《ヲ》。何《ゾ》以《テセン》レ台《ヲ》」と。これ等が大君たる人の志ということじゃ。

女子の中に、『左伝』に、晋の羊舌氏《ようぜつし》が妻を羊叔姫《ようしゅくき》という。その子の叔向《しゅくきょう》、申公巫臣《しんこうふしん》氏《し》の女《むすめ》を娶《めと》らんとす。「羊叔姫云《ク》、吾聞《ク》レ之《ヲ》。有《ル》二奇福一者《ハ》必《ズ》有《リ》二奇禍一。而《シテ》有《ル》二甚《ダ》美一者《ハ》必《ズ》

喘急…呼吸が激しいこと。

豈不能用黄金…どうして籠を金で装飾しないのか。に対して、天下のために財を用いるだけだ、と答えた。

肩輿…二人で肩にかつぐかご。

露台…天子が観象する屋根がない高台。＝霊台。

中民十家之産…中流家庭十軒分の財産。

吾奉先帝宮室〜…先帝の宮室をいただいている身で、それを辱めることにならないようにと恐れている。

有《リト》二甚《ダ》悪一。＊夫《レ》有《リ》二美物足《ルコト》レ移《スニ》レ人《ヲ》、苟《シクモ》非《ザレバ》二徳義《ニ》一則《チ》必《ズ》有《ル》レ禍也」と。

また『史記』に、秦の末、＊軍卒が陳嬰《ちんえい》を立てて王たらしめんとす。嬰その母に問う。母いわく、「＊自《リ》三我為《リシ》二汝《ガ》家《ノ》婦一、未《ダ》四嘗《テ》聞《カ》三汝先古之有《ルコトヲ》二貴者一。今暴《にわかニ》得《ルハ》二大名《ヲ》一不祥《ナリ》」と。

誠に心を用うれば、小人《しょうじん》婦女の智恵でも、この不貪欲の法は明らかなることじゃ。事の成《じょう》壊《え》も明らかなことじゃ。ただ私に蔽《おお》わるる者が、自ら晦《くら》ますばかりじゃ。＊夏桀《かけつ》・＊殷紂《いんちゅう》、周の＊幽厲《ゆうれい》、六朝《りくちょう》の＊東昏侯《とうこんこう》、陳の＊後主《こうしゅ》の類。実に智恵は羊叔姫、陳嬰が母より劣ると云うて可なりじゃ。

応分に生きる

大抵、高位大禄の人は、過去十善の＊余慶なるによりて、貪欲薄く、華奢《かしゃ》に随順せぬものじゃ。下賎困窮の者は、＊宿縁つたなき故に、慳貪《けんどん》深く、華麗を好むものじゃ。世に高貴の人の財利に耽《ふけ》り、華奢を好み、事々貪欲に随順するは、多くは＊奸佞《かんねい》の小臣に誘わるる故ということじゃ。

また念の生ずるも、その分限不相応なる事は、多くは凶事の兆ということじゃ。もし貪欲相応すれば、この戒の違犯《いぼん》となる。増上すれば、身を亡ぼし国家を敗る。これを初めに慎まねば、終に救うべからざるに至るじゃ。

夫有美物～…美しいものを得ると人が変わる。徳義がなければ必ず禍がある。
軍卒…兵士。
自我為汝家婦～…この家に嫁入りしてから、先祖で高貴な身分であった人を聞いたことがない。あなたは今、王と呼ばれていますが不吉です。『史記』項羽本紀
夏桀…夏の最後の帝である桀王。
殷紂…殷の最後の帝である紂王。
幽厲…周の幽王と厲王。共に暴君。
東昏侯…＝蕭宝巻。南斉の第六代皇帝。明帝の次男。斉の三人の廃帝の一人。
後主…陳の第五代皇帝。亡国の君主として暗君の典型とされる。
余慶…善行のおかげ。
宿縁…過去世につくった因縁。
奸佞…心がひねくれていて、人にこびへつらうこと。

王者は王者の心のあるべく、*臣佐《しんさ》は臣佐の心あるべく、士庶人は士庶人の心のあるべきじゃ。王者たる者の、臣佐民庶の念を生ずる。上位の者の、下位《かい》の念を生ずる。下位の者の、高貴の念を生ずる。富者の慳吝《けんりん》なる。貧人の奢《おごり》を好む。*当路《とうろ》権勢の士の*高逸を好む。隠士の名利に志す類。みな不相応というべきじゃ。

例を挙げば、秦の始皇帝が六国を併せ呑むは、英雄王者の心じゃ。不相応ではない。のち仙術を好んで、不老不死の薬を求むる。これを不相応という。大抵はこれ等の*常《じょう》途《ず》ならぬ念は、命の終わる先兆《せんちょう》と知るべきということじゃ。もし世の一類の者の、家族を棄て、草衣木食を以て仙道を求むるは、変ではない。*一途《いっと》*高尚の志ともいうべきじゃ。もし宮殿華麗を極め、*采女《さいじょ》囲繞《いにょう》して、*長年《ちょうねん》を求むるは、愚の至りというべきじゃ。漢の武帝、唐の玄宗、みな同一条じゃ。甚だしきは、唐の武宗、宋の道君等、世人の笑う所じゃ。

提婆達多の分不相応

仏法の中には、*提婆達多《だいばだった》の類じゃ。世尊の*名称《みょうしょう》を嫉《ねた》み、自ら思う。釈迦はこれ*浄飯《じょうぼん》王《のう》の子、我れはこれ*斛飯《こくぼん》王の子。釈迦は四月八日に誕生す。我れ四月七日に誕生す。釈迦*三十二相を具す。我れ三十相を具す。釈迦は*六神通を得たり、我れ五神通を得。その

臣佐…臣下。使用人。
当路…重要な地位にいる人。
高逸…世俗を離れて高潔に生きる。
常途…普通のこと。
一途…専ら一筋の道に向かうこと。
高尚…程度の高いこと。けだかいこと。
采女…宮中に仕える女子。
長年…長寿。
提婆達多…阿難の兄とも、釈尊の従兄ともいわれる。釈尊のもとで出家するが、釈尊を妬んで三逆罪（出仏身血・殺阿羅漢・破和合僧）を犯した。
名称…評判。名声。
浄飯王…釈尊の実父。（梵）Śuddhodana（シュッドーダナ）。
斛飯王…釈尊の叔父。浄飯王の弟。（梵）Droṇodana（ドロノーダナ）。
三十二相…仏にそなわる三十二の優れた身体的な特徴。
六神通…人知を超えた六種の能力。神足通・天眼通・天耳通・他心通・宿命通・漏尽通。

違い幾《いくばく》かある。然るに人間天上、釈迦と聞けば礼拝供養す。その言うところ群類伏従す。我れを見ること草芥《そうけ》の如し。所有《しょう》の言教《ごんきょう》も、人歯録《しろく》せず。譬えて云わば、月の光を失なうは日の光による。この釈迦世にありて、我が名聞利養を失うと。これより世尊を害し奉る心生じ、次第に増上して、終にその身を失うたということじゃ。この提婆達多は、大菩薩の権《ごん》の示現でもあろうが、示現というも、末世衆生の為の示現なれば、これを以て人道をも慎み、天命にも順じ、法性にも順ずべきことじゃ。

その外、臣庶の分外《ぶんがい》なる念を生じた者の、その身を亡ぼしたことは数多きじゃ。漢の呉王濞《び》・王莽《もう》。唐の安禄山・史思明《ししめい》。明の震濠《しんごう》が類。歴代の叛臣賊子《はんしんぞくし》の類。みな人の知っておることじゃ。もしその身を全くせんと思わば、身を節にして、この戒に随順するにしくはない。その寿命を長く保たんと思わば、嗜欲《しよく》を薄くして、この戒に随順するにしくはなきじゃ。

貪欲による禍の兆

また前に云うた、徐《じょ》の君《きみ》が呉《ご》の季札《きさつ》の剣を見て、心に欲する色《いろ》あった類。これ等が死の近づいた先兆《せんちょう》というべきじゃ。他の腰間《ようかん》の剣を、心に求むまじきは、小人庸流《ようる》も知るところじゃ。小国でも、その主たる者の、この心あるべきことではなきじゃ。総じて、

草芥…草と芥のようにつまらないもの。軽視することの喩。
歯録…言葉を収録する。
名聞利養…＝名利。世間の名声と利得。
権の示現…衆生教化のために仮に現われ出たすがた。
叛臣賊子…叛臣＝謀反をする臣下。叛賊＝謀反人。賊子＝親を害するような不孝の子。反逆の輩。
嗜欲…むさぼり好む心。嗜好の情欲。
前に云うた…本書一一八頁参照。

常に異なる念の生ずるときは、自ら省みて邪正《じゃしょう》を知るがよい。もし正念相応して大道を求むるは格別、爾余《*じよ》の私《わたくし》にわたる念は、速やかに制伏すべきじゃ。これを制伏する道は、この不貪欲戒に在るべきじゃ。

分を超えた口業

また言語の恒を超え分に過ぐるも、この戒の違犯《いぼん》じゃ。もし増上すれば、身を亡ぼし家を敗る兆じゃ。

『左伝』に、孔子卒《そっ》す。魯の哀公誄《*るい》を作りていわく、「俾《*しム》下屏《しりぞケテ》二余一人《ヲ》一以在《テラ》上位《ニ》」と。この余一人というは、支那国の礼に、天子の自称で、諸侯は憚《はばか》りある辞ということじゃ。これを子貢が見て、「君其《レ》不《ラン》レ没《セ》二於魯《ニ》一乎。生《クルトキ》不レ能レ用《フルコト》、死而《シテ》誄《ス》レ之《ヲ》。非《ザル》レ礼《ニ》也。称《*スルハ》二一人《ト》一非《ザル》レ名《ニ》也。君両《*ナガラ》失《ナヘリ》レ之《ヲ》也」と。この哀公、のち果たして越に出奔すとある。

分を超えた身業

身の行いの恒に越え分を過ぐる。この戒の違犯じゃ。もし増上すれば、身を亡ぼし家を敗る兆じゃ。

これも『左伝』じゃ。「鄭《ノ》駟秦《ししん》富《ンデ》而侈《おごル》。嬖大夫《*へいだいふ》也、而《ルニ》常《ニ》陳《つらヌ》二卿《*》之車服《ヲ》於其《ノ》庭《ニ》一。鄭人

爾余…その他。

誄…生前の徳を称える追悼文。

俾屏余一人…余一人（天子の自称）が位に在ることになった。

称一人非名…「称一人」と云うのは名（名分・秩序）を失う。

両失之…両（礼と名）を失った。

嬖大夫…下位の大夫。

卿…大臣。

悪《ンデ》而殺《ス》レ之《ヲ》」とある。*子産《しさん》が子の子思《しし》が言に、「不《シテ》レ守《ラ》二其《ノ》位《ヲ》一而能《ク》久《シキ》者《ハ》鮮《すくなシ》矣」とある。『孟子』に、「*葛伯《かっぱく》猟す。童子*餉《しょう》を*餽《おく》る。葛伯見て童子を殺してその餉を奪う。これによりて湯初めて征する。*葛より始む」とある。民家の餉は、国君の口に適うべきではなけれども、畢竟じて戯れと慢心との長ぜるより起こったことじゃ。民庶*嬰孩《えいがい》をも侮らぬが十善の心じゃ。また『左伝』に、斉の*懿公《いこう》、*庸織《ようしょく》が妻を奪う。これによって終に身を亡ぼしたじゃ。人の妻を奪うまじきは知れたことなれども、臣僕を侮るゆえに出で来ったことじゃ。臣僕の類にも*謹みを失わぬが十善の心じゃ。

三業の分を超えた貪欲

不貪欲戒はこうじゃ。一切世間に於て、護持せねばならぬ法じゃ。一念分を超え貪欲に随順すれば、自心に背くじゃ。世間に背くじゃ。人倫に背くじゃ。天道に背くじゃ。法性に背くじゃ。一言半句その分を超ゆれば、自心に背く。世間に背く。人倫に背く。天道に背く。法性に背く。*一行一作その分を超ゆれば、自心に背く。世間に背く。人倫に背く。天道に背く。法性に背くじゃ。これを初めに慎まねば、*のち救うべからざるに至るじゃ。この常を守り分を超えぬことは、至って易き道なれども、その徳は広大なることじゃ。天地の道じゃ。万物の情じゃ。古今不易の大道じゃ。

子産…春秋時代の鄭の宰相。多くの改革をし、孔子も高く評価している。
葛伯…葛の国の主。
餉…田畑で働く人の食糧。
餽…食物を贈ること。
葛より始む…湯王が暴虐な君主を征伐したのは葛の国が最初である。
嬰孩…乳飲み子。あかご。
懿公…春秋時代の斉の第二十一代君主。
庸織が妻を〜…＝庸職。庸織の妻が美人であったので懿公は奪って後宮に入れ、庸織を驂乗（お供をして同じ車に乗る）に任じた。後に懿公は庸織に殺されて竹林に捨てられた。
謹み…念をいれて物事に注意すること。慎む＝用心して失敗のないようにすること。
一行一作…身体的行為をいう。この前の文の「一念」（心）と「一言一句」（口）とで、三業が分を超えて貪欲と相応すれば、自心・世間・人倫・天堂・法性に背くことを並べて説いたもの。
のち救うべからざる…本書

自然界の不吉の兆

日月星辰その常あるを見よ。もし常度を違するは、不吉の徴《しるし》じゃ。四時常あるを看よ。もし時候不順なるは、災《わざわい》の兆《きざし》じゃ。山海常あるを看よ。もし山崩れ海涸《か》るるは、不吉の兆じゃ。万物常あるを看よ。古より紅の雪、*あさぎの雪は、不吉ということじゃ。*牝雞《ひんけい》の晨《あした》する、雄雞《ゆうけい》の宵鳴《よいな》きするも、不吉と名づくるじゃ。元朝の亡ぶるとき、杜鵑《とけん》が*上都に啼くという。狐が宮中より出たということじゃ。万般みな思うて知るべきじゃ。

五根の分限

一、身根

この身ありて衣《き》る、その限りを知る。身に適えば止む。この衣服《えふく》十分の好《このみ》を求めぬ。華麗は一向所論でない。沙門法の中は、*染壊割截《ぜんねかっせつ》等の儀ある。これじゃ。殷の紂王が*衣《きル》二珠玉《ヲ》一とは、愚の甚だしきじゃ。

二、舌根

この口ありて喫《くら》う。その限りを知る。十分の好味《こうみ》を求めぬ。もしその味《あじわい》甚だ口に適

一二五頁に「業種子があれば、高き峰より大石をまろばし落とすようなるもので、その中間に留めらるるものでなきじゃ」とある。

あさぎ…＝浅黄。薄い藍色。みずいろ。

牝雞の晨～…雌鶏がときを告げたり、雄鶏が夜鳴きをするのは不吉なことが起きる前兆。

上都…天子の都。

染壊割截…袈裟のこと。染壊と割截は袈裟の裁製上の特長。染壊＝壊色（原色を壊す）に染める。割截＝小さく切った布を縫い合わせる。

衣珠玉…周の武王に敗れた紂王は、鹿台に登り珠玉の衣を着て火中に身を投じた。

うときは、三分《さんぶん》にして一を減ずる。沙門法の中《うち》は、*節量食《せつりょうじき》の式、*水浄の儀ある。これじゃ。外国に*六畜を常食とするは、十善の儀ではない。*斑足王《はんぞくおう》が人肉を食する、*易牙《えきが》がその子を煮るは、尤も甚だしきことじゃ。

三、眼根

この眼《まなこ》ありて見る。*五采の*明《めい》を害することを知る。十分の好色《こうしき》を求めぬ。もしその色甚だ眼に適うときは、その守りを知る。沙門法の中は、金銀荘飾具《しょうじきぐ》等を好まぬ。これじゃ。*東昏侯が、園中の石五色の彩をなす。蜀主*王衍《おうえん》が、*繒《そう》を結んで山を為《つく》り、その上に酒宴する類は、甚だしきことじゃ。

四、耳根

この耳ありて聴く。*五音《ごいん》の*聴《そう》を傷《そこな》うことを知る。十分の好《こう》を求めぬ。もしその音声甚だ耳に適うときは、その守りを知る。俗典の中に、*鄭声《ていせい》・*淫声《いんせい》を遠ざくる。この義じゃ。沙門法の中は、歌舞作楽、故《ことさら》に往きて観聴せぬこれじゃ。

五、鼻根

節量食…乞食した一つの鉢で満足し、それ以上食べない。
水浄…発酵していない椰子の汁は飲んでも良い。
六畜…馬・牛・羊・犬・豚・鶏。
斑足王…インドの王。獅子を母とし、足にまだらがあることからこの名がある。羅刹となって人を食い、千人の王の首を神に捧げるために得ようとするが、千人目の普明王に感化されて出家した。
易牙…春秋時代の料理人。斉の桓公が、人間の赤子は食べたことがない、と言うと、自分の子供を蒸し焼きにして献上した。
五采…＝五彩。青・黄・赤・白・黒。
明…明らかに見る。視力。
王衍…前蜀の第二代皇帝。
繒…絹。
五音…＝五声。宮・商・角・徴・羽の音階の音。
聴…耳がいいこと。
鄭声…鄭の国の淫猥（みだらなこと）な音楽。
淫声…猥雑な音楽。淫＝道にはずれて人の心をまどわす。

この鼻ありて香を取る。これも十分の好を求めぬ。鼻根は眼耳に比すれば鈍根なるもので、害少なきことなれども、この中にもその守りを失わぬじゃ。沙門法の中は、香*油塗身《ずしん》せぬ。この儀じゃ。唐の玄宗のとき、*五家出行《ごかしゅっこう》に、香数十里に聞こゆとあるは、甚だしきことじゃ。

さらに分以下に生きる

平生の安んずる処、受用の資具、*剣佩《けんぱい》の飾、みな分を減ずる。*府庫《ふこ》の設《もう》け、*宮室《きゅうしつ》の*営《いとなみ》、みな古に順ずる。『論語』に、昔魯人《ろひと》が*長府を作らんとす。*閔子騫《びんしけん》が見て、「*仍《よラバ》二旧貫《ニ》一如レ之《ヲ》何。何《ゾ》必《ズシモ》改《メ》作《つくらン》」と云うた。沙門法の中は、樹下石上、一鉢自ら足る。「*受《ケテ》二人《ノ》供養《ヲ》一趣《わずカニ》自《ラ》除《ク》レ悩《ヲ》」とある。古人*が、「*損《ジテ》レ米《ヲ》自《ラ》知《ル》二有待《うたいノ》為《たルヲ》一レ累《るい》」と云うた。この儀じゃ。

この位ありて居る。下《しも》を侮《あなど》れば害の生ずることを知る。乱世には功労の臣と坐起を共にして、その忠義を励ます。治世《ちせい》には、有徳《ゆうとく》を尊重《そんじゅう》して、*風化《ふうか》を*淳厚《じゅんこう》にするということじゃ。沙門法の中は、諸の賢聖徳を隠して凡夫に如同する。この儀じゃ。

十分を求めず

この富ありて有《たも》つ。妄りに用うれば徳を敗ることを知る。財利民の為につむ。器*械国

香油塗身…身体に香水や油を用いること。八戒の中に「香油塗身戒」（頭に華鬘を着け、身に香油を塗ることを禁ずる戒）がある。
五家…楊貴妃の兄の楊銛（セン）・従弟の楊錡・三人の姉（韓国・虢国・秦国）。
剣佩…身に着けた剣と垂らした玉。
府庫…文書や貨財、器物を入れておく倉。
宮室の営…家屋を建てること。
長府…主君の財貨の蔵。
閔子騫…孔子の門人。
仍旧貫～…「昔のままでどうだろうか。作りかえることはない」
受人供養～…『仏遺教経』
古人が…釈道安＝東晋時代の僧。経典の注釈書、目録などを編纂した。
損米自知有待～…米を贈られたことにより、食べることで体を養わなければならない煩わしさを感じた。損＝寄付する。有待＝食物・衣服等の助けを待って存在するもの。『世説新語』雅量第六
風化を淳厚に…教育を手厚

の為に設《もう》く。城邑・橋梁、神社・仏閣、その宜に随って国界を荘厳するということじゃ。沙門法の中は、資財みな三宝に帰して、自ら蓄積せぬ。この儀じゃ。

この威力《いりき》ありて他を伏する。驕れば禍《わざわい》*蕭牆《しょうしょう》の中に起こる。顔色常に和す。威厳この中にありて尽くることない。音声《おんじょう》常に和す。威厳この中にありて尽くることない。挙動常に*謙下《けんげ》す。威厳この中にありて尽くることない。万国を制伏するに、十分の*威権《いけん》を用いぬ。この中威海外を*靡《なび》け、徳*鰥寡《かんか》に及ぶということじゃ。沙門法の中は、『遺教経』に、「*執《しゅう》二持《じ》シテ応器一ヲ以レテ乞《こつ》ヲ自活ス。自ラ見ルニ如レシ是ノ」とある。この儀じゃ。

よくこの戒を護持する者は、家宅十分*の安を求めぬ。病あるとき、医に十分の功を求めぬ。人に交わりて十分の親交を求めぬ。臣佐を用うるに、各その長ずる処を取る。器財を用うるにただ時の用に達するを取る。奴僕を役使するに、十分の労を為さしめぬ。軍に臨んで十分の勝をとらぬ。敵を亡ぼすに、その*遠裔《えんえい》を殺し尽くさぬ。書を読むに、解《げ》し尽くすことを求めぬ。事に臨んで十分の才を尽くさぬ。十分の名に居らぬ。十分の功に居らぬ。万般の事、この守りを失わぬということじゃ。子弟を導くも、沙門の弟子を度するも、この不貪欲戒を以て主とするということじゃ。

くする。

器械…礼器と武具。

蕭牆…身内。

謙下…へりくだること。謙遜。

威権…威厳と権力。

靡け…したがわせる。

鰥寡…鰥＝老いて妻無き者。寡＝老いて夫無き者。

執持…手に持つこと。

十分の〜…前頁に「みな分を減ずる」という表現があり、ここにあらゆる日常の場面で十分(事を完全無欠)にまで求めることは貪欲であることを示す。

遠裔…＝遠孫。遠い後世の子孫。

正眼《しょうげん》に看来れば、一切世界に一物の捨つべきはない。*耆婆《ぎば》童子が草木瓦石《がしゃく》を取り用いてみな薬とする如くじゃ。一切世界に一法の取るべきはない。*上聖果《しょうか》を求むるも、*好肉上の疵《きず》じゃ。下衆生を度するも、*老婆の飴を含んで孫を弄する如くじゃ。元来大地に*衆生なしじゃ。もし度すべき衆生を見ば、この人は*愛見《あいけん》に属する。

経中に、*凡夫一念心上に、微塵等の菩薩ありて、悉く菩提心を発《おこ》し、菩薩の行を修《しゅ》し、無上菩提を得るとあるじゃ。十方世界に一法も不可得なるじゃ。もし求むべき菩提を見ば、この人愛見に属する。経中に、「*遠二離シテ一切顛倒夢想ヲ一究竟涅槃ス」とある。論の中に、「*現前立ニツル二少物ヲ一。謂フ二是唯識性ト一。彼有ルガ二所得一故ニ、非ズ三実ニ住スルニ二唯識ニ一」とある。*法執《ほうしゅう》・*戒《かい》禁取《ごんじゅ》を以て、強《しい》て法を求むべきではない。もし凡を憎み聖を愛せば、この人憎愛取捨にわたる。もし一分無明を断じ、一分中道を証せば、この人*階梯に滞る。不貪欲戒を満足すとは名づけられぬじゃ。

縁起は真実の本性

『華厳（経）』に、「*衆生妄《みだ》りに分別すれば、仏あり世界あり。もし真法性《しんほっしょう》を了すれば、仏もなく世界もなし」とある。この法性が直《ただち》にこれ縁起じゃ。仏果究竟も、*一物鎮長《ちんちょう》霊《れい》でない。*頑空無体《がんくうむたい》ではない。この*縁起が直にこれ法性じゃ。凡夫身心、従来の面目を

耆婆…（梵）Jīvaka。釈尊に深く帰依した優れた医者。

上聖果を求む…迷いを捨てて悟りを求めるという考え。

好肉上の疵…立派な身体に瘡をつけること。余計なことをすることの喩え。『碧巌録』

老婆の飴〜…＝含飴弄孫。老人が気楽に隠居生活をすること。『後漢書』

衆生なし…この世に仏に対する衆生を見ない。

愛見…愛と見の二種の煩悩。愛＝情意的な執着。見＝知的な執着。『大智度論』

凡夫一念心上…『慈雲尊者法語集』三帰大意の説法の中に、「華厳経の中に、凡夫の一念の中に微塵数の菩薩あって同時に正覚を成ず、一念の如く念々も亦然りとある。聖者の一念とも無い、凡夫の一念とある。二千七百年の前に釈尊が出現して無上菩提を成じなされたが、釈尊は已に菩提を成じなされて自身はまだ成ぜぬと思うか。仏法は元来そうしたことではない」と

改むることではない。この縁起不思議の中、*業相の影を現ず。流を遂うて止《とど》まることを知らねば、この業相衆生を昇沈して、累劫窮りなきじゃ。もし本源に達すれば、到る所が解脱大海じゃ。末の末まで解脱大海じゃ。

十界と涅槃

もし仏身の影をあらわせば、この仏身が大涅槃じゃ。解脱大海じゃ。もし菩薩の身をあらわせば、この菩薩の身が大涅槃じゃ。解脱大海じゃ。もし縁覚身・声聞身をあらわせば、この縁覚身・声聞身が大涅槃じゃ。解脱大海じゃ。もし諸天の身をあらわせば、この諸天身が大涅槃じゃ。解脱大海じゃ。もし人間身をあらわせば、この人間の身大涅槃じゃ。解脱大海じゃ。もし阿修羅身・畜生身をあらわせば、この阿修羅身・畜生身大涅槃じゃ。解脱大海じゃ。もし餓鬼・地獄身をあらわせば、この餓鬼・地獄身直に大涅槃じゃ。解脱大海じゃ。

不貪欲に取捨なし

この中に*九界の迷情を捨てて、仏界の覚路を取らんと思わば、この影を厭うて彼の影を捉うる如くじゃ。元来取るべきこともなければ、捨つべきこともない。厭うべきこと

ある。

遠離一切～～…『般若心経』

現前立少物～…対象化するものが少しでも残っていれば、ただ識のみ、という境地に住しているとはいえない、の意。『唯識三十頌』・『成唯識論』

法執…すべての存在に実体を見る。

戒禁取（見）…仏教以外の戒と誓い・禁制（禁）に執着する見解。

階梯…修行の途中。

衆生妄りに～…妄分別＝主・客対立的に物事を認識する主観のはたらき。

一物鎮長霊…永遠に霊妙な固定的な法。

頑空…虚無的な空無の世界。＝偏空。空見に滞ること。真空の対。

縁起が直に…縁起の現象そのものが真実のすがたである。

業相…業が形に現われたもの。

九界…十界の内の仏界を除く地獄から菩薩界まで。

もなければ、求むべきこともない。一切処一切時に、ただこの不貪欲戒相応するじゃ。業相の中に法性に達する。法性の中に業相に達する。この性に適うて大願心を発する。一切時が*菩薩行願のある処じゃ。一切処が菩薩行願のある処じゃ。この行願を以て、この国土にあり、この人に交わる。万人が親愛し称誉する。*我が事に相関わらぬ。ただ誉むる人が誉むるばかりのことじゃ。万人が憎悪《ぞうお》し毀謗《きぼう》する。我が事に相関わらぬ。ただ毀《そし》る人が毀るばかりのことじゃ。取るべきこともなく、捨つべきこともない。この中に、我が不貪欲戒満足するじゃ。*一切の苦悩憂愁ある。一切の歓楽*適悦ある。捨つべきこともなく、取るべきこともない。この中に我が不貪欲戒満足するじゃ。

傲慢と不貪欲

この戒法、我に非ず。*我所に非ず。生々の処、この*戒と倶に生ずる。この戒と倶に長ずる。富四海を保ちて、心に繋縛《けばく》ない。貴き*億兆の上に居して、心に*倨傲《きょごう》ない。心に繋縛なければ、この富未来際を尽くして用い尽くさぬじゃ。心に倨傲なければ、この位世界のあらん限りは尽くさぬじゃ。なぜぞ。法性無尽なれば*戒善も無尽じゃ。戒善無尽なれば善業果も無尽じゃ。善果戒法を助けて、常に世界に居す。この位この富、*生々の処に随逐して、影の形を遂うが如くじゃ。戒法善果を助けて、常に法性に順ずる。この繋

菩薩行願…菩薩が利他の願いを起こし、実践すること。
我が事に相関わらぬ…人が褒めても謗っても、自分には関係がないこと。どちらにも心が惹かれることがない。
一切の苦悩憂愁ある～…苦と楽のどちらにも心が動くことがない。
適悦…触れることによる悦び。
我所…我が所有するもの。
戒と倶に生ずる…生来から具足していること。
億兆の上…万民の主。
倨傲…おごり高ぶること。
戒善…戒をまもることによる果報としての善の功徳。
生々…未来世。

縛なくこの倨傲ない。不貪欲戒の法、法としてかくの如くじゃ。

不貪欲護持の世界

この戒善日夜に増長する。四海みな十善の民じゃ。*奸臣《かんしん》の*苛政《かせい》を設け、*貪吏《とんり》の賄賂を求むるようなことは、その名だも聞かぬということじゃ。廊廟には*篤行《とっこう》の輔佐を見る。山林には禅定の沙門を見る。人事全くして*天気応ずる。五星の逆行、水旱諸災は、その名をも聞かぬということじゃ。

天気正しくして地気応ずる。田野闢《ひら》け、諸穀成就し、海中に珠宝を出《いだ》して、地上に*醴《れい》泉《せん》を出す。器財その宜《よろしき》を得る。人物その宜を得る。人々端麗。正直美貌。諸の悪疾醜《しゅう》陋《ろう》は、その名をも聞かぬということじゃ。諸の盲聾《もうろう》*頑嚚《がんぎん》、*叛臣賊子《はんしんぞくし》の類は、その名をも聞かぬということじゃ。*機ありて感ぜざることはない。賢聖必ずこの地に迹を垂れ、諸天神祇この国を守護すという。不貪欲戒の法、法としてかくの如きじゃ。

不貪欲戒の異熟果・等流果・増上果

『華厳経』に、「貪欲之罪、亦令ム㆔衆生ヲシテ堕セ㆓三悪道ニ㆒㆒」とある。これが異熟果じゃ。「若シ在ッテハ㆓人中ニ㆒得㆓二種ノ果報ヲ㆒。一ニハ者心不㆑知ラ足ルコトヲ。二ニハ者多欲無シ㆑厭フコト」とある。これを等流

奸臣…よこしまな家来。
苛政…過酷な政治。
貪吏…利益をむさぼる欲深い役人。
篤行…人情にあつく誠実な行い。
天気…天の気。地気の対。
醴泉…味の良い泉。
頑嚚…頑＝無智。嚚＝愚か。
叛臣賊子…反逆者。
機ありて感〜…＝機感。神仏が衆生のありさまに感応する。

果と云うじゃ。他の経に、世界の五穀も実のり悪しく、官位俸禄も減ずとあるは、増上果じゃ。

十善法語　巻第八　終

十善法語　巻第九

不瞋恚戒《ふしんにかい》

安永三年甲午三月二十三日示衆

不瞋恚戒序説

師いわく。この不瞋恚戒は*通人《つうにん》*庸流《ようる》にありても、容易ならぬことじゃ。まして王公*大人にありては、その利害尤も著《いちじる》しきじゃ。謹慎に護持して、事事自ら省察すべきことじゃ。

世間の悪事その数多しと雖も、本源は貪欲・瞋恚の二じゃ。その中、自らの志を破り、徳義を*賊《そこな》うは、貪欲を第一とす。世を乱し、事を害するは、瞋恚を第一とす。前の戒と、次第かくあることじゃ。説くときはこの別相あるに似たれども、貪欲ある者は必ず瞋恚ある。瞋恚ある者は必ず貪欲ある。その悪、不善法たることは一じゃ。

貪欲を離るれば瞋恚も薄くなる。瞋恚を離るれば貪欲も薄くなる。その善功徳たることは一じゃ。今世を治め人に長たるに就いて、この戒を要とするじゃ。

通人…ツウジンとも。物事をよく知っている人。博覧多識の人。学者。

庸流…ヨウリュウとも。平凡のもの。庸＝凡人。

王公…天子と諸公。また、身分の高い人。

賊う…そこないやぶる。

外書にも、「*其尓《なんじ》万邦有《レバ》レ罪在《リ》二予一人《ニ》一」とある。また「*罪疑《ノハシキハ》維軽《レクシ》、功疑《ノハシキハ》維重《レクセヨ》。与《よりハ》三其《ノ》殺《サン》二不辜《ふこヲ》一、寧《むしロ》失《セヨ》二不軽《ニ》一」とある。賢者の言行、こうじゃ。また孔子の家児罵《ののし》るることを知らず。曾子《そうし》の家児うたるることを知らずとある。もし家に打罵呵責《ちょうめかしゃく》の事のあるは、その主人たる者は恥ずべきことじゃ。

軍陣というものは、世間闘諍《とうじょう》の大なることにて、*善順《ぜんじゅん》・柔和《にゅうわ》に相違せるだに、*忿兵《ふんぺい》は必ず敗軍すという。爾余の事、みな怒りて敗れぬということはない。もし事にふれて怒りの心起こらば、この敗《やぶ》れの兆と知るがよきじゃ。

燕《えん》の*太子丹、魏の*高貴郷公が、憤激に堪えず、禍の端を発して自ら死亡を招く。女子の中にも、晋の*賈充《かじゅう》が*妻郭氏《かくし》が、由なき嫉妬故乳母《にゅうぼ》を殺して、吾が一子の終に育せざる。その類多きじゃ。

一念の瞋恚の過

『華厳経』の中に、菩薩、一念心の瞋恚の火によって、無量億劫の功徳・法財を焼き失なうとある。『論語』に、「*一朝忿《ノニル》二其身《ノヲ》一、以及《テボス》二其親《ノニ》一、非《ズヤ》レ惑《まどいニ》矣」とある。

諸経論の因縁は数多あることじゃが、その中に一事を云わば、『西域記《さいいきき》』等に、仏滅後健駄邏国《けんだらこく》に一の羅漢あり。一*沙弥《しゃみ》随侍す。この羅漢常に禅定に入りて、食時《じきじ》ごと

其尓万邦〜…「万民に罪があれば、罪は私一人にあります」『書経』

罪疑維軽〜…「罪が疑わしい時は、軽い方の刑で処罰すべき。功績が明らかでない時は、恩賞は重くすべき。罪のない者を殺すより、これを許すほうがよい」『書経』辜＝罪。

善順…謙遜。

忿兵…憤って騒ぐ軍兵。

太子丹…古代中国の戦国時代の燕の王（?〜紀元前二二六年）。

高貴郷公…曹髦（そうぼう）。魏の四代目の皇帝。

賈充…西晋の武将・政治家。

妻郭氏…郭槐。賈充の後妻。

一朝忿〜…「一時の怒りに我が身を忘れ、その上近親者にまで禍を及ぼすのは迷いではないのか」

沙弥…一人前の比丘となる以前の徒弟僧。（十戒を受けた七歳以上二十歳未満の）出家の男子。やがて比丘となる入門修行の僧。

に、*縄床《じょうしょう》ながら龍宮の請《しょう》を受く。この沙弥心に疑う。*和上《わじょう》毎日何れの処に受請《じゅしょう》あると。一日縄床の下に隠れて試む。およそ仏は常に念に忘失《もうしつ》なきによりて、入定出定の隔《へだ》てなきということじゃ。羅漢はその徳満足に至らざる故、憶念なければ凡夫に同じきということじゃ。

この日も羅漢常の如く縄床ながら龍宮に到る。沙弥の縄床の下より出ずるを見て、この処は汝が来るべきにあらずと。龍王もこの凡夫僧の来るを悦ばず。この時沙弥、龍宮の荘厳、龍女の容貌《ようみょう》を見て、貪欲相応す。食時に至りて、羅漢には天の甘露を供し、沙弥には人間相応の食物を与う。沙弥これにて瞋恚を生じて、自ら*念言《ねんごん》*発願《ほつがん》す。「食物は上座も下座も平等なるべし。徳あるも徳なきもその隔てあるまじき理なり。我が徳なきを侮《あなど》り、差別するは悪《にく》むべし。我れ出家より已来の持戒・誦経《じゅきょう》の功徳を以て、大力《たいりき》の龍王となり、この龍を殺し、この龍宮を奪うべし」と。総じて善願も悪願も誠心決定《じょうしんけつじょう》せることは、その感応あるということじゃ。この時はや龍王頭痛す。

羅漢この念を知りて再三諫む。「汝持戒清浄なれば、勤精進《ごんしょうじん》せば、現在に聖果にも到るべきぞ。たとい聖果に登らずとも、諸天に生ずべきぞ。諸天の果報は諸龍の比類ならず。龍宮は*七宝荘厳あれども、これは*摩尼珠《まにしゅ》の徳なり。畜生部類を離るることあたわず。龍女も、化し現ずる所は諸の天女にも*まがうべきなれども、その本形《ほんぎょう》は悪毒蛇の姿にて、

縄床…坐禅をするところ。禅床。
和上…＝和尚。高徳の僧の尊称。我が国では主に真言・天台・律宗で用いる。

念言…考えて心に思う。
発願…願いを起こすこと。誓願を起こすこと。

七宝…七種類の宝石。経典によって異説が多い。
摩尼珠…（梵）maṇi の音写。珠玉。如意珠とも。七宝の中に含まれる説もある。
まがう…よく似ている。

甚だ悪むべきぞ。悪願を止めよ」と。沙弥瞋恚増上してこの教を受けず。その後経行《きょうぎょう》のとき、足より水生ずるを見て、我が願満ずべしと云うて、袈裟を以て首を覆い入水し、終に大龍と成りて、この龍宮を奪いしとある。誠に一切煩悩は、その体煩雑にして、衆生を悩乱することじゃ。この沙弥少年出家し、清浄に戒を護持し、この法に遇いこの師にあう。勝縁具足するだも、少事の瞋恚を降伏《ごうぶく》し得ぬじゃ。

　また昔天竺国に一の貧家あり。その家、*婦姑《ふこ》常に和せず。ある時その婦《よめ》飯を炊く。姑非理に呵責《かしゃく》す。婦瞋《いか》り恚《うらむ》れども、姑に対して相争うことあたわず。傍《かたわら》なる*羺羊《どうよう》に向けて、「この羊こそ畜生よ」と云いて、*もえぐいを以て打つ。その火が羊の毛にもえつく。羊なきさけび、にげ出でて積みしわらの中に入る。その火わらに着く。時に風烈しく大火になり、民屋を焼亡して、国王の象部屋に及ぶ。象がその象部屋を推し倒し、逃げ出でて、隣国に走り往きて、人民田畠をそこなう。これが両国の争いとなり、数十年の軍陣が起こったということじゃ。看よ。*婦姑勃谿《ぼっけい》が両国の軍陣となるじゃ。一念瞋恚の過《とが》によりて、無量劫の*過患《かげん》となる。互いに能縁所縁と成りて、自他共に*沈淪すること、このたぐいじゃ。初め一念の瞋恚は纔《わずか》なれども、その罪業障の増長する。実に恐るべきことじゃ。

婦姑…嫁と姑。
羺羊…北方の異民族の胡の羊。
もえぐい…燃え杙＝燃え残りの木。
婦姑勃谿…嫁と姑が相争う。勃谿は争う意。
過患…過度の苦しみ。大患。
沈淪…沈むこと。生死流転の苦しみの海に沈む。

瞋恚の顕現

経中に、まむしの口に毒ある、蜂の尾に毒ある類、みな瞋恚の姿とある。人間の容《よう》貌《みょう》*醜陋《しゅうろう》なるは、人見て*悪賎《おせん》する。瞋恚の*余業とある。地獄界の猛火あるも、この瞋恚の増上せる姿ということじゃ。これ等は譬えば風寒暑湿の病、*五臓の虚実によりて、種々の怪夢を見る如く、無しと云われぬじゃ。

心身と不瞋恚戒

この心ありてこの身を生ずる、元来瞋恚を生ずべきことでなきじゃ。この身心ありて山河大地に住在する、元来瞋恚を生ずべき器でなきじゃ。この*国界ありて此に死し彼に生ずる、互いに往来し互いに言議《ごんぎ》する。正知見に看来り、正念に思惟すれば、全くこの法の著しき処じゃ。丸こかし不瞋恚戒の儀《よそおい》じゃ。

この心平等なり。万法《まんぼう》を容《い》れて*障礙《しょうげ》せぬ。この身平等なり。四大を集めて*隔歴《きゃくりゃく》なし。正知見《しょうちけん》に看来り、正念《しょうねん》に思惟すれば、全くこの法の著しき処じゃ。丸こかし不瞋恚戒の儀じゃ。

法の平等性と不瞋恚

醜陋…容貌がみにくくいやしい。醜＝美の反対。容貌の醜いこと。陋＝いやしい。下品で醜いこと。

悪賎…にくみいやしむ。

余業…業の残り。前世につくった業が今世に残っているもの。過去の業の残り。

五臓の虚実…五臓が充実していて強いことと衰えていること。

国界…国境。くにざかい。

障礙…障害。さまたげ。

隔歴…別々になっていること。へだて。

法性かくの如くじゃ。一切*器世間《きせけん》かくの如くじゃ。一切衆生世間もかくの如くじゃ。看よ、同類集まり生じて、自らその名を知らず。異類相対して各々来処を知らぬ。縁ありて合会《ごうえ》する、異類も我が用《ゆう》となる。縁尽きて離散する、*形骸《ぎょうがい》も*黄土《こうど》となる。正眼《しょうげん》に看来り、正念に思惟すれば、全くこの法の*著しき処。丸こかし不瞋恚戒の儀じゃ。

この世界平等なり。山川草木みな*己心中の法門じゃ。飛花落葉悉く我が迷情を開解《かいげ》する道場じゃ。清風明月、我れと共に善を修し悪を止むる友じゃ。

馬の轡《くつわ》を*銜《ふく》む、牛の*鼻木《はなぎ》を受くる、狗《いぬ》の門《かど》を守る、雞《にわとり》の暁《あかつき》を報ずる。山林に花果《けか》ある。田野《でんや》に穀米《こくまい》ある、みな*我が手足庫蔵《こぞう》じゃ。男女大小、起居動静《どうじょう》、みな我が*善知識じゃ。ただ悪業因縁・*怨讎《おんしゅう》構造せるを除くじゃ。元来平等性の中、彼に是なく此に非なし。此に愛なく彼に憎なし。*正眼に看来り、正念に思惟すれば、全くこの法の著しき処。丸こかし不瞋恚戒の儀じゃ。

縁起と瞋恚

この人のこの世にある。貴賤相従い老少相随う。人畜交わり生じ万物*布列すること、手足の一体を共にし、二十指二十爪《そう》の各々布列する如くじゃ。右辺是非なく左辺是非なし。その是非を見る者は、見る者の過《とが》じゃ。その瞋恚を生ずるは、生ずる者の過じゃ。

器世間…器世界。自然界。無生物界。仏教では世界を有情世界と器世界とに分ける。器世界は自然世界で、有情を容れる器。
形骸…からだ。肉体。
黄土…黄泉（よみ）、冥土を意味する言葉でもあるが、ここは、黄色の土で大地のことであろう。
著しき…明らか。
己心中の法門…自己の心の中にある悟りに至る門。
銜む…馬が轡を口にくわえること。
鼻木…牛の鼻に通す環。
我が手足庫蔵…自分の手足のように自由な倉庫。
善知識…善友。仏道を教え導く人。
怨讎…うらむこと。敵。
正眼に～…正とは、理にそった智慧をいう。正念の正も同じ。
布列…布き列ねる。それぞれが存在していること。

骨肉相*纏縛《てんばく》して、その中念相の仮に相続すること、海水の一波わずかに動ずれば万波随う如し。前波は後波の起こるを知らず。後波は前波より動じ来るを知らず。前念を縁として後念続けて起こる。或は慳貪むねを焦《こが》し、瞋恚事を敗《やぶ》る。正念に思惟すれば、前念*我他彼此《がたひし》なく、後念我他彼此なし。ただ慳貪を起こすは、起こす者の失じゃ。瞋恚を生ずるは、生ずる者の過じゃ。

瞋恚に益なし

虚空に対して瞋恚を生ずるか。この虚空は元来天地万物を容れて、我が瞋恚に相関《あず》からぬ。この瞋恚労して功なきじゃ。山川草木に対して瞋恚を生ずるか。この山川は、耳《に》目《もく》なく思慮なく、我が瞋恚を見聞分別せぬ。この草木は、春夏に茂《も》し秋冬に萎《しぼ》んで、我が瞋恚を*屑《もののかず》ともせぬ。この瞋恚労して功なきじゃ。鳥獣に対して瞋恚を生ずるか。この鳥獣は、自ら水草を逐い、自ら食を求め友を求む。我が言意《ごんい》を解せぬ。この瞋恚労して功なきじゃ。人間に対して瞋恚を生ずるか。この人間は、日夜に衰老して終に死に帰する。*石火電光の暇《いとま》、且《しばら》くこの世に存在するも、*枯骨皮肉に裹《つつ》まれたる物じゃ。我が相手となるに何の*所詮なし。これも労して功なきじゃ。

過去に対して瞋恚を生ずるか。過去は已に過ぎて跡かたもなきじゃ。未来に対して瞋

纏縛…からみしばること。

我他彼此…我と他、此れと彼に分けること。分別の見。

屑…心にかける、の意。

石火電光…時間が迅速に経過して無常であること。

枯骨…朽ち果てた骨。

所詮…詰まるところ。行き着くところ。

恚を生ずるか。未来は未だ来らざれば、*安排布置《あんばいふち》がならぬじゃ。現在に対して瞋恚を生ずるか。現在は*念々に過去に属する。過去の過去際より、未来際を尽くしてただ労して功なきじゃ。我が身心の苦悩・不如意は我が*業力《ごうりき》による。他の知るところに非ず。他の慳貪・恚憤は他の*妄分別《もうふんべつ》による。我が身心に関わるにあらず。一類愚昧《ぐまい》の者、我が業力に誑《たぶら》かされて他を瞋《いか》る。過ったことじゃ。一類愚昧の者、他の妄分別を執著して、自ら瞋恚を動ずる。浅間しきことじゃ。*迷謬《めいみょう》の著しきじゃ。

境と瞋恚

*法性海中、その境或は心に順ずるに似る。その境或は心に違うに似る。この順違雑《ま》じり生じて、この世界がむつかしくなる。二六時中《にろくじちゅう》、ただこれ我他彼此じゃ。生より死に至るまで、ただこれ憍慢嫉妬じゃ。

*順境に対して*愛を生ずる。この愛衆生を*悩乱して、狙《さる》まわしの狙を使う如し。*違境に対して瞋恚を起こす。この瞋恚衆生を悩乱して、丈夫の小児を弄する如し。愛より瞋恚を起こす。瞋恚より愛を起こす。この心境界を生ずる。この境界心を起こす。環《たまき》の端なきが如く、青蠅《せいよう》の*腥肉《せいにく》を離れ得ぬ如くじゃ。

安排布置…ものを都合よく並べ置くこと。
念々…刹那。一瞬一瞬。念は、外界の記憶をとどめる心作用。
業力…前世での行為が果報を引き起こす力。
妄分別…誤った認識。分別と同じ。主客対立の認識。
迷謬…＝迷妄。道理に暗く、誤った考え。
法性海…法性の広大なことを海にたとえていう。
順境…自分の心にかなう事。
愛…愛著。執著。
悩乱…悩み苦しんで心がみだれること。
違境…自分の気に添わない事。
腥肉…生の肉。

心は万物を画く

『華厳経』に、「心*は好画師《こうがし》の如く、種々の五蘊*《ごうん》を造る。世間一切の法、法として造らざることなし。心の如く仏も亦しかり。仏の如く衆生も亦しかり。心・仏及《および》衆生、是《ノ》三無《シ》二差別《しゃべつ》一」とある。

また経に譬《たとえ》を挙げて画師が五彩*を以て夜叉*の形を画きなして、自ら怖るる如くとある。一切衆生が自心に思いを起こし、自心という名をつけて、この心より境を生じ、自ら造作せし境に随って愛恚*を起こす。此に愛を生ずれば、彼も愛を以て応じ、此に瞋恚を生ずれば、彼も瞋恚を以て応ず。境が心に随って種々に転変する。不可得なるものが衆生となり来る。瞋恚心となり来る。瞋恚の一念心が、あられぬ*姿を成ずる。誠に愚なる画師が、自ら画《えが》き出した夜叉に怖れて、自ら夜分におそわるる如くじゃ。

ここに一の近き故事があるじゃ。晋の平公の時、師曠《しこう》というが楽師*《がくし》と為って仕《つか》う。ある時平公出でて畋*《かり》す。乳虎《にゅうこ》車前に伏す。平公悦んで師曠に問う。「我れ聞く、覇王*の君の出ずるとき猛獣伏すと。我れ出ずるとき乳虎伏して動かぬはいかなる事ぞ」と。師曠いわく、「君の駕*《が》するところ駮馬*《はくば》にあらずや」平公いわく、「駮馬を驂*《そえうま》にせし」と。師曠いわく、「駮馬が駮*《はく》に似たる故なるべし。駮という獣は虎を食す」と。

またある時平公出ず。朱文*《しゅぶん》の鳥来り繞《めぐ》って久しく去らず。平公悦《よろこ》んで師曠に告ぐ。「覇

心は好画師～…この句を「華厳唯心偈」という。
好画師…巧画師、または工画師。
五蘊…五陰。色・受・想・行・識。蘊とは積集、集まり。あらゆる存在を五つの集まりとする。物質と精神。
五彩…五色。青・黄・赤・白・黒。
夜叉…人を殺害して食らう悪鬼。本来は毘沙門天の眷属。
愛恚…貪愛と瞋恚の二つの煩悩。執著と嫌悪。
あられぬ…あらぬ。思いもよらぬ。
楽師…演奏家。師曠は盲目の宮廷の音楽家（琴の名手）であった。
畋す…多人数で行う狩り。
覇王…武力で諸侯を統御して天下を治める者。
駕…馬が車の軛（くびき）の中にいること。
駮馬…毛色が純一でない馬。
驂…三頭立ての馬車で、二頭を並べ、少し後ろに一頭をそえうまとする。
駮…馬に似ているが、虎・豹を食う。

王の君の出ずるとき鳳凰下ると。今日我れ出ずるに朱文の鳥下りしは何なることぞ」。師曠いわく、「君は狐裘《こきゅう》を服せずや」。平公いわく「しかり。師曠が、鳳にはあらじ。東方に文身朱足《ぶんしんしゅそく》の鳥ありて、名を諫珂《かんか》という。これは鳥を愛せずして狐を愛するときく。この鳥君の裘を見てなれなつくなるべし。総じてさしてもなきことを、吉事徳義のように思うは、災の兆」と告げた。平公心内に悦ばず。

他日小臣に命じ、殿庭《でんてい》に蒺蔾《しつれい》を布《し》かせて、師曠を召す。師曠召しに応じて来るに、足《そく》膝《しつ》を破る。そのとき師曠天に仰いで嘆ず。平公いわく、「今且く汝と戯《たわむ》る。何故深くなげく」と。師曠答う、「人自ら妖《よう》を興して自ら賊《そこな》う。国君の殿庭、蒺蔾生ずべからず。この蒺蔾ある、滅亡の兆なるべし」と。果たして久しからぬ内に、平公卒すとある。これ等は小事なれども、縁起の大体に比況すべきことじゃ。

夢と実体の譬

初心にこの処解《げ》しがたくば、且く夢を以て比対して解せよ。睡眠《すいめん》の中に念想生ずれば、この形の外《ほか》に形顕わる。眠る身と夢の内《うち》の身と、一と云うべからず異と云うべからず。眠る形は夢の形を知らず。夢の吾が身は別に眠れる姿あることを知らぬ。この夢中に形生ずれば、山河大地生ずる。この吾が身と山河大地と、一と云うべからず異と云うべか

朱文…赤い模様。
狐裘…狐の皮で作った衣装。
蒺蔾…薬草の名。はまびし。棘がある。
妖…災い。
賊う…そこないやぶる。害を与える。

らず。山にいろいろの山あり。河もいろいろの姿を見る。

山河大地生ずれば、或は他の有情生ずる。この吾が身と他の有情と、一と云うべからず異と云うべからず。

有情生ずれば、親疎分かる。親しき人にあえば悦ぶ。*犲狼《さいろう》猛獣にあえば怖畏《ふい》を生ずる。この怖れらるる猛獣に実体なきのみならず、怖るる吾が身も実体なきじゃ。これは何れの処より現ずるならば、睡眠の中、念想転変によりてこれあるじゃ。

一念と境

今日*目前の境界もかくの如くじゃ。一念心生ずれば、念に念相ある。前念が後念の縁となって念々相続する。この念、相続して必ず内外分かる。内に自心を見る、外に山河大地・屋宅田地・金銀財宝・人間*物類《もつるい》生ずる。

この中、境生ずれば愛憎分かる。人物生ずれば親疎生ず。迷う者、この現今の境に於て*実解《じつげ》をなせども、今日の境界、ただこれ妄心夢中の所現じゃ。一異を云うべからず。内外を云うべからず。親疎を云うべからず。*愛憎すべからず。この妄心夢中の*世界に誑《たぶら》かされて、貪欲を生じ瞋恚を生じて、*無量劫の沈淪《ちんりん》を受くるは、悲しむべきことじゃ。

犲狼…やまいぬとおおかみ。犲は豺に同じ。

目前の境界…実体があると思っている五官と心の対象。六境。

物類…万物。

実解…実体があると理解していること。

愛憎…愛と憎しみ。

世界に誑かされて…尊者の同趣の表現では「外目前の境界にだまされ、内自心にだまされる」・「一念の思い違い」・「世間眼を豁開してこのからくり人形を看る」などがあり、我々の認識が外界を如実に観ていないことを説く。

無量劫の沈淪…永遠に生と死を繰り返す苦しみの海に沈む。

一念心と境界

この人間に夢ありて、面白きことじゃ。これによって業相《ごうそう》転変の比況し解せらるるも、面白きことじゃ。*審諦《しんたい》思惟して、*土偶人《どぐうじん》が鏡に対するが如きも、面白きことじゃ。順違の境に対して、貪欲・瞋恚を制伏《せいぶく》するも、面白きことじゃ。制伏力を得て、一切悪事に随順せぬも、面白きことじゃ。この山河大地は一念心の転変なることを知るも、面白きことじゃ。今日吾が形容《ぎょうよう》も一念心の転変なることを知る、面白きことじゃ。*信ある者はその力を得る、信なき者はその力を得ぬも、面白きことじゃ。得道の人は、池辺《ちへん》に蛙《かわず》のおどる、樹上に鳥のさわぐ、春半《しゅんはん》に百花の香《こう》を呈する、秋初《しゅうしょ》に冷風を催す、みな*不可思議解脱の現前する処ということじゃ。

経中に、*羅漢果を証せし人は、左の方に香を以て供養する、右の方に損害の心を以て来る、この二人に愛憎なきとあるじゃ。

三才（天・地・人）に根帯なし

現今目前に虚空というものありて、面白きじゃ。この虚空ありて、法の比況し解せらるるる、面白きじゃ。現今目前に山河大地というものありて、面白きじゃ。この山河大地、虚空の中に*安住し起滅して、面白きじゃ。現今目前に衆生というものありて、面白きじ

審諦…つまびらか。

土偶人…土で作られた人形。情識に動かされることがない人形。

信ある者は…尊者の「信」に対する説法では、「我が分斉の及ばぬ処は、別にその道理あるべきと信ずるを聖智見に入るもといとするなり」『人となる道随行記』、「慧目のなき者は、仏語を信ぜよ」（本書二五頁）ともある。

不可思議解脱の現前…『金剛般若経講解』に「実の無上菩提は、春花の咲くところにあるじゃ。人の起きて歩行するところにあるじゃ。魚の淵に躍り鳥の虚空に飛行するところにあるじゃ。然れども、鳥の鳴く声、風の吹く音を仏法と思わば、妄想の上ぬりした輩じゃ」とあることも注意。

羅漢果…小乗の聖者の悟り。

安住し起滅して…真如の世界にありながら生滅している。

や。この衆生、虚空の中に安住し起滅して、面白きじゃ。

この世界にこの人間ある。*空中に往来し、元来*根帯《こんたい》なし。空中に坐臥して自由の分なし。空中に天を戴《いただ》く。この天空に浮かびて、元来根帯なし。何ように迷を重ねても、一念心の瞋恚生ずべき理なきじゃ。空中に地を履む。この地、空に浮かびて、元来根帯なし。何ように迷を累《かさ》ねても、一念心の瞋恚生ずべき理なきじゃ。

六根・六境は幻影

眼中《げんちゅう》に空ありてこの色を視る。耳・鼻・口門に空ありて、この声を聞き、この香を嗅ぎ、この味を知る。身中に空ありて、この触《そく》を覚する。胸中・*肚裏《ずり》・臟腑みな空ありて、善悪邪正・是非得失ある。世に処して瞋恚を生ずるは、愚の至りというべきじゃ。

この色ある、ただこれ空中の影じゃ。この声ある、ただこれ空中の影じゃ。この香ある、ただこれ空中の影じゃ。この味ある、ただこれ空中の影じゃ。この触ある、ただこれ空中の影じゃ。この善悪邪正・是非得失ある。ただこれ空中の影じゃ。この貪欲ある、ただこれ空中の影じゃ。この瞋恚ある、ただこれ空中の影じゃ。

一切は縁由の差排

空中…虚空の空と、仏法の空とを意味している。

根帯…拠りどころ。根拠。空であるから根帯なし。

肚裏…腹の中。

迷わば迷え、*この迷元来根帯なし。覚らば覚れ、菩提はこれ空の義じゃ。真正道人《しんしょうどうにん》の世にあること、虚空の如くじゃ。*九天は空中にありて*靉靆弥布《あいたいみふ》する。大地は空中にありて墜堕せぬ。元来虚空に上下はなきじゃ。*倒世界《とうせかい》の人間も、井中《せいちゅう》に水を汲むは、力を労して水を得る。空中に雨露をふせぐは、屋を覆うて居住するじゃ。この縁ありて、この世に生ずる、万般ただ*縁由《えんゆう》の差排じゃ。世事の思うままならぬ処に、面白きことあるじゃ。この縁ありてこの苦楽を生ずる。一切ただ*迷情の差排じゃ。我が身の思うままならぬ処に、面白きことあるじゃ。

物質の四相

経説にかくあるじゃ。元《もと》この世界ただ虚空のみなり。*洞然として一物もなし。その*辺《へん》際《ざい》を云うべからず。その時空中に微塵《みじん》生ず。この微塵を縁として、又かの微塵生ずる。その微塵*両《りょう》々《りょう》相合《あいがっ》し聚集《じゅじゅ》して、次第に安布し、この世界現じ、山河出で来るじゃ。

何故にこの微塵聚集して、或は山となり或は川と成るならば、この一々の微塵に、悉く*堅《けん》・*湿《しゅう》・*煗《なん》・*動《どう》の四相を具す。この四相或は聚集し或は離散す。聚集の辺に世界成《じょう》立《りゅう》す。離散の辺に世界壊滅《えめつ》す。面白き物じゃ。

一微塵の中に四相具足すと言えば、むつかしき微細《みさい》なることと思うべきじゃが、今

この迷元来根帯なし…『短篇法語』に「根も葉もなき生死のつねに相続することを合点して、根も葉もなきことにて解脱のなるを信ずべし」とある。
九天…天を九つの方向に区分していう。ここでは天の全体を指している。
靉靆弥布…雲が広くたなびいている様子。弥＝あまねく。
倒世界…顚倒し誤った世界。迷いの世界。
縁由…＝因縁。
迷情…凡夫の思量分別。
洞然…穴が貫通しているように、からりとして、広々としたさま。
辺際…きわまったところ。はて。
両々…二つずつ。
堅…岩石に見られるような堅さ。地の本性。
湿…水のような湿潤性。水の本性。
煗…火のような熱性。火の本性。
動…風のような流動性。風の本性。

眼《まなこ》に見ゆる物を以て推して知れ。空中に一片の雲生ずるに、その色あり、その形あり、その動静《どうじょう》あるじゃ。山中雲の生ずる処に坐して居れば、その湿《しつ》も覚ゆるじゃ。一微塵に堅・湿・煖・動の四相具足すること、この趣じゃ。

水中に泡が生ずるも、その姿あり、その色あり、大小動作あるじゃ。地上に一草生ずるも、その色あり、その姿あり、その湿もあり、功能《くのう》もあるじゃ。一微塵に四相具足するもこの理じゃ。物に大小はあれども、その理は違《たが》わぬじゃ。

四大と物質

経中に、この世界は四大*の所成《しょじょう》とある。四大というは地・水・火・風じゃ。堅・湿・煖・動を以て性とす。当りまえは、堅は地、湿は水、煖は火、動は風じゃ。

この微塵の転変に、堅相の多分聚集《じゅじゅ》せるを地大という。草木・金石等みなこの地大に属す。地にも湿いもあり。煖《あたた》まりもあり、動相もあるもので、この四相は相離れぬことなれども、多分に就いて地を堅性《けんしょう》とす。

湿性《しっしょう》の多分積《しゃくじゅう》集せるを水大と云う。雨・露・霜・雪等みなこの水大に属す。水にも煖あり動あり、堅相もあるもので、この四相は相離れぬことなれども、多分に就いて水を湿性とす。この中水の堅相というは、長流水にも、一滴水にも、その形あるを以て知

四大…一切の物質を構成する四大元素。大とは元素のこと。地＝堅さを本質として保持する作用を持つ。水＝湿性をおさめ集める作用をもつ。火＝熱さを本質として熟成させる作用がある。風＝動物を成長させる作用がある。人間の身体もこの四大から成る。また、五大は、四大に空大（さまたげられないことを本質とし、さまたげない作用をもつ）を加える。密教では識大（心のはたらき）を加えて六大を重視する。

れ。煖と動とは知れ易きじゃ。云うにも及ばぬじゃ。

煖相《そう》の多分積集せるを火大と云う。日の光よりして、金石・草木より出ずる火、一切煖まりあるもの、光明あるもの、みなこの火大に属す。火に湿も堅も動もあるものなれども、多分に就いて火を煖性とす。火の湿は知り難けれども、*灸治して身体に潤沢を生ずる類、物を炒《あぶり》て湿を生ずる類にて知るべきじゃ。

動相の多分積聚《しゃくじゅ》せるを風大という。一切有情の息風、及び一切有情非情の生長《しょうちょう》する、みなこの風大に属す。この風に煖もあり湿もあり堅もあれども、多分に就いて風を動性とす。風の堅相も知り難けれども、つぢ風・旋風《まいかぜ》等にて風の形あることを知るべきじゃ。

四大と因縁

元来四大は相融ぜるもので、地の中にも水もあり火もあり風もあり、水の中に火もあり風もあり、火の中に水もあり地も風もあり、風の中に地・水・火もあるものじゃ。多分に約し、各自に名を立てて、地大・水大・火大・風大とするじゃ。

この四大各々堅・湿・煖・動を具足する中に、堅相ある処には、堅相が多分よりかたまりて大地《だいじ》となり、湿相ある処には、湿相が多分相帰して大水となり、煖相の多分ある処には、煖相がより合《おう》て大火となり、動相の多分ある処には、動相が相応して大風とな

灸治して身体に～…『慈雲尊者法語集』の「内外自他高下尊卑」と題する法語の中に、身体も六大によっていることを説いてある。「骨肉毛髪は地大なり。膿血涕唾大小便利は水大なり。煖気は火大なり。動作するは風大なり。身内に開けて物の通ずる処は空大なり。慮知分別は識大なり」と。

る。面白きものじゃ。この因縁ありて和合する。この因縁ありて壊滅《えめつ》する。世相面白きことじゃ。

天竺の諸論師が滅因*の立破《*りゅうは》を論ずるも、面白きことじゃ。元来一微塵の中に、堅・湿・煖・動の相離れぬ故に、水《すい》と成って湿おし、火《か》と成って煖め、風《ふう》と成って長養《*じょうよう》し、地《ち》と成ってその形を生ずる。大にもあれ、小にもあれ、この四大互いに因となり縁となりて、万物を造作するじゃ。

心と外界

正眼《しょうげん》に看来れば、この心微妙《*みみょう》なる物で、一塵の中に入りて、世界成立《じょうりゅう》の因となり、世界壊滅《えめつ》の縁となる。何の入るとか説くべき、一塵直《ただち》に自心の性相*じゃ。世界直に自心の性相じゃ。もしは成立、自心の性相と知るじゃ。もしは滅壊、自の心の性相と知るじゃ。

業による心の世界

一類の衆生ありて、この世界、百千万劫確乎として住すと見る。一類の衆生ありて、この世界、念々転変すと見る。自性空中*、各自の業ありてこの見差別《*けん》す。面白きことじ

滅因…物が消滅していく因。
立破…主張（立）とそれに対する反対論（破）をいう。
長養…成長させること。
微妙…奥が深くて理解しがたいこと。
性相…性＝本体、相＝現象。自心の本性が一塵かつ世界と等しいということ。
自性空中…本性が空である世界に対して。
見…見解。思想。

や。この中、もし自《みずか》ら達すれば、*法々解脱し、*万境自《おのずか》ら如々じゃ。自ら迷う者は、見るまじき物を見る、思うまじき事を思う。この心、*境界を逐い、境界・心を役使《えきし》し、この四大を以て自身を造立《ぞうりゅう》し、安排布置《あんぱいふち》する。

身体における地大の幻有

現今の指爪《しそう》・髪毛《はつもう》、皮・肉・筋・骨、*五臓・*六腑などという類、みな地大に属す。これは人間死すればみな朽ちて土に帰す。迷者《めいしゃ》の習い、活きて動き痛痒を覚すれば、これを我が物と思い、日夜に保著《ほじゃく》すれども、ただこれ*生縁《しょうえん》未だ尽きざる間の妄想のみにして、元来土塊《どかい》に異ならぬじゃ。一切山川大地・草木叢林を以て自身とすと説けば、広大なる事を言い出すようなれども、元来この地大を自身と思うより看よ、遠くはなきじゃ。平生二六時中正憶念《しょうおくねん》すれば、この境界に相違せぬじゃ。

身体における水大の幻有

この身中、膿《のう》・血《けつ》・涙《るい》・唾《だ》、痰《たん》・*陰《いん》・*膏《こう》・汗《かん》・髄《ずい》、小水《しょうすい》・精汁《せいじゅう》などというものは、みな水大に属す。外より水をもち来りて口に入れ養なわざれば、この類は涸るるじゃ。またこの身の*津液《しんえき》を以て外物を潤せば、小分その潤《うるおい》を助く。且く、皮肉の内にあると外に

法々解脱…一切の物が解脱する。
万境自ら如々…全ての対象があるべきすがたとして現前している。
境界を逐い、境界、心を役使し…摩拏羅（まぬら）尊者の伝法偈に「心は万境に随って転ず　転処実に能く幽なり　流れに随って性を認得すれば　喜びもなくまた憂いもなし」とある。
五臓…肝・心・脾・肺・腎。
六腑…胆・小腸・胃・大腸・膀胱・三焦（リンパ）。
生縁…生命が存在するための諸条件。
陰…水。
膏…脂肪。
津液…人体に流れる液体の総称。

あるとの異のみにて、水に相違なきじゃ。通途《つうず》の者は、これを自身と思い、日夜保著し、自他*隔歴《きゃくりゃく》すれども、元来この水滴、自身と認むべきものに非ず。一切の河《か》・海《かい》・井《せい》・池《ち》、雨露を以て自身とすと説けば、広大なる事のように聞くべけれども、本来この膿血を自身とするより見よ、平生二六時中私だに交えねば、この*法界身《ほっかいしん》に相違せぬじゃ。

身体における火大の幻有

この身の煖気《だんき》は火大に属す。この四肢・*百骸、その命根《みょうこん》任持する、この煖気と倶《とも》なり居るじゃ。この煖気去り尽くれば、形木石に異ならず。火大がなければ人は活きて居られぬものじゃ。熱病増上すれば眼前に火光《かこう》を見る。この身の火大ある、知るべきじゃ。

この身内の火、外の日月の光と相違せぬじゃ。金石草木より出ずる火と相違せぬじゃ。愚なる者は、この身内の煖気を愛して、生を楽《ねが》い死を悪《にく》む。一切日月*宝珠、諸の火光を以て自身とすと説けば、広大なることを云うようなれども、ただこの皮肉煖気の分斉を自身と認むるを以て比対し看よ。今日の人も二六時中に、私の念に*誑惑《おうわく》せられざれば、この法界身に相違なきじゃ。

身体における風大の幻有

隔歴…別々であること。

法界身…全宇宙の理を身体とした仏。

百骸…体全体を構成する多くの骨。

宝珠…（梵）maṇi 病苦を除き、悪を去り、濁水を澄ませ、禍を去る功徳があるとされる。尊者は宝珠の画に「摩尼宝はをのが心のすがたにてげにうごきなき世々の人々」と賛を入れている。

誑惑…だまして惑わす。

この出入の息風、身の毛孔《もうく》に通う。内の五臓よりして、外の皮膚・髪毛まで生長する。みな風大の力じゃ。この出入の息、もと母の胎内にありては、母の息と出入を同じくするという。分体の後、或は出息を初とす。或は入息を初とす。口を開いて外の風を内へ引き入る。入るに勢ありてまた外に出ずる。出ずるに勢ありてまた内に入る。この風の出入する間を活きたる人間とす。十年にもせよ、二十年にもせよ、三十年にもせよ、五十、六十、七十年にもせよ、この息通う間は人間なるべけれども、出ずる息の勢力《せいりょく》違《たご》うて再び入らざれば、木石と異ならぬものじゃ。

この世界の風と息風とは、元来ちがいなきじゃ。鍛冶《たんや》のふいご*の如くで、この五尺ばかりの皮膚を往来するまでのことじゃ。一切風大を自身とすと説けば、広大なることを云うようなれども、本来かくの如くじゃ。二六時中貪欲・瞋恚に役使せられざれば、この法界身は当処に顕わるじゃ。この地・水・火・風の四大、暫く積集*《しゃくじゅう》して離散せざる分斉《ぶんざい》に人間一生の苦楽・昇沈あるじゃ。憶念すれば面白きじゃ。

四大と病

天竺の医方明*《いほうみょう》に、この四大を以て病を察し、四大を以て病を療治《りょうじ》すということじゃ。風大病《ふうだいびょう》に百一、火大病に百一、水大病に百一、四大相雑《あいざつ》する病に百一、これを四百四

ふいご…鍛冶屋が金属加工のときに用いる送風機。

積集…集まって構成すること。

医方明…医学。

病とす。それ故、水を服して病を治《じ》する方あり、身に灸して病を治する方あり、天地の気を服して病を治する方あり。勿論地大の薬物《やくもつ》を以て病を治する方があるということじゃ。

この内の四大と外の四大と、相順《そうじゅん》すれば増長する。相違すれば敗壊《はいえ》する。みな面白きことじゃ。この内の四大に、*色身強弱《しきしんごうにゃく》の差別、*志性《ししょう》智愚の差別あり。外の四大に、土地の*墳壊《ふんじょう》、気候の調不あり。これ等の差排、ことごとく面白きことじゃ。もし得道の人は、*左之右之《さしうし》、法の現前するところということじゃ。

もし諸天の中は、*浄妙の天宮、浄妙の天身、下類の測るべき所ならずという。畜生等の四大は、*麁獷《そこう》・*臭穢《しゅうえ》、常に苦悩*逼切《ひっせつ》すということじゃ。鬼神の部類は、或は総身火炎なるもあり。また総身風の如くなるもあり。その福分業相に随いて、種々あるということじゃ。得道の人は、これ等の差別、みな明らかに知るということじゃ。

四大の神々

経中に、四大各々神ありとある。密教に、*地天の法、多く福徳*増益《そうやく》門に修す。水天の法、多く*請雨《しょうう》に就いて修す。*火天の法、護摩あり。ここに*息災も、増益も*敬愛等も成就す。*事火婆羅門《じかばらもん》は殊に敬重《きょうじゅう》す。風天の法、多く*神足を求むるに就いて修するということじゃ。

色身…身体。色は物質。
志性…こころ。こころばえ。
墳壊…墳＝墓やがけの土地。壊は耕作可能な肥沃の土。
左之右之…すべて。いたるところ。
浄妙の天宮、浄妙の天身～…天宮は帝釈天、天身は梵天をさす。浄妙＝清浄微妙。澄んでいてきよらか。
麁獷…あらあらしい。
臭穢…臭くて穢れている。
逼切…頻繁にせまる。
地天の法…地天を本尊に迎えて修法を行うこと。以下、水天・火天・風天も同じ。
増益…福徳・繁栄を祈願する修法。
請雨…雨ごい。
火天の法、護摩…護摩修法の本尊は火天である。
息災…災害苦難、煩悩罪業等内外の災障を除去するための修法。
敬愛…和合・親睦を祈願する修法。
事火婆羅門…火を尊び、これを供養に用いて福を祈願する外道のバラモン。
神足…神足通。思い通りにどこにでも行ける神通力。

この四大神は、人間の身に偏満して、人間あることを知らぬ。人間は四大を受けて我が身として、四大神あることを知らぬ。思えば面白きじゃ。

一微塵の中、この法門ありて、大小麁細互いに融じ、三世起滅互いに摂す。一世界の中この法門ありて、三世互いに摂し、麁細互いに融ず。一切世界の中この法門ありて、麁細互いに融じ、三世互いに摂す。

仏界と衆生界

経中に、*毛孔《もうく》に世界を含《がん》ずと。維摩居士が*方丈の室の中に、八万四千の師子座を容るると。劫数《こつしゅ》を*食頃《じききょう》に経ると。有志の者は、法の趣を知るべきことじゃ。世の愚痴なる者は、凡夫が功徳満足して聖域に入ることを、*蝮蛸《ふくいく》が蝉になり、蝸牛《かぎゅう》が柱をつたい軒をつとうて、屋に登る如くと思うは不是じゃ。もし軽躁《きょうそう》なるもの、*空腹高心に*是心是仏と説き、煩悩即菩提と説くは不是じゃ。衆生界の外《ほか》別に仏界あるに非ず。仏界の外に衆生界あるに非ず。仏界と衆生界と、元来一異を云うべからず。迷う者は、諸仏の無上正覚の中に居て*三毒を起こす。この三毒衆生を悩乱すること、屠者《としゃ》の鮮肉《せんにく》を焼煮《しょうしゃ》するが如し。諸仏は常に衆生三毒の中にありて、無漏*大定智悲に安住す。この無漏大定智悲、衆生界に*応現して、月の*万水《ばんすい》に影をうつす如くじゃ。

毛孔に…毛穴の中に全宇宙が含まれると説かれる。『華厳経』

方丈…維摩の居室が一丈四方であったことをいう。ここは『維摩経』からの引用。

食頃…一飯の食に要する短い時間。

蝮蛸…蝉のまだぬけないもの。

空腹高心…修行が足りず、悟りの境地に達していないのに覚った顔をすること。

是心是仏…この心そのものが仏である。

三毒…貪(むさぼり)・瞋(いかり)・癡(おろかさ)。

大定智悲…すぐれた禅定と智慧と慈悲。

応現…仏・菩薩が衆生の機根に応じてすがたを現わすこと。

万水…あらゆる水。仏が一切衆生に平等に教えを垂れることのたとえ。

衆生界と地大

この衆生界、往く処として地大ならざるなく、一切衆生、見る処として地大ならざるなし。自心に自心を執すれば、目前の境界、*染汚法《ぜんまほう》となる。この地大、*沈重《ちんちょう》愚痴となり来る。愚痴の境界自心を薫じ、心よりまた愚痴の境界を造して、乃至地中の*蠢動《しゅんどう》となる。劫より劫を累《かさ》ねて、この地大のある処は愚痴のある処じゃ。もし自《みずか》ら*回光返照《えこうへんしょう》せば、この心地万徳《まんどく》を生ず。この地大のある処、直に禅定のある処じゃ。

衆生界と水大

この衆生界、往く処として水大ならざるなく、看る処として水大ならざるなし。もし流に随って止むことなければ、この水は*愛欲となり来る。愛心より愛境を造立し、愛境より愛心を相続して、乃至愛相応の世界、*魚龍《ぎょりょう》の身心となる。劫より劫を累ねて、この水大のある処は愛欲のある処じゃ。もし自ら回光返照せば、この水大、慈悲と相応す。衆生を摂取《せっしゅ》して悉く*救抜《くばつ》す。経中に、「*仏心とは大慈悲これなり」とあるじゃ。

衆生界と火大

染汚法…煩悩でけがされた世界。
沈重愚痴…心が沈んで迷っていること。
蠢動…うごめく虫のことであるが、無知で騒ぐことにたとえる。
回光返照…心を内側の自己に向けること。
愛欲…この愛は執着、貪欲、の意。
魚龍…獣と同意。
救抜…苦しみを除いて救うこと。
仏心とは〜…『観無量寿経』

この衆生界、往く処として火大ならざるなく、看る処として火大ならざるなし。もし能所相対して、自他隔歴《きゃくりゃく》生ずれば、この火大、*烈焰《れつえん》瞋恚となり来る。諸の*違悩の境、我が瞋恚を発起《ほっき》し、我が瞋恚より違逆の境を造立して、乃至瞋恚相応の世界、悪趣の生死となる。劫より劫を累ねて、ただ*純苦聚《じゅんくじゅ》のある処じゃ。もし自ら回光返照せば、この火大、智恵と相応す。*業種《ごっしゅ》を浄尽して、諸仏の光明となるじゃ。

衆生界と風大

この衆生界、往く処として風大ならざるなく、見る処として風大ならざるなし。もしうかれ往きて止まざれば、この風散乱となり来る。散乱の境自心を薫じ、散乱の心境界を乱して、*第三禅已下《いげ》、この風大によりて禅定を乱す。今日出入の息ある者はみな散乱に属す。乃至*散動の諸虫となる。

経中に、*迦羅毘羅《からびら》虫、風を得てその身広大になるとある。劫より劫を累ねて、ただ散乱のある処じゃ。もし自ら回光返照せば、この風大、*神通《じんずう》妙用を起こす。阿難尊者の*風《ふう》奮迅《ふんじん》三昧に入りて、身を*四処に分かつも、その一分の徳ということじゃ。

又この四大に一の空を加えて五大という。また更に識を加えて六大という。みな法の規則ありて差わぬことじゃ。この中且《しばら》く入道の初要、十善相応の分斉を説くじゃ。諸の

烈焰…激しい火焔。
違悩の境…違境（自己の心身に好ましくない外界）によって苦悩となる世界。
純苦聚…ひとえに苦しみの集まり。
業種…善悪の業が未来の果となる種子。
第三禅…色界における四つの段階的境地（四禅定）の第三。
散動…動揺すること。
迦羅毘羅虫〜…身は小さいが風を得ると大きくなり、すべてをのみこむという虫。『大智度論』
神通妙用…人知を超えた不思議なはたらき。
風奮迅三昧…猛烈な風を起こし、身体の諸部分を分散する三昧。
四処…身を四つに分けて、忉利天・婆竭羅龍宮・毘舎離王・阿闍世王に奉じた。

有志の者は、入るに随って法の甚深なるを知るべきじゃ。

世界の成立と壊滅

減劫・増劫

また経論の中*にこの説あるじゃ。劫初《こうしょ》*は人寿《にんじゅ》*無量歳住して、得失是非なし。善悪の名《みょう》字《じ》なし。然るにこの心動作あり。暫くも止息すべきに非ず。この心相転変し、情欲兆すによりて、次第に飲食・屋宅、国都《こくと》・聚落《じゅらく》、男女《なんにょ》・貴賎わかれ、種々の人事《にんじ》おこる。この人事差別の中に、世界の法として、悪法増長《ぞうじょう》すれば、寿命も福徳も相好も次第に減損す。この時を減劫《げんこう》の時節という。善法増長すれば、寿命も福徳も相好も次第に増長する。この時を増劫《ぞうこう》の時節という。

減劫

この減劫の初め人寿《にんじゅ》八万四千歳にして、大寒大熱なく、悪風・暴雨なく、水旱《すいかん》*・疾疫《しつえき》*の流行なし。世界動物*なり。人心《にんしん》動物なり。長時無事ならず。善に進まざれば必ず悪に堕す。漸次に世衰う。初めて偸盗の者あり。この時人寿半《なかば》を減じて四万歳となる。執政の者、刑法を制して人民を治む。初めはこの刑法を畏れて世間悪事少なし。後は

経論の中…『倶舎論』・『瑜伽論』等。
劫初…成・住・壊・空劫の四劫の中の成劫（世界の成立期）のはじめ。
人寿…人間の寿命。
水旱…洪水とひでりと。
疾疫…はやりやまい。疫病。
動物…動くもの。活動するもの。

侵す者漸《ようや》く多し。刑法随って厳刻になる。この時人寿また半を減じて二万歳となる。

こののち*奸民《かんみん》厳刑を恐れて、初めて妄語あり。この言語正しきを失なうとき、人寿また減じて一万歳となる。こののち偸盗・妄語のみならず、殺生・両舌の者あり。邪婬・嫉妬の者あり。人寿また減じて五千歳となる。

こののち*非法《ひほう》・悪貪《あくとん》、諸の*邪法増上して、人寿また減じて二千五百歳となる。こののち悪口・綺語の者あり。人寿また減じて千歳となる。こののち邪見の者あり。善を作して善の報あることを信ぜず、悪を作して悪の報あることを信ぜず。父母に孝を作さず。君に忠を尽くさず。老者《ろうしゃ》を敬《うやま》わず。有徳《ゆうとく》を尊重《そんちょう》せず。愚者、智者を師とせず。*自ら用い自ら*夸《ほこ》り、非法を法とし、非道に道を立つる。人寿減じて五百歳となり、二百五十歳となり、次第に減少して一百歳に縮まる。この人寿百歳の時、釈迦如来*出世したまうとある。

小の三災

一、飢饉災

世界の法として、減劫の中にも、人民善を行ずれば、寿命も福徳もそのままに住して暫く減ぜぬとある。ただ減劫の法として、善に住する時節は少なく、悪に*趨《はし》る時節は多

奸民…奸＝邪＝悪賢い。

非法…道にはずれたこと。

邪法…正法の対。邪教に同じ。

自ら用い…自己の意見に固執すること。

夸り…おごりたかぶる。

出世…衆生教化のためにこの世に現われ出ること。

趨る…足早に走ること。

く、仏法の中にだに、悪事に随順する者は多く、諸善奉行する者は少なくなりゆく。まして世間には*讒諂面諛《ざんてんめんゆ》の者は時を得る。道を守り志を立つる人は衆人《しゅにん》*戯哢《げろう》す。人寿また減じて五十歳となる。

*這般《しゃはん》になり下《くだ》りては、十善を説き十善を行ずる者は、諸人悉く謗《そし》り憎みて、相共に往来せず。十悪を行ずる者は、互いに*讃嘆《さんだん》*随喜す。この極悪事増長するとき、子の寿命は父より減じ、孫の寿命は子より減じ、かくの如くなりて四十歳に減じ、三十歳に促《せま》る時、七年七月七日の雨降りて世大に饑饉す。人民餓死して十に二三ものこらぬとある。世間の五穀の種も、*朽壊《くえ》して再び生ぜぬとある。これを*小の三災の第一饑饉災と名づく。

減劫と十善

総じて人というものは、愁憂《しゅうう》すれば善事を思う習い、この饑饉災に遭うて*下品《げぼん》の*厭離《えんり》を起こす。勿論諸の菩薩、諸の羅漢、凡人に如同し、その*根機《こんき》に応じて少分の十善を教えたまうとある。この時初めて雨晴れて日光を視、人民歓喜して、少分善事に随順す。この善事に随順するによりて、暫くこの三十歳の寿命ありて住す。或は四十なるもの希にあれども、*中夭《ちゅうよう》して三十に満たずして死する者多きとある。この時たまさか粟稗《ぞくひ》等あれば、世の重んずる所となる。諸の金銀珠玉は隠没《おんもつ》して再び顕われず。諸の*錦繍綾《きんしゅうりょう》

讒諂面諛…讒言（ざんげん＝そしる）し諂（へつらう＝こびる）。諛（へつらう）。『孟子』
戯哢…ギロウとも。たわむれもてあそぶ。
這般…これら。
讃嘆…深く感心してほめること。
随喜…心からありがたく感ずること。
朽壊…すべてくちてこわれる。朽敗。朽腐。
小の三災…三種の災厄。住劫の減劫に起こる刀兵災・疾疫災・飢饉災。大三災（火災・水災・風災）は後述される。
下品…上・中・下に分けたうちの下類をいう。品＝部類。
厭離…厭い捨て去ること。
根機…＝機根。宗教的素質・能力。
中夭…夭折。夭＝わかい。わかじに。
錦繍綾羅…錦・ぬいとりの絹・あや絹・薄絹。きらびやかで贅沢な衣。

羅《ら》の色よき絹も再び現ぜず。諸の花の美しき色も再び出で来らず。諸菓等甘味の物も再び現ぜず。人の相好《そうごう》も次第に悪しく成りて、その時の相好端麗という人の貌《かたち》は、今の貧《びん》窮《ぐう》・*醜陋《しゅうろう》の人の如く、平人通途《へいにんつうづ》は今の*疥癩《かいらい》の者の如くという。この少善心ある故、世界そのままにて住す。

二、疾疫災

減劫の法として、善法は保ちがたく、悪法は増長し、後ほどわろくなる習い、久しからぬ間に、また昔の饑饉災の事を忘れ、我が私を主とし、恩義を思わず。段々悪事長じて、君臣も相欺《あざむ》き、親子兄弟の間にも、互いに長短を求む。他家の交わりはただ妄語・綺語、貪欲・瞋恚、殺・盗・邪婬のみになる。その時、相好《そうごう》も福徳も更に*羸劣《るいれつ》になり、寿命も二十歳に減ず。この人寿二十歳の時に、七月七日《ななつきななにち》の疫病《やくびょう》流行《るぎょう》す。天地の気候不調なるに就いて、疫疾《やくしつ》の鬼神《きじん》力を得、上下貴賤みな病に臥す。臥すもの多く死す。*能縁・所縁の習い、この死せし者また*瘟疫《おんえき》の鬼となり、人民を殺害す。

この七月七日の災に死する者、前の七年七月の饑饉に十倍百倍すとある。これを小の三災の第二疾疫災とす。

この七月七日過ぐれば、この時人民中品の厭離を起こして、分に随って善事に依る。

醜陋…醜＝陋＝みにくい。
疥癩…皮膚病の名。はたけ。
羸劣…弱く劣っていること。羸＝弱。
能縁・所縁…主と客。
瘟疫…流行病。伝染病。瘟＝疫。

菩薩・羅漢・凡夫に如同して、一分の十善を教う。この時初めて日月の光も清く、天地の気候も暫く調うて、疫病《やくびょう》の流行《るぎょう》止む。少分善事の力によりて、二十歳の寿命ありて暫く住す。世界滅劫の法として、二十歳に過ぐる者、二十歳に満ずる者は少なく、満ぜずして死する者は多し。久しからぬ間に、また疫疾《やくしつ》の患《うれい》を忘れて、万事ただ己が欲に従う。父子或は相傷《あいそこな》う。*鴟鴞《しきょう》の母を食する如く、君臣或は相陵《しの》ぐ。豺狼《さいろう》の食を争う如く、人民の私《わたくし》増長して、十悪のみの世界となる。同じ十悪と雖も、今の十悪よりはまた更に*熾盛《しじょう》なること百千万倍とある。

*人機《にんき》も劣りて、少分の道理も一向通ぜず、飲食・衣服もいよいよ麁になり下《くだ》りて、草葉を以て身を掩《おお》い、草実《そうじつ》を以て*口腹《こうふく》を養う。相好もいよいよ醜陋《しゅうろう》になり下《くだ》りて、今の人より視れば、畜生にも類すとある。この時人寿また減じて十歳となる。生まれて五月《がつ》を経《ふ》れば、男女婚嫁《こんか》をなす。十歳を満ずる者は少なく、十歳に満ぜずして命の終わる者は多し。

三、刀兵災

一向悪事のみの中に、殊に瞋恚増長す。父母その子に於て害心を生じ、子その父母に於て害心を生ず。兄弟・姉妹、君臣・夫婦の中に於て、互いに誹謗《ひぼう》し*罵詈《めり》し、打傷《ちょうしょう》し損

鴟鴞…ふくろう。ふくろうのことを「不孝鳥」ともいうが、これは母親を食べて成長すると思われていたことから。
熾盛…さかんなこと。
人機…人の宗教的素質。
口腹…口と腹。転じて飲食・生活のこと。
罵詈…ののしること。

害すること、猟師の鹿を逐う如くとある。この時、世界に刀兵災《とうひょうさい》起こるとある。他を看れば瞋恚生じ、声を聞いては瞋恚生ず。国土は純《じゅん》に荊棘林《*けいきょくりん》となり、木石瓦礫《がりゃく》も鉄蒺《*てっしつ》藜《り》の如く、手に取る物ことごとくみな利刀の如くとある。瞋恚の熾盛《しじょう》なるに任せて、向かう者をみな互いに殺害《せつがい》す。手足分段して、その忿《いかり》なお止まず。身首所《しんしゅところ》を異《こと》にして、更に蹂践《*にゅうせん》すとある。この間七日を経、これを小の三災の第三刀兵災とす。

この災難に人民の死亡する、前の飢饉疾疫《しつやく》の難よりも百千万倍す。日月も光彩を失ない、天地の気候も常にかわるとある。その時ただ一類の善根の衆生、この闘諍《とうじょう》の害を避けて山中に逃げかくる。これを減劫の底下とす。人間たる者の果報として、これより悪しきはなきということじゃ。

この七年七月七日の雨、飢饉災は愛欲の水より増長す。衆生の心中に愛欲の水増長すれば、世間にこの災起こるとある。七月七日の疾疫災《しつやくさい》は散乱愚痴より起こる。衆生の心中に散乱愚痴増長すれば、世間にこの災禍《さいか》生ずとある。後の刀兵災は瞋恚より起こる。衆生の心中に瞋恚増長すれば、世間にこの災生ずるということじゃ。

この三毒三災の中に、初の七年七月七日の雨、飢饉災、次の七月七日の疾疫に死する人よりも、後の七日の瞋恚闘諍に繇《*より》て死する人の倍々増長なるを以て、瞋恚の大害あることを知るべきじゃ。

荊棘林…いばらなどの生えた荒れ果てた林。
鉄蒺藜…ヤマビシという棘のある草。これに似た武器にも例える。
蹂践…ふみにじる。蹂＝ふむ。
繇て…＝因・由。より従う。

増劫

その七日過ぎて、日月の光彩あらわれ、気候常に復《かえ》る。その時、彼のかくれ避けし一類善根の人、山中より出《い》でて見れば、国土はみな死人相枕《あいまくら》し、骸骨縦横して、一の生人を見ぬ。暫くあって、外にも一類善根の衆生、山中に遁《のが》れし人ありて、かしこの山よりも一人、ここなる山よりも一人出《い》で来る。その時互いに相見て、親愛の心生ずること、小児の母を見るが如く、互いにこれはいかなることにてかくありしぞ。これはいかなることにてかくありしぞと云うて泣くとある。この時、諸人相集まり、上品の厭離を起こし、再び退転せず。互いに親子《しんし》の如く相親しみ、善心を生ず。ここに至り、菩薩もしは羅漢、世に交わり出でて漸次に十善を教う。

人民悪極まりて善を思う時節なるによりて、*好絹《こうけん》の染色を受けやすきが如く、先ず殺生を離る。これより寿命増し、父十歳なるにその子二十歳を保つ。寿命増するによりて善心も増長し、倶に善法を行じて偸盗を離る。この世界人民悉く不殺生・不偸盗を奉行するとき、父二十歳なるにその子は四十歳を保つ。人民の福分も少しく古に復する。この寿命増し、世界も漸次によくなるに就いては、その心も自《おのずか》ら正しく、これより邪婬を離る。次に妄語を離る。次に両舌を離る。次に悪口を離る。次に綺語を離る。次に貪欲

好絹……立派な絹。

嫉妬を離る。次に瞋恚を離る。次に悪邪見を離る。かくの如く漸々に十善の世に還る。寿命も福徳も、相好《そうごう》も智恵も、次第に増長し、乃至四万歳の寿を保つ。この時人民の善根いよいよ純熟して、深く後世《ごせ》の罪を恐れ、*慇重《おんじゅう》に*福業を*修習《しゅじゅう》し、父母《ぶぼ》に孝を竭《つ》くし、主君に忠を尽くし、有徳の人を恭敬《くぎょう》す。乃至八万四千歳の寿命を保って減少なきということじゃ。これを増劫《ぞうこう》と名づくるとある。

中劫

その後またこの十善漸次に衰う。次第に寿命減少す。減少するに就いて心麁獷になり、十悪次第に現起す。極々《ごくごく》の時に至りてまた十歳となる。かくの如く八万四千歳より減じて十歳に至り、十歳よりまた増《ぞう》して八万四千歳に至り、増しては減じ、減じてはまた増す。かくの如く二十増減するを一中劫という。

この中劫の数満じて、最後増劫の後、壊劫《えこう》時至りてこの*須弥世界壊滅す。この時一向に雨露等の潤いなく、七つの日並び出ずる。

初めにこの日輪次第に光焔《こうえん》増長し、諸の薬草等*枯槁《ここう》す。次に第二の日輪出ずるとき、大小の溝坑《こうきょう》枯竭《こけつ》す。第三の日輪の出ずるとき、小河大河枯竭す。第四の日輪の出ずるとき、*阿耨達池《あのくだっち》枯竭す。第五の日輪、第六の日輪の一分によりて、大海枯竭す。第六の

慇重…まごころをこめること。
福業…善の行い。幸福をもたらす善の行い。
修習…身に修め常に行うこと。
須弥世界…須弥は（梵）Sumeru の音写。須弥山を中心とした仏教が説く世界。
枯槁…かれる。枯＝槁。
阿耨達池…ヒマラヤの北にあるという阿那婆達多池。阿那婆達多龍王が住むという。

一分と第七の日輪によりて、須弥山大地世界みな焼き尽くして、灰炭余影《けたんよよう》なく、虚空になるとある。壊劫の初めよりこの虚空となるまで、また一中劫を経るとある。この虚空になり竟《おわ》りてまた一中劫の時を経るとある。

この*空劫已《くうこうおわ》って、次に成劫《じょうこう》の初め、空中に雲布いて車軸の雨ふる。それよりして次第に世成立し、*光音天《こうおんてん》より人間に下生《げしょう》して、無量歳住す。この間にまた一中劫を経るとある。こののち住劫の初めに成りて、八万四千歳住し、乃至減少して十歳に至り、十歳より増して八万四千歳に至る。

大の三災

世界の規則違わず。また二十増減して一の火災あるという。かくの如く七つの火災ありて一つの水災あるという。水災とは、水輪より水出でて世界みな水に漂《ただよ》わさるること、塩を水に浸す如くとある。

初の火災は*初禅天まで壊す。この水災は二禅天に至る。かくの如く七つの火災ありて、一の水災あり。七つの火災ありて一の水災あり。七々四十九返の火災、七返の水災ありて、次に風災あるという。この風災は、風輪際より*毘嵐猛風《びらんみょうふう》起きて、世界の物を吹き仆《たお》す。日輪・月輪、諸天の宮殿をも吹きちらし、互いに扣撃《こうげき》して微塵となる。諸

空劫已って、次に成劫〜…成劫・住劫・壊劫・空劫を四劫という。①成劫＝世界が成立し生物が出現するまで。②住劫＝世界が存続し生物・人間が住んでいる。住劫になったばかりの時は、人間の寿命は無量。最初の一劫が終わるまでに十歳までに減じる。第二劫から十九劫までは一劫の間に十歳→八万歳→十歳→八万歳を合計二十劫と増減を繰り返す。③壊劫＝世界が崩壊していく。④空劫＝完全な無となる。

光音天…色界第二禅、第三位に住する天。極光浄天。光を言葉（音声）とするものの意。この天が語る時、口から清らかな光を放ち、その光が言葉となるといわれる。

初禅天…四種の禅定を修して生まれる色界の四つの世界（四禅天）の第一。

毘嵐猛風…毘藍風＝迅猛、旋風と漢訳する。劫末・劫初に吹き、速力が迅速で凡てを破壊する暴風。大暴風。

の須弥・鉄囲山《てっちせん》*をも吹きちらし、互いに扣撃して微塵となる。たとえば米麦《めいみゃく》の粉の旋風にちらす如くということじゃ。

この三災を前の飢饉等の小の三災に対して、大の三災と名づく。これよりして、また世界成立して、七つの火災ありて一の水災あり。七つの火災ありて一の水災あり。七々四十九の火災、七つの水災ありて一の風災あり。また七々の火災、七つの水災ありて一の風災ある。この風災は第三禅天に至ると。仏説にかくの如くあることじゃ。

宗教的信から悟りへ

これも小根劣機*なる者は、得信《えしん》ずまじきことじゃ。なぜぞ。肉眼《にくげん》の所見でなく、思慮の及ぶところでなきじゃ。肉眼の当りまえ、人中思慮の当りまえを以て云わば、この世界成壊《じょうえ》の法は、虚妄《こもう》というも可なりじゃ。もし夏の虫蜉蝣《ふゆう》*などを集めて、この人中四時の規則*を説かば、得信ずまじきことじゃ。なぜぞ。蜉蝣が当りまえを以て云わば、この四時*二十四気*、七十二候*の規則、人間万般《ばんぱん》の事業《じごう》は、虚妄というも可なりじゃ。この人間の天地の間に起滅する、かの蜉蝣に異ならざれば、この世界成壊の規則は、人間の知るべきところならず。たとい強いて解《げ》し得るも、人事に益なし。ただ宿福深厚の人のみありて、仏説に信を生じ、これを以て自の心地を照らす。麁細融摂《ゆうしょう》*し、古今該羅《がいら》*し

鉄囲山…仏教の世界説で、須弥山をとりまく九つの山の最も外側の鉄の山。

小根劣機…宗教的能力が劣っていること。

蜉蝣…かげろう。昆虫の一。夏の水辺に飛ぶ。朝生まれて晩に死ぬという。

規則…法則。規＝のり。

四時…四季。

二十四気…十五日を一期として一年を分けて二十四節気としたもの（大寒・立春・春分・立秋・秋分・冬至など）。

七十二候…陰暦で、自然現象に基づく七十二の季節の区分。五日を一候、七十二候を一年。

融摂…異なる性質のものが融けあっていながら障りのないこと。

該羅…余すところなくことごとく収めている。

て、優《ゆたか》に聖域《しょういき》に入るじゃ。

一念心の造作

何者か主宰と為りて、この世界成壊を安排布置《あんばいふち》す。この初めの火災は衆生の瞋恚より起こる。次の水災は貪愛・婬欲より起こる。終わり風災は散乱より起こる。四大の成壊、三毒の縁起、何れの処より来るぞ。ただこれ現今衆生一念心上の安排布置じゃ。この一念心亦*蹤跡《しょうせき》なし。元来生なく滅なく、来なく去なし。悟らんと欲せば直に悟れ。汝が一念心、元来不可得じゃ。迷わんと欲せば迷え。汝が一念心上の愛水世界をうるおして生ず。生ずる者は必ず滅す。生滅ある処必ず来去あり。年代久近《くごん》あり。小の三災、大の三災ある、この三千世界、*同時に生じ同時に滅するということじゃ。

生滅の道理

儒者の中も、この世界壊滅あることは、古より言い伝うることじゃ。近世ある者が、「*天地の間は生ありて滅なし。生々してやまず」と云うは*曲談じゃ。古人も、*この人間を小天地となづく。その理あるべきじゃ。この人間、生あってこの滅ある、眼に見る所じゃ。この人間生滅あれば、この天地も生滅ある。必然の理じゃ。この生滅あってその

蹤跡…事跡。あとかた。

同時に生じ同時に滅する…生滅の現象ではなく根拠であり、我々の生活の中で体験されていることでもある。

天地の間は～…伊藤仁斎の生々観。

曲談…事実を曲げた論。

この人間を小天地～…『朱子語類』『菜根譚』など。

規則ある、また必然の理じゃ。元来縁起は麁細一致じゃ。牛馬の主人を識る、木に棲むものの風を知る、穴に居る者の雨を知る、芭蕉の雷声に葉を開く、葵《あおい》の日に向かいて転ずる、小物と雖もその規則差いなきじゃ。この中、小人は小事を識る、大人は大事を識る。自心の及ばざる処、他も知るべからずと云うは不是じゃ。

不瞋恚の異熟果・等流果・増上果

『華厳経』の中に、瞋恚の罪、また衆生をして三悪道に堕せしむ。たまたま人中に生ずれば、二種の果報を得。一には短命、二には常に悩害*せらる。恒に人に短をもとめらるるとある。これを異熟果、等流果という。国土に毒虫・荊棘《けいきょく》など多きは、瞋恚の増上果ということじゃ。

十善法語　巻第九　終

悩害…脅迫。

十善法語　巻第十

不邪見戒《ふじゃけんかい》　上

安永三年甲午《きのえうま》四月八日示衆

不邪見戒序説

師いわく、第十は不邪見戒じゃ。邪は正《しょう》に対せる名。よこしまに*ひがみたること。見はみるという字。ここは目でみるではない。*心に見定むる処あることじゃ。この見処《けんじょ》がよこ道へ往きたるを*邪見という。この邪見の怖るべきを知りて、*正知見《しょうちけん》に随順するを不邪見という。法ありてこの不邪見を護するを不邪見戒という。

断見と常見

この邪見数多けれども、要を取って言えば、*断常《だんじょう》の二見《にけん》に過ぎぬ。断見《だんけん》にいろいろあれども、まず善を為して善の報《むくい》なく、悪を作して悪の報なく、神というもの、仏というもの、今現に見るべきならねば、これもなきことと思い定むるを断見という。

ひがみ…心がひねくれる。

心に見定むる…心で見極める。ここに「見処」とあるように、自己の判断である。仏教では「見」とは、見解・考え方のこと。『人となる道随行記』に「道理をおもいはかりて決択するを見という」とある。

邪見…「正道をうしないて邪曲に走るを邪見という」『人となる道随行記』

正知見…＝正見＝八正道の一。理法のままに観ずること。

断常の二見…断見と常見。『人となる道随行記』不邪見に「邪見とは有無の二見なり。この二見は正道にそむけば邪見と名づくるなり」とあり、この「有無の二見」は、断見が無見、常見が有見のことでもある。

常見《じょうけん》も種々なれども、且《しばら》く人は常に人となる。畜は常に畜となる。人の畜生となるべき理なく、畜生《ちくしょう》虫蟻《ちゅうぎ》の類が、人となるべき理もなきと思い定むるを常見という。

正知見というは甚深《じんじん》なれども、且くこうじゃ。仏・菩薩も世にまします*。賢人・聖者もあるべく、神祇《じんぎ》も目にこそ見えねあるべく、善を作せば*決定《けつじょう》その報あり。悪を作せば決定その報あると信ずれば、この戒は全きじゃ。

倶生の惑

この邪見の罪軽からぬ理は、先ずこれを憶念《おくねん》せよ。

通途《つうず》おしなべて*の者を凡夫《ぼんぷ》という。凡は凡庸の義で、よのつね*ということじゃ。夫は士夫で、男子の通目。なみなみ*の者ということじゃ。この凡夫がこの人間界にある。生まれし朝《あした》より死する夕《ゆうべ》までこうじゃ。

この身あり、この鼻孔《びくう》・*耳門《じもん》・口門《くもん》ある。世界に色あり声あり、香あり味あり、男子女人あり、貴賤・尊卑あり。苦楽・憂喜《うき》ありて、みな心に適《かな》うと適わぬと差別《しゃべつ》する。心に適う境界に*貪愛《とんあい》を生じ、心に適わぬ境に瞋恚《しんに》を生ずる。またかく形が別々に見え分かれてあれば、此《これ》と彼《かれ》と相対《そうたい》して、人に勝《まさ》りたきと思う。『左伝』にも、「有《ル》二血気*一者《ハ》必《ズ》相争《フ》」とある。

まします…坐します。いらっしゃる。

決定…必ず。

おしなべて…すべて。一様に。

よのつね…ごくふつうのこと。世間並み。

なみなみ…並み並み。ふつう。平凡。

耳門…耳の孔。

貪愛…貪の異名。よくばり、愛着。執着。

血気…勇みたつ心。はやる心。

これ等を貪欲・瞋恚、愚痴・*憍慢《きょうまん》等と名づくる。これが誰教うることを待たずして、生まれしよりこの身心につきそうたる煩悩なれば、*倶生《くしょう》の惑《わく》という。

分別起の惑

この煩悩が人間天上《てんじょう》等の*生死輪廻《しょうじりんね》となる。*浅間しきことなれども、一切凡夫の当りまえなれば、*悪趣《あくしゅ》には堕せぬということじゃ。生まれし後、成長し智恵づきたる時、或は邪教・邪師に従ってその法を受け、或は自ら*邪思惟分別《じゃしゆいふんべつ》して、断常の二見を起こし、甚《はなは》だしきは殺生・偸盗《ちゅうとう》等に怖れなきようになる。父母《ぶも》・師僧《しそう》の教に違背《いはい》するようにもなる。神祇をも*畏《おそ》れぬようになる。聖賢《しょうけん》・徳者《とくしゃ》をも蔑《ないがし》ろにするようになる。因果をも信ぜぬようにもなる。*義理をも廃するようになる。これは生まれままの凡夫分際《ぶんざい》よりは、一段長ぜし煩悩なるによって、これを*分別起《ふんべつき》の惑《わく》という。この類の者が悪趣に堕するということじゃ。

この倶生の惑、分別起の惑の差別あることを憶念すれば、実に邪見の怖るべきことを知るじゃ。近くは天命・人道に順じ、遠くは法性に順じて、この邪見を遠離《おんり》するが、今日説く所の*戒相じゃ。

憍慢…おごり。慢心。

倶生の惑…＝倶生起。生まれると同時に現れている煩悩で、生後の教育や環境、宗教的な感化によらず、本能的に起こる。倶生＝生まれつき。先天的。分別起の対。

生死輪廻…生死を繰り返すこと。迷いの世界を車輪が回るようにめぐること。

浅間しき…驚きあきれる。嘆かわしい。

悪趣…悪い行いの報いとして生まれる苦悩の世界。地獄・餓鬼・畜生（三悪趣）。修羅・人間・天上を加えて六趣（六道）。有情が輪廻する世界。

邪思惟分別…正しい道理に背いた思惟。

畏れ…敬いおそれること。おそれおおい、という意のおそれ。

義理…人が行うべき道理。

分別起の惑…後天的な煩悩。倶生起の対。

戒相…戒や律の具体的な内容。

十善戒の戒善

総じて戒法は不思議なるものにて、この*戒善が身にあれば、外の悪事に自《おのずか》ら遠ざかる。譬《たと》えば国に武備《ぶび》あれば、敵国が得伺《えうかが》わぬ如く、また人の元気充実したる者は、風寒暑湿の外邪《げじゃ》が侵さぬ如くじゃ。

不殺生戒その身に具われば、たとい怨賊《おんぞく》・毒虫に遇うても慈悲心生ずる。諸の父を*弑《しい》し、君を弑し、非理に有情を損害する*悪賊煩悩はよりつかぬじゃ。

不偸盗戒その身にあれば、金銀財宝・禄位官爵等の中に、非理の求《もとめ》はない。*家焼《ややき》・*劫盗《こうとう》、*穿踰《せんゆ》・*私窃《しせつ》などの悪賊煩悩はよりつかぬじゃ。

不邪淫戒その身にあれば、*他所護《たしょご》の男女の境に於て、自ら愛著を生ぜぬ。一切非理の愛著、*穴隙《けつげき》を鑽《きり》て相窺《うかが》い、墻《かき》を踰《こえ》て相従うなどの悪賊煩悩はよりつかぬじゃ。

不妄語戒その身にあれば、一切語言《ごごん》が自ら真正《しんしょう》なるじゃ。一切*欺誑《ごおう》・*惑乱《わくらん》、偽物《ぎもつ》を造作《ぞうさ》し、*偽書《ぎしょ》を作り出す等の悪賊煩悩はよりつかぬじゃ。

不綺語戒その身にあれば、言《ことば》に虚飾《こじき》がない。一切の*口合《くちあ》い、非時《ひじ》の言論、小歌・浄瑠璃等を弄ぶ悪賊煩悩はよりつかぬじゃ。

不悪口戒その身にあれば、言語自ら柔軟《にゅうなん》なるじゃ。諸の*罵詈《めり》・*呵責《かしゃく》、*悪声《あくしょう》・*怨言《おんごん》等の悪賊煩悩はよりつかぬじゃ。

戒善…戒を持つことによってもたらされる善功徳。
弑…臣が君主を殺したり、子が親を殺すように、身分が低い者が高い者を殺す意。
悪賊…賊＝害を与える。
家焼…放火。
劫盗…おどして盗む。劫＝おびやかす。
穿踰…壁をうがち墻を超えて窃盗を行うこと。踰＝こえる。
私窃…ひそかに盗む。こそどろ。窃＝ぬすむ。
他所護の男女…他人の妻や夫。
穴隙を鑽て…戸牆（かき）に穴を開けてのぞき見をすること。転じて男女が密かに情を通じること。鑽穴隙＝『孟子』藤文公下
欺誑…だます。欺＝あざむく。誑＝たぶらかす。
惑乱…惑わし乱す。
偽書…偽作した書物や書状。経典では偽経（中国において作られた経典）という。
口合い…語呂合わせ。地口（じぐち）・駄洒落。
罵詈…ののしる。悪言。

不両舌戒その身にあれば、言語に仁愛《じんあい》の相あらわるる。諸の他の親好を破り、*隣里《りんり》郷党《きょうとう》の交《まじわり》を悪くし、君臣父子の間を離する*讒言《ざんげん》・*諂諛《てんゆ》の悪賊煩悩はよりつかぬじゃ。

不貪欲戒その身にあれば、二六時中到る処に足《た》ることを知る。諸の多欲悪貪《あくとん》、*威勢を羨《うらや》み、名利《みょうり》に耽《ふけ》る悪賊煩悩はよりつかぬじゃ。

不瞋恚戒その身にあれば、五尺の姿全く慈悲と相応する。一切の眉を顰《ひそ》め、額を蹙《しか》め、目に三角を生じ、憂悩《うのう》・*痛戚《つうせき》、嫉妬・*変異等の悪賊煩悩はよりつかぬじゃ。

不邪見戒その身にあれば、一切の人民、貴賤・男女を見るときにも、山河大地を見るときにも、全く*因果報応《いんがほうおう》の相じゃ。全く*真如実相《しんにょじっそう》のよそおいじゃ。一切の邪思惟分別、聖《しょう》を蔑《ないがし》ろにし賢《けん》を謗《そし》り、神祇を侮《あなど》り、仏・菩薩を*非毀《ひき》する悪賊煩悩はよりつかぬじゃ。

戒は無辺・無尽

この*防非止悪《ぼうひしあく》の*功能《くうのう》が、*任運無功用《にんうんむくゆう》に日夜に増長して暫《しばら》くも息《や》まぬ。譬えば*日月輪《にちがつりん》の常に*運転して万国を照らす如く。草木の種子朽敗《くはい》せざれば、枝葉花果《しようけか》日夜に増長する如く。独楽《こま》の如く。*自鳴鐘《じめいしょう》の如く。*雪こかしの如く。*境無辺なれば戒も無辺、心*無尽《むじん》なれば戒も無尽。これ等の事は、浄持戒者《じょうじかいしゃ》の自ら知る所じゃ。

世間*富饒《ふにょう》なる者ならねば富饒の徳は知らぬ。位ある者ならねば位の尊きことは知らぬ。

呵責…きびしく責めしかる。呵＝せめる。
悪声…悪口雑言。
怨言…恨んでいう言葉。

隣里郷党…村里。郷里。近所やその地方。**讒言**…讒＝悪口を言う。告げ口。かげぐち。**諂諛**…こびへつらう。**威勢**…活気のある勢い。**痛戚**…はげしく悲しむ。戚＝うれえる。かなしむ。**変異**…態度が変わることをいうのであろう。**因果報応の相**…因果の報いとして当然のすがたに見える。**真如実相のよそおい**…現実に真実がそのまま現われていると見ること。**非毀**…そしる。**防非止悪**…非法を防ぎ、悪事を止める。戒律の止持門の方面に名づける。**功能**…能力。**任運無功用**…自然のままに作為せず。任運＝自然のまま。無功用＝意思的努力を加えないこと。**日月輪**…太陽と月のこと。**運転**…めぐること。**自鳴鐘**…時計。**雪こかし**…雪をころがして大きくする遊び。**境無辺**…感官の対象・外界詩人ならねば詩の巧拙《こうせつ》は知らぬ。学者ならねば文学の面白きことは知らぬ。歌よみならねば歌のよしあしは知らぬ。*隠者《いんじゃ》ならねば清閑《せいかん》の楽しみは知らぬ。その如く、自ら戒法を護持する人に非ざれば戒法の尊重《そんじゅう》なることは知らぬじゃ。

正法との因縁

この不邪見戒法の中に、*宿福深厚《しゅくふくじんこう》の者は、*思いの外なることあるものじゃ。目には見えねども、仏あることを信ずる。たとい心に得る位に至らずとも、法あることを信ずる。自ら凡夫位にありて、聖者あることを信ずるじゃ。譬えて云わば、病人のこの世の縁つきぬ者は、*明医《めいい》の言を信じ、良薬を服し、親好看病の言に随順する如くじゃ。

*虢君《かくくん》が扁鵲《へんじゃく》の言を用う。これによってその太子蘇生す。仏在世、*婆伽陀城《ばきゃだじょう》の長者婦が、耆婆《ぎば》の言を信じて死すべき病の平癒せし類。*引正王《いんしょうおう》の、龍樹《りゅうじゅ》菩薩の教を守りて長寿を得し類。

命根《みょうこん》あるべき者は、明医に逢うてその言を信ずる。その如く、正法の*慧命《えみょう》ある者は、不邪見戒に随順するじゃ。

また喩えて云わば、賢君明主は忠臣を信任し、諫言《かんげん》を用うる如くじゃ。漢の高祖が、諫に従うこと流れの如く、唐の太宗の、*魏徴《ぎちょう》が*苦諫《くかん》の言を用いありし類。その如く正法《しょうぼう》

は限りがないこと。**心無尽**…心が常にはたらいていること。**富饒**…富み豊かなこと。饒＝ゆたか。富裕。

隠者…隠士。世を避けて隠れている人。

宿福深厚…過去世の善根による福徳。
思いの外…自分でも気づかない意外なこと。
明医…聡明な医者。名医。
虢君が扁鵲の～…扁鵲が虢の国に行った時、太子が亡くなったばかりであったが、鍼と煎薬で蘇生させたという。
婆伽陀城の～…婆伽陀城の長者の夫人の頭痛を薬と酥で治した。
引正王の～…王に長寿の薬を与えたとある。
慧命…智慧が持続することを寿命に譬える言葉であるが、文脈からすると、智慧を得る宿命、と解すべきであろう。
魏徴…唐の学者・政治家。
苦諫…苦言をもって諫めること。

の因縁ある者は、必ず不邪見戒に随順するじゃ。

これに反して、宿福なき者は、智者も愚者も、学者も不学者も、仏あることを信ぜぬ。法あることを信ぜぬ。聖賢あることを信ぜぬ。神祇あることを信ぜぬ。善悪報応あることを信ぜぬじゃ。譬えて云わば、世間に病根深き者は、明医《めいい》の言を信ぜぬ。良薬を用いぬ。

*扁鵲《へんじゃく》が斉の桓公《かんこう》を見て、君疾《やまい》あり、今*腠理《そうり》にあると。のち五日また見て、君は血脈治らず、恐らくは深からんと。のち五日また見て、君の疾腸胃の間にあり、治せずんば将に深からんと。桓公初めより用いず。のち五日を歴て扁鵲また見ゆ。桓公を望み見て退き走る。桓公人を使わしてその故を問わしむるに、疾の腠理にあるときは*湯熨《とうい》の及ぶ所。血脈にあるは*鍼石《しんせき》の及ぶ所。その腸胃にあるは*酒醪《しゅろう》の及ぶ所。その骨髄に入りては、たとい*司命《しめい》が来ても、奈之何《これをいかん》ともならず。今君の疾已《すで》に骨髄に入る。臣これを以て請うことなしと。のち五日ありて、桓公体に病を覚ゆ。この時扁鵲已に遁《のが》れ去る。桓公遂に死す。これ等の類、古今通じてある。

*重病必死の人は明医の言を信ぜぬもの。また多くは明医に逢わぬものじゃ。その如く、正法の恵命《えみょう》なき者は、正知見の人に逢わぬもの、また逢うても信ぜぬものじゃ。また譬えて云わば、世間に亡国の時は、*讒佞《ざんねい》の臣左右に侍《はべ》りて、*忠良《ちゅうりょう》は多く隠遁《いんとん》する。たと

扁鵲が斉の〜…扁鵲が桓公の病を当て、死期を予告した。
腠理…皮膚と筋肉の間のすき間。
湯熨…湯に浸した布を患部に当てる治療法。温罨法。
鍼石…古代中国で鍼術に用いた石のはり。
酒醪…清酒と濁酒。
司命…生殺の権を掌る神。
重病必死…死に至る病。
讒佞…讒＝佞＝よこしま。
忠良…忠義で善良、またはその人。

い明臣智臣ありても、その言を用いず、その諫を聴かぬものじゃ。

唐の玄宗の時、安禄山よく*諂《へつら》い事《つか》う。時の宰相張九齢、安禄山に謀反《むほん》の相あるを知りて、彼に過ありしとき*奏聞《そうもん》す。*厳科に処すべしと。玄宗これを用いず。太子粛宗《しゅくそう》も、この謀反の相を知りて奏聞す。彼は恐るべき者と。これをも用いず。そののち果たして*天宝の乱起こる。この類亡国の兆というものじゃ。その如く、正法の因縁なき者は、正知見の人に逢わぬもの、また逢うても信ぜぬものじゃ。

神祇と業果への信

聖智見の中には、この神祇あるじゃ。無《なし》と云われぬ。この聖者賢人あるじゃ。無と云われぬ。善を作してその報あるじゃ。無と云われぬ。悪を作してその報あるじゃ。無と云われぬことじゃ。古より明君英主は、山川《さんせん》・宗廟《そうびょう》の祭を*忽《ゆるがせ》にせぬ。*孜々《しし》として善を修して、これを子孫に*貽《のこ》す。

昔者《むかし》*葛伯《かつはく》、放逸にして*祀《まつ》らず。湯王*牛羊粢盛《ぎゅうようしせい》を供するに、なおその祀《まつり》に怠る。終にその国を亡ぼし身を亡くすに至りしという。殷の紂王《ちゅうおう》の悪事の中に、「*慢《ズ》二於鬼神《ヲ》一」というが亡国の一事じゃ。『周礼《しゅうらい》』の天官に、「*祭祀以《テ》馭《ぎょス》二其《ノ》神《ヲ》一」とある。また春官に、太宗伯の職、「掌《リ》下建《たツルノ》二邦之天神人鬼*地示《ぎヲ》一之礼《ヲ》上、以《テ》佐《たすケテ》レ王《ヲ》建二保《ス》邦国《ほうこくヲ》一」などとある。『左

諂い…こびること。
奏聞…天子に申し上げること。奏上。
厳科…きびしい処罰。
天宝の乱…安禄山と楊国忠の権勢争いが原因で、安禄山が唐朝に反乱を起こした。
忽…おろそか。
孜々…飽きることなく努力を続けること。
貽す…＝遺す。
葛伯…夏の諸侯。
祀らず…先祖をまつらない。
牛羊粢盛…牛や羊の肉や器に盛った穀物。粢＝穀物の総称。湯王が贈ってしまっても葛伯はそれを食べてしまって先祖祭りをしなかった。『孟子』
慢於鬼神…鬼神をあなどる。
祭祀以馭其神…神を祭っておさめる。
地示…＝地祇。

伝』の昭公四年に、「*先王務《メテ》修《メテ》二徳音《ヲ》一以《テ》享《ス》二神人《ヲ》一」とある。同じく、「*古者日在《リテ》二北陸《ニ》一而蔵《おさム》レ氷《ヲ》。黒牡《こくぼ》・秬黍《きょしょ》以《テ》享《きょうス》二司寒《ヲ》一」とある。司寒《しかん》というは北方の神の名じゃ。これ等に依って看よ。*仏法東流《とうる》せぬ已前にも、明君英主は、神霊あるを信じて、その祭祀《さいし》を忽《ゆるがせ》にせぬ。*暗君《あんくん》・庸主《ようしゅ》は、神祇を蔑《ないがし》ろにするじゃ。善を*勉め悪を恐るるも、これに準じて知れ。

この中仏あることを信じ、法あることを信じ、善悪の業空しからぬことを信じ、神祇あることを信ずれば、上一人より下庶人に至るまで、この戒は破せぬ。この徳を日夜に養い立つれば、人々聖賢の位にも至る。近き処にありてしかも甚深なる。易き処にありてしかも広大なることじゃ。

邪教

前に云う所の邪教とは、天竺の*数論《すろん》師が二十五諦の法、*勝論《しょうろん》師が六句義、十句義の法、*路迦耶《ろきゃや》が*撥無《はつむ》因果の教等、総じて十*六の異論、九十六種の外道の類。支那国にて云えば、累代の*五嶽の道士、*宋朝已来の儒生。老子・孔子の道をとり謬《あやま》る者の教などじゃ。

邪思惟

先王務修〜…古の王は立派な徳を修めて神や人に応じた。　**古者日〜**…太陽が北の行道（十二月）にあるときに氷を貯蔵する。そのときには黒い雄の羊と黒きびを供えて司寒を祭る。　**仏法東流**…仏教がインドから東の中国に伝わったこと。　**暗君**…愚かな君主。暗＝知恵がない。　**勉め**…はげむ。力の及ばぬところを強いてつとめること。　**数論師**…サーンキヤ学派。「根本原質」から「純粋精神」までの二十五（諦）で現象世界の転変を説く。　**勝論師**…ヴァイシェーシカ学派。実体・性質・運動・普遍・特殊・内属の原理（六句義）から現象界の展開を説明。慧月がこれに、普遍かつ特殊・原因の力能・無力能・無の四つを加えて十句義。　**路迦耶**…ローカーヤタ派。唯物論を主張し、霊魂の存在と業報を否定。　**撥無因果**…因果応報の道理を否定すること。撥＝払う。　**十六の異論〜**…六師外道（釈尊当時の六人の代表的思想家）の各々に十六名の弟子がお

前に云う所の邪思惟《じゃしゆい》とは、天竺支那よりこの邦に至るまで、*世智弁聡《せちべんそう》の者の思惟分別を、みなこの中に摂する。

この邪思惟は愚痴の煩悩なれども、*菽麦《しゅくばく》を弁ぜぬような者には反ってない。一類*思想多き者にある。もしは縁事にふれて、*忽然《こつねん》として*解了《げりょう》生ずる。もしは細思審察して、その解了生ずる。宿世《しゅくせ》の縁に随って初一歩《しょいっぽ》に正道か邪道かの径路分かれる。世に宿福深厚《じんこう》の者は少なく、業障深重《ごっしょうじんじゅう》の者は多き習い、*多少の人が、もしは断見、もしは常見、この二途が落ち着き場処じゃ。

この断常の見に堕つれば、この不邪見戒を破する。初め一歩の時、真正の善知識に逢うてその教導を得れば、直《ただち》に正道に趣く。譬えば病人の、病軽き内明医に逢う如くじゃ。もし時を経《へ》年月を歴れば、その迷深重になる。もし他人を導けば、業障増長して、累劫正道に遠ざかる。*欝頭藍子《うつずらんし》、*阿藍迦藍《あらんからん》が、仏世尊の教導に漏るる類じゃ。

断見一

その断見というは、一類の世智弁聡の者が思惟度量《たくりょう》するに、「この身ありてこの心あり。生まれし初めはただ箇の赤子、二十三十は箇の成人、七十八十は箇の*老耄《ろうもう》。*山気男《なん》多く、沢気女《たくきにょ》多し。この*習《ならい》ありてこの性ある。乱世に武勇の士多く、治世《ちせい》に文雅の士

り、合計で九十六種の外道。『涅槃経』には、道に九十六種があり、仏教を除く九十五種が外道とある。**五嶽の道士**…古より崇拝されてきた五つの霊山（泰山・衡山・華山・恒山・嵩山）に入る道教の修行者。**宋朝已来の儒生**…宋時代に興った朱子学の学生。

世智弁聡の者…世俗の事にさかしく利巧なこと。**菽麦を弁ぜず**…豆と麦との区別がつかない。至愚者の喩。**思想**…想念。**忽然**…不意に。**解了**…理解。**多少**…おおい。少は助辞。**欝頭藍子・阿藍迦藍**…ウッダカ・ラーマプッタ（非想非々想処―表象があるのでもなく、ないのでもないという境地を説いた）とアーラーラ・カーラーマ（不用処―何物も存在しないという境地を説いた）。共に釈尊が出家をした後に師事した思想家。釈尊が初めて説法をする七日前に亡くなったという。**老耄**…耄＝七十歳。一説には八十歳または九十歳。**山気男～**…「山気多

多き。*孟母《もうぼ》三遷してその子大賢《たいけん》となる。*鬼谷子《きこくし》縦横の説を教えて、弟子遊説の客《かく》となる。この*乳養あって嬰孩《えいがい》生育し、この老病あって身心壊滅《えめつ》する。*壮熱に悩まさるる者は、*譫《せん》言《げん》し煩悶《はんもん》して死する。老いて尽くるに帰する者は、*羸々《るいるい》として陽気が去る。陽気去り尽きて、形木石《もくせき》の如く、冷《れい》骨髄に徹する。腸胃腐爛《ちょういふらん》して臭気外に溢《あふ》るる。焼けば灰、埋めば土に成る。この身滅してその心何れの処に残るべきぞ。灯火を吹き滅する如く、更に一物の留《とど》まるべき物もなければ、去るべき物もなき」と。

先ずこれが極底下麁相《ごくていげそそう》の断見というものじゃ。このように見定むれば、因果報応の理は虚誕《こたん》に極まる。善を作して善の報もなく、悪を作して悪の報もなく、からくり人形の*そこねたると同じ事と云わねばならぬ。

断見二

また一類世智弁聡の者が思惟度量して、「*この姿形《すがたかたち》は皮肉を以て虚空を囲みしもの。内に自《おのずか》ら天地の気が籠《こも》る。これが心となる。天地の清気を*稟《う》けし者は聖人・賢人となり、濁気《だくき》を稟けし者は*佞人《ねいじん》・愚人となる。この清濁の別はあれども、天地の気に相違はない。もし人が死すれば、この身は灰か土かになってしまう。身が無くなり已《おわ》れば、この一*元気依り処を失うて、*飄然《ひょうぜん》として風の通る如く、*泯然《みんぜん》として烟《けむり》の消ゆる如く、跡かたも

男、沢気多女」『淮南子』。山気のある所には男が多く、沢気のある所には女が多い。**習ありて〜**…「習与性成」『書経』。習慣は第二の天性。

孟母三遷〜…孟子の母は三度居を遷して孟子を教育した。

鬼谷子…=王詡（オウク）。戦国の人で縦横家（外交の策士として各国の間を行き来する者）。縦横家の祖。

乳養…育てやしなう。

壮熱…壮=さかん。

譫言…うわごと。

羸々…羸=やせる。

そこねたる…壊れた。

この姿形は〜…朱子の説。

稟けし…気質などを天からうける意。

佞人…心がよこしまで人にへつらう人。

元気…人の精気。

飄然…ふらふらとして去る。

泯然…滅びるさま。泯=滅んで見えなくなること。

なくなる」と思い定むる。

次にこれが少し巧みなる断見というものじゃ。これは前の見処と同じようなれども、その差別《しゃべつ》あるじゃ。前の見処は、身死する時その心直になくなるに極まる。この見処は、心を天地の気と思えば、元来形骸の外に心を見る故、身心同時に滅すると定め難い。古戦場などに鬼類のあらわるる類は、勇者*奮励《ふんれい》の気のしばし散ぜぬと云わねばならぬ。これが前の見処と別なる処じゃ。また元来気なれば、終には尽くるに極まると云わねばならぬ。ここに至っては、前の見処と同轍に落着する。

凡夫という者が妄想分別を以て思惟すれば、いずくまでも妄想のみじゃ。誠の道には遠きことじゃ。

断見三（因果撥無《いんがはつむ》）

その者が一の譬《たとえ》を挙げていわく。「*清夜《せいや》盤《たらい》に水を*湛《たた》え置けば、この中へ月影が*やどる。この月影は、天より下りて盤の中に入るにあらず。水あれば、その処にうつる。その水をこぼし了れば月影はなくなる。先にうつりし月影が天へ飛び揚がり、本の月中に帰るにはあらず。*当処に生じ当処に滅する。もし此《この》盤の水を彼《かの》甕にうつすとき、此盤の月影が水と共に彼甕に入るにはあらず。当処に滅して当処に生ずる。人というものもその如

奮励…気力を奮い起こして励むこと。

清夜…よく晴れた夜。
湛え…水を満たして。
やどる…映る。

当処…ここ。

く、皮肉、虚空を囲みて、気が内に籠《こも》り、その心となる故、姿形がなくなれば心も随って滅す。善を作して善の報あるべきならず、悪を作して悪の報あるべきならず。仏者が愚痴なる故に、此器の水を彼器へうつすとき、此許《ここ》の月影が彼許《かしこ》へうつり往くように思うて、因果報応を怖るる」という。

これ等の解了を、*驪龍《りりょう》の珠《たま》を得たるが如く思うて、書籍《しょじゃく》にかきのこし置く者もある。*世智を以て分別する者はこうじゃ。何方《いづかた》までも世智じゃ。元来この生死去来《こらい》、世智を以て知るべき所でない。彼《かの》月影の盤水にうつる譬も、麁相に思惟せばさもあるべきようなれども、具《つぶ》さに思惟して看よ。理に当らぬことを知るべきじゃ。

心の本性と念

今正しく譬えて云わば、*心性《しんしょう》は月の如く、境界《きょうがい》は盤水の如く、妄念想像は、かの月影の如くじゃ。盤水ある処は必ず月影ある。月影は*月輪《がちりん》の体ならねども、影は必ず月によりて生ずる。かくの如く、*境界のある処は必ずその念生ず。念は必ず本性によりて起こる。盤の多少に随って、月影もまた多少がある。月影に多少はあれども、天上にはただ一月輪のみ。かくの如く、*念想は境に随って多少あれども、心性はただ一法性《いちほっしょう》のみじゃ。此盤水を彼甕にうつすとき、此月影が彼《かしこ》へ移り往くに非ず。当処に滅して当処に生ずる。

驪龍…龍の一種。黒龍。
世智…＝世俗智。凡夫の智。
心性…心の本性。
月輪…＝月。月は輪のように見えるので輪を付ける。「がつりん」とも読む。
境界のある処～…『慈雲尊者法語集』「法は浅深厚薄を離る」と題する説法の中に、「世間の鏡というものは、あの影がうつりこの影がうつり、影に眼を付けている内は鏡の本体は見えぬ。影に目がつかぬ時は鏡の本体は明了なものじゃ。自心もその通り、境界の転変に目がつき耳がつき、身がつき意がついていて、しばらくも回光返照せぬによって、本来明了な自心が知れず決せられぬじゃ」とあることも参照。
念想…表象や概念を心に思い浮かべること。

念想もまたかくの如し。

看よ、声の念が去って香に移り往くには非ず。香の念が去って味に移り往くには非ず。声の念は声処《しょうしょ》に生じて声処に滅する。味の念は味処《みしょ》に生じて味処に滅する。一の器に水を貯《たくわ》うれば一の影あり、百千の器に水を貯うれば百千の影ある。念想もまたかくの如くじゃ。

*一境を縁ずるときは、この念は一相に似て現ずる。百千の境を縁ずれば、この念は百千に似て現ずる。広大の境を縁ずれば、この念は広大に似て現ずる。微細の境を縁ずれば、この念は微細に似て現ずる。その水をこぼし了れば、その月影が飛び揚がって天上の月中に帰るには非ず。当処に生じて当処に滅する如く、この境去ればこの念去って本性へ帰するには非ず。ただ当処に生じて当処に滅する。

昨夜の月影は昨夜に滅する。滅し已って無きかと思えば、今夜《こよい》盤水を貯うれば、必ず*昨夜の月影の如くにうつる。今年《ことし》中秋の月影は去年《こぞ》の影ならねども、必ず去年中秋の月影に違いなくうつる。念相もまたかくの如く、今日《きょう》の念は昨日の念ならねども、必ず昨日の如くに生ずる。

たとい十年二十年昔の事も、その境来ればその念生ずる。*境過去に属すれば、この心も過去に属する。境未来に属すれば、この心も未来に属する。過去は未来の為に縁とな

一境を縁ずる……心が一つの想念を起こす。

昨夜の月影の如く～……『慈雲尊者法語集』孝道に、「心という体が石か金のように屹度あるものかといえば、そうではない。心法はただ前境の影像にて、刹那刹那に前滅後生して微塵ばかりも実体のないものじゃ。こういうたらば、また断無の見を起こして一向無いものじゃと思うか。奈何せん子供の時に習うた大学も覚えているではないか。明日の事も思惟すれば思惟がなるではないか」とあることも参照。

境過去に属すれば～……『慈雲尊者法語集』実修実行に、「無上正覚は即今の一念心にあって欠くることもなく余ることもない。過去と説き、遠近を論じ遅速を論ずるも、ただ現今の一念にだまされている者のために説く仮立の名目のみのことじゃ」とあることも参照。

り境となる。未来は過去の為に縁となり境となる。具《つぶ》さに思惟すれば、この譬《たとえ》の中にも、因果報応の理は明らかに現ずることなれども、知らぬ者は知らぬじゃ。

断見四（因果歴然《いんがれきねん》）

*蕭斉《しょうせい》の時、*范縝《はんしん》という者がありて、盛りに無仏を称す。その時、*竟陵王子良という人は篤く仏法を信ず。ある時竟陵王が縝に謂う。「君は因果を信ぜぬ。今現に富貴・貧賎あるはいかに」と。范縝答う。「人の生まるる、樹花の同じく発《ひら》く如し。風に随って散ずれば、或は*簾幌《れんこう》を払うて*茵席《いんせき》の上に墜つ。或は*籬墻《りしょう》にふれて*糞溷《ふんこん》の中に墜つ。その茵席に墜つる者は殿下なり。糞溷におつる者は下官《かかん》なり。貴賎は殊なりと雖も、因果に関わらぬこと」と。

これ等も一往聞けばさもあるべきようなれども、再三思惟して看よ。道理に応ぜぬ。花の風に随って散ずるは、なるほど一時の拍子《ひょうし》にて、茵席の上に墜つるも、糞溷の中におつるも強いて差別はない。それ故花が当りまえでいうに、茵席に落ちても、苦もなく楽もなく、好事《よきこと》とも思わねば、悪事《あしきこと》とも思わぬ。糞溷に落ちても、苦もなく楽もなく、好事とも思わねば、悪事とも思わぬ。人間はそれとは大いに違う。貧賎なれば、自身のみならず親属まで苦しむ。富貴なれば、自身のみならず親属まで栄耀《えいよう》ある。花の散ると

蕭斉…南北朝時代の斉の国。南斉。
范縝…南朝時代の思想家。排仏論を称えた。
竟陵王子良…＝蕭子良。六朝時代の斉の王。
簾幌…すだれのとばり。
茵席…敷物。
籬墻…垣根。
糞溷…厠。溷＝厠。

同じようではない。世智弁聡の人は、譬の取りようも当らぬことどもじゃ。

古人も、*死生《しせい》命あり富貴《ふうき》天にありと云う。風の吹いて来る如くとは云わぬ。*伯牛《はくぎゅう》が手を執りて、「*この人にしてこの病ある、命《めい》なるかな」と云う。風に吹かるる如くとはない。これ等を以て看よ。人間一生の貴賤・貧富、患難・逸楽、時の拍子とばかりは云われぬ。*命を受くる所あるべきじゃ。

断見五

この者がまた『*神滅論』という書を著わして云う。「形《かたち》はこれ*神《しん》の質《しつ》。神というものは形の用《ゆう》。*利の刀《とう》にある如く、刀没《もっ》して利の留まること無きによりて、形滅して神の残る理なし」と。

これも一往はさもあるべきなれども、再三思惟せば、その大いに相違せることを知るべし。それ*人は万物《ばんぶつ》の霊なり。*天地に参《まじ》わりて三才と称す。この人のこの心ある、*方寸の間《あいだ》に隠れて、天地の外《ほか》を*該《かね》る。*一類定まりありて、万物の理を備う。現今出で来りて*古今の成敗《せいはい》に明了《みょうりょう》なる。天地も、この人間ありて、*上に覆い下に載《の》する。万物も、この人間ありて、各々その用ある。神祇も、この人間ありてその徳を顕わす。その来処を尋ぬれば、*幽玄にして知るべき所ならず。刀《とう》の鍛冶《たんや》が手より造作する如くに非ず。その*用《ゆう》

死生命あり…死と生には定めがあり、富も尊さも天命である。『論語』 **伯牛**…十哲の一人で徳行の人。 **この人にして〜**…孔子が伯牛の手をとって歎いた言葉。癩病と伝える。 **命を受くる**…天命、因果応報による。 **『神滅論』**…肉体が消滅すると霊魂も消滅すると説き、死後の霊魂の存在を否定。 **神**…心。 **利**…鋭いこと。 **人は万物の霊**…『書経』。人間はこの世界の中で特別に高い霊覚心をもった優れた生き物である。 **天地に参わりて〜**…『易』の思想から発した。三才＝天・地・人。参＝はたらき。 **方寸**…一寸四方。胸中方寸の間にある心のこと。 **該る**…かねそなえる。広大なこと。 **一類定まりありて**…人としての定め。 **古今の成敗**…成敗とは、事のなることとやぶれることであるが、三世の事柄の全てを知り得る能力があることを意味するのであろう。先の「天地の外を該る」は空間的広さを示し、ここでは時間の無限さを示したもの。

処《しょ》を詳らかにすれば、麁細兼ね了して*蹤跡《しょうせき》を得難い。鑿《のみ》の木を穿《うが》ち、芒鎌子《かま》の草を刈る。大刀に大刀の用ありて、これを小事に用いられず。小刀に小刀の用ありて、これを大事に用いられぬ如くには非ず。この心ありてこの心の貴きを知らず。*人趣《にんしゅ》に生を受けて人趣の貴きを知らず。悲しむべきことぞ。

支那国に、仏法の渡らぬ已前にも、聖賢の書には、この断見なきぞ。古書をよく看よ。且く一二条を挙げば、昔者《むかし》、呉の公子季札が、その子の葬《ほうむ》りに、その*封《ほう》を環《めぐ》り号哭《ごうこく》して「骨肉《ハ》帰㆓復《ス》于土《ニ》㆒命《ナリ》也。*若《キハ》㆓魂気《ノ》㆒則《チ》無《シ》㆑不《ざるトイフコト》㆑之《ゆカ》也、無《シ》㆑不《トイフコト》㆑之《カ》也」と云う。『左伝』に、斉の公子*彭生《ほうせい》が死後に形を顕わす。*魏武《ぎぶ》が妾《しょう》の父の、草を結んで恩を報ずる。鄭《てい》の*伯有《はくゆう》、厲鬼《れいき》となりて祟《たた》りをなす。*子産《しさん》が、鬼帰《きき》する所あれば、乃《すなわ》ち*厲をなさずと云うて、伯有が子の良止を立てて*宗廟《そうびょう》あらしむ。これによりて妖鬼しずまりしとある。そののち子産晋に適《ゆ》きて、*趙景子とこの鬼を論ぜし。この類多きことじゃ。

これ等の断見が一たび起これば、正法の浄信心《じょうしんじん》を失うのみならず、支那仁義の教も立たず。忠孝の道も立たず。天を祭り先祖を祭るも、むだごとになりゆく。本邦神道の教も立たぬようになる。諸悪の中に、*諸見ほど*猛利《みょうり》なる悪はない。諸見の中に、断見ほど猛利なる悪はない。この見が一たび生ずれば、諸の善根を失うことじゃ。

上に覆ひ下に載する…「大道者覆天載地」『淮南子』

幽玄…奥深くはかりしれないこと。 **用処**…はたらき。

蹤跡を得難い…痕跡がわからない。

人趣…人間界。

封を環り…墓の周りを回る。封＝墓の盛り土。

若魂気則無不之…魂気はどこにでも行く。『礼記』

彭生が死後～…襄公に裏切られた彭生が豚に生まれ変わって襲った。

魏武…魏武＝曹操＝漢末期の武将・政治家・詩人。

伯有～…不義によって殺された伯有が厲鬼（悪鬼）になって恨みを晴らした。

子産…春秋時代の鄭の宰相。

厲…禍。悪鬼。

宗廟あらしむ…伯有の霊を鎮めるために、伯有の子を大夫にとり立てることにより、先祖の供養とした。

趙景子…春秋時代の晋の政治家。

諸見…さまざまな誤った見解。

猛利…甚だしい。つよい。

常見一

その常見というは、一類世智弁聡の者が思惟度量《しゆいたくりょう》するに、胸の中あばら骨の間に、*昭々霊々たる物が一物あるように*覚ゆるじゃ。死する時には、もしは目より、もしは鼻より飛び去りて、人間にもあれ、天上にもあれ、畜生にもあれ、縁に随ってその処に生を受くること、譬えば舟に乗る者の輿《こし》に乗りうつる如く、窮民《きゅうみん》のこの屋を出《い》で、彼の家に往き住する如くと。先ず通途《つうず》の常見はこうじゃ。

　これは極下劣《ごくげれつ》の見なれども、禅定智見がなきものは、出家も在家もこの見を出でぬ。博学*座主《ざす》の、口には唯識の理を微細《みさい》に云う者も、*一乗円頓《えんどん》の趣を精《くわ》しく講ずる者も、内心は多くこの見に住す。*霊利衲子《のっす》の、*古則公案を判断し、或は*些子《しゃし》の*消息を面白く言いまわす者も、内心は多くこの見に居る。憐むべきことじゃ。

常見二

　これより甚だしき者はこう思う。「人はいつまでも人、畜はいつまでも畜、男はいつまでも男、女はいつまでも女、生々《しょうじょう》の処、*楷定《かいじょう》して変異せぬ。世間の道理も、*五穀各《おのおの》その種子ありて、米麦《べいばく》混ぜぬ。華果《けか》各その種子ありて、*李奈《りだい》あやまらぬ。桃の実を植うれば桃の木生ずる。梅にはならぬ。瓜《うり》を植うれば瓜生ずる。芥子《からし》は生ぜぬ。もし犬が生

昭々霊々たる物…実体として存在している物。昭々＝霊々＝あきらかな。
覚ゆる…自然に思われる。思い浮かべる。
座主…経典を頭で理解して講義する僧侶。
一乗円頓…円満にしてたちどころに成仏する一乗の教え。一乗＝一つの乗り物＝一仏乗＝一切衆生がみな成仏しうると説く『法華経』の教え。一＝唯一無二。乗＝乗り物。三乗も究極には一乗に帰する。円頓＝円満頓足の意。
霊利衲子…頭脳明晰な禅僧。衲＝ぼろきれを補修してつくった衣。
古則公案…修行の規範となる祖師の語句。修行者が分別を捨てて参究する問題。公案については、『法語集』祖偈評唱に、「一切の公案が、計較卜度を用いずして節角誵訛も明らかに見える時節でなくば口から開かしゃるな。この則にこう云うてある故、かの則はどうじゃなぞと、こしらえ物あてがえごとで済むことではない」とある。

を転じて人となり来らば、その者は人に吠えつくべきなれども、終に人に吠えつきたる小児《しょうに》もない。もし猿が人に生じ来ることあるならば、その者は*軽躁騰躍《きょうそうとうやく》なるべきなれども、終に樹梢《じゅしょう》を攀《よ》じたる小児《しょうに》もない。

人はいつまでも人にて、その中に善根あれば、善き処に生まれて富貴栄耀の身となる。悪業多ければ、悪しき処に生まれて貧賤患難の身となる。ただ人間の中、所作の業優劣《うれつ》ありて、貧富・貴賤、智愚・賢不肖差別す。畜はいつまでも畜にて、善因縁あれば、山林に遊戯《ゆけ》し、*好水草を逐うて*逸楽を受く。もし悪業あれば、重きを負い遠きに往き、奴《ぬ》隷《れい》に打たれ、或は強き者に*噉害《たんがい》せられ、猟師の弓矢に中《あた》る。ただ畜生道の中に為す所の業の優劣によりて、苦楽を招く」と。

これ等は更に下劣なる見なれども、今時の者に、喉くびを押えて実情を吐かせば、この見処の者も多かるべきじゃ。これより更に下劣なる者は、国々の中にも、大方人数《にんしゅ》も定まりありて、人が死して*鬼《き》となる、鬼が死してまた人となる。めぐり旋《めぐ》ると覚ゆる。

総じて縁起の法として、この土地ありてこの人ある。この人ありてこの穀米器財ある。国の広狭、人の多少、穀米器財の有無、みなその分限の顕わるるものなり。これを肉眼を以て見、妄想を以て思量すれば、如上の見処を起こすも、さもあるべきことじゃ。経の中、*輪王十善の世、*人民熾盛《しじょう》なれば、海水減じて土地を増すとある。肉眼を以て定む

些子…少しばかり。
消息…公案の内容。
楷定…さだまっていること。楷＝かた。
五穀…米・黍（キビ）・粟・麦・豆。
李奈…すももとなし。

軽躁騰躍…躁＝さわぐ。騰躍＝おどりあがる。
好水草を逐う…好ましい水や草を求めて移住すること。
逸楽…遊び暮らす。
噉害…噉＝くらう。害＝そこなう。きずつける。

鬼…霊。

輪王十善の世…転輪聖王によって統一された十善の世界。
人民熾盛…人口が非常に増えること。熾＝盛＝さかん。

べき事に非ず。妄想を以て計るべき事に非ず。

常見三

またこの常見の中に、一類の正直なる妄想がある。明の代に*鮑性泉《ほうせいせん》という者、『天楽《てんがく》鳴空《めいくう》』という書を著わす。その中に記す。秀州北門の李画師《りがし》、ある炎熱の時、庭中に出て視るに、大なる蛭《ひる》が、石の上にありて日光に曝《さら》され、反覆して苦しみ死し、暫《しばら》くの間に、その腹裂けて蜻蜓《とんぼ》になり飛び去る。李画師が心に、蛭が日に曝され死すれば、必ず蜻蜓になるべきものと思う。その後これも炎天方寸の雲なきとき、大なる蛭を見、故《ことさら》に箸を以てはさみ取り、石上に置いて日光に曝し看る。これも反覆して苦しみ死す。暫くの間にその腹裂けて、この度は蜈蚣《むかで》になりて走り去る。

鮑性泉がこれを評判して、「同じようなる蛭が、同じようなる死なれども、初めは自業自得の死なる故に、蜻蜓に化《け》し去る。蜻蜓と*水蛭《すいてつ》とは同じ虫なれども、その位異なり。水蛭は重濁《じゅうじょく》遅鈍の者、蜻蜓は空中に飛行して、軽清自在なる者。その業力の純熟、期《ご》せずして然り。後の蛭は、人に故《ことさ》らに殺されて、瞋恚相応の死なる故、人に害ある蜈蚣になる。蜈蚣は蜻蜓に視《なぞら》うれば毫釐《ごうり》千里なり。この一念の瞋心、そのまま毒物に化する。臨終の一念によりて、浄土にも生じ悪趣にも入ること、決定この理あり。*蔵識《ぞうしき》体なし、

鮑性泉…＝鮑宗肇。明時代、代々信仰深い家に生まれ、『法華経』と『楞厳経』を誦えることが日課だったという。

水蛭…蛭の一種で人の血を吸う。漢方にも用いる。

蔵識体なし…蔵識＝阿頼耶識。阿頼耶識のみでなく識に実体はない。

縁に従って相を現ず。*業に定性《じょうしょう》なし、刹那に変易《へんい》す」と。

この居士は、法に志ありて、*雲棲袾宏《うんせいしゅこう》、天台宗の*智旭《ちぎょく》等と、互いに相唱和せし人にて、自ら死期《しご》を知りて、預《あらかじ》めその子に命じて、その日に斎《とき》を設《もう》け、親族朋友を請じ、斎了りて禅定に入る如く終を取りしとある*可憐生《かれんせい》なるものなれども、この見処は*常見有相《うそう》執著《しゅうじゃく》の妄想にて、正法知見には遠くして遠い。生死の道理はかくあることでない。

蛭の腹が破れて蜻蜓が出ずる、この蜻蜓を蛭の*後身とは云われぬ。試に看よ、*あらめ昆布の類を。溝の中に浸し置くに、蛭に変ずることある。この蛭を海布《わかめ》・昆布の後身とは言われぬ。馬尾《ばび》に糞土がつきて蜂に変ずることある。また馬尾に着いてあるあいだに、その首も腰も羽も出で来る。これが成就し了れば、馬尾を離れて飛び去る。この蜂を馬尾の後身とは云われぬ。また木の葉が巻いて、色が変じて、芋虫に類せる虫となることがある。この芋虫に類せる虫も、木の葉の後身とは云われず。また草木の枝に目鼻がつき、小枝が手になりて、蟷螂《かまきり》になることとある。この蟷螂を、草もしは木の枝の後身とは定められぬ。

『月令《げつれい》』に、「季夏《きか》の月、*腐草蛍となる」と。この節には、諸の腐草が同時に発心して、光明の業を造ると云うべからず。『荘子』に「*烏足の根蠐螬《すくもむし》となり、葉胡蝶《こちょう》と成る」と。これは一物が二の虫と化する。この二類を、この一物分身して二類を現ずと云うべから

業に定性なし…定性とは自性。業にも実体はない。「業報も元来不可得じゃ」『金剛般若経講解』とある。また、「因縁というものも総じて生滅に属して虚妄なものじゃ」『法語集』楞伽心印とある。
雲棲袾宏…明末の高僧。念仏と戒律と禅を融合した宗風。不殺生を強く説いた。
智旭…明末の天台宗の学僧。
可憐生…いとおしい。「生」は接尾語。
常見有相執著…常見は、ものに実体を認めるので、もの（有）に執著することになる。
後身…輪廻した後の生存。
あらめ昆布…コンブ科の海藻。
腐草蛍となる…「腐草為蛍」は七十二候の第二十六候で、六月十一日~十五日。
烏足の根~…烏足（草の名）が地中では根が蠐螬に変化し、葉は地上で胡蝶となる。

ず。また*石蛤石蟹《せきごうせきかい》の類を見れば、有情が非情に化する事もある。この類数多し。もし思量臆度を以てこれ等の趣をはからば、*風を繋ぎ虚空に画くよりもはかなきことじゃ。『修行道地経』に、「常見の者は、悪趣に入ること希なれども、解脱を得ること晩《おそ》き」と。常見有相執著は、真に憐むべきことじゃ。支那宋元已来、*我が邦中古已来、見処を書きあらわせる書は、多くこの類じゃ。総じて肉眼を以て見、妄想を以て推し量る間は、聖智見は得られぬ。

この『天楽鳴空』は、『続蔵』の中に入れてあるが、この類の浅はかなる書を、*聖教《しょうぎょう》の部類に従え置くは、悲しむべきことぞ。この外修行力なき禅者の語録、とり違えたる教者の*注疏《ちゅうしょ》などを、蔵経の中に入れおく、誠に末世じゃ。法宝はこの通りになり、仏像は十に七八は造り謬《あやま》り、*僧儀は一向に違う。聖教を棄《す》てて偽経《ぎきょう》を読誦《どくじゅ》し受持《じゅじ》する者も多い。誠に悲しむべきことぞ。

常見四

また一類世智弁聡の中に、この見処《けんじょ》の者がある。「一切の法は、有と思えば有じゃ、無と思えば無じゃ。一念心上に執著あれば、多生の生死の業となる。*好鉢《こうはつ》に念を残せし者が、餓鬼となり来りて鉢を舐《な》める。*瓜《うり》を踏んで追悔《ついけ》せし者が、悪趣に入りて蛙《かわず》に責

石蛤石蟹…この「石」とは化石のこと。それで「有情が非情に化する」とある。
風を繋ぎ虚空に画く…不可能なこと。無駄なこと。「繋風捕影」『漢書』故事。「図画虚空」『臨済録』
我が邦中古…我が国の中古とは平安時代をさす。
聖教…仏典。
注疏…解釈した注に、それをさらに解釈したものが疏。
僧儀…僧のすがた。
好鉢…自分が好んだ鉢。鉢に念を残すのは食への執着。
瓜を踏んで〜…典故不明。

めらるる。

一念心上に*前後際断《ぜんごさいだん》ずれば、*見聞覚知《けんもんかくち》の境がみな解脱知見となり来る。*本来無一物《ほんらいむいちもつ》の処に、地獄もなく天堂もない。*三世不可得《さんぜふかとく》の場所に、何の業かあるべき」と云う。これも麁相に聞けば、高きこと面白きことのようなれども、無理じゃ。

前の鮑性泉は真の道にこそ遠けれ、正直にてよきが、これは一向に目に見しこともなくて、妄《みだ》りに言い出すによりて、更に謬《あやま》る。志あらん人はよく思うて看よ。いかほどに無しと思い定むるとも、目前の畳・席《むしろ》・柱・天井・障子がなくなる物に非ず。或はいそ辺《べ》の石ありて船を寄するに便ならぬに、この石を無くすれば、世人渡海運送の助けとなる故、無しと思うて無しに成ることならば、無くしてやりたきものなれども、そうなる物ならず。またいかようにありと思い決するとも、なき物が現じ来《きた》ることならず。飢えたる者が、いかほど深重《じんじゅう》に食《しょく》を憶念しても、食が出で来りはせぬ。凍《こご》えたる者が、いかほど衣服《えぶく》を思惟しても、衣服は出で来りはせぬ。今貧窮《びんぐう》下賤なる者に、財宝俸禄を観じあらわしてとらせたならば悦ぶべきなれども、これもいかほど観じても、なき財宝俸禄が出で来るものならぬじゃ。これは仏説の*唯識所変《ゆいしきしょへん》の理を、自己の妄想にあてがう、浅間しき見処と云うべし。

前後際断…過去と未来の時間を断ち、現在のみが存在するとする。一瞬一瞬の真実を説く。しかしこれは連続しながら刹那の絶対性があるので、『正法眼蔵』には「前後ありといへども、前後際断せり」と説かれる。

見聞覚知…感覚知覚のはたらき。尊者は「見聞覚知を信ずること勿れ。経に云く、見聞覚知はただこれ見聞覚知にして法に非ずと。法に限りを見ること勿れ」（『法語集』〈「似金出真金滅」〉と維摩経の趣意を採って示す。

本来無一物…執著すべきものはなにもないこと。『六祖壇経』。尊者の『法語集』祖偈評唱に、「本来無一物の無を有に対する処の無じゃと思うたらば違う。二三に対する一物じゃと思うたらば違う～それを身心を認めるじゃの認めぬじゃの、翻案したのせぬのと色々の妄想をたくらべる者共が、一向窺いも得するものではない」とある。

三世不可得…＝三世心不可得。『金剛経』。三世の心は捉えようがないが、かと

常見五

　また一類の世智弁聡がかく思うじゃ。「*色身《しきしん》は壊滅《えめつ》の法、心性《しんしょう》は不滅の道。この身朽《く》敗《はい》すれども、心性は滅せぬ。この身限りあり、五尺の小身のみ。この心極まりなし、天《てん》外《がい》地《ち》外《がい》に充満する。壊滅の法に随順すれば、六道の苦楽昇沈窮りなし。不滅の道に順ずれば、*四聖《ししょう》の妙果を得る」と。これ等も*麁相に聞けば面白きようなれども、浅間しき見処なるぞ。仏説の*真如縁起を聞いて、これを自己の妄想と牽《ひ》き合わせ、あてがい拵《こしら》えた見処じゃ。一人にて断常二見を帯び来りて、色身に断を*計《け》し、心性に常を計する。両種外道の*轍迹《てっせき》に追逐《ついちく》し、東西に奔走して、*車塵馬足の間に生涯を送る者共じゃ。このような見処だてはみないらぬことぞ。真正知見はこれ等の*途轍でない。

　今世《こんせ》の見処だてを好み、悟りようのことを云う者を看よ。多くは貧窮《びんぐう》なるじゃ。子孫に災あるじゃ。この類みな人道に違う。世智弁聡を長ずるは、天の悪《にく》む所なるじゃ。*伶《れい》俐《り》俊発は反って恥ずべきの甚だしきぞ。本を推して云わば、法性に背く。

　もし*立ち上っては、古人云う、「*澄潭月影《ノ》触《レテ》二波瀾《ニ》一而不レ散《ゼ》。静夜鐘声《ノ》随《ッテ》二扣撃《こうげきニ》一而無《キ》レ虧《クルコト》も、猶《ホ》是《レ》生死岸頭の事なり」と。「*口欲《シテ》レ言《ハント》而辞尽《キ》、心欲《シテ》レ縁《ゼント》而慮亡《もう》ずるも、有《う》言《ごん》に対し妄想に対せるなり」と。『本業瓔珞経《ほんごうようらくきょう》』に、「善悪一相、明闇一相は、*阿踰闍《あゆじゃ》国外道の偈なり」と。具さに憶念すべきことじゃ。この外、見処と名づくべきならぬ中に、

いって修福行善の業果がないのではない。**唯識所変**…一切のものはアラヤ識から変現したものである。現在自分が住んでいる世界は、自分が造り出した世界に過ぎないということ。

色身…身体。**四聖**…仏・菩薩・縁覚・声聞。**麁相に**…安直に。**真如縁起**…真如が無明の縁にしたがって諸現象を生ずること。この説は『大乗起信論』より発する。**計**…計度（けたく）。考え。**轍迹に追逐し**…迹を追う。轍＝わだち。**車塵馬足**…車の後の塵と馬の足で蹴り立てた塵。**途轍**…＝類。**伶俐俊発**…頭が切れてすぐれている。伶俐＝さとい。りこう。俊＝すぐれる。**立ち上って**…すぐれていること。「立ち」は接頭語。**澄潭月影触～**…水面の月影は波で散ることはない。静夜の鐘の音は叩いても欠けないが、これもまだ生死界の出来事だ。『碧巌録』四　**口欲言而辞尽～**…口で言おうとしても言葉にならず、心に

色色の妄想がある。

その他の邪見の例

邪見一

一類偏見の者がかく云う、「諸道みな仮り設けしことなり。それ仏法の中に釈迦如来という、実にその人あるに非ず。その誕生・入滅の年代、部*に依って異説あるを以て知るべし。ただ阿難・迦葉等が、信を後世に取らん為に、一箇の奇妙不思議底の人を仮り設けて、自ら所得の道を成立す」と。

またこの説をなす。「儒中に孔子という、実にその人あるに非ず。野合《やごう》*して孔子を生むと云い、また尼丘山《じきゅうざん》に祷《いの》りて孔子を得、丘字は仲尼と名づくと云う。『家語《けご》』などに浮漫《ふまん》*の説あるを以て知るべし。ただ子貢《しこう》*・曾参《そうしん》等が、信を後世に取らん為に、一箇の君《くん》子様《しよう》の人を仮り設けて、自ら所立《しょりゅう》の道を弘む」。

またこの説をなす。「道家に老子という、実にその人あるに非ず。その書中に、三公*と云い、偏将軍《へんしょうぐん》*・上将軍《じょうしょうぐん》*と云い、仁義ならべ称する。この類みな古語に非ず。これを以て知るべし。

関令尹喜《かんれいいんき》*等が、信を後世に取らん為に、一箇の飄然《ひょうぜん》*たる人物を仮り設けて、自ら所

思っても浮かばないのは、まだ言葉に対しているし、妄想に対しているからだ。『碧巌録』三十二。以上二つの『碧巌録』からの引用は、意図的に原典とは多少異なって表記されている。

阿踰闍国…インド北部ウッタル・プラデーシュ州にあるヒンドゥー教聖地。

部…初期仏教の部派。

野合…正式な手続きなく夫婦になること。

浮漫…明確な証拠がないこと。

子貢・曾参…子貢は孔門十哲の一人。曾参も孔子の弟子で、孝行で知られ、『孝経』を著した。

三公…最も高い三つの官位。

偏将軍…副将軍。

上将軍…全軍の総大将。

関令尹喜…周の哲学者・大夫。姓は尹、名は喜、関の守吏であったので、関尹子と称す。

飄然…自由で俗気がない。

立の道を証す」と。

またこの説をなす。「中古禅宗の達磨という人も事実ならず。『付法蔵伝』にも、*師子尊者に至りて法断絶すとある。後人*婆舎斯多尊者《ばしゃしたそんじゃ》已下《いげ》を加えて達磨に及ぼす。*梁武の問答も、魏の*宋雲が流沙《りゅうさ》に逢うも、みな年代相違あり。歴史に通ぜざる者の所作なり。*慧《え》可《か》・僧璨《そうさん》の類が、列子・荘子に*附会《ふかい》して思い寄りしことを、世に信を取らん為に、一箇の*俊邁活駿底《しゅんまいかっぱつてい》の人を仮り設けしことなり。これより降《くだ》りて、諸宗の仏法は、みな夢に託して説き出す。顕密の祖師、多くは夢中に夢を説く人」と。

邪見二

また一類偏見の者が、思惟分別してかく云う。「*誠の道というものは、今日のあるべき通りにある。今の掟を守り、今の道を行い、今の言をいい、今の君に事え、今の人に交わり、今の衣を着し、今の食をくらい、今日の楽《たのしみ》を本とし、心を*すぐにし、身持ちを正しくし、物いいを徐《おだや》かにして、立ちふるまいを慎み、親ある者はよくこれに事《つこうまつ》り、君ある者はよくこれに心を尽くし、子ある者はよくこれを*訓《おし》え、臣ある者はよくこれをおさめ、夫ある者はよくこれに従い、妻ある者はよくこれをひきい、兄ある者はよくこれを敬い、弟ある者はよくこれを憐れみ、年よりたる者はよくこれをいとおしみ、幼者

師子尊者…釈尊からの二十四祖。中インドのバラモン出身。

婆舎斯多尊者…釈尊からの二十五祖。カシミール国の婆羅門の生。達磨大師は二十八祖。

梁武の問答…中国に渡来した達磨は梁の武帝と南京で問答をした。

宋雲が流沙に逢う…長安から西域まで旅をしていた宋雲が砂漠で達磨大師に出会ったという。流沙＝砂漠。

慧可・僧璨…禅の二祖と三祖。

附会…無理に結びつけること。

俊邁活駿底…才知がすぐれ勢いがある。

誠の道～…富永仲基『翁の文』第六節からの引用。

すぐ…直。

訓え…決まっている法則を言い聞かせる。

はよくこれを慈《いつく》しみ、先祖のことを忘れず、一家の親をおろそかにせず、勝《まさ》りたるを貴とみ、愚かなるを侮《あなど》らず、およそ我が身に当てて悪しきことを人になさず、*するどにかどかどしからず。ひがみて頑《かたくな》ならず。迫りてせわぜわしからず、怒るともそのほどをあやまらず。喜べどもその守りを失わず。受くまじき物は塵にても取らず。与うべきに臨みては国をも惜しまず。色を好みて溺れず、酒を飲みて乱れず。人に害なき物を殺さず、身の養いを慎み、貴賤共にその分に違わぬ。古今万国、*みな道はこれにとどまる」と。

邪見二

また一類偏見の者が云う。「天竺・支那・日本、共に道を説く者悉く*加上《かじょう》して立つる。天竺には、世間人倫に加上して*梵天四禅を説く。その後の者が、この梵天四禅に加上して*無想天というを説き出す。この*無想定に加上して、その後の者は*無色定を説く。*阿藍《あらん》迦藍《からん》は不用処定《ふゆうしょじょう》を説く。鬱頭藍子《うつずらんじ》は非想非々想定を説く。沙門はその上に加上して、滅尽定・涅槃を説く。この沙門の中に、阿含・三蔵教等に加上して、*法相大乗、或は空無想の教を説く。またその上に加上して、*一乗・秘密乗などを説く。

支那の教には、周代に*斉桓《せいかん》・晋文《しんぶん》の*覇業《はぎょう》の上に出て、孔子が*文武を憲章す。この儒者の上に出て、*墨翟《ぼくてき》が夏の道を説く。*楊朱はまたその上に出て、帝道を説き出す。*許行《きょこう》は

するどに…人あたりが鋭く。 **みな道はこれにとどまる**…この一類の生活態度は、現代としては模範的な人生のようであるが、俗世の理想であり、道徳倫理の範囲を出ない。仏道の要諦は生死解脱にあるので正見とは言い難い。 **加上して**…古いものの上に重ねて。加上説は富永仲基の説。 **梵天四禅**…梵天は色界の四禅（色界の四つの段階的境地）の初禅天の王。 **無想天**…一切の心作用を止滅した天界。 **無想定**…無想天に生まれる禅定。 **無色定**…物質にとらわれない境地。 **阿藍迦藍**〜…本書三三七頁の注参照。 **法相大乗**…唯識説。 **一乗**…『法華経』の説。三乗（声聞・縁覚・菩薩）に対する一仏乗。 **斉桓・晋文**…斉の桓公と晋の文公。春秋時代の覇者。 **覇業**…武力で天下を統一する。 **文武を憲章**…「憲章文武」『中庸』。孔子は堯舜を尊び、文王武王の法を憲とした。 **墨翟**・**楊朱**…本書二四七頁参照。 **許行**…諸子百家の一。神農

神農《しんのう》の道を説く。荘子・列子が徒は無懐氏*・葛天氏を説く。
*この邦の神道は、最初に儒仏の道を牽《ひ》き合わせて両部習合という。その次に、仏者の徒《と》が、神道の起こりたるを妬《ねた》み、本迹《ほんじゃく》縁起の神道を説いて、表は神祇を顕わして、底《てい》裏《り》はこれを仏道に帰する。その後一般の禰宜神主《ねぎかんぬし》、仏法の世に盛んなるを妬み、この二途《と》を破して、唯*一宗源《そうげん》の神道を説く。その後にはこれを王道に帰して、王*道神道を説く。近比《ちかごろ》は表に神道を説いて、底裏は儒道に帰す。三国共に人情は一様なると。或る者が云うには、これは上《かみ》の今日のあるべき道と立てし者の見識なる」と。

儒教思想の邪見

また一類の書生が、『論語』『孟子』を読み、宋*儒性理の学を信ず。ある時一の禅者に遇うて、些子《さし》の消息を聞いて、一*省々発《せいせいほつ》すと思う。その後『孟子』の浩*然《こうぜん》の気、『中庸』の「上*天《じょうてん》の載《こと》は無《ク》レ声《おとモ》無《シ》レ臭《かモ》」と云い、「鳶*飛《とび》んで天に戻《いた》り魚淵《うおふち》に躍《おど》る」と云うも、相応するように覚え、『論語』の「天*何をか言うや、四時行われ百物生ず」と云い、曾*點《そうてん》が「沂《き》に浴《よく》し舞雩《ぶう》に風《ふう》して、詠じて帰らん」と云うも、相応するように覚え、聖賢の地位も外ならぬと思う。この者がのちに先生となって他を導くに、「この妙処は仏法も儒道も違いはなけれども、儒者には、身*を修め家を斉《ととの》え天下を平《たいら》かにする道ある。仏法には

の教えを説く。神農については本書一五三頁の注参照。

無懐氏・葛天氏…共に伝説の帝。葛天氏は縄や衣を創った。**この邦の～**…室町末期の吉田神道。**唯一宗源の神道**…＝吉田神道。神・儒・仏・道・陰陽道を融合。**王道神道**…林羅山に始まる神儒一致の神道。**宋儒性理の学**…宋時代に興った儒教。朱子が大成。万物の原理＝「理」と人間の本質＝「性」を中心とした思想。**一省々発す**…省発。自己を明らめること。一省の省も省発と同意。**浩然の気**…物事にとらわれないおおらかな心。**上天の載**…載＝事業。**鳶飛んで～**…「鳶飛魚躍」『詩経』。万物が本性に従うこと。**天何をか～**…天は語らぬが四季は巡り、万物は生育する。**曾點**…孔子の弟子。**沂に浴し**…「浴沂の楽」。沂水でゆあみをし、雨乞いに舞う台で涼み、歌いながら帰る。沂＝川の名。『論語』**身を修め～**…修身斉家治国

これ無きによって、ただ儒道のみ全き道」と。その至って憐れむべきことは、草木国土《そうもくこくど》悉皆成仏《しっかいじょうぶつ》というを聞いて*僻解《へきげ》を生じ、*禅家《ぜんけ》の三種病の則を看て、妄想を長ずる類ということじゃ。

邪見四

また一類の者が云う、「*天地の間に定まれる道なし。昔より衆聖人《しゅうせいじん》の手を歴て、次第に成立して、世を済《たす》け民を救う」と。このように道を拵《こしら》え事《ごと》にて、定法《じょうほう》なしと云えば、聖人というも作者の名にして、*聡明叡智《そうめいえいち》の徳のみを称するにあらずと云わねばならぬ。仁義も、民を救うに付けたる名にして、徳義の名に非ずと云わねばならぬ。何事もみな安排布置《あんばいふち》に落つることじゃ。

邪見五

神道を云う者の中に、一類偏見の者この説をなす。「一切神祇みな愚民を畏れ慎ましむる教にして、*実跡を求むべからず」。この陰陽、この日月、この四時、この山川聚落《じゅらく》、強いて分配して神号を立す。聖賢の君、有功の士、下《しも》*勇憤の士、*放逐《ほうちく》の臣、およそ衆人の思う処、この社を建てて祭る。既に神号あり神社《じんしゃ》あれば、世人附会《ふかい》して*怪談を立つ。

平天下。『礼記』

僻解…誤った理解。

禅家の三種病…雲門三病。雲門が修行者を説得するために説いた。

天地の間に〜…荻生徂徠の説。

聡明叡智…聖人の四つの徳。聡(全てを聞き分ける)・明(全てを見分ける)・叡(全てに通じる)・智(すべてを知っている)。『易経』

実跡…確かな事跡。

勇憤…強く憤る。

放逐…追放。

怪談…あやしい話。

世に害なきことは、王者もこれを禁ぜず。正史《せいし》も随って記す。聖徳太子・舎人《とねり》親王等、仮りて以て世を教うる。その事実を求むべからず。『旧事記《くじき》』・『神代巻《じんだいノまき》』、みな一定せず。天照皇太神《てんしょうこうたいじん》を、或は男子《なんし》とし或は女人《にょにん》とするを以て知るべし。その事蹟みな*憑虚《ひょうこ》にして信じ難し。もし*陰陽五行の配属と云うは大害《だいがい》なけれども、その五行の分配も、漢儒にだも及ばぬ。爾余《じよ》の神書、『*大成経《たいせいきょう》』の類は、偽作と思わる。伊勢内外宮神官《いせないげくうしんかん》の秘する所の*五部の書なども、みな両部習合家、真言・天台の沙門の安排する所にして古書に非ず。自余《じよ》神主・禰宜《ねぎ》などが家々《いえいえ》の書は、多く*短才寡聞《かぶん》の者の作れることなり。年代事蹟*齟齬《そご》するを以て大理を知るべし。

邪見六

また一類の者が、『大成経』などを丸信じにして、疑わしき事あれば、神託を受くると云うて斎戒をなす。斎戒了わりて、自ら神霊我が為にかく決すと称して、新たに*奇事怪談を加え、或は祭祀《さいし》の式などを造作《ぞうさ》す。密教に附会し、少しく改易《かいやく》して神道を説く。四大・五大は理を尽くさず。ただ五行のみこれ尽理《じんり》の説なるというじゃ。

一類の者は、神祇を*造化《ぞうか》・気化《きか》・形化《ぎょうか》・心化《しんか》等の名目《みょうもく》を立てて、安排布置するもあるじゃ。

憑虚…形跡がないこと。
陰陽五行…陰陽説と五行（木火土金水）説を組み合わせて、全ての現象を説明するもの。
『大成経』…一六七九年、江戸の書店で発見されて話題となったが、内宮・外宮の神職の訴えにより幕府が偽書と断定。
五部の書…『天照坐伊勢二所皇太神宮御鎮座次第記』・『伊勢二所皇太神宮御鎮座伝記』・『豊受皇太神宮御鎮座本記』・『造伊勢二所太神宮宝基本記』・『倭姫命世記』。奈良時代以前の成立となっているが、実際には鎌倉時代に執筆されたもの。
短才寡聞…才能も知識もないこと。
齟齬…食い違っていること。
奇事…不思議なこと。
造化・気化・形化・心化…山崎闇斎『神代巻講義』等で神の出現の形態を、造化と気化は形がなく、形化と心化は体があるとした。

世間に妄想も無辺なるによって、諸見もかぎりない。爾余衆多の見処解了《げりょう》、或は書籍《しょじゃく》の中に記し、或は世に現存す。大凡《おおよそ》この類は宿福の人には少なく、貧賤の者には多い。謹慎の家には少なく、*無頼《ぶらい》の家には多い。過去世十善の闕失《けっしつ》より起ることと知るべし。これ等の少解了《げりょう》によって、大法を蔑《ないがし》ろにするは、人間・天上の路を失う。経の中に「*衆生憐れむべし」とある。誠に生まれままだに貪欲・瞋恚の煩悩を具えてあるに、その上邪教或は邪思惟によりて、現在の福縁を失い、当来の苦果を種《う》ゆることじゃ。*性相《しょうそう》学者の、「*無性有情《むしょううじょう》なくば、最後の仏*化他《けた》の徳を闕《か》くべし」と云うを見て、*義《ぎ》解会通《げえつう》の分斉を知る。教者《きょうしゃ》の、「*如来性悪《しょうあく》を断ぜば、普現色身《ふげんしきしん》何によりて現ぜん」と云うを聞いて、*分教開宗の差排を知る。

孟子・旬子の書を看て、*弁論時に用なきを知る。*張儀・蘇秦等が遊説を看て、*利口の邦家《ほうか》を覆《くつがえ》すを知る。中子・韓非子が*刑名《けいめい》法術の書を看て、世智の世を乱すを知る。*司馬《しば》相如《しょうじょ》・*謝霊運が風を看て、*文章の実義にそむくを知る。*楊雄《ようゆう》・*王通《おうとう》が学を看て、*模擬の徳を乱るを知る。宋儒が歴代君臣を*褒貶《ほうへん》せしを看て、書生の時宜に*昧《じぎ》《くら》きを知る。梁の湘東王《しょうとうおう》の*戎服《じゅうふく》して『老子』を講ずと云うを看て、博識の時宜を害するを知る。

千般万般、凡夫のなすところは、ただこれ凡夫行ぞ。凡夫の思い慮《おもんぱか》る所は、ただこれ妄想ぞ。自ら分を知り、自の業果を信ずるには如かぬじゃ。

無頼…礼儀を知らない行い。　**衆生憐れむべし**…『大智度論』二一　**性相学者**…唯識派の修行者。　**無性有情**…唯識学の五性各別（人間の五つの素質に基づく分類）の中で、仏性を持たず永遠に涅槃に入れない類。　**化他の徳を闕く**…無性有情があるからこそ仏が説法する。無性有情を嘆くのが仏の徳。　**義解会通**…意味を理解し、矛盾する説の間にも相通ずる趣意を見出すこと。ここでは、悉有仏性に対して無性有情の存在の矛盾を指す。義解＝意義や道理の構造を解釈する。会通＝矛盾するように思われる諸説にも相通ずる趣意を見出し融和させる。　**如来性悪を断ぜば**…天台宗智顗の説。本来仏に具わっている悪を仏身論的に問題にした。『観音玄義』　**分教開宗**…教義が分かれ宗派が立つこと。　**弁論時に用なき**…論点が時代相応でない面もある。　**張儀・蘇秦**…共に戦国時代の遊説家。縦横家の代表。　**利口の邦家を覆す**…弁舌達者に遊説し

善悪応報への信

前に云う所の不邪見の徳を養い全くせば、人々聖賢の地位《じい》にも到るべしとは、別事にはあらず。善を作して善の報あり、悪を作して悪の報ある。これ一つにても、*比屋《ひおく》みな聖賢の地位に入る。善を作して善の報あることを信ずれば、善を作さずには居られぬ。悪を作して悪の報あることを信ずれば、悪を止めずには居られぬ。悪をなさず善を作す人は、そのまま善人なるぞ。今日も善人、明日も善人、内心に悪なければ実《まこと》の智慧生ずる。この生も善人、来生《らいしょう》も善人、善より善にうつり、実智慧を全くする人を、賢人と名づくる。聖人《せいじん》と名づくる。もし世に聖賢あらば、聖はますます聖なるべく、この万善《まんぜん》智慧、円満具足せる人を、仏世尊と名づくるじゃ。さてさて世間の者が、近き処にある道を忘れて迷う。むつかしくなき理を外《ほか》にして謬《あやま》ることじゃ。

神仏への信

この仏あることを信ずれば、的を見て矢を発《はな》つ如く、孜々《しし》として善を作して止まぬ。元来平等法性の中に、この仏を信ずれば、この心即仏心と云うべし。この場所、*省発《せいはつ》も入らぬ。悟りもいらぬ。*教相判釈《はんじゃく》もいらぬ。文章*利口もいらぬことじゃ。

ても国を乱す。**刑名法術**…刑名（法律）と法術（法律によって国を治める術）。**司馬相如**…前漢の頃の文章家。**謝霊運**…南北朝時代、宋の詩人。**文章の実義にそむく**…飾った詩文も真実を失う。**揚雄**…前漢の文人・学者。『易経』に擬して宇宙論書『太玄経』を、『論語』に擬して『揚子法言』を著した。**王通**…隋代の儒学者。『論語』に擬して『中説』を著し、自ら聖人と称す。**模擬**…似せること。古人の聖賢の書に似せて書いても、自身の徳をなくす。**褒貶**…ほめることとけなすこと。さまざまな評判をすること。**時宜に昧き**…時代に鈍感なこと。**戎服**…軍服。

比屋…軒並み。**省発**…＝省悟。自己に本来具わっている心性を省察し、悟ること。『洞山語録』

教相判釈…教判。仏教思想家が、自分の立場から他の思想の特質を考えること。**利口**…こざかしい智恵。

この仏となるべき道を法と名づくる。その道を行う人を菩薩と名づく。この道を守護する者を諸天神祇《じんぎ》と名づくることじゃ。

この神祇あることを信ずれば、たとい小根劣機の者も、人しらぬ心の内にも、悪事は思われぬ。まして悪事はなされぬ。人というものは習わせによる*。善を習えば善にうつる。この習いが性となり、この善が我が心身となる。天神に事えて、天神の徳を我が身に全くする。地・水・火・風の四大神《だいじん》*を祭りて、四大の徳を全くする。この徳を全くする時節が、聖賢の地位に入るべき時節ぞ。支那国の古書に、歴代王者の五行の徳を述ぶる。これもなきことに非ず。天下を掌握の中に全くする人は、自ら四大・五行の徳あるべし。万般ただ信ある者と共に言うべきことじゃ。

十善法語　巻第十　終

習わせによる…習い性と成る。『書経』

地・水・火・風の四大神…四大については巻第九不瞋恚戒に詳しい。本書三〇六頁以降参照。特に四大神については、本書三一二頁参照。

十善法語　巻第十一

不邪見戒《ふじゃけんかい》　中

心と形姿の相応

　仏在世の事じゃ。経中に、目連尊者に*摩訶羅《まから》の弟子あり。この人出家の後、自ら*諸根《しょこん》闇鈍《あんどん》なるを省みて、*憂悔《うげ》の心生じ、自滅せんとす。尊者神通力を以て直にその処に至り、告げていわく、汝自滅すること勿《なか》れ、汝に*生死の趣を知らしめん。即ち禅定に入り、将《ひき》いて海浜に至る。

　この海浜に一の女人の屍《しかばね》ありて仰ぎ臥す。その面上《めんじょう》に虫ありて、或は鼻より入りて口より出で、或は目より入りて鼻より出ず。摩訶羅これを見て問う。これはいかなる人の屍ぞと。尊者いわく、この者は商主《しょうしゅ》の婦なり。その夫宝を求めんため海洲《かいしゅう》に赴《おもむ》く。この女人別れを惜しみ悲泣す。哀声傍人《あいしょうぼうにん》を*感動す。同旅の者いわく、万里の海波生死はかり難きなれば、別れを惜しむもその理あり。然れども今日に至りて思い止まるべきなら

摩訶羅…(梵) mahallaka　老。無知。
諸根闇鈍…＝鈍根。根＝能力。能力の劣った者。
憂悔…憂愁と悔恨。
生死の趣…人間の死と生のありさま。
感動…人の心を感ぜしめ動かす。

ず。同船あるべしと。商主がこの言を用いて*将《ひき》いて往く。時に海中難風起こり、その船破砕《はさい》し、同侶悉く溺れ死す。この女人は、平生鏡に照らし面《おもて》を見て、自身の*眉目のうるわしきを楽しみし者なり。今面上の虫は、彼が*後身《ごしん》なりと。

この摩訶羅、これ等のことを観じて、浄信心を生じ、その後尊者の教授を受けて、終に*羅漢果《らかんか》を*証得《しょうとく》せしということじゃ。

総じて心のある処は形のある処、形の生ずる処にその心生ずるじゃ。この女人自らの眉目鼻口《びもくびこう》のそなえに自ら執著せし故、*一息截断《せつだん》の時、その著せる心、還って己《おの》が面上に生じ、虫と為りて暫くも離れ得ぬじゃ。

摩訶羅というは梵語で、ここには老なり愚なりと翻《ほん》ずる。愚人の年を重ねたる者の名じゃ。看よ、*正法は智愚を択ばぬ。ただ*信ある処にこの縁起実相は顕わるるじゃ。今日の者も、純一に心を寄せば、たとい摩訶羅なりとも、甚深《じんじん》の法に通達すべきじゃ。

愛着と輪廻

これは仏滅後のこと、『*付法蔵伝』等にある縁事じゃ。天竺国に、夫婦相《あい》敬愛して情厚き者あり。その夫少壮の年に命終《みょうじゅう》す。この妻殊《こと》に悲しみに堪えず、亡夫の為に*脇尊《きょうそん》者《じゃ》を請《しょう》じて供養す。そのとき鼻より虫出でたるを、庭上に投じて踏蹂《ふみにじ》らんとす。尊者

将いて…したがえて。
眉目…眉と目。容貌。顔つき。
後身…輪廻して現われた身体。
羅漢果…小乗仏教で到達する最高の境地。三界の煩悩を断じ尽くした位。
証得…さとること。
一息截断…截＝断＝きる。息が止まるとき。死の瞬間。
正法は〜…正しい仏法では智慧があるかないかで悟りを得る得ないが決まるのではない。
信ある処に〜…信のあるところに縁起の真実のすがたが現われるということ。この「信」は対象のある「信」ではない。尊者の書で「信」の脇に「いたるところとゞこふらず」と書かれた作がある。いわば、無碍の状態であってこそ実相が現成してくる。次行の「純一に心を寄せば」に通じている。
『付法蔵伝』…『付法蔵因縁伝』。インドの付法相承を述べたもの。
脇尊者…二世紀ごろの説一切有部の学僧。「脇」とは、悟りを得るまでは脇を付け

いわく、且《しばら》く待て、これは因縁のあることぞと。女人がいわく、この七八日の間、我が鼻の内を悩ます。今幸いに出ずと。尊者再び告ぐ、これは汝が夫の後身なり。彼常に汝が容色《ようしょく》を愛し、身心《しんじん》繋縛《けばく》せり。その死せし日より汝が鼻の中に生ず。この虫を殺さば、汝が身に災あるべく、その罪も深かるべしと。因《ちな》みに神力《じんりき》を以てこの虫の*本形《ほんぎょう》を顕わし見せしむということがある。これも心の趣く処に生を受けたものじゃ。

前は己が面《かお》に生じ、これは妻の面に生を受くる。受生の処は別なれども、生死縁起の理は一じゃ。

志向と輪廻

これは仏在世の事じゃ。『僧護経《そうごきょう》』にあるじゃ。舎利弗尊者の弟子に*僧護比丘という者あり。或る時商人友を結んで、南方大宝洲《だいほうしゅう》に赴《おもむ》く。功徳の為にこの僧護比丘を請《しょう》じ、船中に供養せんことを願う。僧護比丘これを*和上《わじょう》舎利弗に白《もう》す。舎利弗これを世尊に白す。世尊利益《りやく》時至るを観見して*聴許《ちょうこ》す。

時に海中難なく、大宝洲に至り、随意に諸の珠玉・*牛頭栴檀《ごずせんだん》をとる。帰路諸商人議す。陸地を取らんや、海路を取らんや。海路は危難多し、陸路に趣くべしと。みな船を棄てて陸地を取りて帰る。

ない（横にならない）と誓って修行したからといわれる。第四結集を行った。

本形…もとのすがた。

僧護比丘…舎衛城出身。長者の子。『仏説因縁僧護経』参照。

和上…＝和尚。後代は高僧の尊称。

聴許…承知する。

牛頭栴檀…赤檀。香気が麝香に似た香樹の名。牛頭香。

或る時僧護比丘静処《じょうしょ》に思惟し、同伴を失う。独り行路に迷うて異路に入る。路次《*ろじ》種々希有《けう》の事あり。その中に一の褥形《*にょくぎょう》の有情、火に焼かれて苦を受く。また或る処に両人の禿頭《*とくづ》の者互いに相抱《あいいだ》きて、これも火に焼かれ苦を受く。この類総じて五十六事あり。

それより一の林に至る。この林中に五百の仙人住す。初めは釈迦の弟子来り、我が園《おん》林《りん》を汚《けが》すと云うて共語《*ぐうご》せず。その中、上首の者慈悲あり。一樹下を許す。僧護比丘この樹下にありて、初夜《*しょや》思惟し、中夜《ちゅうや》暫く眠息し、後夜《ごや》に至りて聖伽陀《*しょうかだ》を諷《*ふ》す。時清夜《せいや》月明らかに、その声林木に伝う。諸仙感嘆して、到り来り安慰《*あんに》す。僧護比丘聖法を説く。諸仙各々信を生じて、この僧護比丘に従って出家し、咸《ことごと》く聖域《しょういき》に入る。次第に禅法《ぜんぽう》の教授を受け、久しからずして羅漢果を証す。僧護比丘この五百の羅漢を誘引して帰着し、祇園精舎に詣《けい》す。時に諸商人もその会《え》にあり。

念による業報の形

僧護比丘進んで世尊を礼《らい》し、褥形《にょくぎょう》有情の事を問う。世尊答う。「彼は過去迦葉仏*の時の出家人なり。僧の臥具を妄《みだ》りに受用《じゅゆう》せし罪によりて、この孤独地獄にありて、今にこの苦を受く」。

路次…道中。
褥形の有情…褥のすがたをした生き物。褥＝敷布団。
禿頭の者…僧侶で剃髪をしている者。
共語…共に話すこと。
初夜…一夜を三分したうちの初めで、午後六時ごろからの夕刻。中夜は夜中。後夜は夜明けごろ。
聖伽陀…偈。偈頌。韻文体の経文。
諷す…そらでよむ。
安慰…安んじなぐさめる。
迦葉仏…過去七仏の六代目の仏（釈尊が七代目）。

次に両出家の抱きて苦を受くるを問う。世尊いわく、「これも迦葉仏の時の出家人なり。両人互いに相愛《あいあい》して、毎夜相抱き臥《ふ》す。この罪によりて、孤独地獄にありて今に苦を受くる」と。次第に五十六事を問い奉る。世尊具さに五十六事、及び仙人証果の因縁を開示す。その時在会《*ざいえ》五百の商人等、これを聞いて咸《ことごと》く信を生じ、進んで五戒を受けしと。

これ等は甚深なることじゃ。前の女人面上《めんじょう》の虫と、その様子は殊《こと》なれども、その理は一じゃ。譬えば夢中におそわれて、種々の境界を見るが如く、一息截断《せつだん》の時、業相《ごうそう》に転ぜられて褥形を見る。その時褥形と自心と、一と云うべからず異と云うべからず。心の赴く処が生死のある処じゃ。業火*に焼かるるじゃ。両出家人は、愛念*によりて形を顕わす。形によりて愛念を生ず。この身心が出で来れば、業火に焼かるるじゃ。これを以て、前に云いし鮑性泉《*ほうせいせん》が言う所の、蛭の蜻蜓《とんぼ》・蜈蚣《むかで》に変ぜし事を返照し看よ。邪正洞然《*とうねん》たるじゃ。

業と輪廻

これも経中・律中にある事じゃ。目連尊者、後夜《ごや》坐禅より起《た》ちて、大衆に告ぐ。「この暁天《*ぎょうてん》の時、楼閣形《ろうかくぎょう》の有情、号泣して虚空を凌《*しの》ぎ去る」と。六群比丘*これを聞いて相《あい》

在会…会＝宗教的な集まり。

業火…悪業が身を害するのを火にたとえていう。

愛念…愛着の妄念。

鮑性泉が言う所…本書三四七頁参照。

洞然…はっきりしていること。

暁天…夜明け。

凌ぎ…山や波などを乗り越えること。

六群比丘…六群とは、仏弟子のうち、常に一群となって修行僧にふさわしからぬ事を行い、そのために制戒の因縁となった六人の悪行比丘のこと。『四分律』

語す。この目連人を*誑惑《おうわく》す。我等神通《じんずう》なしといえども、*阿含・*阿毘曇《あびどん》を奉持《ぶじ》す。何れの処に楼閣形の衆生あるべき。大衆もみな疑いて、これを世尊に白《もう》し奉る。世尊いわく、「目連の見る所虚《こ》ならず。しかれども、この類希有の事は、妄りに人に告ぐべからず。目連の多言なるは非なり」と。大衆再び白す。「これはいかなる衆生ぞ」と。世尊いわく、「これ軽地獄《きょうじごく》の衆生なり。前身人間たりしとき、仏閣を己が遊覧処となせし故、この報を受けて久しく苦しむ。この類甚だ多し」と。こうじゃ。

心の往く処にその形現ず。業に随ってその報を受く。今この人間に生ずるも、業に随って生じ、生を受くるに随ってその念の相続することじゃ。この人間分際で看れば、楼閣形の衆生などときけば、奇怪なるように思うべけれども、正眼《しょうげん》に看来れば、珍しきことではない。且くこの人間の目鼻というものも手足というものも、*自性法界《じしょうほっかい》より看れば希有なるものじゃ。珍しき物が出で来りてあることじゃ。

死有における業

百丈禅師の*垂語にこうしたことがある。「人の命終《みょうじゅう》のとき、一生所有《あらゆる》善悪の業縁悉く現前す。或は忻《よろこ》び或は怖る。*六道も*五蘊《ごうん》も倶時《くじ》に現前す。舎宅を見る、舟船*車輿《しゃよ》を見る、光明*顕赫《けんかく》たるを見る。これは自心の*貪愛より現ずる。一切の*悪境も、そのときみな変

誑惑…たぶらかす。嘘を言って惑わす。
阿含・阿毘曇…阿含＝（梵）āgama 来ることという意。初期仏教経典。小乗仏教経典。阿毘曇＝（梵）Abhidharma 論書。教義を注釈・研究した聖典。
自性法界…法界と同じ意。ここでは無限定の、形を超えた世界を示している。
垂語…師家が修行者のために示す教えの語。垂示・垂誡。
六道…地獄・餓鬼・畜生・修羅・人間・天上の世界。
五蘊…色・受・想・行・識（物と心）を構成する五つの要素。蘊＝積集（集まり）。
車轝…車と輿（こし）。
顕赫…盛んに明るく輝く。
貪愛…貪の異名。むさぼり愛すること。愛著。執著。
悪境…悪い境界。虚妄の境界。

じて*厳好《ごんこう》の境と成る。ただ*愛の重き処に随い、*業識《ごっしき》にひかれ、著《ぢゃく》するに随って生を受くる。都《すべ》て自由の分なし。*龍畜《りゅうちく》・*良賤《りょうせん》もまた総て未《ダ》レ定《ラ》」と。この垂語は面白きことじゃ。この中に*為人垂手《いにんすいしゅ》の手段もあれども、大抵かくあるべきことじゃ。

伝戒相承の義にこの趣あるじゃ。聖教《しょうぎょう》の文《もん》にもあるじゃ。死するとき*刀風あり。内より発してその*支節を解す。頭上より脚下に至り、大苦痛を生ず。*心識惛昧《こんまい》にして、諸根守りを失う。この時一生作《な》せし所の善悪の業相《ごうそう》、その目前にあらわるること、市に入りて諸の器財を見る如し。その諸業の中に、*強き者先ず牽《ひ》く。その業相の現ずる、もしは順もしは逆、一定し難し。或は魔来りて相を現ずる。*好相も取るべからず。或は思想転変して種々異相を見る。もしは恐怖の境界、もしは*適悦《ちゃくえつ》の境界、みなその*取捨を云うべからず。ただ正知見の人のみありて、法に自在を得るということじゃ。

種々の死相

また経にこの説あるじゃ。臨《ム》レ死《ニ》の人、面上に五色の風あり。もし地獄に入る者は黒色、もし畜生に生ずる者は青色、もし餓鬼に生ずる者は黄色《おうしき》、兼て舌を出《いだ》す。人に生ずる者は常色、もし天に生ずる者は*鮮花色《せんけしき》。*精光《しょうこう》愛すべしと。もし側《かたわら》に侍りて死者の相を看るに、或は手を挙げて打ち払い、或は虚空を攫《つか》み、或は*白沫《びゃくまつ》を吐き、或は身体煩*

厳好…おごそかで美しいこと。
愛の重き処…執着が深い場所。
業識…迷いの世界に流転してきたことによって起こる意識作用。
龍畜・良賤…龍に生まれるか畜生に生まれるか、良(士農工商)に生まれるか賤(娼優隷卒)に生まれるか。良民と賤民。
為人垂手…師家が学人を指導すること。またその為に用いる教えや方便。
刀風…刀の刃のような鋭い風。
支節を解す…身体の各部分の統一がなくなる。
心識惛昧…意識が朦朧となる。惛＝昧＝くらい。
強き者先ず牽く…業として強いものに真っ先に心がひかれる。
好相…仏の八十種好・三十二相を意味する。
適悦…よろこび。
取捨を云う〜…自分の意志では選択できない。
鮮花色…鮮やかで美しい花の色。
精光…明るく冴えた光。

悶し、手足《しゅそく》*撩乱《りょうらん》する。この類みな悪相なるということじゃ。もし柔軟《にゅうなん》の顔色《がんしき》、慈愛の相あって命終す。もしは合掌歓喜して正念相応する等は、みな善相なるということじゃ。

大抵は、善相なる者は善処に生じ、悪相あらわるる者は悪趣に入るということじゃ。もしその傍らに居らば、仏・菩薩を念ぜしめ、大乗経・諸*陀羅尼を読誦するを要とするじゃ。近辺みな寂静なるがよきということじゃ。夜分の灯燭《とうそく》もかすかなるがよきということじゃ。病人平生の功徳善根を讃嘆《さんだん》するがよきじゃ。たとい平日に怨《うら》みあるとも、その時は云うまじきじゃ。起居・食事、万端みな病人の心に適うべきことじゃ。また別因縁ありて、得道の人も、外に苦相現じ、悪人の苦相なきもありということじゃ。

中有（中陰）

聖教《しょうぎょう》の中に、人の死する時、直に*中有《ちゅうう》の形あらわる。極善・極悪の者を除いて、その余の者は、必ずみなこの中有の形が現ずるとあるじゃ。中有とは、この生既に尽き、次の受生《じゅしょう》の縁未だ来らず、この時中間の身心あらわる。この身心、*死有《しう》の位に非ず。生《しょう》有《う》の位にあらざる故に、中有と名づくるじゃ。この中有に六道差別《しゃべつ》す。

この人間の中にこの生縁《しょうえん》つきれば、死すまじということはならぬじゃ。譬えば高峰より大石を*まろばし墜《お》とすに、中間に*遮止《しゃし》すべき術のなきが如くじゃ。既に死して直に生

白沫…白い泡。
煩悶…悶え苦しむこと。
撩乱…みだれあう。撩＝みだれる。
陀羅尼…仏の功徳を表わした密呪で、長いものを陀羅尼、短いものを真言という。
中有…＝中陰・中蘊。意識を持った生き物が、死の瞬間（死有）から次の生をうける（生有）までの間の期間。霊魂身というべき微かな身体を持つ。人間の世界ではこの時期を四十九日とする。
死有〜…有情が生まれて再生するまでの期間を四種に分けたものを四有という。生有（生まれる一刹那）・本有（生存している期間）・死有（死ぬ一刹那）・中有（死んでから次に生まれ変わるまでの期間）。
まろばし…転ばし。ころがす。
遮止…さえぎりとめる。遮＝さえぎる。

ずるも、その中間の有があるということじゃ。もしその父母に、定めてこの子を感ずる業あれども、もしは父もしは母に*違縁《いえん》あれば、暫くその*生縁《しょうえん》の来らぬことあるべし。或は余縁あって*生処《しょうじょ》定まらぬこともあるべし。その間はこの中有の姿に処するということじゃ。また生処の決定せぬ者の類が、中有の間、善縁悪縁によりて転変することもあるということじゃ。

中陰四十九日の間に、亡者《もうじゃ》の親属たる者、*善根を修すべきこと、みな聖教にあることじゃ。印度の*部計《ぶけい》の中《うち》に、*大衆部等は中有を立てぬ。これ等は*法相《ほっそう》の差排というもので、生死去来の道理、相違あるではなきじゃ。もし極善の人ならば、この世界が直に*七宝《しっぽう》浄刹《じょうせつ》となり来る。或は願に従い生を受けて、衆生を利益する。或はその処が直に*四空《しくう》天《てん》となる。*間《かん》に髪《はつ》をも容れぬということじゃ。

極悪人の中有

また極悪人にも中有はなきということじゃ。縁事を挙げていわば、仏滅後、或る尼寺に、一人の中年容貌端正《ちゅうねんようみょうたんじょう》の尼有り。持戒精勤衆人《しょうごんしゅにん》に勝る。諸の尼衆問う。女人の法として、智恵浅薄にして煩悩*熾盛《しじょう》なり。汝志性堅固《けんご》なること衆人に勝る、もしは聖者に非ずやと。この尼涙を垂れ、*慚愧《ざんき》して答う。一つの懺悔《さんげ》すべき事あり。我れ*少年のとき

違縁…別の因縁。
生縁…生まれるべき縁。
生処…輪廻して次に生まれる場所。
善根を修すべき…追善のために善の行為を行うこと。
部計…初期仏教の部派に分かれたもの。
大衆部等は～…『異部宗輪論』には、大衆部・化地部等は立てないとある。
法相の差排…存在するものへの解釈の違い。
七宝浄刹…七宝＝金・銀・瑠璃・水晶・硨磲・珊瑚・瑪瑙。他に例あり。刹＝国土。
四空天…一切の物質的な繋縛がない禅定の境界を四段階に分けた住処。
間に髪をも～…間不容髪。一本の髪の毛を容れる隙間もない。事の切迫したさま。
熾盛…勢いが盛んであること。
慚愧…恥じる。
少年…年が若い人。

早く嫁《か》す。一人の男子を得たり。我が夫たる者久しからずして死す。一人この児をそだつ。容貌も才芸も、相応に生い立ちしによって、母子の愛情*いやましに深し。この者成長するに就いて、同類近隣の女子ある者は、多く妻《めあ》わすべき思いを寄す。この者みな辞す。ほどなく病に臥して日々に憔悴す。衆医がみな云う。これは風寒暑湿の侵す所ならず。心の抑鬱《よくうつ》より生ずと。これを聞いて、その親しき者に思う所を問わしむ。彼答う。我れおもいあれども、あるまじきことなり。言うべからず。問者*慇懃《いんぎん》に問いこころむ。彼いわく、極めて愧《は》ずべきなれども、我が母に愛著心生じてこの病となると。その者この由を我れに告ぐ。我れもあるまじきことなれども、一子を殺すことをなげかわしく思いてその事を許す。彼これを聞いて次第にその病平癒に赴く。或る夜我が床《とこ》に上らんとする時、家居《いえい》動揺し、彼が身*戦掉《せんちょう》し、大地くぼんで陥《おちい》らんとす。我れこれを悲しんで、彼が髪を取りてひき挙げんとす。その髪脱《ぬ》けて終に陥《おちい》り没す。その髪今現に爰《ここ》にあり。この因縁によって、生死の怖るべきを思い、*世染《せぜん》の思いなく、ただ*三宝に帰投すと。これ等が極悪の中有のなき現証ということじゃ。

その余の善悪雑《まじ》わる者は、必ずこの中有あって現ずるということじゃ。もし天に生ずべき者は、諸天相応の中有あり。人間に生ずべき者は、人間相応の中有あり。餓鬼は餓鬼相応の中有あり。地獄は地獄相応の中有、畜生は畜生相応の中有あるということじゃ。

いやましに…弥増に。いよいよますます。いやが上に。

慇懃…礼儀正しく丁寧に。

戦掉…おののき震えること。掉＝ふるう。

世染…世俗の煩悩や欲。
三宝に帰投…三宝（仏・法・僧）に帰依すること。

中有出現の比喩

この中人間相応の中有は、その姿二三歳の小児《しように》の形の如くということじゃ。この中有のあらわるることを、聖教に譬喩を以て明かして、*印子《いんす》の泥《でい》を印する如くとある。これは土人形《つちにんぎょう》などを造る喩《たとえ》じゃ。印子とは、おしかたのことじゃ。人形を作る者が、土泥をよくととのえおきて、模《かた》に入れて造る。この譬は、近く人々目に見る事にて、しかも生死去来の相を解するには甚深なるじゃ。また板木を以て紙におすも、また*鋳工《ちゅうこう》が蝋形《ろうがた》を以て仏像などを作るも同じきじゃ。余文には、*蝋印《ろういん》の泥《でい》を印ずる如くともあるじゃ。

印子を以て泥に印ずる時、印ずると下へうつるとが、同一時同一相じゃ。中有もこの通りにて、この生縁の尽くる時が直に中有の初めにして、同一時同一相じゃ。泥は印子にあらず。印子は泥にあらず。泥と印子と、その体別なれども、必ず印子の模様が直《ただち》にこれ泥の模様じゃ。

現在の業と中有

その如く、此に作りなせし業相は中有に非ず。彼に顕わるる中有の姿は現在の善悪業相にあらず。今日の業相と中有の姿と、その体別なれども、現今の善悪業相が直にこれ

印子の泥を印する…泥を型（印子）に入れて、形をとる（印する）という意。印子＝印形。型。

鋳工…いもの師。鋳＝金属をとかして型に流し込む。

蝋印…＝封蝋。中国では封泥、西洋ではシーリングワックス。

中有の姿じゃ。印子と泥形《でいぎょう》とは、その模様文《もようもん》は一なれども、一と云うべからず。その泥形と印子とは異なれども、異と云うべからず。彼の中有の形と此の業相とは、必ず一様なれども、一と云うべからず。中有は中有、業相は業相なれども、異と云うべからずじゃ。

死有と中有

此の死時の刹那と、彼の中有の姿と、その同時に成ずることを、聖教に喩を以て明かして、「*秤《はかり》と錘《おもり》との低昂《ていこう》する如く」とある。秤を以て物の軽重を定むる時、右昂《あが》れば左低《た》る。左昂れば右低る。低《たる》と昂《あがる》と必ず同時じゃ。この生死去来の相もその如く、此に死する時が彼に中有の顕わるる時じゃ。

中有と生有

此の中有より彼の生有《しょうう》に赴くことも、また印子の泥を印ずる如くじゃ。中有の念相の如く、彼の生有を成ずる。これもまた秤錘《しょうすい》の低昂《ていこう》する如く、此の中有の滅するときが、直に彼の生有の最初じゃ。

秤と錘との低昂～…秤で物の重さを計る時に秤と錘とが互いに上下すること。低昂＝高いことと低いこと。

中有と業

此の死有は心識*晦劣《かいれつ》なれども、無量の善悪業、煩悩無明を具えて彼の中有にうつること、大船に*衆多《しゅた》の器財穀物を積んで*纜《ともづな》を解く如くじゃ。此の中有は*色身幽微なれども、また無量の善悪業、煩悩無明を具えて彼の生有に赴くこと、大船の衆多の器財穀物を積み貯《たくわ》えて、風帆《ふうはん》にまかせ往くが如くじゃ。

中有の期間

『倶舎《くしゃ》（論）』・『瑜伽《ゆが》（論）』等の所説に、中有の*人趣《にんしゅ》に赴く、必ず七日の内なり。もしその時、父母の因縁いまだ熟せざれば、死してまた生ず。この中有の寿命は七日に極まる。乃至七々四十九日には決定して生を受くるとある。余経に、*或は久《ひさしき》を歴るもあるということじゃ。

伝戒相承は、この二文共に障礙せぬじゃ。法の当相、諸の異説を合して一縁起の相じゃ。五年十年が*脩《なが》きでもなく、一日二日が短きでもない。ただこれ夢中の脩短《しゅうたん》じゃ。面白きことじゃ。

時の真実

晦劣…真っ暗でよわい。晦＝くらい。
衆多…多数。
纜…船をつなぐなわ。
色身幽微…身体がかすかで知りがたいこと。幽＝微＝かすか。
人趣…人間界。
久を歴るもある…四十九日以上の期間もあるということ。
脩…長。

過去・現在・未来の三世も、ただこれ妄心夢中、色々と現ずるのみにて、元来実体なきじゃ。これ等のこともよく思惟すれば、*廓然《かくねん》として*開解《かいげ》せねばならぬ。

一日二日が短くもなきことを知れば、今日も法と成り来るじゃ。明日も法と成り来るじゃ。夜も法と成り来るじゃ。昼も法と成り来るじゃ。刹那の間も法と成り来るじゃ。五年十年百年千年が脩《なが》くもなきことを知れば、五年十年も法と成り来るじゃ。百年千年も法と成り来るじゃ。未来の未来際までも法と成り来るじゃ。

この法というは*羸劣《るいれつ》の法ではない。諸仏の無上正覚の法じゃ。夢を以て譬えば、夢中に五年十年の事を見る。覚め来れば暫時《ざんじ》の間《あいだ》じゃ。元来夢というものは想念の所現なれば、世間の事実に当ててその脩短を云われぬものじゃ。

人間界と中有の時間

中有もこれに類して、ただ*業相転変の久近《くごん》なれば、現今人間世界の年月に当てられぬことじゃ。この人間世界の日月年時は、ただこれ人間世界の日月年時にして、中有の脩短ではない。中有の脩短は、ただこれ中有の脩短にして、人間世界の日月年時ではない。一日二日が短きでもなく、十年二十年が脩きでもなく、縁来らざれば一刹那の間に数十年を経るじゃ。縁来れば数十年も一刹那に摂し来りて即ち生ずるじゃ。元来業相の転変

廓然…心がからりと開けるさま。
開解…心が目覚める。

羸劣…羸＝劣＝おとる。

業相転変の久近…時間も元来実体がないものであるから、業の違いによって時間の長さが異なって現われる。

は実体なきものじゃ。中有の長短も、現今の長短も、*電光を尺《しゃく》として陽炎《ようえん》をはかる如くじゃ。

空間の真実

この中有の法として、たとい千里万里を隔つるも、その有縁の生処《しょうじょ》を見る。その声を聞く。たとい中間《ちゅうげん》に*そこばくの国土あり、山川聚落《じゅらく》あるも、みな畢竟じて*亀毛兎角《きもうとかく》の如くじゃ。その中間に百千の*衆庶《しゅしょ》、万億の人民あるも、みな畢竟じて亀毛兎角の如くじゃ。ただその因縁のある処が、我が眼のおよぶ処。わが眼の及ぶところが、我が生死のある処じゃ。

譬《たとえ》にて云わば、この処に安臥して、夢中に出羽・奥州の事を見る。長崎・対馬の事をもみる。その中間の山川聚落人物は、何ほどあっても亀毛兎角の如くじゃ。縁起元来不可思議じゃ。千里万里が遠きでもなく、*隣里郷党が近きでもない。元来法は遠近《おんごん》を離れたるものじゃ。面白きことじゃ。十方世界種々国土あるも、妄心夢中に色々と現ずるばかりで、実体なきじゃ。

これもよく思惟すれば、廓然として開解せねばならぬじゃ。百里千里が遠くなきことを知れば、支那・天竺も法と成り来るじゃ。新羅《しらぎ》・百済《くだら》も法と成り来るじゃ。見ぬ*もろ

電光を尺として〜…稲妻で陽炎を計る。実体がなく、夢のように不確かなこと。

そこばく…たくさん。

亀毛兎角…存在しないものの喩。

衆庶…多くの人々。庶民。

隣里郷党…近くのむらざと。

もろこし…唐土。日本から中国をさして呼んだ名。

こしが法と成り来れば、名を聞かぬ世界も法と成り来るじゃ。

眼前咫尺*《ししゃく》が近きでもなきことを知れば、隣里郷党も法と成り来るじゃ。五尺の小身も法と成り来るじゃ。目に見えぬ微塵極微《ごくみ》も法と成り来るじゃ。この法というは羸劣《るいれつ》の法ではない。諸仏の無上正覚の法じゃ。

夢中に百里千里の事を見るも、ただこれ方寸*の中の転変と云うべきことじゃ。この方寸も、元来規度*《きたく》を以て度るべきならねば、方寸が近きでもなく、百里千里が遠きでもない。

中有の空間

中有もかくの如く業力の牽《ひ》く処は、百里千里もただこれ眼前じゃ。因縁なきところは、咫尺も千里じゃ。眼前が近きでもなく、百里千里が遠きでもない。現今の境界も、中有の境界も、元来游糸*をのべて春風を繋ぐ如くじゃ。

その中有の眼根は、天眼*の如く、障礙*の外《そと》を視るとある。不思議なるものじゃ。眼根に見ゆる処が生処《しょうじょ》の国じゃ。その国土の中に、次生*《じしょう》の禄位官爵、君臣朋友、苦楽昇沈が定まるじゃ。この国土と中有の念相と、一と云うべからず、異と云うべからず。国土のある処は即ち念の生ずる処。念の生ずる処が即ち生処じゃ。一期《いちご》の苦楽昇沈じゃ。その

咫尺が近き…距離が非常に近いこと。咫＝八寸。尺＝十寸。周の長さの単位。
方寸…一寸四方。心をさしていう。
規度…きまった尺度ではかる。
游糸…かげろう。
天眼…六神通の一。あらゆるものを見通す能力。
障礙の外を視る…障害物の向こう側を視る。
次生…生まれ変わった次の一生。

処に心相が移り往くこと、天上の月の水中に影を移す如くじゃ。この国にたとい百千万の家はあるべきなれども、余はこの眼の所見ではない。ただその所生の家が、この中有眼根の所見じゃ。その所見の家が即ち生処の定まる所じゃ。

生有の条件

この中に、次の生、一期の氏族・貧富、威勢・高下*定まるじゃ。この家姓《かせい》・氏族《しぞく》と中有の念相と、一と云うべからず、異と云うべからず。この家姓・氏族が即ち念の生ずる処、念の生ずる処が即ち次生の生処じゃ。

その家にたとい百人千人あるも、余人はこの中有の所見ではない。ただその父母のみ目に見ゆるとある。この時兄弟姉妹・嫡庶《*ちゃくしょ》の分際が定まる。

親子の因縁

この父母と中有の念相と、一と云うべからず異と云うべからず。この父母が即ち中有の念相の生ずる処、念の生ずる処が即ち次生の生処じゃ。その時中有の念相に、必ず父母に於て親愛の念が起こるとある。この中有衆生の親愛の起こる時が、その父母交会《*きょうえ》親愛の心と、必ず同時じゃとある。これもその父の親愛の心、母の親愛の心、その子の

高下…地位の高低。

嫡庶…嫡出子（正妻が生んだ子）と庶子（正妻以外の女性の生んだ子）。

交会…男女の交わり。

親愛の心が、一と云うべからず異と云うべからずじゃ。この父母交会が即ち中有念相の生ずる処、中有念相の生ずる処が即ち次生の生処じゃ。

何故かくぞ。元来一切衆生は平等平等なるものじゃ。この平等法の中に、縁来れば生ずる。縁去れば滅する。違縁なれば互いに瞋恚を生ずる。順縁なれば互いに親愛を生ずる。この因縁転変は、本来の自性には相関わらぬことなれども、生死去来の中には、決定して免れぬじゃ。この中、親子因縁の会遇《えぐう》するときは、必ず父も母もその子も、親愛の心が同一時に至極するということじゃ。これも経論の中に、多くはその中有の差別ありて、男子に生ずる者は、父に恚《い》を起こし母に愛を起こす。女子に生ずべき者は、父に愛を起こし母に恚を起こすという文もあれども、伝戒相承の義は、且く父母共に親愛を生じて託胎する義に順ずることじゃ。

この親愛の心相応する時は、その父母の衣服相好《えぶくそうごう》も、中有眼根の所見ならず。ただ父母の身支*のみ、この中有眼根の境界となり来るということじゃ。この父母の身支と中有の念相と、一と云うべからず異と云うべからず。父母の身支が即ち中有念相の生ずる処。念相の生ずる処が、即ち次生の生処じゃ。

中有の色心は微昧《みまい》なれども、大船《たいせん》の衆多の器財・穀物等を載せて、風帆《ふうはん》に随い湊《みなと》には*せ入る如く、過去善悪業、一切智愚・賢不肖、福禄・患難《げんなん》等の種々の業相《ごうそう》を、のこさず

身支…身体の部分のことで、男女の二根をさす。『倶舎論』・『婆沙論』等に詳しい。

はせ入る…馳せ入る。急いで入る。

*任持し来りて、この*生有に赴くことじゃ。この時父母血分《けっぷん》の二滴《てき》が、直《ただち》にこの中有眼根の境界、過去業相の依り処、この生の姿じゃ。この父母の血分と中有の念相と、一と云うべからず異と云うべからず。父母の血分が即ち中有念相の生ずる処。中有念相の生ずる処が即ち次生の生処じゃ。一生色身の強弱《ごうにゃく》、相好《そうごう》の好醜《こうしゅ》、身の長短、智恵愚痴、徳相貧相、煩悩の厚薄、*報障《ほうしょう》等の差別、大抵この処に定まるじゃ。

生有の出現

この時、中有滅して生有と成り来る。これも託胎の初めと中有の終わりとが同一相にして、印子《いんす》の泥《でい》を印ずる如くじゃ。印子は泥にあらねども、印によりて泥形《でいぎょう》が定まる。中有の福徳・智恵、煩悩・業相を、*取りもなおさずこの生有が現ずるじゃ。土泥は印子にあらねども、印子の模様をそのままにうつして、少しも相違せぬじゃ。生有の煩悩・智恵、福徳・業相、みな中有の任持し来る通りじゃ。

この中有の滅すると生有の初めとは、全く同一時で、秤錘《しょうすい》の低昂《ていこう》するが如く、いずれを先とも、いずれを後とも云うべからずじゃ。前の死有の終わりと中有の初めと、同一時同一相にして、一と云うべからず異と云うべからざる如く、今の中有の終わりと生有の初めと、同一時同一相にして、一と云うべからず異と云うべからずじゃ。

任持…たもつこと。
生有…生まれる瞬間。
報障…業報による障り。
取りもなおさず…取りも直さず＝それがそのままに。

生有と業

初め託胎の姿は至って微味《みまい》なれども、この一生の苦楽昇沈、芸の巧拙《くせつ》、運の強弱、みなこの処に具足するじゃ。能々《よくよく》思惟すれば面白きことじゃ。

胎内の五位*、みな過去世の業相の通りに成熟《じょうじゅく》する。十月満じて生まれ出ずる。父母も何底《なにてい》の物が生まれ出ずることを知らず。その子も何底の処に出ずることを知らず。ただ業力装飾《*ごうりきそうじき》して、この一期《*いちご》の報身《ほうしん》を成ずることじゃ。この中少分は、その父母の善悪現*縁によりて、その子の相好・智恵も転変し、その母の行・住・坐・臥、飯食《ぼんじき》・衣服《えぶく》、志《し》性《しょう》・作業《さごう》によりて、その子の身相の好悪《こうあく》・康羸《*こうるい》も転ずべきなれども、大抵は業相自《おのずか》ら一定して、この世に出生《しゅっしょう》するじゃ。

出生の後、父母の乳養《にゅうよう》、飲食衣服《おんじきえぶく》等の差別、家の貴賤、身の貧富、作業の高下、交友の親疎、身の労逸、心の憂喜、芸の巧拙、力の強羸《*るい》等、みな目に見る通りじゃ。

この中、居*は気をうつし養は体をうつす。乳哺・飲食・衣服等のそだてによりて、身の壮健羸劣《るいれつ》も分かるれども、その大体は業相成熟《ごうそうじょうじゅく》したことは改まらぬものじゃ。看よ、親戚心を尽くして育つる小児に、病身短命なる者もあるじゃ。継母《ままはは》などの憎み恚《*ふずく》んで育つる小児に、壮健長寿なるものもあるじゃ。

胎内の五位…母体内にある二百六十六日間を、生長の次第によって五つの状態に分けたもの。『倶舎論』胎外五位（人の一生を五つの状態に分けたもの）の対。

業力…前世に行った行為が結果を引き起こす力。

一期の報身…業報による一生の身体。

善悪現縁…現世の善悪による因縁。

康羸…健やかであるか虚弱であるか。

強羸…強弱。

居は気を〜…「居移気、養移体」『孟子』尽心篇

恚んで…恨んで腹を立てる。

善悪業の決定

周の先《せん》の*弃《き》は、母が林中・水上・*隘巷《あいこう》に棄《すつ》れども、鳥獣が*覆育《ふいく》すと云う。徐の偃王《えんおう》は、母が*水浜《すいひん》に棄て置くに、犬来りて覆育すと云うじゃ。この類古今少なからぬじゃ。*習与レ性成トる。父母・師長、教導の力によりて、善より善に移れども、その大抵は業相成熟し来ったことは遷されぬものじゃ。*堯《ぎょう》の子に丹朱、*舜の子に商均が出る。また*瞽瞍《こそう》が子に舜もあり、*鯀《こん》が子に禹《う》があるということじゃ。

今日現在になす事慎むべきじゃ。智者は善悪の業、*毫釐《ごうり》差《たが》いなきことを知る。君に忠を竭《つ》くし、父母に孝を尽くして、君親《くんしん》の*歓《かん》を得るときが、直に我が福徳の定まる時じゃ。君を蔑《ないがし》ろにし、父母を蔑ろにし、師教に*悖《もと》りて、君・父・師僧の憂戚を生ずる時が、直に我が*悪業苦報の成就する時じゃ。後学を教導して、その*慧解《えげ》を生ぜしむる時が、直に我が生々《しょうじょう》の処、*慧業《えごう》の成ずる時じゃ。鳥獣を殺すに、彼が苦の至極する時が、直に我が生々夭折の報の成就する時じゃ。

六趣の中有と輪廻

弃…＝后稷（こうしょく）。周王朝の始祖。后稷は農耕を教え、後世、農業神ともされる。
隘巷…狭い路地。
覆育…守り育てる。
水浜…水辺。
習与性成…習慣によって生まれついた性質と同じようになる。『書経』
堯の子に丹朱…丹朱は不肖の子であったので、堯は帝位を舜に譲った。
舜の子に商均…商均は不肖の子であったので、舜は帝位を禹に譲った。
瞽瞍…盲目。舜の父親は目が見えなかった。
鯀…禹の父親。治水に努めたが失敗し、舜に誅された。その子禹が治水事業を継承した。
毫釐…きわめてわずかなこと。
歓…よろこび。
悖りて…反して。
悪業苦報…＝悪因苦果。善因は楽果。
慧解…知恵をもって、真実が明らかになること。
慧業…智慧によって生ずる善の行為。

地獄も餓鬼も畜生も諸天も、その苦楽昇沈は懸《はるか》に違うじゃなれども、その*業種子《ごうしゅうじ》の成就する、中有の現ずる、その道理は同じきことじゃ。

経論の中に、諸天の中有は、頭《かしら》を上《かみ》にして生ずる。人間等の中有は、鳥の飛ぶが如く*傍《かたわら》に往《ゆ》く。地獄の中有は、頭を下《しも》に向けて、高きより堕《お》つるが如くとあるじゃ。また諸天に生ずる中有は、浄妙の珠《たま》の如く、或は音楽等を聞き、或は浄妙の香を嗅ぎ、或は清涼《しょうりょう》の風に触れて、*適悦《ちゃくえつ》の楽を得るということじゃ。

人間等は、苦楽相雑《あいざっ》し、浄穢相雑すとある。その中福徳の人は楽多く、無福の者は苦悩多きとある。地獄等の中有は、或は熱風に迫り、寒風にくるしみ、或は恐怖の相あり。或は*炎焔囲繞《えんえんいにょう》するとある。経論の中に、この*三界二十五有、共に必ず*愛を以て受生《じゅしょう》す。諸天に生ずる者は、彼の浄妙の宮殿《くうでん》楼閣を見、或は舞楽・管絃に心を寄せ、或は林樹・浴池等を見て生を受く。地獄等に生ずる者は、寒風になやまされ、火光の処に愛を生じて、*八熱《はちねつ》の地獄に往き、或は熱風に遂われ、清涼の池を求めて、*八寒《はっかん》の地獄に生を受くるとある。多婬の者が、*剣樹上に美女子を見て、これに念を繋《か》けて苦を受くるなどの事が説きてあるじゃ。餓鬼・畜生もこれに準じて、*初生の時は、必ず彼の境界に*愛心を起こして生を受くるということじゃ。我相によって業を貯《たくわ》え、愛心によって受生するは、一切凡夫の通相じゃ。

業種子…善悪の行為によって心（阿頼耶識）に植え付けられた種子。

傍…横になっていること。＝並。

適悦…触れることによって起こるよろこび。

炎焔囲繞…炎に囲まれること。炎＝焔＝ほのお。囲繞＝取り囲むこと。

三界二十五有…三界をさらに二十五に分けた生死の世界。欲界に十四、色界に七、無色界に四の世界。三界は本書九頁に尊者が説かれている。

愛…愛著。執着。

八熱の地獄…熱気で苦しめられる地獄の総称。『大智度論』

八寒の地獄…寒冷に責め苦しめられる八種の地獄。

剣樹上…葉が剣の樹。

初生…初めて生まれたとき。

愛心…愛著の心。

十善法語　巻第十一　終

不邪見戒　下

業報は周知の事実

善悪報応の空しからぬことは、古今聖賢の通義*じゃ。『易』に、「積善《せきぜん》の家には必ず余慶《*よけい》あり。積不善の家には必ず余殃《*よおう》あり」と。看よ、世間俗中すらかくあるじゃ。この言《ことば》が虚《こ》ならずば、業果《ごうか》あるも信ぜらるる。正知見にも近かるべきじゃ。たとい未だ三世あることを知る地位《じい》に至らずとも、邪見とは云われぬじゃ。

また孔子の『家語《けご》』に、「子貢問《テ》㆓於孔子《ニ》㆒曰《ク》、死者有《リヤ》㆑知《ルコト》*乎、将《はタ》無《キカ》㆑知《ルコト》乎。子曰《ク》、吾欲《セバ》㆑言《ハント》㆓死之有《リト》㆒㆑知《ルコト》、将《タ》恐《クハ》孝子順孫妨《ゲテ》㆑生《ヲ》以送《ラン》㆑死《ヲ》。吾欲《セバ》㆑言《ハント》㆓死之無《シト》㆒㆑知《ルコト》、将《タ》恐《クハ》不孝《ノ》之子棄《テテ》㆓其親《ヲ》㆒不《ン》㆑葬《ラ》。賜欲《セバ》㆑知《ラント》㆓死者有《ル》㆑知《ルコト》与《とヲ》㆒㆑無《キ》㆑知《ルコト》。非《ズ》㆓今之急《ニ》㆒。後自《ラ》知《ラン》㆑之《ヲ》」とある。

これ等面白きことじゃ。

経中にも、世尊は十八難*を答えたまわずとある。死後去ることあり*去ることなきは、

通義…だれにでも通用する道理。

余慶…＝余福。先祖の善行のお陰が子孫に及ぶこと。

余殃…天罰。とがめ。殃＝災い。

死者有知乎…死者の認識能力の有無について孔子はいずれ分かる、と答えている。尊者の『麁細問答』では「孔子の答えは両端を持す、模稜（曖昧でどっち附かず）の手なり」とある。

十八難…十八の無記のこと。無記とは、質問には黙して答えなかったこと。釈尊は形而上学的な問いに答えなかった。記＝決定すること。

死後去ることあり〜…この一文は、尊者の死後の世界・輪廻の存在に対する確固たる信念が述べられたものとして重要。釈尊が死後の存在を質問された時に答えなかったこと（無記）への解釈でもある。

自知せしむべき趣じゃ。

『漢書《かんじょ》』などに、*李広《りこう》は才気無双なり。*匈奴《きょうど》号して漢の飛将軍《ひしょうぐん》と云う。*文帝賞嘆していわく、「*国初《こくしょ》に出でば万戸侯《ばんここう》豈《あに》云うにたらんや」と。初め呉楚の反《はん》せし時より、匈奴に事《こと》あるころ、大小七十余戦、いたる処に功あり。然れども*爵邑《しゃくゆう》を得ず。官*九卿《きゅうけい》に過ぎず。老年に及んで、大将軍衛青《えいせい》に従うて匈奴を伐《う》ちしとき、道に迷うて期限に後《おく》る。大将軍人を遣わして、「失軍の*曲折を朝廷へ奏すべし。幕府に参りて*簿《ぼ》を上《たてまつ》れ」と云う。これを憤《いきどお》りて*自刎《じけい》す。李広嘗《かつ》て*望気《ぼうき》王朔《おうさく》と*燕語《えんご》す。「漢匈奴を撃ってより已来、我れ必ずその中にあり。諸*部校尉已下、*材能《ざいのう》中人に及ばざる者すら、軍功を以て侯を取る者数十人。我れはこの人に後れねども、終に尺寸の功の封侯《ほうこう》を得べきなきは何故ぞ」と。王朔いわく。「君自ら省みよ。心の中に*悔恨《けこん》あるべし」と。李広いわく。「我れ隴西《りょうせい》の太《たい》守《しゅ》たりしとき、羌《きょう》を伐つ。その時降る者八百余人を*誘《いざの》うて、同日に殺す。今に至るまで悔恨す」と。王朔いわく。「*禍は已に降る者を殺すより大なるはなし。これ将軍の侯を得ざる所以《ゆえん》なり」と。これ等の事実も、拡《おしひろ》め思惟せば、業果あることも信ぜらるるじゃ。

また前漢の*于定国《うていこく》が父于公《うこう》が、この門より*駟馬《しば》の車を出すべきぞと。漢の*鄧禹《とうう》が、吾れ百万の兵に将として、未だ嘗て妄りに一人を殺さず。後世必ず興る者あらんと。于公が後は于定国が封侯を得る。鄧禹が後は鄧皇后が国母となったじゃ。この類古今多き

李広…前漢時代の将軍。文帝・景帝・武帝に仕えた。**匈奴**…モンゴル高原の北方民族。**文帝**…前漢の第五代皇帝。**国初に出でば～**…高祖の時代に生まれていれば、万戸侯（一万戸ある土地を領する諸侯）になっていただろう。**爵邑**…爵位と領邑（領地）。**九卿**…二千石の大臣。**曲折**…複雑な事情。**簿**…報告の文書。**自剄**…自分の首を切ること。剄＝くびきる。**望気**…雲の気を観る占者。**燕語**…くつろいで語る。**部校尉**…一部隊を率いる将校。**材能**…働きと能力。**悔恨**…後悔すること。**誘う**…そそのかす。**禍は已に～**…已に降った者を殺すより大きな禍はない。それが将軍が侯を得られない理由。**于定国**…前漢時代の政治家。**駟馬の車～**…「于公高門」（故事）。積善の家の子孫が繁栄すること。于公は自分の善行で家門が繁栄すると思い、四頭立て馬車が入る大門に造り変えた。**鄧禹**…後漢の武将。

じゃ。

正法の東流《とうる》せぬ已前も、道はかくれぬじゃ。*仏出世《ぶつしゅっせ》にもあれ、仏未出世にもあれ、*蔽《おお》うて蔽われぬじゃ。

鬼神の存在

また鬼神というもの、これも蔽うて蔽われぬじゃ。隠《かく》して隠されぬじゃ。古人が*幽にして鬼神となり、明にして人となると云うも、且《しばら》く人間肉眼より云う言葉じゃ。*三界夢《む》裡《り》の差別《しゃべつ》、何れの処か幽暗ならざるべく、*法性等流《ほっしょうとうる》の縁起、何れの処か顕明《けんみょう》ならざるべきじゃ。

人中修善《にんちゅうしゅぜん》の事多ければ善神力を得る。人中悪事増上すれば悪神便《たより》を得る。なしと云うべからずじゃ。聖文《しょうもん》に「*十八空の般若は*十六善神の*威耀《いよう》を得る処、*五篇七聚《ごへんしちじゅ》の*律儀は*護戒神の*安身立命《あんじんりゅうみょう》する処」とある。この縁ありて鬼神跡を隠す。*辺鄙《へんぴ》の処に、別に鬼路ありて鬼国に赴く。明医の来るを知りて、病鬼が走り隠るる類じゃ。この縁ありて神祇人中に顕わるる。

『左伝』荘公三十二年に、神*虢《かく》の地に降る。恵王が*内史過《ないしか》に問う。「これ何故ぞ」。対《こた》えていわく。「国之将ニレ興ラントスルヤ 明神《めいしん》降ルレ之ニ。監ミルナリ二其ノ徳ヲ一也。将ニレ亡ビントスルヤ 神又降ルレ之ニ。観ルナリ二其ノ悪ヲ一也。

仏出世にもあれ〜…経典にも説かれる表現。尊者はしばしばこの語句を引き、仏説は本来存在している真実を説いただけだと強調される。　**蔽うて〜**…真実は隠しても隠しきれないこと。　**幽に〜**…「明なれば則ち礼楽有り、幽なれば則ち鬼神有り」『礼記』楽記篇　**三界夢裡の差別**…この世に実体がないのは夢と同じであるが、そこに差別をつくりだすこと。その行為が即ち三界の迷い。　**法性等流の縁起**…＝法性縁起。法性そのものが縁によって現われ出ているということ。　**十八空**…空を十八の方面から示したもの。『大智度論』　**十六善神**…『般若経』とその誦持者を守護する善神。　**威耀**…厳かな輝き。　**五篇七聚**…比丘・比丘尼戒を五科七類に分類したもの。　**律儀**…善行。　**護戒神**…戒を守護する善神。　**安心立命**…天命に身を任せて落ち着いていること。　**辺鄙**…辺境の地。　**虢**…周代の国名。　**内史**…古代中国の官職名で首都近辺の長官。

故《ニ》有《リ》二得《テ》レ神《ヲ》以《テ》興《リ》亦以《テ》亡《ブル》一。虞夏商周皆有《リ》レ之」と。

信を能入とす

『中庸』にも、「国家将《ニ》レ興《ランスルヤ》 必有《リ》二禎祥*一。国家将《ニ》レ亡《ビントスルヤ》 必有《リ》二妖孼《*ようげつ》一」と。初心の者は、これ等を信ぜよ。次第に正知見を得る基となるじゃ。

ここに信ずると云うは、律儀《りちぎ》に聖賢の書を信受*するじゃ。或は理を拡《おしひろ》めて信ずることじゃ。その理を決択《けっちゃく》するはただ聖賢にある。凡夫のまねをすべきでない。ある人が著わせし『鬼神論』*という書に、これを宋儒の理学に安排布置して云うた。みな閑言語《*かんごんご》じゃ。兎角因果報応を信ぜねば、世間は暗闇じゃ。云えば云うほど理屈のみじゃ。

鬼神と死後の世界

『論語』に、子路が鬼神に事《つか》えんことを問う。孔子の答に、「未《ダ》レ能《ハ》レ事《フルコト》 人《ニ》焉能《ゾク》事《ヘン》レ鬼《ニ》」と。敢て死を問う。「未《ダ》レ知《ラ》レ生《ヲ》焉知《ランヤ》レ死《ヲ》」と。看よ、後儒《*こうじゅ》の云う如く、一気《いっき》飄然《*ひょうぜん》、泯然《*みんぜん》として尽くるというようなる浅近《せんきん》の理ならば、孔子が直に子路に告ぐべきことなれども、十哲の中の子路にだに告げぬからは、この中別に深趣《じんしゅ》あって存すと知るべきじゃ。今の儒者書生の当りまえにて云わば、孔子の子路にだに告げぬことは、措《*おい》て

禎祥…めでたいことが起こるしるし。
妖孼…禍の兆し。
信受…素直に受けとること。
『鬼神論』…新井白石著。
閑言語…無用な文字言語。
後儒…後代の儒者。
飄然…ぶらりとさまようさま。
泯然…ほろびるさま。
措て…そのままにしておく。

論ぜぬがよい。鬼神の事は、ただ経伝を信ずるがよい。たとい仏法を信ぜずとも、君子たることを妨げぬじゃ。

『論語』に、「不レ語《ラ》二*怪力乱神《ヲ》一」とある。学者の心を用うべき処ぞ。『墨子』に、「鬼神之明二智《ナル》於聖人《ヨリ》一、猶《ホ》シ三聴耳明目《ト》之与《ノ》二聾瞽《ろうこ》一也」と。『老子』に、「*神《ハ》得《テ》レ一《ヲ》以《テ》霊」とある。これ等みな面白きことじゃ。神祇あることが信じて信ぜらるるじゃ。

三世にわたる因果

この善悪報応・神祇等は、*内外聖賢の通語なれども、三世に亘りて明了なることは、ただ仏法の中にのみあるじゃ。もし現世に鬼神の*故に通じ、因果の奥に達し、聖智見を得ようと思わば、ここにこの道があるじゃ。この道は外に向かって求むることではない。現今*人事の中にあるじゃ。事物の上にあるじゃ。今時*軽躁《きょうそう》なる者の癖として、好んで*高遠の理を談ず。違うたことじゃ。高遠の理は、多く*虚頭《こず》に走りて、実修行にはならぬ。*仏世及び賢聖の趣をたずね看よ。高遠なることはいらぬじゃ。

身体に対する不浄の観想

先ずこう憶念せよ。現今我が五尺の形骸《ぎょうがい》は、肉血の*おしまろかれた物じゃ。生じ出ず

怪力乱神…不思議なこと・力が強いこと・道理を乱すこと・鬼神のこと。
神得一以霊…神は一を得たので霊妙である。「一」＝物のはじめ。物の極まったところ。
内外…仏教と仏教以外。
故…由縁。
人事…この世の事がら。
軽操…軽々しくて騒がしい。
高遠…高尚で奥深い。
虚頭…うそ。「頭」は助辞。
仏世…仏在世。釈尊がこの世におられたとき。
おしまろかれた物…おし丸めて玉にしたもの。

る時より死し去る後の後まで、膿血、不浄臭穢《しゅうえ》の日夜に流れ出ずる物じゃ。これに極まったことじゃ。たとい*張儀《ちょうぎ》・蘇秦《そしん》が弁を以て、*さなきと云い回しても、言い消されぬじゃ。先ずこれを決徹して疑わねば、聖智見を得《う》る基となる。断常二見の深坑《じんきょう》を超過する。一切の名利はこの処に脱却する。一切の*我慢勝他はこの所に脱却する。一切の*五欲執著はこの所に解脱するじゃ。この名利五欲・我相を脱するとき、雲霧《くもきり》*霽《は》れて朗月を見る如く、人道もここに明らかに、天命もここに明らかなり。実智慧の光明*沙界《しゃかい》を照らすじゃ。高遠ならずしてしかも誠に高遠なることじゃ。

この衆《しゅ》*不浄聚《ふじょうじゅ》の外面《げめん》、一重《いちじゅう》の*引きつらなりたるを薄皮《はくひ》・厚皮《こうひ》という。濁水《じょくすい》の泡の如く、豆腐のゆばの如くじゃ。この一重の皮が裹《つつ》み覆《おお》うて、且く内《うち》の穢《けが》らわしきを蔵すを人間のありさまとす。世の軽躁なる者が、その皮のみを見て、膿血《のうけつ》・諸《もろもろ》の不浄を憶念せぬを迷と云う。この内外の臭穢《しゅうえ》なる物を、外の荘厳具《しょうごんぐ》、外の香気などを仮りて、且くまぎらわし置くを、通途世間人間のありさまとす。軽躁なる者が、この仮借《けしゃく》の荘厳具・香気ばかりを見て、本体の臭穢を憶念せぬを迷と云う。この外面の薄皮、内の肉血と相《あい》映《えい》じて、色の黒白《こくびゃく》分かるる。このただ上つらの身色のみを見て、本体の肉血・薄皮・厚皮を忘れ居るを迷と云うじゃ。

この肉血臭穢の余分が、地上に*荻《おぎ》・薄《すすき》の生《お》うる如く、頭上に茂り生ずるを髪という。

張儀・蘇秦…共に戦国時代の縦横家（巧みな弁舌で外交問題を論じる雄弁家）。
さなき…そうでない。然なき。
我慢…自己の中心に我があると考え、その我をよりどころとして心が驕慢であること。思い上がり。
五欲…五官の貪り。
霽れて…雲・霧がなくなること。
沙界…恒河沙(ごうがしゃ)の世界。恒河沙とは数が多いこと。恒河とはガンジス河のこと。即ち、ガンジス河の砂のように多い、の意。無数。
不浄聚…不浄のものがよりあつまっていること。
引きつらなりたる…つながっている。
荻・薄…共にイネ科の植物。荻は水辺に生え、薄は内陸に生える。

地上に石ごらのある如く、手足十指の端に堅まり布《し》くを爪という。この頭上の髪が、荻・薄の乱るる如く、藤蔓《ふじかずら》のはいまとわるる如くなるによって、収め束ねねばならぬ。この二十指の爪が、石ごらの尖《とが》り立つごとく、茨《いばら》の針の物に掛かる如くなるによって、剪《き》り調えねばならぬ。これ等収め束ねたる姿を見て、本体の髪を忘れ居る。剪り調えたる形を見て、本体の爪を忘れ居るを迷という。言わば糞中の虫の自ら不浄なるを知らぬ如く、*蚯蚓《きゅういん》・螻蟻《ろうぎ》の自ら醜《みにく》きことを知らぬ類じゃ。この薄皮・厚皮、もとより堅実ならず。この不浄を裹《つつ》み貯《たくわ》うるに堪えがたく、日夜に不浄を漏らし出す。耳に*聒聹《がつでい》ある。鼻に*洟汁《いじゅう》ある。目に涙ある。口に涕唾《ていだ》等ある。総身に汗《かん》・垢《く》・汚《お》ある。下に大小二便ある。この漏れ出ずる諸の不浄は、取り収めねばならぬ。その取り収めようの*精《くわ》しきが上段の者じゃ。その収めようの精しからぬが下段下等の人間じゃ。上下の差はあれども、不浄聚《ふじょうじゅ》に違いなきじゃ。

人間世界の不浄

この不浄聚が、糞聚《ふんじゅ》に虫の生ずる如く、大地上に衆多《しゅた》あつまり生育するを、人間世界と名づく。迷う者は、此の不浄聚を彼の不浄聚に対して、一切名利に使わるる。一切の我慢勝他に悩まさるる。一切の五欲に執著する。博学*俊邁《しゅんまい》も、高官貴人も、勇力《ゆうりき》*剛《ごう》

蚯蚓・螻蟻…ミミズと虫けら。螻＝ケラ。蟻＝アリ。

聒聹…聒＝聞き入れない。聹＝耳垢。耳が聞こえなくなる耳垢、の意か。

洟汁…鼻液。洟＝はなじる。

精しき…くわしく細やか。

俊邁…才知がすぐれている人。

剛勁…強い。剛＝勁＝強い。

勁《きょう》も、これに覆わされて、*自己法性の智慧を昧《くら》ます者が、謂《いわ》ゆる憐《あわれ》むべき衆生じゃ。

虫聚の身体による迷い

また経中に、「人の身中、臓腑・骨肉、皮膚の間、処々に虫ありて住す。常に八万戸の虫ありて、日夜*唼食《しょうじき》して、暫くも止むときない」とあるじゃ。この虫のかたまりに臭皮一重を著せて、人間と名づくる。飲食も、目に見、口に入れ、喉を通るまでを、且く人間の食とす。身内に入り竟《おわ》れば、この衆多《しゅた》*蠢蠢《しゅんしゅん》たる虫の争い食する所となる。この虫の余分が血となり肉となり、二便ともなり、暫く総身を養うて、目が見る、耳が聞く、舌が動く。この処に人間は虫の所作あることを知らず。虫は人間のあることを知らず。ただ憍慢・貪・瞋のみを*逞《たくま》しくしおるじゃ。

この不浄聚肉血のかたまり物が、元来かくあるによって、日夜ただ苦悩し、飢渇・寒熱、常に相倶《とも》のうて相離れぬ。一切憂愁《うしゅう》常に随逐する。これに極まったことじゃ。たとい*富楼那《ふるな》の弁を以て云いまわしても、言い消されぬことじゃ。

先ずこの事を*決徹して疑わねば、*聖智見を得る基となる。この飢渇あるを、飲食を以て且《しばら》くまぎらわし、寒熱あるを、衣服を以て且くまぎらわして、暫《しばら》く世に住するじゃ。その飢渇を止《やむ》る飲食《おんじき》が、腹内の臓腑諸虫に相応するに就いて、口中《こうちゅう》舌上に味の現ずる

自己法性の智慧を昧ます…生まれながらに智慧が具わっていることを知らない者。

唼食…食物をくらう。唼＝すする。くらう。真言宗では食堂で虫食偈を誦える。「我身中有八万戸　一々各有九億虫　済彼身命受信施　我成仏時先度汝」

蠢蠢…虫がうごめくさま。

逞しく…思うとおりにする。

富楼那の弁…釈迦十大弟子の一。説法第一。十大弟子中でも弁舌にすぐれていたとされる。

決徹して…迷うことなく。

聖智見…正智見。正見。

を楽と思うて、本体飢渇の苦を忘れおるを迷という。

衣食からの災

寒熱を防ぐ衣服が、且く身に*調適《じょうじゃく》なるを楽と思うて、本体の苦を忘れおるを迷という。或はこの飲食を貪りて、自ら疾《やまい》を招き、甚《はなは》だしきに至りては、*我他彼此《がたひし》を長じて、国家の乱にも及ぶ。衣服も種々に荘厳し、著用《ちゃくゆう》のよそおい、模様をのみ思う。甚だしきに至りては、*異底《いてい》を好み、*礼度を*僭《せん》して、自ら災害を生ずるようになりゆく。*寔《まこと》に悲しむべきことじゃ。浅間しきことじゃ。

日夜苦悩ある故、*難をさけ易《い》に就く。労を厭い*逸楽を求むる。凡情のありさまこうじゃ。*匆々《そうそう》として難を避けて、この難が避け得られぬ。*孳々《しし》として楽を求めて、この楽が求め得られぬ。

人生と病

更に内に臓腑の虚実《こじつ》、骨肉・皮膚の強弱ある。外に風寒・暑湿、時候の順不順ある。もしくは内縁《ないえん》、もしくは外縁《げえん》、種々の病を生ずる。この身あればこの病なしと云われぬ。病あれば種々の苦ある。人に*捶打《すいちょう》せらるるよりも苦しむ。上下貴賎・智愚共に目に見え

調適…調＝適＝かなう。
我他彼此…差別すること。
異底…変わった姿。異風。
礼度…礼の法度。礼儀。礼法。
僭して…下の者が身分を越えて上の者をまねる。いつわる。
寔に…実に。
難をさけ易に就く…困難をさけ安易に流れる。
逸楽…気ままに遊び楽しむ。
匆々…いそがしいさま。あわただしいさま。
孳々…一心にはげむ。孳＝はげむ。
捶打…鞭で打たれること。捶＝むちうつ。

たことじゃ。

この事を決徹して疑わねば、聖智見を得る基となる。断常二見の深坑《しんきょう》は、この中に超過する。名利五欲、我慢勝他は、掃尽《そうじん》して*纎芥《せんかい》を留めぬ。世外《せがい》に飄然《ひょうぜん》として、実に高遠なる場所ぞ。これを忘れて、外《ほか》の人交《ひとまじ》わり、世の栄衰、時の威勢、子孫・眷属等にまぎれいて、徒《いたず》らに時候を費し、今且く身《み》壮健なるを恃《たの》んで、諸の戯笑、遊び事に心をよせ、悠然として月日を過《す》ごすを迷というじゃ。

この五尺の身が、暫くは健かに、暫くは病悩し、平癒して壮健に復《かえ》るかと思えば、また諸の疾病《しつびょう》を生ずる。日を送り、月を送り、歳を累《かさ》ねて、何事かあると思えば、終に衰老に帰する。膚は皺《しわ》む。歯は落つる。鬚髪《しゅはつ》は白くなる。腰はかがむ。目は暗くなる。耳は遠くなる。これに極まったことぞ。

たとい智者の天地・古今の理に通達《つうだつ》するも、これを免れ得ぬ。勇者の力*万鈞《ばんきん》を挙げ、一人千人に当るも、これを免れ得ぬ。

この事を決徹して疑わねば、聖智見を得る基となる。断常二見の深坑は、この中に超過する。今日且く*少壮なるままに諸の戯笑・遊興に心をよせ、*悠然として月日を送るを迷というじゃ。

纎芥…細かいあくた。

万鈞…鈞＝三十斤。目方の単位。

少壮…年が若く元気がある。

悠然…本来は物事に動じないで落ち着いている、という意味であるが、ここでは、呑気に、というほどの意味。

人生と天災・人災

この身がかくの如く世界にある間に、或は水・火・風難に遇《あ》う。飢饉・闘諍《とうじょう》などに逢う。*王難・賊難に逢う。臣たる者は、*佞者《ねいしゃ》に隔てられて、忠義ありながら、身を亡ぼし家を敗る。君たる者は、*姦臣《かんしん》に欺かれて、国をあやまり身を危うくする。妻子・眷属、朋友・*隣里の間、十に八九は憂悩《うのう》じゃ。心に適《かな》わぬじゃ。或は大にもあれ、小にもあれ、敵という者も出で来る。古書にも、「*女《じょ》無《ハク》二美悪《ト》一、居《いテハ》レ宮《ニ》見《る》レ妬《ねたマ》。士無《ハク》二賢不肖《ト》一、入《ツテハ》レ朝《ニ》見《る》レ疑《ハ》」とある。威勢ある家は、鬼神その*短を求むる。才能ある士は、衆人憎み謗《そし》る。古今同様じゃ。

この事を決徹して疑わねば、聖智見を得る基となる。断常二見の深坑はこの中に超過する。

*愚蒙の者の習《ならい》として、世を怨《うら》み人を怨み、自ら愁《うれ》え他を悩ます。これを迷という。また且く栄耀全盛《えいようぜんせい》なるにまぎれて、諸の戯笑《けしょう》、遊《あそ》びごとに心を寄せて、悠然として月日を送るを迷という。

暫くは憂い来り、暫くは喜び来り、此の愁い去ればまた彼の愁い来り、この喜びごと満ずればまた余の願求《がんぐ》を起こして、日夜に怱々《そうそう》として止むことなきうち、遅きか早きか、終に*無常に帰する。世相かくの如し。極まったことぞ。たとい月は熱なり、日は冷なり

王難・賊難…国王の命令に背いたために受ける刑罰と賊に物を盗まれること。
佞者に隔てられ…邪な者に疎んじられて。佞＝よこしま。
姦…いつわり。よこしま。不正。
隣里…近隣の家々。
女無美悪〜…女子はその美悪にかかわらず、宮中に入れば嫉まれ、士は賢不肖にかかわらず、朝廷に入れば疑われる。
短を求む…威勢が続かないことを願う。
愚蒙…愚かで知恵がない者。蒙＝くらい。
無常に帰する…死んでしまう。

と云うとも、この事は云い消されぬじゃ。

これを決徹して疑わねば、聖智見を得る基となる。断常二見の深坑をこの中に超過する。今日も徒らに過ごし、明日《みょうにち》も徒らに過ごし、更に百年千年の営みを思うを迷という。多少*の人が、近きを棄てて*、遠きに走る。内を忘れて*外に求むる。邪見に堕《お》ちることじゃ。

心身の苦

この身あればこの念ある。身が先とも念が後とも、念が先とも身が後とも云われぬ。要を取りて云わば、小児《しょうに》の身あれば小児の心、大人の身あれば大人の心、男子《なんし》の身あれば男子の心、女人《にょにん》の身あれば女人の心じゃ。

この身心ありてこの苦ある。この身心が先ともこの苦が後とも、この苦が先ともこの身心が後とも云われぬ。要を取りて云わば、三尺の身あれば三尺の苦、五尺の身あれば五尺の苦じゃ。

憂悲苦悩も入道の基

この苦あればこの憂悩《うのう》ある。これも苦が先とも憂悩が後とも、憂悩が先とも苦が後と

多少…多いこと。少は助字。
近きを棄てて…現在の自己の課題を忘れて。
内を忘れて…自己の内に本来具わっている宝を忘れて、外に価値あるものを求める。

も云われぬ。要を取りて云わば、一念の心あれば一念の憂悲苦悩《うひくのう》。多念の心あれば多念の憂悲苦悩と相応する。五十年百年の念あれば五十年百年の憂悲苦悩と相応する。未来際の念あれば未来際の憂悲苦悩と相応する。この身心憂悲苦悩の処が、諸の賢聖入道の基となる。これ等は宿福深厚《じんこう》の人とともに語すべき処にして、名利五欲の人とともに言うべきに非ずじゃ。

身心去来の本源

この身心は何れの処より来り何れの処に去るぞ。何れの処に生じて何れの処に解脱するぞ。ただ大聖世尊のみ明了《みょうりょう》なる処にして、諸の賢聖の憶念修習する処ぞ。ここに一の疑いを生じて、決徹の場所*に至るを、大丈夫と名づくる。古人も大疑*のもとに大悟《だいご》ありと云う。ここに心を寄することを知らず。苦が来れば苦に悩まされて、苦の来処を知らず。妄りに*免れんことを思い量りて、種々妄念を長ず。世を謗り人を咎《そし》めて常に安からぬ。この者を迷の凡夫と名づくるじゃ。

生まれ出でし初めを知れば、死の終わりを知る。死の終わりに明らかなれば、死後の去処に達する。今日かくあることを知れば、過去の業相を知る。今生《こんじょう》の身心を詳らかにすれば、当来*《とうらい》の苦楽を知る。

決徹の場所…自己の身心の本源を明らかにすること。
大疑〜…知的な疑問ではなく、全心身が疑の状態となること。大疑団。
妄りに…何も考えずに。考えが浅いこと。

当来…来世。

解脱涅槃《げだつねはん》は今日の解脱涅槃、過去よりの解脱涅槃じゃ。当来を待って解脱するに非ず。生死流転《しょうじるてん》は今日の生死流転、尽未来際《じんみらいざい》の生死流転じゃ。過去世業相に*あずけ置くべきことではなきじゃ。

生時からの相違

自ら*省察《しょうさつ》して看よ。この身はみな人の知るところ。父母肉血の余分じゃ。肉血は何れの処より生ずるぞ。肉血は肉血より生じて、水穀の聚《あつ》まりなれる処じゃ。生まれ出でし時はいかなる心ぞ。飢ゆれば啼き寒ければ啼く。乳を口によすれば吸う。父母をも知らぬ。この何事なき処に、宿福の者は、はや眼中にその*英気顕わる。*この般《はん》のことも、よく思惟するものは、聖智見を得る基となる。

この飲食《おんじき》あり、この衣服《えぶく》あり。この寒温、この昼夜。この睡覚《すいかく》ありて生長する。父母等の養育によりて、次第に生長する。*習わせに随って、種々の事を覚ゆる。その覚ゆるに、はや遅速ある。利鈍ある。事にも理にも、得手《えて》と不得手《ふえて》とある。この般《はん》のことも、よく思惟するものは、聖道を得る基となる。

あずけ置く…そのままにしておく。現今に解脱しなければ未来際にわたって解脱しないということ。

省察…十分に考えること。

英気…すぐれた知恵のはたらき。

この般…このような。

習わせ…学習。

過去世の記憶と業報

或は一類の心識《しんしき》明了《みょうりょう》なる者は、この小児の未だ情欲発せぬ時に、不思議の事があるじゃ。或は過去世慣習の事を、*髣髴《ほうふつ》として思い浮かぶる。或は未だ知らず、世に触れぬ歓楽・遊戯《ゆげ》・芸術などに心を寄する。或はこの世に未だ対面せぬ人物などを心内に思量し、或は未だ*遊履《ゆり》せぬ処の山川聚落の、夢中に現ずる。或は誰教うるとなき志の起こる。これ等の人知らぬ処に、業果の誤りなきことを自知するじゃ。

或は未だ教えぬ作業《さごう》を作す小児もある。孔子の遊戯に、*俎豆《そとう》を陳《つら》ね*礼容《れいよう》を設《もう》くる類じゃ。或は生来見聞《しょうらいけんもん》せぬ事を云い出す小児もある。晋の*羊叔子が乳母《にゅうぼ》に金環を求め、*鮑太玄《ほうたいげん》が、前世井中《せいちゅう》に死せることを云う類じゃ。これ等は自ら知るのみならず、父母・兄弟・乳母等の目にも見ゆることじゃ。具さに憶念するものは、聖道を得る基となる。

試みに六七箇の小児を親しく撫育《ぶいく》教導し看よ。その中*志性《ししょう》の差別、*作業の差排、この業力随逐して免れ得ぬ処あることを知るべきじゃ。今時の者の法を得ぬは、高遠に走る故じゃ。足もとにあることを知らず。外に求むる故に、たとい百千年を歴ても得る時節はなきぞ。

念と時間

髣髴…ぼんやり見えるさま。かすか。

遊履せぬ…行ったことがない。遊＝旅行する。行。履＝歩く。

俎豆…祭祀（さいし）に供物を盛る器。礼器。葬式道具。『史記』孔子世家

礼容…うやうやしい様子。礼儀の正しい動作。身だしなみ。

羊叔子が〜…羊叔子が乳母に金の環が欲しいとせがんだところ、無いと言われ、前生の生家である隣の家から探し出してきた。

鮑太玄が〜…五歳の時、両親に「前世は曲陽の李家の子供で、九歳の時に井戸に落ちて死んだのです」と告げた。両親が李氏を探し当てて問い尋ねてみると、全て言う通りであった。

志性…こころ。こころばえ。

作業…行動。活動。

法過去に属すれば、この念も過去に属する。法未来に属すれば、この念も未来に属する。法現在に属すれば、この念現在前《げんざいぜん》す。法久近《*くごん》あれば、この念久近ある。業相倏短《*しゅたん》ありて、この念倏短ある。世界年時ありて、この念この生涯を送る。朝《ちょう》より暮《ぼ》に至るまで、生より死に至るまで、暫くも離れ得ぬ。生死去来に暫くも離れ得ぬ。境来れば起こる、境去れば滅す。この念滅し去りて跡なきようなれども、一念生ぜしも、必ず薫じ留《とど》むる処がある。猛利《みょうり》に思惟し度量《たくりょう》せしこと、数々《かずかず》憶念せしことは、永く忘れぬものじゃ。この薫何れの処に留むるぞ。色身《しきしん》元来念々代謝《*だいしゃ》す。虚空元来薫を受けぬ。この永く忘れぬは、何れの処に記し得るぞ。脾・胃・肝・胆、ただこれ一臠《*いちらん》の頑肉《がんにく》じゃ。眼・耳・鼻・舌・身、ただこれ一臠の頑肉じゃ。よく思惟して、自ら得力の場所に至らば、この法は洞然《どうぜん》明白じゃ。白昼に大路《たいろ》を行くが如くじゃ。

念の生滅と相続

この念起これば即ち滅して、暫くも留まらぬものじゃ。この念々滅して留まらぬことを、決徹して疑わねば、常見の深坑《じんきょう》は、迥然《*けいぜん》として超過*する。この念相続して暫くも間断《けんだん》なきものじゃ。この念々相続して間断なきことを、決徹して疑わねば、断見の深坑は、迥然として超過する。

久近…時間の長短。
倏短…倏＝長。

代謝…古いものから新しいものへと入れ替わること。
一臠の頑肉…一片のきり肉。肉片。臠＝きりみ。

迥然…はるかに抜け出ること。
超過…超えること。仏教では超越と同じ意味に使われる。

今日《こんにち》の念は昨日《さくじつ》の念でなき、昨日身に苦ある。心に憂悩ある。今日思い出すに、ただこれ影像《ようぞう》のみじゃ。今日楽事ありてその心歓喜《かんぎ》する。元来昨日の知る所でない。憂悩は歓楽に相違す。歓楽は憂悩に相違す。日々かくの如く、夜々かくの如く、念々かくの如く、時々かくの如く、日往き月来り、寒暑代謝す。壮年は孩児《がいじ》に異なり、老後は少壮に異なり。

かくの如く、後念は前念ならねども、その利鈍・巧拙に随い、一類相続して一期の心相となる。これを流水に喩えば、雨前の流は雨後の水に異なれども、一類相続して、この流れ断絶せざる如くじゃ。

色《しき》より香《こう》に移り、香より声《しょう》に移り、また色に移り、味《み》に移り、香に移り、触《そく》に移る。もしこれを*一車を曳いて西より東に過ぐる如くと云うは非じゃ。*一獼猴《みこう》の六窓より面《おもて》を出《いだ》すが如くと云うは非じゃ。*冷煖《れいだん》ただ自知する人に許すじゃ。

念と念相

昨日の念相が躁《さわ》がしければ、今日もやすからぬ。昨日の念相が寂静なれば、今日も穏かなるものじゃ。*老後事々惑《まど》いなきは、少年修学《しゅがく》の功による。死時心相の乱れぬは、平日の禅定の力による。これを流水に喩えば、前流急なれば、後流おだやかならず。支流

一車を曳いて～…時間というものが過去から未来に向けて流れていくと考えること。

一獼猴の六窓より…六つの窓がある部屋の中の猿を呼べばあちらこちらから顔を出す、という喩。この喩は『従容録』にある。

冷煖ただ自知…冷暖自知。水の冷たさや暖かさは飲んで（自分で体験して）知る以外に方法がないこと。『伝燈録』・『無門関』

老後事々…『人となる道』にも「老いてまどいなきは、少壮勤学の功による。臨末にも心みだれざるは、平生修善のちからなり」とある。

とどこおりあれば、泉源やすからず。＊溝洫《こうきょく》疎通《そつう》して、河岸《かがん》溢《あふ》れず。大海かぎりなくして、万流《ばんりゅう》＊帰投する如くじゃ。

前念と後念と、一と云うべからず、異と云うべからず。念々代謝して実体なけれども、後念は必ず前念に相似して起こる。断常の二見は、迥然として一時に超過せねばならぬ場所じゃ。

今日の念は昨日の念ならねども、必ず昨日の念に似て現ずる。今月の念は去月の念ならねども、必ず去月の念に似て現ずる。今年の念は昨年の念ならねども、必ず去年の念に似て現ずる。

今生《こんじょう》の念は過去世の念ならねども、必ず過去世の念に似て現ずる。未来生の念は今生の念ならねども、必ず今生の念に似て現ずる。

心と習慣

三世に推し通じて誰主《あるじ》と云うことなく、境《きょう》に対して生じて念々に代謝する。代謝して跡なきかと思えば、＊慣習の境によりて増上する。

瞋恚を慣習する者は、多く瞋恚の念生ずる。これを習うて止まねば、終に残忍暴悪《ぼうあく》の衆生となる。愛欲を慣習する者は、多く愛欲の念生ずる。これを習うて止まねば、終に

溝洫疎通…溝が支障なく通じていること。溝＝洫＝田畑の間にあるみぞ。
帰投…帰りつくこと。

慣習の境…自己が習慣によって造り出す境涯。

柔弱《にゅうにゃく》多姪の衆生となる。これを*近事《きんじ》に喩えば、詩歌《しいか》を慣習する者は、多く詩興・歌情生ずる。計略を慣習する者は多く計略に長ずる。伎芸を慣習する者は、多く伎芸に妙を得る如し。具さに拡《おしひろ》め充《み》てて憶念せよ。

*法相《ほっそう》の*五性各別《ごしょうかくべつ》というも、この慣習より生じて、*無量時その性《しょう》を成ずることぞ。これ等の事をよく憶念するものは、聖道を得る基となる。

今時《こんじ》の者は、この心のここにあり、この道のここにあることを思わぬ。人事《にんじ》に顕われて隠れぬことを思わぬ。古今に貫いて明了なることを思わぬ。ただ妄想を逞しくして、*兎角に迷う。

宋儒への批評

*宋儒の類は、心は本《もと》虚にして、物に応じてあとなしと云い、本然の性、気質の性などと、種々安排布置して、ただ理屈ばかりを好む。理屈というものも無尽なるによって、好めばいつまでも理屈が付いて回るじゃ。大《だい》なる理屈を好めば、*都表《とひょう》なく大になる。*浩然《こうぜん》の気、天地の間に*塞がると云うもあるべきことじゃ。微細なる理屈を好めば、至極微密《みみつ》になり、*藕糸孔《ぐうしこう》中《ちゅう》に入り、*鍼鼻《しんび》に滞り、*蚊睫《ぶんしょう》に巣くうと云うもあるべきじゃ。

近事…卑近な事柄。
法相…唯識の教義を説く法相宗。
五性各別…衆生に本来具わっている宗教的素質を五種に分け、その性は定まっているものとする説。菩薩定性、縁覚定性、声聞定性、不定性、無性（無種性）。無性については本書三五八頁参照。
無量時…永遠。無限。
兎角…ないものの喩。ここでは妄想による幻想の意。
宋儒…宋時代に朱熹によって大成された儒教。朱子学（性理学・程朱学）。
都表なく…途方もなく。
浩然の気…天地にみちている正しく強くたゆまない万物の根本の精気。『孟子』
塞がる…充ちている。
藕糸孔…蓮の葉柄や地下茎を切ったときに出る糸を引き出した後の穴。
鍼鼻に滞り…小事に固執する喩。鍼鼻＝針孔。
蚊睫に巣くう…蚊の睫に巣を作ること。極微小なこと。『列子』

仏教学者への批評

後世仏者の類は、自宗他宗の仏くらべ、法くらべばかりをなす。我が家の仏こそ尊けれ、我が宗こそ便なれと云う。ただ文字の上の勝相ばかりを談じておる。文字の勝相も無尽なるによりて、好めばいつまでも尽きぬ。言えばいつまでも尽きぬ。高きことを好めば、都表なく高くなる。*頓教《とんぎょう》・*円教《えんぎょう》・大乗無上乗などと云うて、甚だしきに至りては、仏語をも自己の妄想を以て、取捨判断するようになるじゃ。微密なることを好めば、至極微密になりて、『*(順)正理《しょうり》(論)』・『顕宗《けんしゅう》(論)』、今時の*因明《いんみょう》学者のようになり下るじゃ。脚もとにあることを知らずして、外に向かって求むる者は、みなこの類ぞ。儒者と云い、仏者と云い、外道と云い、内道と云う。名は違えども、実の道を得ぬ者は、その迷は一じゃ。

論書の意義

しかしこの中、*一向に*教相・性相《しょうぞう》の学を棄てよと云うではない。仏も自ら性相を分別したまう。大乗の『*瑜伽《ゆが》(論)』・『*中辺《ちゅうべん》(分別《ふんべつ》論)』等、小乗の『*発智《ほっち》(論)』・『*婆娑《ばしゃ》(論)』等、実に正法のあるところじゃ。小機のために小法を説き、大機のために大法を説き給う。*法華の開顕も、華厳の*融摂《ゆうしょう》も、*密教の表徳も、実に正法のある処、悉く甚深なる処

頓教…段階を踏まずに高い宗教的立場を説く教え。対して、浅い教えから説くのを漸教。 **円教**…円満完全で究極の教え。どの経典を完全な教えとするかは所説あり。 **『(順)正理(論)』・『顕宗(論)』**…正式には『阿毘達磨順正理論』と『阿毘達磨蔵顕宗論』。共に説一切有部の学僧である衆賢が『倶舎論』に反論した書。 **因明**…仏教の論理学。 **一向に**…すべて。ことごとく。 **教相・性相**…教相=教義の理論。性相=唯識と倶舎の教学。 **『瑜伽論』**…『瑜伽師地論』百巻。瑜伽唯識教学の根本所依の聖典。 **『中辺分別論』**…真諦訳三巻。玄奘訳は『弁中辺論』。世親造。法相宗所依の論書。 **『発智論』**…有部の根本論蔵。 **『婆娑論』**…『大毘婆娑論』。『発智論』を釈したもの。色法・心法等詳説し、万象の実在を説いて、「三世実有、法体恒有」を証すると共に、我の実在を否定する。 **法華の開顕**…開顕=開権(ごん)顕実の略。法華経の教えの基本的

じゃ。自己だに明らかならば、教相の浅深《せんじん》も、性相分別も、妨げぬことじゃ。

儒者・道者の意義

儒者・老子の道をも、一向に棄てよと云うではない。人倫五常は、*六経《りっけい》・史伝等を用い、*刑名《けいめい》・*吏事《りじ》には、『申《しん》（子《し》）』・『韓《かん》（非子《ぴし》）』・『管《かん》（子《し》）』・『晏《あん》（子《し》）』をも用い、天道・地道は、『易』・『道徳経』を用うべきじゃ。今時《こんじ》の自己を忘れて、ただ教相をのみ判じ、妄分別に随順して、理屈を巧みにする者は、迷の大なるもの、恥ずべきの甚だしきじゃ。

四季の観想による二見の超過

この念相と相対して、暫くも止むことなき目前の境界を思惟して看よ。春が夏になり、夏が秋になり、秋が冬になり、また春に回《かえ》る。春が夏に移れども、この夏は必ず春に相似して、次第に遷りかわり来る。夏が秋に移れども、この秋は必ずこの夏に相似して、次第に遷りかわり来る。秋が冬に遷れども、この冬は必ずこの秋に相似して、次第に移りかわり来る。この冬がまた次の春に移りて、今年は去年ならねども、この今年は必ず去年に相似して遷りかわり来る。

立場。開三顕一。三乗が権（仮・方便）の教えであり、一乗が真実の教えと打ち明けること。**融摂**…融通して融けあうこと。『五教章』

密教の表徳…仏の立場からすべてを肯定しながら法を説く。

六経…『易経』・『書経』・『詩経』・『春秋』・『礼記』・『楽経』。『礼経』・『楽経』の代わりに『礼記』をあげて五経とする。

刑名…法律学。

吏事…役人の仕事。

この中常見を起こすは、起こす者の迷じゃ。断見を起こすは起こす者の迷じゃ。諸の草木も花が生じては実り、実が落ちてはまた花を催す。一つ花がつぼみさきそめて早うつろう。これは常見の起こされぬ姿じゃ。今春の花は必ず去年の芳《におい》に相似して咲く。これは断見の起こされぬ姿じゃ。

善悪の行為と境涯

*谷響《こくきょう》も声《こえ》ある。鏡像《きょうぞう》もよく*笑《わらい》を含む。此あれば彼あり。彼起これば此応ずる。彼と此と、一と云うべからず異と云うべからず。心と境と、一と云うべからず異と云うべからず。*心転ずれば境界も随って遷る。境転ずれば心も自ら変ずる。善業を作せば、この善業が直に諸天の境界となる。仏・菩薩の境界となる。悪業を作せば、この悪業が直に畜生・阿修羅となる。餓鬼・地獄となる。諸天境中には、この心直に*歓楽・*遊戯《ゆげ》す。三悪趣境中には、この心直に苦悩*逼迫《ひっぱく》す。菩薩境中には、この心直に*三学・*六度を現ず。諸仏境中には、この心直に*無漏大定智悲を現ず。

因果報応は、信じて信じらるることぞ。信じて信じそこないのないことぞ。この断常の二見を超過すれば、必ず正智慧を生ずる。正智慧を得れば、生死に自在を得る。到る処正法じゃ。到る処*聖智見じゃ。法ありて自心となり来る。自心を離れて法はなきじゃ。

谷響…こだま。
笑を含む…微笑むこと。
心転ずれば〜…心が変化すれば外境も変化し、外境によっても心が変化すること。
歓楽…よろこびたのしむ。よろこび。
遊戯…菩薩の自由自在の活動。仏の境地で喜び楽しむこと。
逼迫…苦しみが身にせまる。
三学…戒律・禅定・智慧。仏道修行で修めなければならない基本の三種。
六度…＝六波羅蜜。布施・持戒・忍辱・精進・禅定・智慧。菩薩が涅槃に至るために実践すべき六種の徳目。波羅蜜＝（梵）pāramitā＝到彼岸＝悟りの世界に到る。
無漏大定智悲…仏の三徳。観想・智慧・慈悲。無漏＝煩悩がないこと。
聖智見…＝正智見。

法全ければ自心全く、自心全ければ法全きじゃ。

仏の了々常知の処

諸仏世尊*因地《いんじ》の所行、何事を践《ふ》み行うことぞ。*三乗の賢聖、国城を棄捨し、王位を棄捨し、樹下に春秋を送り、石座上に身命を終わる。何を明了になさん為ぞ。ただ今日衆生現今の一念心のみじゃ。

この心中に*三世ある。三世元来自心に相違せぬじゃ。この心中に*十方ある。十方元来自心に相違せぬじゃ。これによりて断見は外道に属する。*説似一物即不中《せつじいちもつそくふちゅう》じゃ。*修証《しゅしょう》あって染汚《ぜんな》なし。これによりて常見は外道に属するじゃ。断常の二途を超過して、ただこれ*平常心《びょうじょうしん》じゃ。一切智解《ちげ》を超過して、*了々《りょうりょう》と常に自ら知るじゃ。一切諸*悪見趣《けんしゅ》、迥《けい》然《ぜん》として依り処なくなるじゃ。生を他方に転じて、来処もなくまた去処もなく、富万国を有して、我《が》もなく我所《がしょ》もなく、分別構造して、誠に断見を起こすに起こし得られぬ時節ぞ。分別構造して、誠に常見を起こすに起こし得られぬ時節ぞ。

六根と法性

この*眼あれば色《しき》が分かるる。全く不邪見戒の姿じゃ。この耳あれば声《しょう》が分かるる。全

因地の所行…仏となるための修行。
三乗…声聞乗・縁覚乗・菩薩乗。
三世…過去・現在・未来。
十方…四方（東西南北）・四隅（東南・東北・西南・西北）と上下。
説似一物即不中…言語で説明しようとしたとたんに真実から外れる。「似」は助詞。
修証あって染汚なし…修証不無染汚不得（修証無きにあらず、染汚は得ず）『伝燈録』南嶽懐譲章。修行によって証得するが、修と証とを二つに見ると修証を染汚する。
平常心…日常性の中に具わっている根本的な心。
了々と常に自ら知る…明らかな智慧が常にはたらいていること。「了々」＝明白。心中に一切の妄想分別を絶して分明なさま。『伝燈録』菩提達磨章
悪見趣…邪見が根本となっている見解。悪見＝邪見。
眼あれば色が分かるる…目に対するものとして色がある。耳・鼻・舌・身・意も同じ。

く不邪見戒の姿じゃ。この鼻あれば香《こう》が分かるる。この舌あれば味《み》が分かるる。この身あれば触《そく》が分かるる。この意あれば善悪邪正・是非得失を知る。全く不邪見戒の姿じゃ。これ等の事を具さに憶念せよ。聖道を得る基本じゃ。

一、眼根と法性

一切の色は、眼に対してその光彩をあらわす。眼根は色を得てその*力用《りきゆう》ある。この業ありて*生盲《しょうもう》となる。色の光彩、この人の為には亀毛兎角《きもうとかく》の如くじゃ。この業ありて*明《みょう》目《もく》を得る。*離婁《りろう》が如きも、世々その人あるじゃ。色の光彩、この人の為には麁細《そさい》*分明《ぶんみょう》じゃ。この色、眼を助けて、この明更に増上する。この眼、神霊の顕わるる処、法性の顕わるる処じゃ。『法華経』の中に、「*父母所生ノ眼、悉ク見ル二三千界ヲ一」というも、その時節のあることぞ。

二、耳根と法性

一切の声は、耳に対してその音響がある。耳根は声を得てその力用ある。この業ありて聾者《ろうしゃ》となる。*声韻律呂《しょういんりつりょ》、この人の為には亀毛兎角の如くじゃ。この業ありて聡《そう》を得る。*師曠《しこう》が如きも無しとは云われぬ。声韻の律呂屈曲、この人の為には治乱分明《ちらんぶんみょう》じゃ。この

力用…はたらき。
生盲…生来盲目の人。
明目…よく見える目。
離婁…離朱。古代中国の伝説上の人。視力が優れ、百歩離れていても毛の先が見えたと伝える。『孟子』
分明…はっきりと見る。
父母所生眼〜…父母より享けた肉眼によって、世界の全てを見る。『法華経』法師功徳品。三千界＝三千大千世界＝古代インド人の世界観による全宇宙。
声韻律呂…音色と音階。
師曠…春秋時代、晋の楽師。よく音を聞き分け、その音によって吉凶を言い当てたという。『孟子』

声、耳根を助けて、聡《そう》更に増長する。この耳、神霊の顕わるる処、法性の顕わるる処じゃ。『法華経』の中に、「以《テ》二此《ノ》常耳《ヲ》一聞《ク》二三千世界《ノ》声《ヲ》一」と云うも、その時節のあることぞ。

三、鼻根と法性

一切の香は、鼻に対してその*薫蕕《くんゆう》を顕わす。鼻根は香を得てその力用ある。この業ありて鼻根*鈍濁《どんじょく》なる。この業ありて鼻根明利《みょうり》なる。迦留陀夷《かるだい》尊者が、青蓮華香《しょうれんげこう》を嗅《か》ぎ得て、*輪王《りんおう》の七宝《しっぽう》みな*優波羅《うはら》大尼の変化《へんげ》なることを知るも、無しとは云われぬ。この香、鼻根を助けて、明利更に増長する。この鼻根、神霊の顕わるる処、法性の顕わるる処じゃ。『法華経』の中に、「*入禅出禅者、聞《イテ》レ香《ヲ》亦《タ》能《ク》知《ル》」と云うも、その時節のあることぞ。

四、舌根と法性

一切の味は舌に対してその麁細を顕わす。舌根は味を得てその力用ある。この業ありて舌根鈍なる。この業ありて舌根利なる。*迦旃延《かせんねん》尊者の、輪王所食《りんおうしょじき》の味を知るも、無しとは云われぬ。この味、舌根を助けて、明利更に増長する。この舌根、神霊の顕わるる処、法性の顕わるる処じゃ。『法華（経）』の中に、「其《ノ》有《ルハ》レ所二*食噉《じきだんスル》一悉《ク》皆成《ル》二甘露《ト》一」と云うも、その時節あることぞ。

薫蕕…よい香りのものと臭みのあるもの。
鈍濁…にぶくてはっきりしない。
輪王の七宝…転輪聖王は全世界を統一する帝王。七宝・四神徳・三十二相を具えているという。
優波羅大尼…＝蓮華色比丘尼。不幸な生活の後、釈尊の弟子となる。神通第一。
入禅出禅者～…匂いによって、禅定に入ったものや禅定から出た者を知る。
迦旃延尊者…釈迦十大弟子の一。論議第一。
食噉…くらう。噉＝くらう。

五、身根と法性

一切の*触境《そくきょう》は、身に対してその*軽重《きょうじゅう》を顕わす。身根は触を得てその力用ある。この業ありて身*麁獷《そこう》なる。この業ありて身柔軟《にゅうなん》なる。明利《みょうり》なる。無滅《むめつ》王子の賢王所坐の褥《しとね》を撫《ぶ》して、その*織師《しきし》熱病あるときの織成《しきじょう》なるを知るも、無しとは云われぬ。この触身根を助けて、明利更に増長する。この身根、神霊の顕わるる処、法性の顕わるる処じゃ。『法華（経）』の中に、「如《キノ》レ是《ノ》*諸《ノ》色像、皆於《テ》二身中《ニ》一現《ズ》」と云うも、その時節あることぞ。

六、意根と法性

一切の善悪邪正・是非得失は、意に対してその義理*を顕わす。意根は諸法に対してその力用ある。この業ありて意根鈍濁《どんじょく》なる。天より得るに非ず。地より得るに非ず。天地斉しく*覆載《ふさい》して、この人、人類に非ず*。父母より得るに非ず。聖智の父母、その子に譲*ることあたわず。偶然としてかくあるに非ず。*自然法爾《じねんほうに》としてかくあるに非ず。習学*も養育も、その成立《じょうりゅう》を期《ご》すべからず。ただ業力*誘い来りて*菽麦《しゅくばく》をも弁ぜぬ。一切の義趣*、この人の為には亀毛兎角の如くじゃ。

この業ありて意根明利なる。天より得るに非ず。地より得るに非ず。天地斉しく覆載

触境…触れる対象。
軽重～…触れてその軽い重いが分かる。
麁獷…麁＝獷＝あらい。
織師熱病ある～…織物の職人が、熱があるときに織った織物であることを知る。
諸色像～…『法華経』の原文によると、「諸色像」とは、天・人・阿修羅等六道の者たちのすがたである。そのすがたを清浄な身体に映し出すという意。
義理…正しい道理。
覆載…覆って包み、受けて載せること。天地のはたらき。「天之所覆地之所載」『中庸』
人類に非ず…人並みから外れている。「筋骨皮骨非人類也」『列子』
譲ることあたわず…知恵を子に譲ることはできない。
自然法爾…自ずからすがたのままであること。
習学…くりかえし学ぶこと。学習。
業力…行為が因となって果報をひき起す力。『倶舎論』
菽麦をも弁ぜぬ…豆と麦とを区別できない。
義趣…物事の意味。道理。

して、この人、億兆の*君師となる。父母より得るに非ず。*頑嚚《がんぎん》の父、その子を*移すことあたわず。偶然としてかくあるに非ず。自然法爾としてかくあるに非ず。ただ業力装飾《そうじき》して、一を聞いて十を知る。一度《ひとたび》憶すれば終身忘れぬ。この義理、意根を助けて、明利更に増長する。この意根、神霊の顕わるる処、法性の顕わるる処じゃ。『法華(経)』の中に、「俗間ノ経書、治世ノ語言。治生ノ業等、皆順《ナズ》二正法ニ一」と云うも、その時節あることぞ。

天と法性

一切世間、往くとして聖智見ならぬことはなく、一切事物、一として聖智見ならぬことはなきじゃ。且く業相によって、この人間五尺の小身となり来る。

*頭上に蒼々たるものを天と名づくる。この処に理《り》あり命《めい》ある。*常に運転して端なし。縁あればこの天神を見るじゃ。

下に*塊然《かいぜん》たるものを地と名づくる。この中に物《もの》あり事《こと》ある。万物を生育して止まぬ。縁あればこの地神を見るじゃ。

この天に日月*五星ある。*二十八宿諸の星辰ある。悉く万古に亘って相違せぬ。*天命常なし、善に与うる。断常二見はこの処に超過して余なきじゃ。

この日月各神霊ある。諸の*宿曜みな神霊ある。陰徳ある者はその冥助《みょうじょ》を得る。これ等

君師…人の上に立つ徳者。 **頑嚚**…かたくなで、道理にくらい。頑＝心が徳義を守らない。嚚＝口に忠信を言わぬ。 **移す**…変える。 **頭上に蒼々たる**…『人となる道略語』には「蒼々たる長天物あり理あり。流行して道となり、うけ得て命となる」とある。 **常に運転して端なし**…運転＝めぐる。端なし＝限りがない。『神勅口伝』に「空中に物あり、理をそなえて限りを知らず。この物理流行してしばらくも止まることなし。これを天道と云う」とある。 **塊然**…安らかなさま。『人道略語註記』に「蒼天に時しあれば雲の形あらわるるなり。雨もふるなり。雷霆もおこるなり。この風雨あって地上に草木万物を生育するなり」とある。 **五星**…木星・火星・土星・金星・水星。 **二十八宿**…天を東西南北の四宮に分け、さらに各宮を七宿に分けた称。 **天命常なし〜**…天はえこひいきなく、常に善人に味方する。「天道無親、常与善人」『老子』 **宿**

みな得道の者の親しく見る処じゃ。

　*望気《ぼうき》の者など云う。地上一人生ずる。必ず上天《じょうてん》*繋属《けいぞく》の星あると。漢*の高祖が関中《かんちゅう》を定むるとき、五星東井《とうせい》に聚まると云う。後漢の光武帝、厳子陵と同臥せしとき、*客星《かくせい》帝座を犯す。これ等みな虚談《きょだん》とは云われぬじゃ。律蔵の中にも、猛光王《みょうこうおう》が、婬女《いんにょ》善賢の舎《いえ》にありて難に遇う時、婆羅門が、中夜に仰ぎて*星文《せいもん》を見て、翌日奏して、大王昨夜難に遭う。幸に福力ありて僅《わず》かに*性命《しょうみょう》を存し給うと云う。この類多きことじゃ。

地と法性

　この地が万物を載《の》する。春夏に生育し、秋冬に成熟する。百千万歳かくの如し。断見に相違するじゃ。山川互いに出没《しゅつもつ》し、海陸動作ある。常見に相違するじゃ。山林各《おのおの》神あり。河海《かかい》各神あり。*禾稼《かか》薬物《やくもつ》各神ある。陰徳あるものはその冥助を得る。これ等みな正智見の者の知る処じゃ。

　この*天地位定まれば、*南面して右を西とす。左を東とす。後を北とす。東隣《とうりん》の西はこの家の東となり、この家の西は西隣《さいりん》の東となる。経の中に、*須弥《しゅみ》の四洲、共に日の出ずる処を東方と定むるとある。西瞿耶尼洲《さいくやにしゅう》の東は瞻部《せんぶ》の西、拘盧洲《くるしゅう》の東は瞿耶尼《くやに》の西とある。常見の起こされぬ場所じゃ。法かくの如くなれば、この*四方四維《しい》は定かならぬかと

曜…二十八宿・十二宮（黄道を十二に分けたもの）・七曜（太陽と月と五星）の総称。

望気…雲気を見て吉凶を占う。　**繋属**…つながりつく。　**漢の高祖〜**…高祖が函谷関に入ると、五星が東井（秦）の天に集まった。秦はその後滅亡する。『史記』　**客星帝座〜**…光武帝と友の厳光が一緒に眠った時に、厳光が光武帝の腹の上に足を乗せただけで常にない星が現われたこと。客星＝一時的に現れる星。『後漢書』　**星文**…星の現象。　**性命**…寿命。　**禾稼**…穀物。禾＝いね。　**天地位定まれば〜**…天地の位置が安定し、万物が生育する。「天地位焉。万物育焉」『中庸』　**南面して**…南の方に向くこと。　**須弥の四洲**…須弥山（仏教の世界観で、世界の中心に聳える山。九山八海がとりまき、日月が周り、頂上は帝釈天の宮殿がある）の四方の海にある四大洲。このうち南贍部洲は閻浮提といい人間の住所。　**四方四維**

云うに、かく四方定まれば、*主方《しゅほう》神ありて守る。この神霊その性《しょう》、善あり悪あり。世人善神の方に向いてその福《さいわい》を得る。悪神の方に向いてその禍を得る。磁石の針は何れの処にありても北に向かう。断見の起こされぬ場所じゃ。

天地の現象と不邪見戒

不邪見戒相の、天象にかくあらわるる。地理にかくあらわるる。この天象が、人事に随って時々に変生ずる。この常度*、この変異、互いに相依り相随う。ともに断常の二見に相違す。常度《じょうど》は常度にして違わねども、変を具足して相離れぬ。変は変にして常に異なれども、常度によって彼あり此ある。支那に政事の乱あれば、支那に天変がある。余国にはなし。朝鮮・琉球に国が治まらねば、朝鮮・琉球に天変がある。余国にはなし。これ等の事を思惟しても、断常の二見は一時に超過せねばならぬじゃ。

気候の遷り、*四時の代謝する。草木の茂る。霜雪の降る。目に触れ耳に聞くとして、不邪見戒の相ならぬはなきじゃ。*正眼《しょうげん》に看来れば、神霊ありて存する。この道ありて存する。この中に楽事を得る。この楽は諸の賢聖の楽しむ処じゃ。

人事と真実の道

主方神…方位を司る神。東西南北と西北・西南・東北・東南。

常度…永久に変わらない法則。

四時…四季

正眼…仏のさとりの眼。

一切の人事、礼・楽・刑・政も、冠婚・喪祭も、士・農・工・商の作業《さごう》も、武事・文学も、悉く神霊ありて存する。この道ありて存する。＊有道《ゆうどう》の士は、この事々物々の中に賢聖の楽を得るじゃ。

一の事縁を云わば、『晋書』等に、晋の恵帝《けいてい》の時に、＊劉曜《りゅうよう》・石勒《せきろく》等互いに興って、天下大いに乱る。その頃、＊仏図澄《ぶっとちょう》西域《さいいき》より来りて洛陽に赴く。且く＊葛陂《かつは》に往きて、石勒が大将郭黒略《かくこくりゃく》が家に至る。黒略素より法に信あり。軍中ながら、この人を家に請して五戒を受持す。その後、軍事ある毎に、黒略予《あらかじ》め成敗を決す。石勒いわく。「卿《けい》が知恵中人に過ぎず。軍事の成敗を見ること神の如くなるは何故ぞ」と。黒略答う。「これ天の将軍を助くる所以なり。我が家に一人の沙門を供養す。この人非常の徳あり。前後軍事の成敗を決するは、みなこの人の言」と。石勒悦《よろこ》んで、仏図澄に見ゆ。仏図澄機に応じて誘引す。

光初十一年、劉曜自ら軍兵を引率して洛陽を攻む。石勒自ら往きて＊拒戦《きょせん》せんとす。諸の＊僚佐《りょうさ》、劉曜の軍威を恐れて、悉く諫め止む。この時石勒、仏図澄に問う。仏図澄＊相《そう》輪《りん》の鈴の音を聞いて告ぐ。「鈴音《れいおん》この＊羯語《かつご》をなす。秀支替戾岡《しゅうしたいれいこう》、僕谷劬禿当《ぼくこくくとうとう》と。秀支は軍なり。替戾岡は出なり。僕谷は劉曜＊胡位《こい》なり。劬禿当は捉《そく》なり。これは軍出テ捉ヘ㆓得ル曜ヲ㆒ということぞ」と。その時徐光この旨を聞いて、石勒に出馬あるべしと告ぐ。石勒この

有道の士…道を身に具えている人。

劉曜・石勒…劉曜（漢の五代皇帝）と東方で勢力があった石勒が戦い、劉曜が敗れて殺された。石勒は後に帝位についた。

仏図澄…五胡十六国時代の西域の僧。七十八歳で洛陽に入り、後趙の王石勒を教化し多くの寺院を建てた。

葛陂…石勒軍が一時駐屯した土地。

拒戦…防ぎ戦う。

僚佐…相談相手の役人。

相輪の鈴…塔の最上部にある鈴。

羯語…羯の国（匈奴系の一種族で石勒の出身地）の言葉。

胡位…胡は劉曜の軍。

言を用いて、自ら中軍歩騎を率いて、直に洛陽城に詣《いた》りて両陣相接《まじ》わる。果たしてこの日劉曜が軍大いに*潰《つい》ゆ。曜馬に乗りながら水中へ陥《おちい》る。石堪《せきかん》という者生擒《いけどり》すとある。看よ、この鈴声《れいしょう》、余人は何事もなく聞き過ごすことなるに、この仏図澄の耳には、劉曜を縛し来るという音声《おんじょう》じゃ。

法は自他・有情非情・遠近を離る

風鈴と心法と、元来相違せぬじゃ。千里の外と風鈴と、元来相違せぬじゃ。なに故かくの如くなるぞ。法は自他を離れたるものじゃ。有情非情の差別なきものじゃ。遠近なきものじゃ。千里の外も、軍事百万の成敗も、この風鈴の中にあらわれて余なきじゃ。

風鈴の音がかくの如くなれば、一切の糸竹管絃の声もまたかくの如くじゃ。虫の声、人の音声もまたかくの如くじゃ。一切の音声がかくの如くなれば、一草一木の色もかくの如くじゃ。一切の色がかくの如くなれば、一切の香もかくの如く、一切の味もかくの如く、一切の触もかくの如くじゃ。これ等を以てよくよく思惟せば、決定《けつじょう》して断常の見を超過す。

『華厳経』に、「*一の中に無量を解《げ》し、無量の中に一を解する」とある。この通りぞ。得道聖者の眼には、一物《いちもつ》を視る中に一切の事を知る。これ等の事は初めこの身この念を

潰ゆ…敗れる。

一の中に〜…「一中解無量、無量中解一、展転生非実、智者無所畏」如来光明覚品

思惟するより入《い》りて、人道を知る。天道を知る。鬼神の故を知る。法性に達する。菩薩不思議の解脱境界に至るじゃ。

この得道《とくどう》*感通《かんつう》の事は、凡慮の及ぶ所ならぬが、近くは世間伎芸の中に、*蓍《めどぎ》を数え卦《か》を布いて吉凶を断ずる。*亀を灼《やい》て兆《うらかた》を観る。これも心の感通より生じて、この中に吉凶も*悔吝《かいりん》も顕わるるじゃ。相者も術に精しき者は、面部・手足・黒子《こくし》等を相じて、その人の生来《せいらい》の事をも知り、子孫の多少興廃をも言うじゃ。これも人の業相が、面部・手足等の相の中に具足して隠し得ぬじゃ。この相法なども、上古仙人の術ということじゃ。

聖教《しょうぎょう》の中に、*末利夫人《まりぶにん》世尊を供養せし後、婆羅門がその手紋を見て、王者の后妃《こうひ》となるべしと云う。また妙光童女を相者が見て、この人は五百人の妻となるべしと云う類。外典の中には、*唐叔虞《とうしゅくぐ》の手紋《しゅもん》に虞《ぐ》の字ある。唐の*太宗の手紋に世民《せいみん》の字ある。宋の*仲《ちゅう》子《し》が手紋に為《い》魯《ろ》夫人の字ある。魯の季氏が手紋に友の字ありし類じゃ。この手紋・人相の中に禍福を顕わすも、面白きことじゃ。この小伎倆の中にも、有志の者は断常の二見を超過するじゃ。

心と相

荀子が『非相篇』を著して、*姑布子卿《こふしけい》・唐挙《とうきょ》を非する。これ等は一偏の論じゃ。そ

感通…奇瑞を感ずること。
蓍を数え卦を布いて…易の占い。蓍＝筮竹。卦＝算木にあらわれる形象。
亀を灼て…亀卜。亀の甲羅を焼き、ひびの入り方で吉凶を占う。
悔吝…悔いうらむ。『易』繋辞上伝
末利夫人…舎衛城主波斯匿王の妃。音訳して末利夫人。
唐叔虞の手紋～…唐叔虞が生まれる前に、父である武王は、生まれる娘は虞と名付ける、と天から言われる夢を見た。生まれた娘の手に虞の字の手紋があったので、虞と名付けた。『史記』
太宗の手紋…太宗の諱は世民という。
仲子が手紋…宋の武公の娘である仲子の掌に魯の形の紋があったので、魯の恵公に嫁がせた。『春秋左氏伝』
姑布子卿・唐挙…共に戦国時代の相術（人相・骨相）師。

の中に、「＊相スルハレ形ヲ不レ如カ論ズルニレ心ヲ、論ズルハレ心ヲ不レ如カ択ブニレ術ヲ」と云うは格言と云うべし。また恵能《えのう》禅師の言に、相を以て人を取るは愚の甚だしきなりとあるは、別段のことぞ。要を取りて云わば、相は心のあるところ、心は相の赴く処。たとい一指節というも、みな心の顕われた姿じゃ。

家相を見るものが、家宅を見て、その主人の吉凶志性まで占う。これも家宅はこれ主人業相の姿。主人は家宅の＊規度《きたく》じゃ。元来不二なる故に、主人の栄衰を顕わして隠し得ぬじゃ。

土地を視て盛衰を占い知るも、古よりあることじゃ。

中天竺国那爛陀《ならんだ》寺初開の時、＊尼乾子《にげんし》が占うていわく。この処勝地なり。のち必ず昌盛《しょうじょう》、五天竺に冠たるべし。しかし龍身を傷《やぶ》る故に、ここに住する僧、欧血《おうけつ》の疾《やまい》あるべしと。

支那国には、墓処を占う者が、漢・魏・六朝已来多い。これも宿福ある者が勝地を得る。地の徳によりて身を立て名を顕わす。その人によりて土地の徳増上する。＊依正《えしょう》不二と云うも遠かるまじきことじゃ。

人の音声《おんじょう》を聞いて、その禍福・徳義・志性を知る。これも古よりあることじゃ。

仏在世に、＊優陀延《うだえん》王の侍女が、妙音長者の声を聞いて、この人は一億の金声《きんしょう》なることを知る。王が試むるに、果たして家に一億の金を累《かさ》ねあったという。律文に、女人の音

相形不如～…外形から占うのは心を判断することに及ばないし、心を判断するのは学問を択ぶことに及ばない（正しい学びは心を正しくする）。

規度…のり。てほん。

尼乾子…尼乾陀若提子（にげんだにゃくだいし＝ニガンタ・ナータプッタ）六師外道の一人。ジャイナ教の祖であるマハーヴィーラ。

依正不二…正報としての仏身と依報である仏土とが不二であること。依報（報としての環境世界）＝国土・山河。正報（報としての心身）。報は果報。

優陀延王…ウダヤナ王。敬虔な信者で仏教を保護した。

声、*鵝《が》王の如くなるものは、后妃の徳あるという。支那に司馬頭陀《しばずだ》が*潙山《いさん》の主人を択ぶに、霊祐禅師の*謦咳《けいがい》の声、行歩《ぎょうぶ》の相によりて定めしという。この音声も、禍福の印ずる処、定まって改易せられぬじゃ。

夢を占うて吉凶を知る。*冠蓋《かんがい》を相し、刀剣を相し、*笏《しゃく》を相して、吉凶を察する。印度に八種占相の術ある。その種類多きじゃ。要を取りて云わば、心の赴く処に理のあらわれ、力を用うる処に術を得る。事々みな爾《しか》りじゃ。『増一阿含《ぞういつあごん》（経）』の中に、*鹿頭梵志《ろくずぼんじ》が髑髏を打ちて、その人の命終《みょうじゅう》の縁、及び*後世受生《ごせじゅしょう》の処を云いしと。この趣を拡充《かくじゅう》し思惟せば、支那の*卜筮相法《ぼくぜいそうほう》の術の中にも、後世受生も察し知るべきじゃ。一草一木の上にも、この大道の顕われて隠し得ぬことを知るべきじゃ。

この一切吉凶・禍福、人事の始末、面部《めんぶ》に顕われて隠し得ぬ。手足に顕われて隠し得ず。器物《きもつ》・玩具、屋宅・城邑に顕われて隠し得ず。国家の治乱、軍事の成敗《せいはい》、天象に顕われ、地理に顕われて隠し得ず。

乃至所作の善悪、志性《ししょう》の賢不肖《けんふしょう》、後世受生の処まで、片骨《へんこつ》に顕われて隠し得ぬ。断見はこの処に解脱するじゃ。*吉凶悔吝《かいりん》、心によりて転変して実体なく、善を思えば凶事も吉となる。*能に誇れば吉事も凶事となる。これ*狂も克《よ》く念えば聖となる。これ聖も念わざれば狂となる。常見はこの処に解脱するじゃ。

鵝王…鵞鳥の一種。足に水かき（三十二相の一）があることから、仏に譬えられることもある。**潙山**…唐の禅僧。百丈懐海の法を嗣ぐ。潙山に住した。弟子の仰山と共に禅風を挙揚した。**謦咳**…話したり笑ったりすること。**冠蓋**…冠と車のおおい。**笏**…衣冠束帯のときに帯にさしはさみ持つ板。**鹿頭梵志**…釈尊の弟子で、神通力があった。人の死の原因や再生した場所も分かったという。『増一阿含経』**後世受生の処**…来世に生まれ変わる場所。**卜筮相法**…卜（亀卜）と筮（易）によって吉凶を占う術。

吉凶悔吝…悔吝＝悔いうらむこと。『易』。易では吉凶と悔吝は不二の関係にある。**能**…才能。**狂も克く〜**…「惟れ聖も念うこと罔ければ狂と作る、惟れ狂も克く念えば聖と作る」（聖人も善を念うことなければ狂人となり、狂人も善を念えば聖人となる）『尚書』多方篇

理は無碍・平等性

*事は常に*隔歴《きゃくりゃく》して相容れぬ。*理は常に*虚通《こつう》して障礙《しょうげ》ない。*一切世間に理外の物なく、一切世間に事外の理なく、理事元来不二じゃ。理事不二なれば、断常の二見は本来解脱する。心境元来不二じゃ。自他元来不二じゃ。迷悟元来不二じゃ。仏界を知ろうと思わば、衆生界に入りて見よ。*大道徹底の処を尋ねば、迷の源底を窮めて看よ。ただ知らぬ者が知らぬばかり、解せぬ者が解せぬばかりぞ。

不邪見の戒相

『華厳（経）』の中に、正しくこの戒相を示す。「又離邪見ノ菩薩、住シテ二於正道ニ一不レ行ハ二占卜ヲ一。不レ取ラ二悪戒ヲ一。心見正直ニシテ *無ク レ誑《きょう》無シ レ諂《てん》、於テ二仏法僧ニ一起ス二決定ノ信ヲ一」とある。この中に邪見を離るると云うは、菩薩は本性として*空有の二見を起こさぬことじゃ。正道に住すというは、常に正法を以て自らの心とすることじゃ。占卜を行ぜずというは、*邪活命《じゃかつみょう》を離ることじゃ。悪戒を取らずというは、仏所説の戒法を護持して、*外道《げどう》雞《けい》・狗《く》等の戒に依らぬことじゃ。末世にて云わば、*人師《にんし》所立《しょりゅう》の戒に依らぬじゃ。*清涼《しょうりょう》の疏《しょ》には*戒取《かいじゅ》を治《じ》すと釈す。心見正直というは、妄分別・思慮のなきことじゃ。無誑《むきょう》とは、*覆蔵《ふくぞう》なきじゃ。

事…現象。差別の相の一々。理の対。尊者は「事」よりも「物」と表現されることが多い。　**隔歴**…へだたっていること。別々になっていること。　**理**…普遍的真理。現象を現象たらしめている条理。　**虚通**…障りのないこと。　**一切世間に理外**～…華厳の理事無碍法界。「物外の理なく理外の物なし、理をそなえて物位に居す」『人となる道略語』　**大道徹底の処**…仏法の悟りのありか。　**無誑無諂**…誑＝欺瞞。諂＝心の邪曲。　**空有の二見を起こさぬ**…空（実体としての我・法はない）と有（縁起によって存在するものの実体を認める）の二つの見解を離れること。　**邪活命**…間違った生活。＝邪命自活。男女の相性や夢占い等を否定。尊者は占いの効験を認められるが、これによって僧が生活することは戒を犯す。教化のために方便として認める経典もある。　**外道雞・狗等の戒**…雞戒＝雞のように終日片足で立つ。狗戒＝犬のように糞を食う行。

無諂《むてん》とは、詐《いつわり》を現ぜぬことじゃ。仏・法・僧に於て決定《けつじょう》の信を起こすというは、三帰満足のことじゃ。

『大日経』の中に、「秘*密主、菩薩ハ応下当ニシ捨二離シ邪見ヲ一行ジ二於正見ヲ一。怖二畏シ*他世ヲ一無レク害無レク曲無レク諂、其ノ心端直ニシテ、於テ二仏法僧ニ一心得中決定ヲ上。是ノ故ニ秘密主、邪見ヲ最モ為ス二極大過失ト一。能ク断ズ二菩薩ノ一切善根ヲ一。是ヲ為ス二一切不善法之母ト一。是ノ故ニ秘密主、下至《げし》戯笑マデ亦当ニシ不レル起サ二邪見ノ因縁ヲ一」とある。この文も大抵上の『華厳（経）』に同じきじゃ。仏・法・僧に於て心決定を得ると云うが、両経の肝要たるじゃ。

顕密《けんみつ》異なれども、三帰《さんき》十善の、菩薩入道の基たるは一じゃ。

『梵網経《ぼんもうきょう》』の中に、業障深き者は、二劫三劫にも、父母・三宝の名字《*みょうじ》をも聞かぬとある。誠にこの三宝の名字を聞くは、自ら歓喜すべきことぞ。

三宝（仏・法・僧）の意義

一、仏宝

この地上閻浮提《えんぶだい》の中に、衆生福縁の熟する時、法身等流《*ほっしんとうる》してその迹《あと》を顕わす。譬えば衆星《しゅせい》の朗月《ろうげつ》を籠《こむ》る如く、法身の大士囲繞《いにょう》して、迦維羅衛《かいらえい》に降誕《*ごうたん》したまう。摩耶夫人《*まやぶにん》は三世諸仏の親母《しんも》となり、瞿夷夫人《*くいぶにん》は塵劫*にも瞻仰《*せんごう》し尽くさぬ。十六*大国王は、同時受生《じゅしょう》し

人師所立の戒…釈尊が制せられた戒ではなく、後世の僧が立てた戒のこと。**清涼の疏**…清涼＝澄観＝華厳宗の第四祖。「疏」とは注釈書のこと。**戒取**…＝戒禁取（かいごんじゅ）。仏教以外の戒律や禁制を正しい方法とすること。**覆蔵**…罪を隠すこと。

秘密主…＝金剛薩埵。『大日経』で大日如来の教えを聞く菩薩。

他世…来世。後の世。

名字…名称。

法身等流…法身（真理を身体とする）がそのまま現われること。ここでは、密教の等流法身（密教の四種法身の一）の意ではない。釈尊の出世は四種法身では変化身である。

降誕…釈尊の誕生をさす。

摩耶夫人…釈尊の生母。

瞿夷夫人…釈尊の王子時代の第一夫人。

塵劫…塵点劫の略。途方もなく長い無限の時間。

瞻仰…仰ぎ尊敬恭敬すること。

十六大国…古代北インドの

て、*成道七日の初めに*心地戒《しんじかい》を聴受す。その十九歳のとき、*東宮の位を棄て出家したまう。これは五欲の実なきを顕示する姿じゃ。三十歳のとき、摩竭陀国優留頻羅聚落《まかだこくうるびんらじゅらく》の菅内、菩提樹下《ぼだいじゅげ》、金剛宝石座上《こんごうほうしゃくざじょう》にありて無上正覚を成じたまう。これは無明の本来空を顕示する姿じゃ。

末《すえ》は本《もと》に徹すれば*八相の化儀《けぎ》、悉く法身の妙徳たるじゃ。本は末に異ならねば、今日の*泥木鋳画《でいもくちゅうが》、全く*三身《さんしん》を具足して欠減《けつげん》なきじゃ。その*勝義諦《しょうぎたい》の智慧は、上徳の声聞《しょうもん》、迦葉《かしょう》・舎利弗《しゃりほつ》も量り知るべきならねど、世俗の心を生じたまう時は、下《しも》蟻子等に至るまでよく知るという。一切世界の事も、一切衆生の事も、過去際より未来際に至るまで、大小麁細悉く徹見して、一切時一切処に念々忘失《もうしつ》なきという。今日この方共《ほうども》が一念の浄信も、一拝礼敬《はいらいきょう》、*一四句偈《しくげ》も、誠に空しかるまじきことぞ。

二、法宝

法宝の尊重《そんじゅう》なることも、信ずれば信ぜらるる。今日この方共が称讃すべきならねど、且《しばら》く信解の分斉を云わば、万物みな条理あり。夷狄《いてき》もその道あり。この仏あってこの法ある。この法あってこの仏ある。*法性の身《しん》、法性の土《ど》、互いに*融摂《ゆうしょう》して未来際を尽くす。この衆生ある処として法性ならぬはなく、この国土ある処として法性ならぬはな

主要な国家。
成道…悟りを開くこと。
心地戒…戒のこと。戒は心のはたらきを主とする意。心地＝心。
東宮…皇太子。
八相の化儀…釈尊の生涯の八つの出来事（八相）が教化でもある＝八相成道。八相＝降兜率・托胎・出胎・出家・降魔・成道・転法輪・入滅。化儀＝教化の方法。
泥木鋳画…塑像・木彫仏・鋳造仏・仏画。
三身…仏の三つの身体。法身（真実そのものの体）・報身（修行の報いとしての仏身）・応身（衆生済度のために相手に応じて現われる身体）。
勝義諦…究極の真理。世俗諦の対。
一四句偈…四つの句からなる一つの偈（＝詩）。
法性の身、法性の土…法身と浄土。
融摂…融け合って一体となること。

し。*法々自爾《じに》、心念を絶す。思惟せば禅定相応じゃ。

一切時中、言論《ごんろん》の及ぶ所ならず。もし説かば*刹説《せっせつ》・衆生説・三世一切説じゃ。この仏身を開示する。この仏土を開示する。この衆生界業相昇沈を開示する。且く大聖世尊の、菩提樹下に獲《え》る所の法、衆生各自その根機に応じて聴受し得る。在世滅後これを*貝葉《ばいよう》に書して後世に遺す。支那に翻じ伝えて*住持の法宝となる。根機《こんき》差別し、法浅深《せんじん》種々なれども、一文一句ことごとく甘露味なることは一じゃ。

初め成道《じょうどう》より入涅槃《にゅうねはん》に至り、人天《にんでん》小乗の教より大乗*円極《えんごく》に至るまで、説相《せっそう》差別すれども、その法性等流なることは一じゃ。信受する者は、今世後世の大明灯《だいみょうとう》じゃ。奉行する者は、身心の勝安楽《しょうあんらく》じゃ。一文一句と雖も、誠に*身命《しんみょう》にかえるに惜《お》しからぬじゃ。

無量劫の無明《むみょう》煩悩を一時に照破するは、この法宝じゃ。無量劫の罪業障礙《しょうげ》を一時に消滅するは、この法宝じゃ。万善《まんぜん》功徳を一時に満足するは、この法宝じゃ。

三、僧宝

僧宝の尊重なることも、測量すべき所ではなけれど、今且く信解《しんげ》の分斉を云わば、*大智門の中、普賢等の*大士《だいじ》、無漏大定《むろだいじょう》に住して、常に*十種広大行願《ぎょうがん》を現ず。大悲門の中、観世音等の大士、無漏大定に住して、常に衆生の為に*三十三身を現ず。この僧宝等流し

法々自爾…ものが自然のままにあること。自爾＝自然。

刹説・衆生説・三世一切説…国土を説き、衆生を説き、三世の一切を説く。

貝葉…貝多羅葉の略。貝多羅（梵）pattra＝葉。多羅樹の葉を用いて紙の代わりに経文を写した。

住持の法宝…末代まで保存される経典。住持の三宝の一。

円極…円満至極。円満で究極に達すること。

身命にかえる…雪山童子が無常偈を得る例をさす。

大智門…仏菩薩が智慧によって衆生を悟りに導く手段。これに対し大悲門とは、慈悲によって衆生を利益する手段。

大士…菩薩。

十種広大行願…『華厳経』普賢行願品における十大願。

三十三身…観音菩薩が衆生済度のために三十三種に化身して現われること。『法華経』

て、万国に*化《け》を布《し》き、末代に法を伝うる。これに凡聖《ぼんしょう》も雑《ぞう》し、智愚も雑すれども、みな生死解脱を以て本懐とするは一じゃ。

*王子公孫も、その位を忘れて*物外《もつげ》に飄然《ひょうぜん》たるじゃ。勇者智者も、その腕力《わんりょく》思惟《しゆい》を脱却して、*柔順謙下《にゅうじゅんけんげ》の姿となるじゃ。

*六和《わ》敬《きょう》を体とす。剃髪染衣《ぜんね》を相とす。上仏智《ぶっち》に順じ、下人天《にんでん》の勝縁《しょうえん》となる。仏在世の大迦葉《だいかしょう》・阿難《あなん》、文殊・弥勒等よりして、今日に到るまで、*師資《しし》相承《う》けてその儀違わず。*灯々相伝えて、その明《みょう》永く存する。人天所帰投《しょきとう》の処、群生《ぐんじょう》福縁のある処じゃ。その*応現に至りては、十六羅漢も世に久住《くじゅう》して、時々出現あるということじゃ。*賓頭盧《びんずる》尊者、阿育王《あいくおう》の供養を受け、*羅睺羅《らごら》尊者、有信優婆塞《うしんうばそく》の供養を受けし類じゃ。諸の菩薩も、時々世に交わり現ずるという。*世友《せう》尊者・*僧伽羅刹《そうがらせつ》尊者の類じゃ。

三宝は一法性

この三宝の尊重なることを知るを、入道の初要とする。正知見を得る基本じゃ。要を取りて云わば、三宝というは、法性の世の福縁に随って顕わるる姿ぞ。法性が本来明了なる処より、仏宝が顕わるる。法性が本来清浄なる処より、法宝が顕わるる。法性が本来平等なる処より、僧宝が顕わるる。三宝と説けども、ただこれ一法性じゃ。

化を布き…教化し広げること。

王子公孫…王侯の孫。貴族の血統。

物外に飄然たる…俗世間を超越して欲を捨て去ったさま。

柔順謙下…穏やかで慎みがあること。

六和敬…本書二二八頁参照。

師資相承…師匠から弟子に法脈を伝え、弟子がこれを受けてたもつこと。

灯々…灯明のこと。法脈を法灯という。

応現…仏菩薩が衆生の素質に応じて姿を現すこと。

賓頭盧尊者…仏弟子。十六羅漢の一人。

羅睺羅尊者…釈尊出家以前の子。釈迦十大弟子の一人。密行第一。十六羅漢の一人。

世友尊者…第四結集の上首。『異部宗輪論』

僧伽羅刹尊者…仏の滅後七百年後に生まれ、カニシカ王の師となる。長安に来て経典の翻訳をした。

自心と三宝

*誠信《じょうしん》に仏に帰する者は、仏の外に自心なく、自心の外に仏なく、*能帰《のうき》の心が直にこれ所帰《しょき》の仏宝じゃ。

誠信に法に帰する者は、法の外に自心なく、自心の外に法なく、能帰の心が直にこれ所帰の法宝じゃ。

真正《しんしょう》に僧に帰する者は、僧の外に自心なく、自心の外に僧なく、能帰の心が直にこれ所帰の僧宝じゃ。

ここに至って、三宝長く世に住して増減無しと名づくる。*一行禅師の「*三三昧耶品」を釈する中に、「以テ二*大悲方便ヲ一成仏ス。次ニ従リシテレ仏有リレ法。次ニ従リシテレ法有リレ僧。此ノ三即一体。其ノ実無シ二二性一」とある。

不邪見戒の異熟果・等流果・増上果

『華厳経』に、「邪見ノ之罪、亦令ム三衆生ヲシテ堕セ二三悪道ニ一。若シ生ズレバ二人中ニ一得二二種ノ果報ヲ一。一ニハ者生レ二邪見ノ家ニ一、一ニハ者其ノ心*諂曲《てんごく》」とある。この三悪趣に堕するを異熟果という。悪趣より出で、たまたま人間に生じても、幼少より邪見をならいてその性を成じ、或は悪友・悪知識に

誠信…誠の心がこもった信仰。

能帰…仏に帰依をすること。所帰は、帰依されるもの。

一行禅師…唐時代の密教僧。真言八祖(伝持の八祖)の一。著書に『大日経疏』。

「三三昧耶品」…『大日経』の第六巻、第二十五。

大悲方便…慈悲の心によって衆生を済度するための方法。

諂曲…自分の気持ちをまげて人にこびへつらうこと。

遇うて邪教を受け、その心も自ら諂《へつら》い曲がるとある。これを等流果という。世上華果《せじょうけか》までも、浄妙の色・香・味を失うとある。これを増上果という。

恐るべきものは邪教じゃ。この邪教によって、生まれままの善心を失う。畏るべきものは邪見じゃ。この妄分別によって、人理・天道にも違背する。毫釐《ごうり》の差、動《やや》もすれば千里を謬《あやま》る。仏在世の増上慢《*ぞうじょうまん》の比丘、*滅後の無垢友論師、新羅の順憬法師《*じゅんけいほうし》などの事跡をも憶念すべきじゃ。法の中に於て己見《こけん》を執《しゅう》するはあるまじきことぞ。

この道ありてこの天地ある。この天地ありてこの人ある。古も渓山日月、今も渓山日月。古も男女《なんにょ》大小、今もまた男女大小。この人の人たる道は、仏出世にもあれ、仏滅後にもあれ、常に世間にありて衆生を利益するじゃ。人機《*にんき》衰えて道行われぬと云うは非じゃ。時世《じせ》異にして法利益なしと云うは、愚の甚だしきじゃ。

『十善法語』総結

十善戒は易行道

この末法世中、一般の人ありて、戒法を持つはむつかしきことぞ。通人《つうにん》の及ぶ所ならずと云う。この一言を以て衆人《しゅにん》の眼《まなこ》を瞎却《*かっきゃく》し、引いて黒暗路《*こくあんろ》に入る。

増上慢の比丘…五千上慢をさす。釈尊が声聞・縁覚では至らない深い境地を説こうとしたところ、五千人の増上慢（悟ってもいないのに悟ったと奢り高ぶること）の比丘たちが座を離れた。『法華経』

滅後の無垢友論師…説一切有部の人。『倶舎論』に反論したが、舌が裂け地獄に堕ちたとある。『西域記』。滅後＝釈尊滅後の意。

順憬法師…玄奘を批判した。唯識・法華等の論著がある。

人機…＝機。宗教的な素質。

瞎却…見えなくしてしまう。却＝助詞。

黒暗路…地獄。

不殺生

看よ、殺生するは、よほどむつかしきぞ。人を殺すは勿論のこと、たとい禽獣魚虫を殺害《せつがい》するにも、身をも動かし心をも労す。それ相応の殺具《せつぐ》・*網羅《もうら》・刃物などを用う。不殺生戒を持《たも》つは、この*造作にわたらず、*泰然として護持のなることじゃ。

不偸盗

偸盗《ちゅうとう》を犯《ぼん》ずるは、よほどむつかしきことぞ。盗賊の部類に入て、家《や》焼《やき》・*劫盗《こうとう》をなすは勿論のこと、*穿窬私窃《せんゆしせつ》も、身も心も働かさねばならぬ。人の目をも忍ばねばならぬ。不偸盗戒を持つは、この造作はいらぬ。行住坐臥、泰然として護持のなることじゃ。

不邪婬

邪婬を犯ずるは、むつかしきことぞ。他の妻妾《さいしょう》を犯ずるは勿論、少々の*婬戯《いんけ》も、世間国法に許さぬ事は、人の目をも忍ばねばならぬ。身心をも労せねばならぬ。不邪婬戒を持《たも》つには、何の造作がある。家居《かきょ》恒に安く、交友もまた安く、*悠然として護持をなすじゃ。*屋漏《おくろう》にも愧《は》ずることなきじゃ。*童真・浄行の人は、尚更相好・言辞《ごんじ》・威儀も、衆に

網羅…魚をとるあみと鳥をとるあみ。
造作…手段。
泰然…落ち着いて物事に動ぜぬさま。
劫盗…おどして盗むこと。
穿窬私窃…穿＝壁に穴をあける。窬＝垣根を越える。私＝ひそかに。窃＝盗む。
婬戯…みだらな戯れ。
悠然…落ち着いてゆっくりとしたさま。
屋漏にも～…「屋漏に愧じず」＝『詩経』（大雅）人の見ない所でも恥ずかしい行をしない。
童真…童子。童子の性は天真爛漫なので、真という。ここでは沙弥のことをさすであろうが、『人となる道随行記』には具体的に「一切婬事にふれざるを童真という」とある。

異なるということじゃ。

不妄語

妄語もむつかしきことぞ。余程思惟分別を用いて、世を惑わし人を*誣《し》いるに足るじゃ。*大妄語等、或は世に害あるほどのことは勿論のことじゃ。万事*有《あ》り抵《てい》に言うほど易きことはない。見ざるを見ずと云い、見たるを見たと云う。*安然《あんねん》として常に護持して、身を終わるまでその患《うれい》なきじゃ。

不綺語・不悪口・不両舌

綺語も、よほど*弁舌利口を用うべく、むつかしきじゃ。悪口も、両舌も、尚更心労なることぞ。不綺語・不悪口・不両舌を守る、何の造作あるべきぞ。

不貪欲、不瞋恚

悪貪多欲も、瞋恚嫉妬も、身心を苦労す。不貪欲、不瞋恚は、この造作なきじゃ。上下貴賎、二六時中、自ら省みるに*疚《やま》しからぬじゃ。

誣いる…しいる。「誣(し)ふ」。事実を曲げて言う。
大妄語…修道上の妄語で、まださとりを体得していないのに、得たかのように言うこと。教団を追放されるほどの重罪(パーラージカ)である。『人となる道』・『十善戒御法語』等に「徳義をいつわるを大妄語と名づく」ともある。
有り抵…ありのまま。
安然…ゆっくりと安らかなこと。
弁舌利口…口が達者なこと。
疚し…気がとがめる。うしろめたい。

不邪見

邪見は尚更むつかしきことぞ。邪法・邪宗は勿論のこと、たとい少分の邪見も、元来無理なる道理を拵《こしら》え立つる故、その心労するじゃ。正見・正道理の通りに仏あることを信じ、神祇あることを信じ、善を好み悪をにくむ。何のむつかしきことはなきじゃ。この不邪見の徳ある者は、*人主《にんしゅ》は明らかなるじゃ。よく群臣の邪正を知る、鏡の*長明《じょうみょう》なる如く、*胸中に物なければ、好醜自らあらわるるじゃ。

老人は事《つか》え安し。心邪曲《じゃごく》なければ、児孫各《じそんおのおの》その長ずる所に随うじゃ。臣となれば事に任ずべし。その私を雑えねば、作すこと*忠直《ちゅうじき》じゃ。*少壮の人は孝順なるじゃ。人に邪智なければ、自ら道にかなうじゃ。誠に十善は、上下・貴賤、智愚・賢不肖、悉く通《つう》行《ぎょう》すべく、たとい*夷狄にありても、*通行すべき道じゃ。

在家と出家の十善

また『*大日経』の中に、在家出家の*行用《ぎょうゆう》の別を示して、この文あるじゃ。「彼在家ノ菩薩ノ受二持シ五戒ノ句ヲ一、*勢位自在。以二テ種々ノ方便道ヲ一、随二順シテ時方ニ一自在ニ*摂受シ、求二ム一切智ヲ一。乃至謂《いわゆる》持二ス不奪《ふだつ》生命戒・及不与取・虚妄語・欲邪行・邪見等ヲ一。是ヲ名二ク在家五戒ノ句ト一」と。この中、不奪生命戒《ふだつしょうみょうかい》とは、第一の不殺生じゃ。不与取《ふよしゅ》とは、第二の不偸盗じゃ。虚妄語《こもうご》

人主…天子。君主。
長明…明らかにする。鏡が物を明らかに映し出すこと。
胸中に物なければ…心にとどこおりがないこと。
忠直…真心をつくして正直に仕えること。
少壮…年の若いこと。二十歳前後の称。
夷狄…未開の外国の人。
通行…通じて行われる。流布する。

『大日経』の中に…巻六「受方便学処品」。
行用…ここでは日常の戒行。
勢位…勢＝位。身分。
摂受…おさめ受ける。

は第四、欲邪行は第三、邪見は第十じゃ。

この文《もん》は、出家たる人は十善具足して受持すべく、在家の人は、種々の芸能・舞伎、臣佐の類、初心の*菩薩護持の分際じゃ。要を取りて云わば、この五戒だに満足すれば、自ら十善もそなわる。*四摂法《ししょうぼう》を以て衆生を*摂取《せっしゅ》する故に、*開通あることを明かす。虚妄語の中に、余の綺語・悪口・両舌を摂す。不与取の中に不貪欲戒を摂す。不奪生命戒の中に不瞋恚戒を摂するじゃ。

すべての道に通じる十善業道

また『華厳経』の中に、この法の、初め声聞・縁覚より、菩薩乃至*無上道に通ずることを示して、この文あるじゃ。「又此上品《ノ》十善業道《*ノ》、以《テ》二智慧《ヲ》一修習《ス》、心狭劣《ナル》故《ニ》、怖《ルルガ》二三界《ヲ》一故《ニ》、闕《クガ》二大悲《ヲ》一故《ニ》、従《ツテ》レ他《ニ》聞《イテ》レ声《ヲ》而解了《スルガ》故《ニ》、成《ズ》二声聞乗《ヲ》一。」と。この人たる道を全くする中に、智慧相応すれば*四向四果《しこうしか》に至るじゃ。*清涼《しょうりょう》の釈に、上の有漏の中、人善を下品とし、*欲天を中品とし、色《しき》・無色《むしき》を上品とす。今伝戒相承《でんかいそうじょう》には、*輪王已上の十善を上品と名づくる。

この経に、声聞・縁覚・菩薩、みな上品の十善と云う。のち仏果に至りて、上上品の十善と云う。この上中下、上々品ということも、凡慮差別の見を以て測るべきことでは

四摂法…＝四摂事。衆生を仏道にひき入れる四つの方法。①布施＝真理を教えたり（法施）物を施す（財施）。②愛語＝優しい言葉をかける。③利行＝身口意の三業による善行で人々に利益を与える。④同事＝相手と同じ立場に身を置く。
摂取…衆生をおさめとること。
開通…出家と在家と共通に意味が通っていること。
菩薩護持の分際…『大日経疏』巻十八に「在家の菩薩のみに非ず。然もこの五句は諸の出家の者も皆共に行ずるなり」とある。
無上道…究極のさとり。
品…部類。
四向四果…聖者の四つの位。小乗仏教（阿羅漢果にいたる道）における四つの修行目標（向）と到達境地（果）。
清涼…大統清涼国師。澄観。華厳宗の第四祖。
欲天を中品〜…欲天とは六欲天（四天王天・忉利天・夜摩天・兜率天・化楽天・他化天）、色・無色は色界と無色界。

なきじゃ。*この般《はん》の品類《ほんるい》は、相対する上に就いて*三品九品を分別することぞ。

人道から悟りへの十善業道

また「此《ノ》上品《ノ》十善業道、*修治清浄。不《シテ》レ従《ハ》二他教《ニ》一自《ラ》覚悟《スルガ》故《ニ》、*大悲方便不《ルガ》二具足《セ》一故《ニ》、悟二解《スルガ》甚深因縁《ノ》法《ヲ》一故《ニ》、成《ズ》二独覚乗《ヲ》一」と。この人たる道を全くする中に、修行清浄なれば、無師自覚し、甚深縁起の顕わるるということじゃ。

また「此《ノ》十善業道、修治清浄。心広無量《ナルガ》故《ニ》、具二足《スル》*悲愍《ヲ》一故《ニ》、*方便所摂《ほうべんしょしょうナルガ》故《ニ》、発二生《スルガ》大願《ヲ》一故《ニ》、不《ルガ》レ捨《テ》二衆生《ヲ》一故《ニ》、希《け》二求《ぐスルガ》諸仏《ノ》大智《ヲ》一故《ニ》、*浄二治《じょうじスルガ》*菩薩諸地《ノしょじヲ》一故《ニ》、浄二修《スルガ》一切《ノ》*諸度《ヲ》一故《ニ》、成《ズ》二菩薩広大《ノ》行《ヲ》一」と。この人たる道を全くする中に、心広無量《しんこうむりょう》、*上求下《じょうぐげ》化《け》の願《がん》あれば、これを菩薩広大の行というじゃ。

また「此《ノ》上々《ノ》十善業道、一切種清浄《ナルガ》故《ニ》、乃至証《スルガ》二*十力*四無畏《ヲ》一故《ニ》、一切《ノ》仏法皆得二成就《スルコトヲ》一。是《ノ》故《ニ》我今等《シク》行《ジテ》二十善《ヲ》一応《ベシ》レ令《ム》二一切《ヲシテ》具足清浄《ナラ》一」と。この人たる道を全くする中に、乃至仏果もあらわるることじゃ。

すべての戒の本体は十善業道

要を取りて云わば、一切悪として十悪業に漏るることはなく、一切善として十善業に

輪王…転輪聖王。

この般の品類…このような種類。
三品九品…三品は、上品・中品・下品。九品は三品のそれぞれを三段階に分ける。
修治清浄…たもって清浄となること。
大悲方便…大慈悲心にもとづく衆生利益のための手段・方法。
悲愍…あわれみの心。
方便所摂…教化する手段をふくむ。
浄治…菩薩の境地を得ること。
菩薩諸地…菩薩修行の階位階梯。
諸度…度＝渡す＝仏の世界に導き入れること。
上求下化…「上求菩提下化衆生」の略。上には悟りを求め、伏しては人々を救おうとすること。
十力…仏の持つ十種の智力
四無畏…＝四無所畏。「無畏」とは畏れのないこと。「無畏」とは畏れのないこと。仏や求道者が、教えを説くに際しておそれを感じない四種の智恵。

漏るることはなく、*一切戒法としてこの十善戒に漏るることはなきじゃ。五戒・八戒というも、この戒の支分じゃ。沙弥戒・大比丘戒というも、この十善の*体相じゃ。経中に、*二百五十・五百・三千威儀というも、出家たるべき軌則を守り、諸の賢聖《げんじょう》の行儀を全くするに、この条目の分かるることにて、本体はこの十善じゃ。*菩薩の軽重戒、乃至*八万威儀などとあるも、別事でなきじゃ。

出家・在家の十善業道と悟りへの道

出家人は、賢聖生の威儀・法則《ほっそく》を違えず、この十善を全くせば、人間天上の師範となるべく、在家は、各々その国にありてその国法を守り、その家にありてその家法を改めず、この十善を全くせば、その*身を修め、その家を斉《ととの》え、その国を平治するに余りあるべきじゃ。

人々箇々、賢聖の地位《じい》にも入るべく、次第に*満足すれば、仏身と合一する時節のあるべきことじゃ。

十善法語　巻第十二　大尾

一切戒法として…一切の戒の根本であることは本書の冒頭（七頁）に述べられている。加えると『大智度論』四十六に「十善を総相戒となす。別相に無量の戒あり」また、「十善道を説かば、則ち一切戒を摂す」とある。

体相…現われたすがた。

二百五十・五百・三千威儀…比丘戒・比丘尼戒、それに比丘戒の二百五十を四威儀に当てて千とし、更にそれを三聚浄戒に当てて三千とする。

菩薩の軽重戒…『梵網経』に説く「十重四十八軽戒」。

八万威儀…前出の三千威儀に、身三口四の各々に当てると二万一千、これを三毒（貪・瞋・痴）の各々と四煩悩に当てて八万四千とする。「三千威儀八万細行」ともいう。

身を修め～…「修身斉家治国平天下」『大学』

満足…成就すること。円満具足。

人となる道 略語

蒼々《そうそう》たる長天《ちょうてん》、物《もの》あり理《り》あり。流行《りゅうこう》して道となり、うけ得て命《めい》となる。雲ゆき雨ほどこして、品物《ひんぶつ》形をしく。羽あるもの空中に翔《かけ》り、蹄《ひづめ》なるもの林藪《りんそう》に走る。そのなか、人の霊《れい》たる、天地にまじわりて三才と称す。拡《おしひろめ》てこれを充《み》たす。一草一木も小天地なり。蠉飛蝡動《けんぴぜんどう》も一天地なり。相視《あいみ》て逆《さから》うことなき、恩禽獣《きんじゅう》に及び、徳草木に被《こうむ》る。世に処《しょ》して無病長寿のたのしみを楽しむ、これによるなり。

山川《さんせん》区別して国に封疆《ほうきょう》あり、物類分付《ぶつるいぶんぷ》して利に厚薄《こうはく》あり。あるいは龍鬚《りゅうしゅ》をよじ驥尾《きび》に託《たく》して大小有土《ゆうど》の君《きみ》となる。あるいは夏畦《かけい》に汗を滴《したた》りて風霜《ふうそう》に利を逐《お》う。あるいは口を才に糊《のり》し身を力に育《やしな》う。大抵勤夫三世《たいていきんぷさんせい》よく門戸《もんこ》を起こす。この中、通ずべきを通ず、海外もわが用《よう》となる。限るべきに限る、右を左にうつさず、四民すでに庶《しょ》あり、曰《いわ》くとまし、曰く教ゆ。聚斂《しゅう*れん》の害を詳《つまび》らかにし、蓄積の陋《ろう》に達す。富《とみ》天地に斉《ひと》しく生々《せいせい》のところ受用不尽《じゅようふじん》なる、これによるなり。

道は古今たがわず。首《こうべ》かみに位《くらい》し足しもに居《きょ》す。前後別あり左右ところ定まる。上《かみ》を敬う、諂諛《てんゆ》ならず。

下《しも》をめぐむ、姑息《こそく》ならず。隣里《りんり》睦《むつま》じくして朋党《ほうとう》にあらず。夫婦和して愛に溺《おぼ》れず。家にして家ととのい、国にして国治まる。これより上《かみ》をいわば、色声《しきしょう》の外に遊んでよく礼楽《れいがく》の主《しゅ》となる。人倫を超過して則《のり》を万世《ばんせい》に垂《た》るるなり。

真実語あり。教《おしえ》を待たずして子弟孝順《こうじゅん》し、令《れい》いまだ下らざるに庶民敦《あつき》に帰す。必ずや訟《うったえ》なからしめんか、一言《いちげん》天下の法となる。綺飾《きしょく》は真を傷《そこな》う、麁悪《そあく》は事を敗《やぶ》る。徳質直《しつじき》に基《もとい》し、功《こう》和合に成《じょう》ず。殊方《しゅほう》も慕《した》い禽獣《きんじゅう》も懐《なつ》く、この験《しるし》なり。

屋舎《おくしゃ》その制度を過ぐる、かならず禍《わざわい》を招く。衣服の分、刀剣の飾《かざり》、車馬《しゃば》の装《よそおい》、みな準じしるべし。知勇《ちゆう》世《よ》を掩《おお》う、容貌衆《ようぼうしゅう》に異なる、名称の広く達する、才芸の他に超ゆる等、その慎《つつしみ》を忘るべからず。

その徳ありてその位におる、その功ありてその禄《ろく》をはむ、譲《ゆずり》をうけてその家に主《しゅ》たる、幸《さいわい》に遇《お》うてその財に富む、もし傲《おご》る心あればこれもなきにしかず。今日《こんにち》にして今日足《た》る、更に来日《らいじつ》を期《き》せず。この処にしてこの処足る、別に外《ほか》を求めず、生涯ここに全《まった》し。よく三界の主となる。

この人のこの世に在る、業《ごう》は報《ほう》をしらず、報は業をしらず。このしらざる処に道《みち》存して滞《とどこお》らず塞《ふさ》がらず。この中楽《たのしみ》あり、間断《けんだん》なく欠失なし。謬《あやま》れば憂《うれ》う、道ここに没《もっ》す。迷えば瞋《いか》る、楽《たのしみ》ここに失《しっ》す。没せず失せず、浩然《こうぜん》として天地の間《かん》に俯仰《ふぎょう》す。弥勒大士《みろくだいじ》いわく、山是山《やまはこれやま》、水是水《みずはこれみず》。

周《しゅう》の内史《ないし》過《か》云えり、国まさにおこらんとするとき明神降《めいしんくだ》る。そのほろびんとするとき明神降る。虞《ぐ》・夏《か》・商《しょう》・周《しゅう》みなしかりと。これ支那歴代の鑑《かがみ》なり。わが神道は更に大なりとす。狭霧《さぎり》のはじめ浮橋《うきはし》のいにしえ、実に万邦《ばんぽう》の興起を徴《ちょう》す。その中、この国東海《とうかい》に居《きょ》して天孫戻《いた》り止《とど》まる。高千穂の宝鉾《ほうぼう》今に現存す。皇祚天《こうそてん》壌《じょう》と共に尽くることなき、文武《ぶんぶ》諸官神裔相襲《しんえいあいおそ》う。かの支那諸蛮《しょばん》の比すべきならず。これに依《よっ》て謂《い》う、神道もとより正知見《しょうちけん》の儀《ぎ》なり、わが国全《まった》く不邪見の式なり。ともにともに道を言うべし。

物外《ぶつがい》の理なく理外の物《もの》なし。理をそなえて物位《ものくらい》に居《こ》す。一々塵中《じんちゅう》に法界を見る。物に託《たく》してその理全《まった》ければ、諸仏の内証智《ないしょうち》は今日凡愚《こんにちぼんぐ》の起行《ききょう》に遠からず。

それただ孝《こう》か、孝は万行《まんぎょう》の本《もと》なり。経にいわく、父母《ぶも》・師僧・三宝《さんぼう》に孝順せよ。孝順は至道《しいどう》の法なりと。またいわく、もし人父母に孝なれば、帝釈天王《たいしゃくてんのう》つねに汝《なんじ》が家に在《いま》す。大梵天王《だいぼんてんのう》常に汝が家に在す。如来正《しょう》遍知者《へんちしゃ》つねに汝が家に在すと。

この人、天命に順じて天福《てんぷく》を享《きょう》す。福を享してそのこころ邪曲《じゃごく》ならず、これを直心《じきしん》とす。経にいわく、直心これ菩薩の道場、十善これ菩薩の道場なりと。

〈『十善法語』完成の後、尊者は河内の高貴寺に隠棲された。そこでは、『十善法語』を要約し、これに神道説を加えた『人となる道』と題する連作三篇を著わされている。そして、『十善法語』と三篇の『人となる道』の更なる要約が『人となる道　略語』であり、晩年、尊者はこの書をテキストとして神・儒・仏の要諦を説かれたのである。〉

＊「歛」は正しくは「斂」であるが、現存する尊者直筆の『略語』を数点披見するに全て「歛」と記されているのでこのまま記載した。

《『慈雲尊者全集』（第十一）『十善法語』正誤表》

第十一の誤写のうち、第十二の水薬師寺本（文語体）では正しく表記されている箇所が多い。『全集』編集者の長谷宝秀師の見解によると、文語体は尊者の第一回の校訂を終えたもので、口語体（第十一）はその後に数回の校訂を加えられたものとある。今回の校訂でも第十一巻の誤写の方が多いことからもそのことが証明できる。ただし、後の書写ほど誤写が多くなるので、ここに第十二とも比較しながら訂正した箇所をあげる。ただし、第十一・十二巻共に誤写の文字もある。尊者の直筆は存在しないので、聞き取りの時点から誤った文字によって筆記されていたのであろう。

〈全集第十一の頁・行〉	〈誤〉→〈正〉
・18頁・10	「脉胳」→「脉絡」（「脉」は俗字であるため、本書では「脈絡」と表記）
・22頁・5	「上中品」→「上中下品」（水薬師寺本は「上中下」）
・37頁・1	「鳳皇」→「鳳凰」（水薬師寺本は「鳳凰」）
・48頁・3	「陳」→「陣」（水薬師寺本は「陣」）
・53頁・7・8	「蟪」→「螻」
・58頁・12	「栽制」→「裁制」
・68頁・10	「伶利」→「伶俐」
・69頁・8	「段重」→「慇重」（水薬師寺本は「慇重」）
・79頁・12	「歛」→「斂」（水薬師寺本は「斂」）
・144頁・9	「同秦寺」→「同泰寺」（水薬師寺本は「同泰寺」）
・146頁・8	「滅法」→「法滅」（水薬師寺本は「法滅」）
・165頁・9	「臨卭」→「臨邛」（水薬師寺本は「臨昂」）
・179頁・8	「誹諧」→「俳諧」（水薬師寺本は「俳諧」）
・186頁・12	「美飭」→「美飾」（水薬師寺本は「美飾」）

『慈雲尊者全集』(第十一)正誤表

・207頁・4　「乃汝也讐」→「乃汝世讐」
・219頁・2　「大公」→「太公」
・223頁・13　「鈎弋官」→「鈎弋宮」
・225頁・7　「楊州」→「揚州」
・254頁・11　「腅」→「睒」(水薬師寺本は「睒」)
・267頁・9　「分別善悪所歸經」→「分別善悪所起經」
・272頁・9　「目づけ」→「名づけ」(水薬師寺本は「名づけ」)
・274頁・9　「敵」→「適」
・280頁・12　「圃」→「國」(水薬師寺本は「國」)
・303頁・7　「何充」→「賈充」
・306頁・4　「蹊」→「谿」
・332頁・8　「陵ぐ」→「凌ぐ」(水薬師寺本は「しのぐ」)
・333頁・2　「悪時」→「悪事」(水薬師寺本は「悪事」)
・345頁・3　「謟訣」→「諂訣」
・349頁・8　「先務」→「先王務」
・367頁・5　「麁」→「麁相」(水薬師寺本は「麁相」)
・371頁・10　「佛通」→「佛道」(水薬師寺本は「佛道」)
・390頁・7　「摸」→「模」(水薬師寺本は「模」)
・391頁・8　「稱」→「枰」(水薬師寺本は「枰」)
・391頁・13　「稱」→「枰」(水薬師寺本は「枰」)
・422頁・5　「人等」→「人事」(水薬師寺本は「事」)
・434頁・3　「兩陳」→「兩陣」(水薬師寺本は「兩陣」)
・444頁・6　「僧寶なく」→「僧なく」
・444頁・11・13　「謟」→「諂」(水薬師寺本13行目は「へつらひ」、11行目は「諂」)
・445頁・4　「増長慢」→「増上慢」(水薬師寺本は「上」)

あとがき

我が国の仏教史上において、「正法の世（釈尊在世）に宗旨はなし」と喝破し、釈尊以来二千五百年にわたる三国（インド・中国・日本）の歴史を眺め尽くした人は慈雲尊者（一七一八〜一八〇四）をおいて他にはないであろう。その尊者が並々ならぬ志をもって説かれた大著が『十善法語』である。それは、「我を知り、我を罪する者はそれただ十善法語か」（『略伝』）と洩らされていることから知ることができる。

『十善法語』成立の最も大きな縁由は、在家の信者も多くなり、特に桃園天皇の皇后である恭礼門院、生母開明門院の帰依に加え十善戒を受得されたことである。この機に十善戒を十席にわたって詳説され、それを弟子等が筆記し尊者が幾度も推敲された。およそ一年余りで完成したものの、木版本での開版は尊者遷化後の文政七年（一八二四）である。それまでの五十年間は書写により伝えられたのみで、公開されることはなかったのである。

労苦を惜しまず開版の事業を成し遂げたのは、尊者の晩年に弟子となった伊勢松阪・来迎寺の天台僧、妙有上人（一七八一〜一八五四）である。この経緯から『十善法語』の末尾には妙有上人の跋文があり、序文は上人の天台の師、豪恕僧正となっている。今回、本書の校訂に当り、尊者直筆の十善法語の序文が高貴寺に現存していることから、これを書き下して巻頭に掲げることにした。

近年に及んで、大正十三年に高貴寺から『慈雲尊者全集』（十七巻）、昭和三十年に補遺一巻が発刊され、尊者の著作の全容を知るに至った。『十善法語』の流布は、開版以降、現在に至るまでに十種ほどの版を重ねているが、現在では手軽に入手できるものはない。そこで今回、二百年にわたって読み継がれてきた貴書が途絶えることを懸念し、現代に相応しい新たな内容となるよう工夫した次第である。

『十善法語』は『全集』の十一巻（木版本と京都長福寺所蔵の写本とを校合した口語体）と十二巻（京都水薬師寺所蔵の開明門院御所持の文語体）に収められており、両者には内容の出没と文字の相違も認められる。本書では十二巻を適宜参考としながらも十一巻に脚注を施した。『全集』の編纂時においても尊者直筆ではなく写本に依っているので、それがたとえ尊者の校閲を経ているとはいえ多少の誤写があることが判明した。これを後学のために報告しておいた。

さて、本書の校訂に当り懺悔すべきは、不敬にも見出しを付して凡意を加えたことである。原文は句点のみで、文章もあまり区切られていないので多くの段落に分けた。その際、読者の便宜のためにと見出しを考え付いたわけであるが、私としては未だに心が痛む。兎も角もここに懺悔したい気持ちである。

なお、原文中には当時の他の説法集同様に差別的表現と思われる箇所があるが、本書では原文全体にわたる校訂を目的としたのでそのまま残すこととした。業報に対しては、「他の不善はわれ憐れむ、己が苦悩は自ら業報を察す」（『戒学要語』）という言葉に尊者の見地が表れている。この意を察して身体の不自由な人などへの偏見とならないよう留意すべきである。その上で、『十善法語』が仏教本来の平等・

空の立場を貫く書であることを御理解いただければ幸いである。

この書は慈愛と願いに満ちている。人間が人間らしく生きて欲しい、その本分をわきまえ安楽に生きて欲しいという信念のもとに語られた記録である。この書は、私たちの身と心の起源と、この世のすべての現象の本質を語りつくし、人は人となるべし、と説いた人類に贈る無上の教科書であろう。

慈雲尊者生誕三百年という節目に、本書をこのような形で世に送れることは極めて喜びが深い。神仏の御加護と、大法輪閣社長石原大道氏のご配慮に加えて、編集部の小山弘利氏には終始ご教示を賜った。ここに皆様のご厚情に深い感謝の意を表したい。

平成三十年三月

糸島市　如是室にて
小金丸　泰仙　識

小金丸　泰仙（こがねまる　たいせん）

1955年福岡市生まれ。高野山大学文学部密教学科卒。同大学院仏教学科修了。1975年出家。1985年より慈雲尊者の法語の講義と併せて書の指導を行う。宗派を超えた顕密統合の仏教を目指す。不伝塾主宰。現在、福岡県糸島市如是室在住。

著書　『慈雲尊者に学ぶ正法眼蔵』（大法輪閣）
　　　『慈雲尊者の言葉』
　　　『十善法語現代語訳（不殺生戒）』

書の作品集　『慈菴墨塵帖』Ⅰ・Ⅱ

十善法語【改訂版】

2018年6月10日　初版第1刷発行

校注者	小金丸　泰仙
発行人	石原大道
印刷	三協美術印刷株式会社
製本	東京美術紙工
発行所	有限会社 大法輪閣

東京都渋谷区東2-5-36　大泉ビル2F
TEL（03）5466-1401（代表）
振替　00160-9-487196番

ISBN978-4-8046-1404-5　C0015　　Printed in Japan